U0512498

当代经济学系列丛书

Contemporary Economics Series

陈昕 主编

当代经济学译库

议价与市场行为

实验经济学论文集

[美] 弗农·L.史密斯 著

阮傲 赵俊 董志强 译

格 致 出 版 社

上 海 三 联 书 店

上 海 人 民 出 版 社

主编的话

上世纪 80 年代，为了全面地、系统地反映当代经济学的全貌及其进程，总结与挖掘当代经济学已有的和潜在的成果，展示当代经济学新的发展方向，我们决定出版"当代经济学系列丛书"。

"当代经济学系列丛书"是大型的、高层次的、综合性的经济学术理论丛书。它包括三个子系列：（1）当代经济学文库；（2）当代经济学译库；（3）当代经济学教学参考书系。本丛书在学科领域方面，不仅着眼于各传统经济学科的新成果，更注重经济学前沿学科、边缘学科和综合学科的新成就；在选题的采择上，广泛联系海内外学者，努力开掘学术功力深厚、思想新颖独到、作品水平拔尖的著作。"文库"力求达到中国经济学界当前的最高水平；"译库"翻译当代经济学的名人名著；"教学参考书系"主要出版国内外著名高等院校最新的经济学通用教材。

20 多年过去了，本丛书先后出版了 200 多种著作，在很大程度上推动了中国经济学的现代化和国际标准化。这主要体现在两个方面：一是从研究范围、研究内容、研究方法、分析技术等方面完成了中国经济学从传统向现代的转轨；二是培养了整整一代青年经济学人，如今他们大都成长为中国第一线的经济学家，活跃在国内外的学术舞台上。

　　为了进一步推动中国经济学的发展，我们将继续引进翻译出版国际上经济学的最新研究成果，加强中国经济学家与世界各国经济学家之间的交流；同时，我们更鼓励中国经济学家创建自己的理论体系，在自主的理论框架内消化和吸收世界上最优秀的理论成果，并把它放到中国经济改革发展的实践中进行筛选和检验，进而寻找属于中国的又面向未来世界的经济制度和经济理论，使中国经济学真正立足于世界经济学之林。

　　我们渴望经济学家支持我们的追求；我们和经济学家一起瞻望中国经济学的未来。

陈昕

2014 年 1 月 1 日

前言

　　拙著《实验经济学论文集》(纽约：剑桥大学出版社，1991)的第 1 卷收集了我 1990 年之前发表的大部分实验研究论文。现在出版的为该书第 2 卷，其中收入的文章大多发表于 1990—1998 年间，另外还收集了一些恰好符合议价或市场专题的早期论文，几乎所有文章都是我与他人合作完成的。实验已经成为一种需要多种学科基础结合才能完成的工作，甚至比《实验经济学论文集》中提到的学科还要多，且需要能力相当的学者组成团队，各展其长，方能进行最有效的研究。本部分的某些主题是上一部分相关研究的延续，特别是关于市场体制与实验方法方面的内容。这是因为我和我的合著者发现这类主题是可以进行长期研究的。我们于 20 世纪 80 年代中后期开始关注其他主题，例如议价、心理、互惠，并于近十年间开始发表相关论文。

　　实验经济学虽然面临一些发展的障碍，但作为一门几乎涉及经济学所有领域的重要的方法论学科，我相信这门学科会一直走下去。而且我们对现存的阻碍乐观面对，因为正是它们鼓舞、挑战并激发了实验方法的发展。就我而言，该方法论的价值在于它有助于我们广泛地了解经济社会中的人类行为。因此，我们注意到将实验室行为与经济社会的现场数据结合起来的重要性，也注意到将实验室数据与经济史、考古学、生物学以及史前人种学等数据结合起来的重要性。如果研究不与人类社会、经济发展的广泛知识相结合，那么最后所得只能是一知半解。

在此，我十分荣幸向我的几位合著者致敬，并就他们为本书所做的重要贡献致谢，他们中有几位多年来一直在参与我的许多课题。同时，我要感谢我的行政助理、也是我的老搭档帕特里夏·凯泽（Patricia Kiser），她与我们一起成长，一起学习，并在研究记录及课题经费的管理方面承担着不断增加的任务，对本书的出版功不可没。

弗农·L.史密斯

图森，亚利桑那

1999 年 7 月

CONTENTS

目　录

主编的话
前　言

1

CONTENTS

第一部分

经济学与心理学

导　语

　　经济理论家和认知(决策行为)心理学家对人类决策行为持有几点重要共识:(1)社会经济情景中的理性直接源自个体决策者的理性——若个体行事乖张,则事实上市场和其他群体互动决策体系就会是非理性的;(2)个体的理性是自觉的认知过程——如果人们行事合理,那是因为他们三思而后行;(3)人类大脑的构造就像一台通用的目标问题求解器,它支配人的推理、学习、记忆以及决策等能力,但并"不具有处理某些特定问题的特殊功能"(Gigerenzer, 1996, p.329)。因此,在所有的不确定决策情形中,经济学家的模型是期望效用最大化。卡尼曼和维西(Kahneman and Vesey, 1979)的模型是加权价值函数最大化,该函数修正了客观概率(判断)和期望效用理论中的效用,对不确定情形的决策行为做出了描述性解释。

　　实验经济学家更明确地将研究重心放在市场行为和其他相互作用的规则性制度机制之上,这些制度机制下个体决策行为彼此牵连。这一视角使实验经济学和认知心理学在方法论上产生了分歧,导致了二者在研究对象和研究程序上的差异。

　　第一部分各章仔细讨论了上述议题的部分内容。其中一个问题是:一旦将市场行为、真实货币报酬以及制度背景纳入考虑范围,认知心理学家的研究结论还能否站得住脚?当然,制度背景可能与心理学中的"框架"效应研究有所重叠。另一个问题是,理论与现实观察之差异,是否可以通过适当地修改现有理论，以一种可检验的方式予以消减？第一部分为检验此举是否可行的研究案例，而第二部分则涉及双人议价的实验结果，并提出有必要系统地重新定位、特别是解读相关理论，尽管我认为理论再定位的概念基础已经存在于博弈论之中。正是在这个背景下，第二部分引入了进化心理学视角。我和我的合作者都深信，这一研究视角将前景斐然，相对于完全基于非合作博弈理论的苦心孤诣，这是催生替代性假说的良方，非常值得实验经济学家们密切关注。

第 1 章就经济和认知的相关主题提供了一个概述。在我看来，这其实是经济学和认知心理学围绕决策行为进行的一些争论，特别是来自实验经济学视角的讨论。实验市场研究比较重要的发现之一是，即便被试（subjects）对其行为的无意识后果无甚认识和了解，竞争性均衡的效率和收敛也依然会出现。这个现象从未被主流经济学论及［当然，哈耶克（Hayek）和奥地利学派是存在已久的例外］，也未被主流的行为认知心理学认可，倒是进化心理学对此毫不隐讳（见第二部分第 9 章）。

禀赋效应

前景理论中一条重要的行为原理是，依照给定现状（status quo）衡量，损失的边际效用会超过获益的边际效用。塞勒（Thaler）提出，上述基本原理意味着，较之放弃赚钱，人们对白白赔钱有更高的认知权重，这就是他所谓的禀赋效应。这个原理也意味着，在个人现有的资产状态下，个人的需求表是不连续的，这正好能解释一个著名的倾向：在调查中，人们对某一商品愿意接受的最低售价往往远高于他们愿意支付的最高买价。结果，就出现交易不足。倘若对 $2N$ 个人中一半的人员随机赋予某物品（比如一只马克杯），另一半人员赋予数量相当的金钱，那么 N 个卖家和 N 个买家构成的交易市场有 $N/2$ 的杯子被交易。在第 2 章，利用众所周知的可以产生高度有效和竞争结果的市场机制，我们找到了支持交易不足的证据。

上述检验中的研究难题之一是，实验结果表明的供给表和需求表仅轻微倾斜，因此供求的一点点误差都会使交易量产生成倍的变化。

决策成本模型、理性预测理论以及模型扩展

第3章提出的观点是：决策的认知成本十分高昂，个体会无意识地权衡这种成本和决策成果之价值，决策结果乃是这种权衡的产物。言下之意，这就是大脑的运行方式：大脑在回路正常的状态下，会根据决策质量是否具有较高或较低的价值，更加积极或更不积极地去达成决策。因此，"理性"模型之所以失灵，部分地在于它未能考虑所有的成本（或价值，因为决策过程可以带来刺激和享受等等）。若结果无甚价值，无须在决策难题上徒耗精力，这岂能是非理性？

上述从结果出发的模型预测，在实验中若结果存在差异，增加金钱利益或者降低决策难度都有助于降低结果的变异性，并使之向报酬最大化所预测的均衡逼近。当均衡刚好在决策约束集的边缘时，这种情况会更容易发生。大量的实验观测使得这些预测颇具说服力，不过数据干扰也总是在所难免。上述模型还预测，如果被试的经验（学习）可以降低认知努力，那么结果也会向报酬最大化均衡靠近。第3章报告了与此相关的实验证据。

不过，相反的情况也的确存在，因为无论多么准确可信的理论也无法保证万无一失。例如，在某个版本的最后通牒博弈中（见第7章），当利益从10美元增加到100美元时，提议金额会下降（但无论在经济意义上还是统计意义上都不显著），但拒绝率却显著地上升了。

这表明，决策成本模型可能需要明确地将策略性考量纳入，以便可以解释反常情况。事实上，第3章的局限在于，它把策略上相互影响的众多被试当成了各自与老天爷（nature）博弈的个体，该假设更适合 n 人市场而不太适合二人议价博弈。这一局限已由史密斯和西道罗夫斯基（Smith and Szidarovszky，1999）予以弥补，他们证明了第3章的结论如何可以扩展到多个行为主体之间的均衡议价。

市场公平

公平——在人际效用考量或公平分配标准感知的意义上——已由卡尼

曼(Kahneman et al., 1986, 1987)阐述过。他们利用问卷调查数据证实,公平会在短期内影响人们对零售市场上涨价之可接受性程度的看法。他们并未主张在长期内公平对市场行为必定产生影响,但公平却可以解释市场对外部条件的反应何以迟钝。这是第 1 章简要讨论过的问题,但第 4 章通过明确的市场实验对此给予了严格的检验。研究此问题的具体实验框架,改编自卡赫尔迈尔(Kachelmier)及其同事(Kachelmier and Shehata, 1991; Kachelmier et al., 1991a, b)。第 4 章的大致内容是,对公平的考量的确限制了短期内的价格上涨,这与不考虑公平的控制组实验结果不同。但是随着时间推移,价格仍然会逐渐逼近公开报价零售市场下标准的竞争均衡模型所预测的均衡。这意味着,"公平"是行为主体短期期望方面的特性,而不是行为主体效用函数方面的特性:买方认为并希望价格上涨应源于外部市场条件,而不是为了给卖方制造更高的(额外的)利润,而卖方也会暂时接受这一规范。这就形成了一个暂时的不涨价的期望均衡。但该价格下存在超额需求,在随后的市场交易期间,卖家为了超额需求展开竞争,导致价格逐渐升至竞争均衡。受外部参数变化影响的市场为何不会一下子跳到新的静态均衡?经济理论对此未能给予原理上的说明。而心理学利用一条可检验的解释性假说(当然,也许还有别的假说),填补了这一缺口。因此,在静态均衡中,行为可能习惯成自然。要想改变这个均衡,人们就需要投入更多的认知资源来重新审视昔日的行为反应并加以调整,而这是一个劳心耗神的过程。

1

理性选择：经济学与心理学的对比

弗农·L.史密斯

　　《理性选择》(*Rational Choice*，Hogarth and Reder，1987)事关经济学和心理学，或者如泽克豪泽(Zeckhauser，1987，pp.251—254)所说，事关经济学的理性主义观和行为主义观。我们希望本书能为心理学家和经济学家相互取长补短提供潜在机会，它也可能已经为这种相互学习提供了较为切实可行的证据。

　　本章将讨论好几个主题，都跟经济学和心理学之间无休止的争论有关：对于心理学家提出的颇带挑衅的论点，经济学家一向置若罔闻。我的主张乃是从实验经济学视角出发，兼顾到了理性主义和行为主义双方的思维定势。总的来说，我想探讨一下这句话："越来越多的证据(主要是实验数据)表明，人们的行为系统地偏离了理性经济行为这一原则"(Hogarth and Reder，1987，p.vii)。这一论点表明了经济理论与某些心理学伪证之间的对立。其实，存在从实验经济学视角出发的第三种观点，实验经济学提供了日益增多的大量证据，表明现实中的经济行为与理性模型预期是相符的。尽管也存在许多重要的反例，但通过修改原始模型，大部分都能获得理想的结果。这样，理性概念得到深化的同时，现实观察与模型结果吻合程度也得到了改善。更好的规范性模型更准确地预测了实验结果。遗憾的是,长期以来心理学家们只是异口同声地以实验结果质疑理性理论,使得他们得出了这样的结论:"对选择行为的规范性分析和描述性分析应该分门别户,成为各自独立的研究范畴"(Tversky and Kahneman,1987,p.91)。

1.1 理性即自主认知

"我的第一个实证命题是:没有任何证据表明,在真实而复杂的各种决策情境中,人们可能或真的根据(理性的)算计来行事……当然,我们无法排除这样的可能:人们可能在无意识的情况下比在刻意的情况下做出更好的决策"(Simon,1955,p.104)。

在理性选择这一领域,处处可见心理学与经济学之间的剑拔弩张。但是从实验经济学的角度来看,我认为基本问题并非源于理性选择领域已经提出的各类分歧,而在于两个尚未明确提出的假设,这两个假设可能使经济学和心理学达成共识:(1)经济中的理性来源于经济中所有个体决策者;(2)个体理性是一个费心劳力去最大化自身利益的算计过程;(3)第三点基本上是前两点的结合:要检验经济理论,基本方法就是直接检验个体的经济理性,前提是把这些个体从在社会和经济制度中跟他人互动的"经历"中孤立出来。[①]经济学家一般不非议第三点,而只是质疑心理学家的研究方法:让被试从给定的一系列假设选项中做出选择,然后对主体行为理性与否得出结论。从以上内容我们可以合理推测:倘若决策者在做出某个决策时面对的是某种"赌注",这一套方法应该是可行的。原则上说,这个问题是可以通过实证研究来获得答案的。但是根据第一点,我们不能随意在主体身上添加某些因素,仅靠一些描述性的内容,也并不能真实地反映特定的市场决策环境,否则,所谓的市场理性,就仅仅是人为设定条件下个体选择理性的直接反映而已。[②]而实验经济学研究则表明,主体的决策行为,是交互性地受制于制度因素的。尽管经济理论从20世纪60年代在舒贝克(Shubik,1959)、科斯(Coase,1960)、赫维茨(Hurwicz,1960)和维克瑞(Vickrey,1961)等人的努力下就开始注意到制度的作用,但"制度至关重要"这种新思想,尚未很好地整合理论和实验证据。

个体理性是一种自主认知现象,在微观经济学和博弈论的术语修辞中,这是非常基本的。理论家认为,若有需要,模型一般都假定有关赢利(效用)等的信息是完备的。"整个博弈论和经济理论的大部分,都以共同知识(common knowledge)为基础。不论涉及何种模型……模型本身须假定为共同知识,否则模型就不可能被充分地设定,分析结果就可能不合理"(Autann, 1987, p.473)。没有共同知识,人们就无法按他们的推理方式达到与理论家认知相符的解。阿罗(Arrow)呼应了上述观点:"哪怕是垄断者……整个经济中独此一家,也必须了解'一般均衡'是怎样一回事……也必须建立一个完整的一般均衡经济模型"(1987,p.207)。确实,经济理论家和心理学家很难相信,除了自主认知过程,人们还能通过什么其他方式达到最优的市场结果,总不能说是"魔力"所致吧。③原因在于,他们都不曾将市场建构为一个学习过程,不清楚学习过程可以使结果向理性均衡点逼近。值得一提的例外是,卢卡斯(Lucas, 1987)曾提出一些例子促成了如下假说:短视但具有适应性预期的主体,可以趋向稳态,这有时对应于约翰·穆斯的理性预期均衡。④

三十年来的实验研究最终告诉我们的是,之前提到的三点均不成立。普洛特(Plott, 1987)总结了大量的例子,在这些实验中(还有 Smith, 1962),经济环境(价值)的全部信息都是私人信息,根本不存在完美信息或共有信息,被试仅仅了解自己的情况,所有交易都是在分散性的类似于连续双向拍卖的"公开叫价"规则的制度下进行,每个参与人既是价格制定者,可以提出一个买进卖出的价格,又是价格接受者,可以接受一个卖出买进价格。此类实验和其他数以百计的实验证明了两件事情:(1)价格和交易配置都很快地收敛于预料的理性预期竞争均衡;(2)虽然收敛速率有所不同,并且会受到一些极端外部参数的影响,但结果仍然可以概括多种多样的公开报价、密封报价以及其他方式的交易制度。

早期的那些实验曾让被试参加后期讨论,结果表明:(1)对于是否达到个人的或集体的均衡并实现利益最大化,他们本身根本没有意识到,事实上,他们甚至不认为发生了那样的事情;(2)在了解结果之前,他们觉得市场情形错综复杂无序可循,他们甚至会问:"这种实验能研究出什么东西呢?"当研究人员问他们都采用了什么策略时,他们如此回答:"我只是低买高卖"或者"我就是等久一点,到最后再向对方施加压力"。无需完全信息和共有信息,此类竞价、拍卖、公开喊价实验便可显示出对非合作均衡(竞争均衡或纳什均衡)思想的预测威力。在这些例子中,即使条件相对不那么严谨,经济理论在预测方面仍然是管用的。而且实验表明,均衡过程并不是一个自主认知的过程，被试的言语行为与实际行为严重相悖。

私人信息实验市场比完全信息市场能更快收敛到某个理性预测点，这一事实直接推翻了特沃斯基和卡尼曼（Tversky and Kahneman，1987，p.88）的如下结论："本文最主要的发现或许是，理性选择所需的条件，通常在信息公开透明的情况下得到满足，而在信息不透明时难以实现。"⑤在他们的研究环境中这是对的，而在实验市场中，理性理论反倒是在信息不透明时最有效，在信息透明时表现最差。在市场实验中，我们针对个人选择问题收集到的信息，与观测到的个体行为相去甚远，结果就出现了上述完全相反的结论！这印证了科尔曼（Coleman，1987）对上述讨论隐含前提（即通过建立更复杂、更完整的行动模型，可以最大程度地改进理论）的批评，"最有可能为我们带来改进的，是从个体行动者层面上升到系统行为层面这个过程中的那些不足之处"（p.184），我想这就是实验经济研究最重要的意义，我们只是还不太了解该用什么精密方法，使制度发挥社会工具的职能，来增强甚至引导个体的理性。非合作均衡和激励相容之类的经济学概念是有用的，但它们并不会自动跳出来促成行为主体与制度之间的互动。很多研究局限于向实验对象描述情形或选项，然后用他们单独表达出来的观点作为实验数据，其实漏掉了前面提到的诸多内容。

只有在市场不存在复杂情形的时候，我们才能指望无意识的个体可以成为一个决策高手，之前讨论的单一市场实验在只有孤立市场而且供求关系稳定时是挺简单的，但是，我们观测到的实验结果还是遵循了某些制度规律，在没有任何公共信息的情况下，需求还是会时常变动（McCabe et al.，1993）。此外，很多例子表明，在更加复杂的多元市场实验中，实验结果会向竞争性均衡收敛。⑥

1.2 言语行为：不可靠且不值得研究？

前述讨论可能会误导部分读者，他们也许会觉得，既然如此，那么研究言语行为就没什么价值了。心理学家有很多关于言语行为的研究，展示了人们如何思考决策问题。人们的决策通常与理性决策理论的预测偏离，而我们前面也曾提及（随后的研究总结中也会见到），在市场实验中言语行为与实际决策也是有差异的。这种偏离的本质，是一个很好的研究对象。但是这样的研究要对经济学更有意义的话,就必须构造一个实验市场或现实市场,使得人们的言语行为和实际选择都能被观测到。卡尼曼等人(Kahneman et al.,1987)提供的一个例子正好可在此处用于探讨。人们在调查问卷中表明,分配(超过赛季预定的)剩余足球入场券时,公平的方式是抽奖或排队,而不是拍卖给出价最高的人,但是,如果拍卖能降低票价并且还可能新建一个体育场地时,人们的行为以及对公平的态度又会如何? 经济现实包含了诸多看得见和看不见的部分,包括决策的直接或间接后果。经济学拓宽了研究视角,将选择决策的反应作用纳入了考虑范围。实际决策者常常意识不到自己有这样的反应,结果问卷调查中这种效应就被忽略掉了,但它实际上对人们的态度与行为都产生着影响。意见调查这种东西,倾向于反映心理学家对现实已有的看法,而没有反映出经济学家的"决策具有后果"这种观点,这就是为什么实验经济学家在研究中要将次级效应和均衡概念视为必需内容的原因。[7]

霍夫曼和斯皮策(Hoffman and Spitzer,1985b)提供的另一个异曲同工的例子,将公平因素嵌入了更广泛的背景。他们研究两个被试之间的科斯谈判(Coase,1960),通过掷硬币赋予其中一人优势地位。所有被试都通过谈判得到了有效解决方案,但那些具有优势地位的参与人,没有一个因为其优势而得到更大且合理的个人份额。为了找出原因,霍夫曼和斯皮策重复了如下改进后的实验:优势地位不再取决于掷硬币,而由夺宝战博弈(game of Nim)决定,并且两名被试均被告知,夺宝战的赢家会"赢得"在接下来的博弈中的作为控制者的权利。结果,2/3的控制者会做出理性谈判行为。这表明,随机分配权利诱发了很强的无意识公平感,而在被试必须"赢得"这个权利时,这种公平感就被大大削弱了。由于经济中的权利绝不是随机分配的,而是要通过一些经济或政治手段才能获得,因此,如果对真实环境缺乏更深入的检验,仅凭公平问卷研究结果进行解读将具有很大任意性。[8] 从而,卡尼曼等人发现了一个问题:大多数人都认为,公司在投入成本降低时应该调低产品价格,但如果是因为其自身的技术革新而使成本降低,那么它可以保持原价并享有由此带来的利润(因为这是他们自己赚到的?),这样是很公平的。但这种观念跟我们观测到的市场行为到底有没有联系呢? 大量证据表明,随着时间推移,当被诱导的供给增加时,实验市场的产品价格就呈下降趋势。卡尼曼等人用两步回答了这个问题,首先他收集了上面提到过的大多数人的意见,然后在两种不同的成本降低条件下实施市场实验,第一种是在投入成本降低的条件下,第二种是在有技术革新的条件下。尽管一开始我觉得第二种条件下产品价格应该比第一种条件下更高一点,但现在我敢打赌,两种实验局产生的均衡点没有显著差别。重要的是,这些都是有研究价值的问题,我们可以通过实验来探索口头宣称的行为与动机性行为之间的关联。对于理解受规制的企业来说,公平可能是很重要的因素:规制是如何形成的? 如何在政治上运作?

实验经济学家已经发表过将言语行为与实际市场行为结合起来的研究结果。接下来我会提到三类研究:(1)存在偏好逆转现象时,言语行为或选择行为与真实的类市场行为(marketlike behavior)的对比;(2)民意调查与总统选举股票市场的关系;(3)言语行为与市场行为相符且有助于解释市场行为的实验室股票市场。

(1)偏好逆转与市场。

标准的偏好逆转问题很容易描述,无非就是被试选择 A 而非 B(或 B 而非 A),但是之后又声明他(她)愿意为 A 付出的最低价格比愿意为 B 付出的最低价格少(多)。这种偏好逆转在被试样本中占比在 24% 到 68% 之间变动,而货币奖酬使得被试的利益并不受偏好逆转的影响(Chu and Chu,1990,p.906)。自利希滕斯坦和斯洛维克(Lichtenstein and Slovic,1971)的开创性研究以来,上述结果已经在许多赌局实验中复制过了。Chu 和 Chu (1990)为被试构建了一个类市场的(maketlike)欺诈博弈:每位被试要事先说出对两个赌局的偏好,并被告知若随后选择了非偏好的赌局(更糟糕的或更不喜欢的那个),则"交易人"(实验员)有权用另一个赌局换掉被试手中这个,又因为之前也定好了一个交换价格,所以实验者可以在调换过程中套取被试的利益。针对有偏好逆转倾向的主体,套利交易在一连串的决策和交易中进行到三次左右时,发生偏好逆转的次数大大减少了,也就是说,"只要三次套利交易,就可以完全消除掉偏好逆转"(Chu and Chu,1990,p.909),它使理性选择变得显而易见了。

(2)爱荷华总统选举股票市场。

爱荷华大学的实验学者构造了一个总统选举的股票市场,并从中获得了言语行为与市场行为的比较数据(Forsythe et al.,1991):作为对 35 美元最低启动资金的回报,被试可以得到 10 份 2.50 美元的证券组合,其中包含对每位候选人[当时为布什(Bush)、麦克尔·杜卡基斯(Michael Dukakis)、杰西·杰克逊(Jesse Jackson)等等]投入的 10 股,还有 10 美元的存款金额,可供之后的网上交易扣款。到 1988 年 11 月 9 日上午 9 点股票收市的时候,之前投入的所有资金再加上实时股息后整笔支付给持股人,每一股的股息是每位候选人当天得票率的 2.5 倍。[9]

在爱荷华实验中,布什团队的领先幅度[(布什的价格－杜卡基斯的价格)/2.50 美元]像市场预测一样,在 10 月 20 日升到了 8 个点,在 11 月 2 日到 9 日则在 6.8—8 的范围内波动,最后的结果显示布什以 7.8% 的差额获胜。同时,民意调查中布什的领先幅度则在 4%—14% 之间。这样看来,市场比民意测量更准确,也更稳定。因为民意调查采用的通常是针对言语行为的经典抽样调查法。不过,这个实验中的被试仅包括爱荷华大学内部购买了总统选举证券组合的人,并不具有代表性。此外,民意调查对于市场来说已经不是"新闻",频繁发表的民意调查结果对市场价格基本没有任何明显影响。因此,大家都知道言论调查结果不那么可靠,而市场本身也恰如其分地忽略了这些信息。曾经有五个调查,都是研究股市参与人对候选人的偏好和信仰的,结果调查者发现在人们的行为中存在判断偏差,心理学家和政治学者在对民意的研究中也发现了这一点。但是福赛思等人(Forsythe et al.)未能发现与选举偏好有关的交易行为的显著模式,例如,民意调查显示男女两性对布什的偏好有差异,但这并没有在男女两性持有布什股份的数量上反映出来;最大的差异是 4.2%,这并没有太大的统计意义。

(3) 实验室股市:言语行为补充实际行为。

在这个部分的最后,我想讨论一下实验室股市。实验表明,言语行为并不与实际行为相抵触,反而可以用被试的认知经验来解释实际行为,从而起到与实际行为互补的效果。许多此类实验都显示,价格泡沫随着被试的自生(home-grown)资本利得预期自然形成,而在被试所处的环境中,各交易期的或有股息是共同信息(Smith et al.,1988;Schwarz and Ang,1989)。价格泡沫在被试初次参加实验时特别明显,但再次实验中泡沫规模会变小,而且交易量也会减少,到了第三次则价格与基准股价的偏离大大变小,交易量也非常少,泡沫基本上消失了。最终,股票会在理性预期价值上进行交易,但要达到这样一个均衡,需要等待 3 个有 15 期交易期的实验局。这样的结果并不能提升理性预期理论在资产市场上的置信力,因为在资产市场中决定股价的并非共同信息。

泡沫实验之后被试的言语行为给了我们一些启发,当股票在基准股息价值上交易失灵,或是发生"恐慌购买"的时候,有些人感到迷惑不解;很多人对股市崩盘的迅猛惊愕不已，期望在崩盘时可以赶在别人之前清仓；在行情急转直下的时候，也有人对是否售出股份犹豫不决，因为他们不能毅然接受损失，或者还对股市回升抱有希望；还有很多人迟迟没有抛出，因为他们太"贪婪"了。反正，整个股市的波动都是因为别的交易者造成的，尽管他们无法解释这些现象发生（价格"无缘无故"攀升）的原因，而且所有人都没有预料到崩盘的发生，但是他们的评论与市场观察具有一致性：即人们对股价高涨有一种自我强化的预期，同时他们会认为从崩盘发生到股息价值受影响应该需要两到三个周期性阶段。

为什么在这个实验中言语行为对研究者起到了帮助作用，而在之前的供求实验中却产生了明显的误导呢？我认为主要的区别在于，股票市场实验提供了完备的共同信息环境；而在另一个实验中，信息相对不透明。股票市场实验的被试了解实验结构，但是在达到共同预期之前，每个人的预期都不一样，而且不确定其他人会怎样行动，结果，大家都被引入歧路，之后他们都意识到了这个问题并且在访谈中反映了出来。在供求实验中，人们没有意识到在私人信息环境之外还有一个更大的市场结构，因此不能将自己的信息与高深莫测的市场联系起来。如此说来，对言语行为的研究只对研究完全信息博弈有意义，对私人信息博弈则没有什么用处，这真是不幸，因为我们所在的世界更接近于私人信息博弈（Shubik，1959，p.171）。

1.3　货币报酬

心理学家的研究一般都忽略了货币刺激这个因素，这使得他们的研究成果很容易招致批评，理由是这样的研究结果毫无实际意义。批评者认为，理性选择理论本身隐含着高额利益这个假设，这只是一个貌似有理的观点，因为利益本身并非理论的正式内容，只是在理论不能很好地解释实验数据时偶尔提及，但这是一个合理的质疑，只要心理学家不曾系统地（而不是偶然地）处理不同赢利对决策的影响，他们就是回避了货币刺激这个问题。与此相反，我们见到的论断是："没有"证据表明货币报酬对决策有任何促进作用（Tversky and Kahneman，1987，p.90；Thaler，1987，p.96）。我不确定该怎样看待这些观点，因为它们很快就变成了下面这样的文字："有证据表明高额奖金往往会改进决策"（Tversky and Kahneman，1987，p.90）或者"可以断言如果利益够大,系统失误往往就会消失"(Thaler,1987,p.96),我几乎没见过有人在这样的语境中使用"往往"这个副词。持上述观点的人中,格雷瑟和普洛特(Grether and Plott,1979)的引用频率是很高的,但奇怪的是现在找不到了,因为据说后来又发现了一些证据,表明货币报酬对理性决策是有影响的,普洛特(Plott,1987,p.120)曾为这两个对立的观点都提供了论据,他的观点更折中,可信度也更高,因为他对两种情况都进行了探讨,一种是货币报酬不影响(个体)决策的情况,还有一种是货币报酬确实影响了(集体)决策的情况。

大量实验研究分析了不同条件对决策的影响,包括有奖赏、无奖赏、或奖赏水平各异的情况。史密斯和沃克尔(Smith and Walker,1993a,b)报告了17项此类研究的结果:随着奖赏的增加,理性模型的可信度也会提高,同时还展示了当奖赏在正常报酬水平的0到20倍之间变化时拍卖行为的新数据。这些研究考虑了诸多不同体制和环境:伯努利选择决策(见下面的讨论)、双边议价、古诺垄断、伯特兰垄断、赌场赌博和双边拍卖交易等。几乎在所有例子中,提高奖赏的影响之一就是:观测值到最优决策估计值的标准差变小了,这与决策成本模型的假设相符:对被试来讲,需要在优势决策之赢利与做出决策之主观成本之间权衡取舍。

1.4 "理性"真的理性吗?

"要预测经济人的行为,我们不仅需要了解他是否是一个理性人,还需要了解他是如何认识现实世界的——比如他的眼中有哪些选择,又会对这些选择做出怎样的因果推理。"(Simon,1956,p.271)

西格尔(Siegel,1959,1961)是首个回应西蒙(Simon)这一提议的心理学家。他也认为,要研究理性行为,需要从不同决策情形中个体的观念与经验入手,最后,西蒙的想法变成了"满意度"和"有限理性"这两个概念,这也是对之前提到过的人类基本特性的再次诠释。熟悉理性选择模式并且按这个模式思考的人就会意识到:在决策者探索最佳选择的过程中,主观决策成本必须被当成理性决策的一部分,决策成本包括专心、关注、信息采集、思考、监督、检查、决定、行动等等所有努力所耗费的代价。当收益较小时,主体付出决策成本也许得不偿失，或者从边际概念来讲，也可能导致的决策成本相对很小，恰好得失相抵。当然，一般的决策主体不会自发地去考虑这么多，另外，在熟悉或重复的情形之下，决策根本就是不假思索的程序化反应，这样的话就没有什么决策成本了。决策成本模型并没说明引入奖酬就一定会改进规范行为，而仅仅提出了在决策成本和决策收益之间存在受限制的权衡取舍（Smith，1976a）。比如，在信号侦听实验中，增加货币利益就对实验结果没有任何影响，因为被试的听力已被限制到生理极限之下，所以，当有些这样的实验宣称被试的行为因为奖赏的增加而得到改进时，我们多少会感到惊讶（Swets and Sewell，1963，pp.123—124；Calfee，1970，pp.898—899），从统计角度来看，就算有改进，跟每个个体的可变性比起来也是微小的，而可变性大的个体在样本中占了大多数。

西格尔（Siegel，1961）重新检验了伯努利实验，在每次实验中，实验者都要求实验对象"尽量最准确"地预测两个情形中的哪一种会发生，他们设定如果其中一种的发生概率为 p，那么另一种的概率就是 $1-p$，在接下来很多次实验中主体都做出了重复的选择（可能高达 1 000 次；实例见 Edwards，1961）。标准的结果是"概率匹配"，即人们选择常见情形的平均概率约为 p。标准的结论是：人们并不是"理性的"，否则，人们为了使预期的正确度达到最高，应该每次都选择常见情形。西格尔想，由于在实验中没有货币或其他明确的激励正确预测的措施，这样的结果也不算偏离最大化原则，效用理论也没有说人们会对无利可图的东西讲究什么最大化原则。他还考虑到，被试身处冗长的重复选择实验中，一定会觉得极为无聊，所以他在新的模型中假设被试会为了缓解这种无聊而改变选择。在没有货币奖酬的情况下，模型符合"概率匹配"的特点，但在加入报酬之后，模型表明被试选择常见情形的概率提高了，而且奖酬越大，这个概率也越大。西格尔在不同的奖酬水平下进行实验，并且改进了实验环境，使被试无需用改变选择来缓解无聊，参与实验的既有成人也有儿童，结果所有的案例都显示选择常见情形的概率会有很大提高（Siegel，1959，1961；Siegel et al.，1964）。

其他人（Swensson，1965；Tversky and Edwards，1966）用类似方法做了伯努利选择实验。结果表明，在引进奖酬和仅仅要求被试"尽量做最好的选择"这两种条件下，前者能使被试选择常见情形的概率变大。结合之前的讨论，特沃斯基—爱德华兹（Tversky-Edwards）案例值得我们注意，因为他们在引入奖酬后，并没有太看重由此带来的最大化倾向，他们的结论是：虽然实验结果符合规范性模型预测的走向，但在模型中，实验结果远远偏离了预测（p.682），最后他们推测，如果按照这种实验结果建立一个正式模型，那么可能又会引出一个"与决策相关的成本"概念了（p.683），的确有可能，7年前这已经成为现实了。当代很多心理学家"提出实际行为与规范模型之间的偏差太大了所以不能被忽略，太系统了所以不能被当成随机误差，太基本了所以不能通过放宽规范而得到调整"（Tversky and Kahneman，1987，p.68），但看起来也正是这些人反其道而行，在很长时间内对反面解释和证据视而不见。

谈到理性，如果实验者愿意接受的话，其实被试就可以教给我们标准理论之外的一些东西。一个很好的例子就是密封竞价拍卖中的激励相容问题：买者和卖者对市场供求汇总表中每一单位产品都持有不同价值标准，大家都知道这种拍卖不是激励相容的，如果除了持有边际定价的购买者之外，所有人提交的都是透明的卖价和买价，那么这个购买者就可以通过隐瞒边际产品数量和制定较低价格来牟利，这样，由于激励不相容，从理论角度来看不可能得出有效结果。在信息不完全的实验中，大家都不知道谁持有边际单位产品，但是在同样的环境中经历几次以后，他们很快就会发现自己手中的若干单位产品刚好对上了那个已知的"交叉"价格，而且谁有定价权，谁就可以操控市场使之对自己有利。在重复实验中，被试学会了将自己的买入价和卖出价都定在与估计拍卖价格持平的位置上，而拍卖价格则逐渐向竞争均衡收敛。结果，供需曲线变得具有弹性，但还是会在真实交叉价格附近相交，同时也会产生很大成交量。这种无意识的集体策略有一个特点，那就是避免了任何一方被其他方操控的可能。不管是谁，如果他/她（认为自己拥有定价优势）在这次的卖价与均衡拍卖价格一致，但下次却抬高价格，那么很快就会被另一个维持原价的卖家替代。超级理性可能是对这种情况的最佳描述，这个策略既优于理性理论推导出来的策略，又明显打破了标准的不可能性定理的行为假设。

1.5　沉没成本与机会成本

根据对经济理论的一般理解，追求最优化的企业或个人在从边际上权衡得失的时候应该忽略掉沉没成本，并将付现成本当作机会成本看待。这种推测以极其简单的最大化模型为支撑，当然也不乏微词，基于语言行为指出它未能得到证实(Thaler，1980；Kahnemann et al.，1987)。在意识层面上，因损失而产生的负效用可能会刺激人们做出一些反常举动，以期补偿沉没成本，而机会成本则可能需要人们进行更复杂的决策分析，没有经过正规训练的人是无法快速完成的，但是我们也看到，在实验市场里，即便参与人不了解决定市场形势的各种私人的或社会的条件，市场还是能向最优结果靠近。普洛特(Plott，1987，pp.122—125)曾做了一个买方和卖方被分离开来的市场实验，中介商在一个地方从卖方手中买走商品，然后在另一个地方转售给买方，其结果表明，沉没成本悖论并不会导致市场失灵。很多年前，有许多跨期竞争均衡模型也得到过同样的结果(Miller et al.，1977；Forsythe et al.，1982；Williams and Smith，1984)，在那些实验中，一部分交易者拿到存货并到另一个市场进行转销，如果他们不能在转售市场收回本钱，那他们将损失惨重。当然，也不是没有非理性情况存在，但重要的是，就算有少量的非理性行为，对整个静态竞争模型来说也是无足轻重的。

相互依存品(Smith，1986，p.169；Williams et al.，1986)的实验市场更为复杂，其结果表明，机会成本悖论并不会干扰竞争模型的经验有效性。在这些实验中，一种商品的需求曲线受到另一种商品价格(机会成本)的影响，然而整个市场仍会收敛于竞争性均衡，只不过比单一市场稍微慢些而已，很多被试没有完全达到最大化的商品两元组，但是，有人过多地购买了其中某一种商品，同时也有人根本没买，于是二者形成了互补。在这个例子中，个体误差不少，但往往以互补的形式被抵消了，所以模型的市场预测还是相当准确的。经济学家不时表示，非理性的确会引致随机误差，不过基本可以忽略不计，但心理学家却坚称这是一个需要证据支持的经验问题。

在心理学文献中，机会成本悖论常常在讨论公平因素和框架效应时出现："例如，大多数调查对象都认为，在瓶装花生酱的批发价上涨时，零售商也随即提高自己库存花生酱的价格是不公平的，这显然是因为他们只考虑到了每一瓶花生酱本身的成本"(Kahneman et al.，1987，p.113)。零售商的售价随着批发价的上升而变化是一个常规，这是否意味着零售店经理必定"理解"机会成本原则呢？不是！这仅仅说明长期以来，零售经理们在尝试了其他做法(不符合经济学家们所说的机会成本原则的做法)后，从经验中总结出了一种更好的定价规则。一个简单而真实的例子刚好可以用来说明这个过程，假设有人规定不管批发价上升或下降，都不准零售商改变售价，这在批发价下降时根本行不通:因为所有的零售商都必须等上架货品都卖完后才能再卖下一批降价的商品,于是就会有货架空置,要么他们就得以两种价格出售同一种商品,很在意价格的消费者很快会发现这一点,然后都去买价格较低的那批货品,这样的话之前标价较高的那批就卖不出去,很快就会过期,消费者又会抱怨买到的东西不新鲜,就算他们开始没注意到价格不一样,买单的时候也会发现别人付的钱比自己少,于是也会去跟卖场投诉这太不"公平"了。这个原则在价格迅速上涨时也行不通,我于1974年曾在加利福尼亚亲身经历过这种情况,当时糖价暴涨(以至于自助餐厅都不再把糖放在桌上,需要的客人必须到收银台在店员监督下取用,经理们不假思索就能明白:"比起失窃的糖来这种监督成本可要低得多!"),但迫于消费者活动组织的压力,超市在糖的批发价上涨以后也不提高存货的售价,结果就出现了短期内零售价低于批发价的情况,面包店、糖果厂还有其他批发采购单位发现了这一点,很快就把超市的糖买光了! 这当然不公平,但在某些政策或法规不允许价格保持均衡的情况下,这完全是一个可预见的后果。我主要是想说,定价规律是由经验演化而来的结果,与逻辑分析无关,那些阻止价格走向均衡(给零售商造成不便)的政策会得到调整,直到最终形成一个大家都认可的常规。今天的零售经理们不了解机会成本为何物,也不知道政策为什么是现在这个样子,他们只知道这是前辈们留下来的经验,而他们自己仅仅是这项法则的执行者,事实上,这算不上是一项法则,只能算是商人们随行就市重贴价码的一个倾向罢了。心理学家们因为没有得到过相关知识的培训,提出的问题常常过于简单化。问题应该是这样的:既然违背传统的定价规律(即随价格行情而对库存货物重新定价的常规)会造成上面罗列的这么多问题,那么要求人们违背这种传统"公平"吗?他们没有提出这样的问题,因为大家对所有这些结果一无所知,想单单通过一些言语调查就了解经济的运行,基本没有可能。当然,他们的观测结果对解释人们的认知还是有用的,可是一个系统的模型不能仅以这些东西为基础。他们确实对我们有用的一点就是:帮助我们看明白了把干预政策提上政府日程是多么的愚蠢和不切实际。

1.6　对实验经济学的批评

在西格尔之后,心理学家没有再把他们的观点和问题应用到实验经济学家们所专注的市场实验中去，相反，实验经济学家却对心理学家的研究课题进行了频繁的研究。因此二者之间缺乏双向理解，这从霍格思（Hogarth）和雷德（Reder）为自己的著作所写的序言中可以推断出来，他们在序言中写了两点对实验经济学的批评：第一，他们认为加入激励相容的实验方案使实验变得更复杂了，而且，"并不能确定被试是否完全了解这种奖励机制的运行"（1987，p.12），从这一点开始，他们已经不能明白为什么实验经济学家要引入激励相容规则。我们是想弄清楚加入或不加入该规则的两种情况是否会产生不同结果（如对统一价格制度和歧视价格制度的比较），我们事先并不假设被试对这些规则"完全了解"，也没指望他们了解。其实从我们之前数以千计的实验结果来看，被试是否"理解"并不影响结果的有效性，问题又回到了原点：人们为什么能在无意识的情况下达到社会经济产出均衡？我们得到的数据显示他们确实做到了，而心理学家是不关心这个问题的，因为认知过程才是他们理所应当要研究的东西，他们的实验都是特地为了这个高尚而重要的目标设计出来的，我们的实验目的则完全不一样。而且我们也并不会声称所有的被试都完全清楚或部分清楚自己的处境。

他们对实验经济学的第二个批评是：引入限价供给和需求约束"给被试行为施加了严重的限制，心理学家可能会猜想，是不是经济学的基础理论还需要检验"（Hogarth and Reder，1987，p.12）。这样的批评显示出心理学家对其他大量不使用限价约束的文献很无知，包括拍卖行为、多元市场、资产市场和具有不确定回赎价值的供求市场（Plott and Agha，1983）。

实验经济学家可以从心理学家的批评中受益良多，但若真想让我们获益，他们的知识结构、文献掌握以及批评动机都必须超越现在这种水平，至少不应还停留在纠缠于理性选择问题的肤浅水平上。

1.7 总结讨论

被单独隔离的个体在实验中常常违反理性选择的各类标准，但在交换制度的社会背景下，他们做出的决策往往与理性预期模型保持一致，而模型又是以个体理性为基础的，这是为什么呢？对此，虽然卢卡斯（Lucas，1987）的自适应学习模型可给我们启发，但实验经济学家基本上还无法给出答案。撇开以往假想敌式的对立，我们需要心理学家的协助，有一点似乎很明显：

问题的答案很大程度上与交换制度的特征有关，可以说决策是由制度造成的，而个体层面和总体层面对这一点的了解程度不一样。自维克瑞（Vickrey，1961）以来，制度规则日益受到理论家的关注，但一直以来发展却很缓慢。在很多例子中，我们分析的都是历史上已有的制度，而不问为什么制度会以我们看到的结构和规则存在。我想说的是，这样的结构之所以能存在至今，是因为它们有个很大的优点：可以促使不知帕累托有效为何物的被试做出帕累托有效的举动。

儿童是在社会环境中学习语言的（Brown，1973），如果不与人接触，他们就不能学会说话，如果可以接触到人的话，那他们便可以在完全没有正规教授的情况下自然而然学会说话。决策行为也一样：我们可以用"市场决策"来替换前两句中的"说话"，这与我们对成人的实验研究并不矛盾，在认知基础上，如果人们不能接触到市场"语言"，又缺乏与其他市场被试之间的持续互动，那么所谓理性选择只能是没有意义的空谈而已。

注　释

① 阿罗（Arrow）认为第一点是传统理论的隐含假设，他想纠正这个观点："我想强调，理性不仅仅是个体的一种特性……它的效力和特别意义都来源于社会环境这个整体"（1987，p.201）。阿罗的观点与理论是有关系的：理论的威力来源于理性个体，这些个体都了解"均衡、竞争和完全市场"的意义（p.203）。例如，理论通常把常识和完全信息假定为个体理性的成分，使理性成为了一种社会现象。

② 当然，心理学家所关心的决策行为中，认知过程看起来似乎与市场过程没多大关联。但是决策都是有社会背景的，例如医生决策案例中的医院和医疗委员会。虽然纯粹地只研究认知过程本身也有它的意义，但还是有必要加上社会背景因素使研究更加透彻。了解强大的框架效应（生或死的几率）是否影响医生对治疗方案的选择是非常有意义的。很有可能的是，"最优"治疗方案是在不同社会因素的推动下得来的，而不是由孤立的个体从几个选项中按可能性大小挑出来的。模拟社会过程的实验与实验经济学家对不同制度下市场决策行为的研究有相似之处。

③ 对于潜意识决策可能优于刻意决策这种观点，Simon（1955）是接受的。但是Simon（1987，p.39）指出，在信息不完全的复杂情形之下（差不多跟现实中的情形一样），即使发生了近似利润和效用最大化的情况，行为理论也否认生产过程中存在奇迹。然而在大量不完全信息市场的实验中，很多时候

产出都一致地向目标最大化模型中的结果靠近。我们迫切需要经济学家和心理学家联合起来帮我们弄明白一件事情:Simon(1987,pp.26—28)提出的著名的个体程序理性,是如何逐渐使这些市场达到实际理性产出的。

④ 其他对市场过程研究的重要贡献来自 Blume 和 Easley(1982),以及 Bray(1982),还有 Kalai 和 Lerher(1993)。

⑤ 本文审稿人之一认为:"引用特沃斯基和卡尼曼的这段文字出现在某一本书中,然而同样在这本书中,普洛特展示了近似连续性市场的运行(信号传递例子),这难道不令人奇怪吗? 不知是怎么回事,就算把实例放到心理学家手中,他们也不能抓住要点。在评审相关的论文时,对于已经用实验经济技术处理过的任何论文,我都不会去回想任何的心理学解释。我觉得心理学家们功课做得不够。"

⑥ 有关 3 种商品和两个市场的例子见 Smith(1986,p.169)和 Williams 等(1986);另有关于 19 个关联市场的例子见 Plott (1988)。还有一种复杂的情形常在实验资产市场中发生,其中资产红利不但不确定,而且是取决于一个或然信息样本。众所周知,心理学家从样本信息中发现判断偏差,这与主观概率的贝叶斯更新相矛盾。有一份重要的研究显示,"在 8 次对无经验被试的实验中,价格趋向于贝叶斯预测结果,但是在价格和配置方面确实也存在一些典型的偏差,不过,偏差本身很小,而且在有经验的被试参与的实验中它会变得更小,其他所有的非贝叶斯理论都可以被推翻"(Camerer,1987,p.995)。

⑦ 在此我并非批评 Kahneman 等(1987)提出的观点,即公平原则对解释某些数据可能是必要的。关键是"公平"是一个可简可繁的概念,而且在实验市场中,利己行为往往凌驾于一切公平原则之上。

⑧ 在所有引入先动优势的议价行为文献中都有一个问题(参考 Kahneman et al.,1987),他们非常明确地证明了议价者效用函数中考虑了公平因素,但目前就我能确定的是,所有此类情形中的先动优势都是随机指定的。人们对霍夫曼—斯皮策实验结果的通常理解是,它显示了公平因素对框架的敏感程度,但其实它有更重要的意思:公平分配博弈的结果应该归功于一种比较温和的重要处理方法,就是规范地使用随机策略来配置参与人的初始条件。

⑨ 这个实验的不确定性并不仅是常见博弈中的多变性,它直接与 Einhorn 和 Hogarth(1987)的文章相关,他们认为"是时候跳出单纯的实验以及公式化抽奖的框框了"(p.64)。Zeckhauser(1987,pp.257—258)讨论过这个观点。当然,在所有的市场实验中,主体之外其他参与人的行为是不确定的,但是主体的价值观是稳定的,或者可以在抽奖过程中产生。Forsythe 等(1991)是一个有革新意义的例外。

禀赋效应的实验检验①

罗伯特·弗兰乔西　　普拉文·库亚尔

罗兰·米歇利兹　　弗农·L.史密斯　　邓　刚

大量的个体决策研究表明,参照个体的初始状态,人类被试对同量的损失和收益表现出非对称的反应模式(损失厌恶)(Kahneman and Tversky, 1979)。所以,如果某人的初始财富为 X_0 ,那么就可以假设效用函数 $u(\cdot)$ 具备如下特征:对于所有偏离 X_0 的情况 dX ,都有 $u(X_0-dX)>u(X_0+dX)$ 。虽然卡尼曼和特沃斯基(Kahneman and Tversky, 1979)曾经考虑过用前景理论来修订风险决策效用理论,但随后泰勒进行了根本性扩展,指出"前景理论的所有原理都适用于建立确定条件下的描述性选择模型"(Thaler, 1980, p.41)。泰勒发现, $u(X_0-dX)>u(X_0+dX)$ 这个性质意味着,从效用角度来衡量,付现成本会远重于机会成本(换言之,错失收益比同量的实际损失引发的效用变化要小一些),这种个体认知层面上对机会成本的低估被称为禀赋效应,它可以用来解释大量的问卷调查例子。

后来,卡尼曼等人(Kahneman et al., 1991;以下称 KKT)指出,在假设性问卷调查和真实激励的交易实验中,意愿支付(WTP)价格和意愿接受(WTA)价格之间经常存在差异,这都是禀赋效应在起作用(参考 KKT,表 1 中的概要)。但是他们也提出(KKT,p.1327),当人们购买货物是为了转售而不是自己消费时,禀赋效应就不起作用了,因此,会受禀赋效应影响的不是零售公司,而是那些购买他们产品的消费者。根据他们的说法,类似的还有代金券(或股权)交易,因为这些票券的赎回价值或诱导价值都是由实验员设定好的(Smith,1976a)。实际上,这跟实验中的情形大致相同,印有康奈尔大学或其他大学校徽的马克杯产生了禀赋效应,而代金券却没有产生。

KKT 发布了 9 项实验成果,其中一部分是交易实验,另一部分是根据贝克尔(Becker)等人的(1964,下称 BDM)设计做出来的选择实验。在接下来的 2.1 中,我们将讨论其选择实验,介绍我们对其实验流程的修订,然后展示由此得到的新的实验结果,通过消除所有与"买"和"卖"相关的参照因素,我们用纯粹的选择实验模拟了他们的实验过程,这样就能消除不同行为因素导致的策略差异;在 2.2 中,我们将讨论他们的交易实验,并且会展示 10 组新实验的研究数据,这些新实验都采用了单一价双边拍卖机制,其本身具有的及时信息反馈特征,使实验中单期交易的效率得到了很大提高。

2.1 禀赋效应的选择检验

2.1.1 KKT 实验

在典型的选择实验中,被试被随机平分为买方和卖方两组,然后实验人员把当地大学书店里卖 6 美元一个的校徽马克杯分发给卖方,并且规定每位买方可以考虑买一个杯子,双方的选择行为表 2.1 所示(参考 KKT 的说明,p.178)。

表 2.1 意向调查表

	我愿意出售 (购买)	我宁愿保留(不买) 这个杯子
若售价为 $0	_____	_____
若售价为 $0.50	_____	_____
……		
若售价为 $9.50	_____	_____

例如,从这张表上可以看出,在价格低于 5 美元时,卖方宁可不出售,而价格高于 5 美元时,卖方愿意以任何价格出售,这样的话,卖方的 WTA 价格

估计在 5.25 美元。

完成这些表格之后,我们可以从一系列数据中得到一个双方都可以接受的价格,实验者就以这个价格为标准来设计交易活动。② 在 KKT 的报告中,5 号实验的结果比较具有代表性:卖方出售物品的中数价格为 5.75 美元,约为买方买进物品的中数价格的 2 倍,这符合禀赋效应的特征。但 KKT 也意识到,这种解释其实是有缺陷的,因为实验没有考虑到标准偏好理论中的收入效应。

为了克服这个问题,KKT(pp.179—180)把原来实验中的两组人分成 3 组:卖家、买家和选择者。卖家/买家仍沿用原来的决策模式,但选择者却可以在了解预期价格之后选择购买杯子或者保留现金,这样一来,卖家只有杯子,而选择者却可以选择要杯子或者要现金,如果存在收入效应影响卖家和买家,那它一定也会影响选择者。

KKT 发布了两次实验中 3 组实验主体的中数价格(KKT,6 号及 7 号实验,pp.179—180)。表 2.2 第 1 行展示了其实验数据中的平均价格:虽然选择者对杯子的估价比买方高 60%,但他们的行为还是更接近买家,而不是卖家。

表 2.2　对校徽马克杯的平均 WTA 价格及 WTP 价格

实　　验	WTA 卖家	WTP 买家	WTA 选择方	WTA-S/ WTP-B	WTA-S/ WTA-C	样本 规模,N
KKT 6[a] 和 7[b]	\$6.89	\$1.91	\$3.05	3.61	1.60	194
实　　验	WTA 第 1 组	WTP 第 2 组	WTA 第 3 组	WTA-1/ WTP-2	WTA-1/ WTA-3	样本 规模,N
UofA[c]	\$5.36	\$2.19	\$3.88	2.45	1.38	120

注:[a] 马克杯及受试者来自西蒙菲莎大学(Simon Fraser University)。

[b] 马克杯及受试者来自英属哥伦比亚大学(University of British Columbia)。价格标签留在马克杯上。

[c] 马克杯及受试者来自亚利桑那大学(University of Arizona),所有受试者均需做出选择。在第 1 组实验中,每位受试者的禀赋为一只马克杯;第 2 组实验中,各位受试者的禀赋为其在预实验中赚得的一笔金额;第 3 组实验中,受试者的禀赋则是对持有马克杯或一笔现金的选择权。

2.1.2　控制不同导语效应的选择实验

由于最后两次实验对于假设的禀赋效应至关重要,于是我们又做了 4 场实验,每场实验有 24 个被试(8 个 1 组)。应该说,这是从之前分为 3 组做实验得到的启发。不过,我们对实验导语进行了若干修改,估计会带来一些实质性的变化。

从心理上来讲,买、卖、选是完全不同的情绪表达过程。前二者充满策略含义——买方欲低价买进而卖方却想高价卖出——而选择者就没那么大的压力。要想控制效果,只需要改变 KKT 实验中的实验导语措辞就可以了。我们对三组提供了比较中性的导语,每组得到的都是一项选择任务,而不是像之前那样,一组买,一组卖,还有一组选。我们的导语对所有人都一样,3组中每个人得到的选择表单都是绝对公平的,这在具体要求里都有所体现:第 1 组的成员拥有一只亚利桑那野猫队马克杯,他们的任务是在面对不同数量的现金时,选择保留自己的杯子或者接受这笔钱(在此并非杯子的价格);第 2 组的成员情况不同,他们在前一次实验中已经拿到了一笔钱,现在他们要选择保留这笔钱或者用它去换卖方的杯子;最后,第 3 组的成员手里没有东西,但可以选择拿一个杯子或者拿一笔钱,于是,所有的被试都成了选择者,只是大家的初始条件不一样。

我们所有的实验都是在另外两个同期进行的公开喊价市场实验(每组有6 个买家,6 个卖家)的结尾部分开始的,这两个市场实验是由弗兰乔西等人(Franciosi et al.)在 1994 年发表,我们每个实验中的 24 名被试被随机分配到第 1 组、第 2 组和第 3 组,在市场实验的结尾阶段所有人都用手头持有的东西兑换成现金收入,这笔收入从 8.75—44.5 美元不等。也就是说,如果之后第 2 组的成员要选择马克杯的话,他们手里是有足够的现金来做交换条件的。

表 2.2 第 2 行数据显示了 3 组成员持有的平均现金数量,校园书店以9.95 美元的价格出售马克杯(已去掉价格标签)。

从表 2.2 可以看到,跟 KKT 实验结果相比,第 1 组的成员给出了一个相对很低的 WTA 价格,同时 WTP 价格高了些许,而第 3 组成员给出的 WTA价格也高了一些。这样看来,用选择任务代替买卖任务似乎减少了 WTA 价格或 WTP 价格的差异,但是,从表 2.3 第 1 行我们却发现,t 检验显示我们的实验中 3 组数据之间所有的两两对比结果都源自不同的分布。第二行将我们的结果与 KKT 结果进行了对比,t 检验显示售价的降低和买价的升高是显著的,因为这样的对比并没有考虑到被试和实验人员的差异性,所以我们不能认为是处理方法上的差异导致了上述结果。

表 2.3 群体分布差异,以及买方、卖方和选择方的 KKT 结果的 t 检验比较

假 设	G1 = G2	G2 = G3	G3 = G1
第 1—3 组	$t = 7.33$	$t = -4.01$	$t = -2.98$
	$\alpha = 0.000$	$\alpha = 0.000$	$\alpha = 0.004$
假 设	G1 = S	G2 = B	G3 = C
KKT S, B 和 C 组	$t = -3.73$	$t = 1.10$	$t = 2.12$
	$\alpha = 0.00$	$\alpha = 0.27$	$\alpha = 0.04$

我们也怀疑,在之前的市场实验中扮演买家或卖家的经历,是否影响了被试对杯子价值的估量? 埃普斯—辛格尔顿(Epps-Singleton)检验($\alpha = 0.37$)表明,这种影响并不显著。最后,我们还研究了被试在之前的市场实验中获得的收入是否影响他们在杯子实验中的行为,回归结果显示它们没有显著联系($R^2 = 0.007$),这表明,落袋为安的收入对人们之后的杯子选择毫无影响(Thaler and Johnson,1990)。

2.2 禀赋效应的交易检验

2.2.1 KKT 交易实验

除了选择实验,KKT 也发表了一系列交易实验的结果,典型的实验程序如下:将 $2N$ 名被试随机平分为 N 个买家和 N 个卖家,卖家每人拥有一个杯子,买家每人持有一笔钱,每个买家提交一个买价来买杯子,每个卖家提交一个售价来卖杯子。"买价"和"售价"产生方式与选择实验中的方法类似,买卖双方要在价格和待价而沽的杯子之间做出选择,决定各自愿意给出的价格是多少。随着时间流逝,买家意愿支付价格(WTPs)由高而低,而卖家意愿接受价格(WTAs)却由低而高,买卖双方促成了一个需求与供给的交叉点,成交价格和成交量都由这个点决定。既然被试是被随机平分为买家和卖家,如果没有禀赋效应或收入效应,那么卖家的供给曲线与买方的需求曲线应该刚好是呈镜像对称[即需求 $"D(P^*) = S(P^*)"N - D(P^*)$ 和 $D(P^*) = N/2$],结果应该是有 $N/2$ 个杯子成交,例如(KKT, pp.170—173),假设我们有 44 个被试,其中买家 22(N)人,卖家 22(N)人,那么我们就可以预测会有 11($N/2$)个杯子成交。而事实是,会有 1—4 个杯子在

4.25—4.75美元的价格成交。虽然每场实验都包含若干次询价应价,但其中只有一次被随机选定为有效。表2.4总结了所有4次实验的结果,其中用来交易的物品包括代金券、马克杯和钢笔。

表2.4　不同物品的预测交易量与实测交易量

实　验	总　额	受试者数量	物　品	价　格	实测交易量	预测交易量
1	1	44	代金券	$3.75	12	11
1	2	44	代金券	$4.75	11	11
1	3	44	代金券	$4.25	10	11
1	4	44	马克杯	$4.25	4	11
1	5	44	马克杯	$4.75	1	11
1	6	44	马克杯	$4.50	2	11
1	7	44	马克杯	$4.25	2	11
1	8	44	钢　笔	$1.25	4	11
1	9	44	钢　笔	$1.25	5	11
1	10	44	钢　笔	$1.25	4	11
1	11	44	钢　笔	$1.25	5	11
2	1	38	代金券	$3.75	10	10
2	2	38	代金券	$4.75	9	10
2	3	38	代金券	$4.25	7	8
2	4	38	马克杯	$1.75	3	9.5
2	5	38	马克杯	$2.25	3	9.5
2	6	38	马克杯	$2.25	2	9.5
2	7	38	马克杯	$2.25	2	9.5
2	8	38	双筒望远镜	$1.25	4	9.5
2	9	38	双筒望远镜	$0.75	4	9.5
2	10	38	双筒望远镜	$0.75	3	9.5
2	11	38	双筒望远镜	$0.75	3	9.5
3	1	26	代金券[a]	—	5	6.5
3	2	26	钢　笔[a]	—	2	6.5
3	3	26	钢　笔[a]	—	2	6.5
3	4	26	钢　笔[a]	—	2	6.5
3	5	26	钢　笔[a]	—	1	6.5

（续表）

实验	总额	受试者数量	物品	价格	实测交易量	预测交易量
4	1	74	代金券^a	—	15	18.5
4	2	74	代金券^a	—	16	18.5
4	3	74	马克杯^a	—	6	18.5
4	4	74	马克杯^a	—	4	18.5
4	5	72	马克杯^a	—	4	18
4	6	73	马克杯^a	—	8	18
4	7	74	马克杯^a	—	8	18.5

注：^{a} 本组实验中的实验 3 和实验 4 没有报告价格。"实验 1 和 2 使用的是一系列是非问,与之不同的是,实验 3 和 4 要求受试者回答最低卖出价格或最低买入价格"(KKT, p.175)。

根据禀赋效应假说,代金券的交易额应该与预测的数量一致,因为在这种情况下人们仅仅是用现金去交换等额的代金券,事实上在很多实验中(包括实验 2、3、4 但不含实验 1)都出现了交易不足的情况。曾经有其他实验表明,被试在单一价密封报价的情况下会倾向于隐瞒对代金券的需求与供给(Smith et al., 1982),这是两类实验结果相一致的地方,但是,对消费品(如杯子、钢笔)的交易过程中也大量出现了交易不足的情况,根据观测到的结果,交易额远不到预测交易额的一半。[③] 如果存在收入效应的话,那么无杯子者的需求就应该小于持杯子者的需求,即 $d(P) < D(P)$,因而 $d(P^*) = N - D(P^*) < N - d(P^*)$,且 $d(P^*) < N/2$,但我们早期的报告显示收入效应不存在,这就是说上面列出的信息无法对与表 2.3 中的实验结果做出解释。[④]

需要补充的是,KKT 实验程序确实会促使人们隐瞒自己的供给(需求),被试按照要求在实物与价格之间做选择时,都知道双方的交叉价格其实就是买方的出价和卖方的叫价,因此,实验中的"市场价格就是已知供需曲线的交点"(KKT, 脚注 2, p.171),也就是说,如果被接受的最高叫价(ask)低于可接受最低出价(bid),即 $A_H < B_L$,那么将出现多种可能的市场结算价格。较有代表性的(公平的?)做法是,事先设定一个结算价格:使 $P_C = (A_H + B_L)/2$。以第 1 场实验的第 6 次实验为例,市场结算价格 4.5 美元就刚好是 $(A_H + B_L)/2$,处在 4.25 美元到 4.75 美元中间,如果被试认为会出

现 $A_H < B_L$ 这种情况，那即使卖家（可能成为边际卖家）提出比 WTA 更高的要价，他们也会买（买方也可能会提出比 WTP 更低的出价）。这是因为，不论是被试还是实验人员都对被分配的消费品的价值不太确定，结果隐瞒供需的动机比代金券交易时更强烈了。

2.2.2　单一价双边拍卖机制

单一价双边拍卖这种交易制度会造成单笔大宗交易，它跟连续双边拍卖机制一样具有即时信息反馈的特征，大量实验研究了这个问题（McCabe et al.，1993；Friedman，1991）。在开放性市场中，出价（bid）和要价（offer）都实时产生并不断向一个临时的结算价格和交易量靠拢，交易时间结束时，所有交易都会按结算价格和交易量定下来。这种制度非常适合用来检验存在禀赋效应的交易预测，因为有数据表明，它对边际单位产品具有非常高的敏感性，并导致完全有效率的交易。表 2.5 和图 2.1 说明了其中一个典型性实验（7302 号实验第 12 期）结算时的出价（bid）和要价（offer）实况。

表 2.5　出价、要价与单一价格双边拍卖实验（7302 号试验，第 12 期）

身份编号	出价	排名	要价	身份编号
2	400	1	220	19
6	325	2	290	24
9	310	3	300	22
4	310	4	300	21
11	301	5	300	17
12	300	6	300	27
10	311	7	329	25
7	300	8	330	26
1	300	9	347	18
8	280	10	362	23
5	270	11	380	20
3	200	12	—	—

第 1 列是各位买家的身份编号，第 2 列是每个人的出价（bid），第 3 列按出价由高到低、要价（offer）由低到高的顺序将所有人排列下来，第 4 列是各卖家的要价，跟着第 5 栏是每个卖家的身份编号。第 6 行下面的空白水平线

是成交部分与交易失败部分的分隔线,成交的各方以单一价达成合约(如表 2.5 中的 300 美分)。这一机制下其他几种信息反馈以及价格计算方式我们也有研究过,在我们采取的程序中,被试只能实时看到交易失败区域表现最佳的那一对要价和出价(如表 2.5 中的 311 美分对 329 美分)。这样就会给其他还没达成交易的买卖双方造成巨大的压力,使他们更加努力去达成一致意见,结果交易量达到了最大,市场效率也达到了最高(McCabe et al.,1993,p.320)。

图 2.1 以实线描绘了需求方出价(供给方要价),同时用虚线表示诱导价值或每个交易者的成本,注意,诱导价值/成本实质上表现得并不明显,所以不会妨碍余下 6 个单位产品的有效交易。

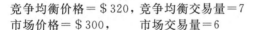

竞争均衡价格=＄320,竞争均衡交易量=7
市场价格=＄300, 市场交易量=6

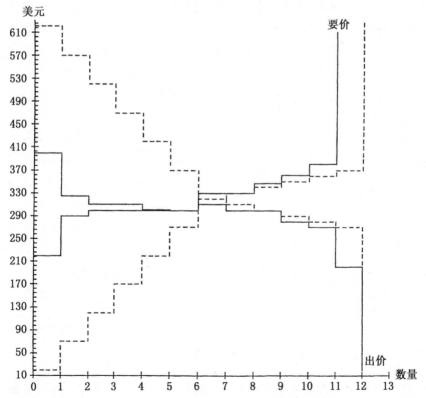

图 2.1 诱导供给和需求表和真实出价/要价图示(UPDA 实验 7302 号,第 12 期)

2.2.3 单一价机制下的杯子交易

我们报告两套系列实验的结果。每场实验中都有 24 个不同的被试,他们被随机平分为 12 人 1 组的买方和卖方。每套实验都分别包含第一和第二部分(见表 2.5),第一套实验的第一部分有 10(或 12)个交易期,每个交易期开始的时候,我们任意为每个买家指定一个价值,为每个卖家指定一个成本,而不是像之前那样在[$0, $9.99]之间均匀指派。这一基准可以算是实验的训练局。所有交易期耗时 4 分钟。在两套实验的第二部分,每个买家都得到 9.99 美元,如果不买杯子的话他们可以保留这笔钱;每个卖家得到一个在校园书店以 9.99 美元出售的亚利桑那野猫队马克杯,如果不卖掉的话他们可以保留这个杯子。每个人都可以用在实验的第一部分获得的东西换取现金收入。在第二套实验中,第一部分使用了图 2.1 中出现过的常容量均衡(constant volume equilibrium)的环境,但每个交易期里的每个价值都会追加一个随机量,然后随机指派给每个人,第二部分则与第一套实验的第二部分相似,只是把杯子的价格标签($9.95)保留了,并且明确告知了所有人,这样处理是为了降低因现金数量或杯子市价引起的不确定性,并且,因为根据之前观测到的情况,被试在 4 分钟的交易时间结束之后似乎还在调整各自的价格,于是在第二次实验中我们将杯子的交易时间延长到了 6 分钟,表 2.6 为实验设计。

表 2.6 交易实验的实验设置

	第一套	第二套
第一部分	诱导价值[0, $9.99]	诱导价值[0, $9.99]
第二部分	买家:$9.99/人; 卖家:1 个杯子/人; 4 分钟交易	买家:$9.99/人; 卖家:1 个杯子/人; 4—6 分钟交易; $9.95 价签保留
实验数量 (被试数量)	4(96)	6(144)

2.2.4 交易实验的结果

表 2.7 罗列了在随机均衡—诱导价值环境下,实验的第 1—10 期预测的竞争均衡交易量以及相对应的实测交易量。诱导价值结果在表中 4 个实验的第 1—10 期都有记录,杯子的交易量则在所有实验的第 11 期有记录,并在

括号里附有对应的结算价格。

表 2.8 列出的是训练基准局中第 1—12 期实验的交易量数据,期间设定的是常容量均衡环境,随后的杯子交易实验在第 13 期里有记录,也在括号里附有结算价格。

表 2.7　第一套交易实验的交易量,随机均衡[a]

UPDA 实验[b]	5282		6012		7162		7232	
交易期	交易量		交易量		交易量		交易量	
	预测量	实测量	预测量	实测量	预测量	实测量	预测量	实测量
1	8	8	7	6	6	5	5	5
2	7	8	6	5	5	5	6	7
3	6	6	4	4	6	6	6	5
4	8	7	5	5	7	6	7	6
5	4	5	7	6	7	6	7	7
6	6	6	7	6	6	6	5	4
7	7	6	6	5	6	5	5	5
8	6	6	8	7	5	5	6	5
9	5	5	7	7	5	5	5	5
10	7	6	5	4	6	5	6	6
11[c]	6	6(189¢)	6	3(300¢)	6	3(100¢)	6	4(101¢)

注:[a] 每一期实验中,通过[0,＄9.99]区间内均匀分布值的替换,得出 1—10 个价值。

　[b] 实验的数字号码与实验进行的日期相关(如,5228,即 1992 年 5 月 28 日)。

　[c] 第 11 期试验的马克杯交易数量,括号中是交易价格(单位为美分)。

表 2.7 和 2.8 都表明,当我们从诱导价值交易转向杯子交易时,与预测值相关的交易量有所减少。但是,将表 2.7 和 2.8 中杯子的交易量与表 2.4 中多种物品的交易量相比,很明显,在我们的实验机制下,交易不足的情况没有 KKT 实验里那么严重,11 个实验中有 3 个观测到半数以上的杯子按照标准理论预测成功进行交易。

因为被试在诱导价值实验中获得的收入从 0—34 美元不等,所以我们可以质疑收入效应是否影响到人们在杯子实验中的出价和要价?对此我们进行分别回归,结果表明,人们之前的收入对他们在杯子实验中的 WTP 和

表2.8 第二套实验的交易量,常容量均衡ᵃ:时长4分钟及6分钟的杯子交易期

UPDA 实验ᵃ	7302ᵇ		1062ᵇ		10152ᵇ		01263ᵇ		01283ᶜ		02193ᶜ		02243ᶜ	
	交易量		交易量		交易量		交易量		交易量		交易量		交易量	
交易期	预测量	实测量	预测量	实测量	预测量	实测量	预测量	实测量	预测量	实测量	预测量	实测量	预测量	实测量
1	6—7	6	6—7	8	6—7	8	6—7	6	6—7	7	6—7	7	6—7	6
2	6—7	6	6—7	7	6—7	7	6—7	6	6—7	6	6—7	6	6—7	6
3	6—7	6	6—7	8	6—7	6	6—7	7	6—7	7	6—7	6	6—7	6
4	6—7	7	6—7	7	6—7	6	6—7	6	6—7	7	6—7	5	6—7	6
5	6—7	6	6—7	7	6—7	7	6—7	6	6—7	7	6—7	7	6—7	6
6	6—7	6	6—7	6	6—7	6	6—7	6	6—7	6	6—7	6	6—7	6
7	6—7	6	6—7	6	6—7	6	6—7	7	6—7	7	6—7	6	6—7	6
8	6—7	6	6—7	6	6—7	5	6—7	6	6—7	6	6—7	6	6—7	6
9	6—7	6	6—7	6	6—7	7	6—7	7	6—7	6	6—7	6	6—7	6
10	6—7	6	6—7	6	6—7	7	6—7	6	6—7	6	6—7	6	6—7	7
11	6—7	7	6—7	7	6—7	6	6—7	6	6—7	6	6—7	6	6—7	6
12	6—7	6	6—7	6	6—7	6	6—7	6	6—7	6	6—7	6	6—7	6
13ᵈ	6	2(223¢)	6	7(143¢)	6	3(250¢)	6	6(350¢)	6	5(85¢)	6	3(452¢)	6	3(215¢)

注:ᵃ 通过[0,$9.99]内均匀分布值的替换,得出一组价值。对第1—12期实验的所有价值加入一个随机常数,并随机指定个体角色。

ᵇ 每一期实验时长均为4分钟。

ᶜ 第1—12期试验时长均为4分钟,第13期的时长为6分钟,其目的是为杯子交易提供更充足的时间。

ᵈ 此处为第13期中交易成功的杯子数量,括号中显示的是以美分为单位的成交价格。实验人员将价格标签(显示为$9.95)都贴在杯子上,并向被试说明。

WTA影响不显著(回归系数的 t 值为：卖家－0.28，买家－0.20)，这再次证明，收入效应或落袋为安的效应并不存在。

每个杯子交易实验都提供了一对结算价格样本，包括出价和要价。因为交易机制为被试提供了充分的机会来调整各自的出价和要价来达成交易，如果人们真诚地希望交易的话，那么出价与要价的分布就会提供市场激励——市场激励基于WTP和WTA来衡量，这与2.1第1组和第2组提炼出的BDM衡量明显不同。因此，我们如果比较一下第1组的WTA价格分布与结算时的要价分布，或者对比一下第2组的WTP与结算时的出价分布，会是一件有趣的事。表2.9汇报了上述比较的 t 检验结果，在比较过程中，我们只使用了交易实验的出价—要价数据，实验中杯子的价格被设定为未知，因为这正是第1组和第2组在选择实验中面临的处理条件。要价和出价分布都明显低于对应的第1组的WTA分布和第2组的WTP分布，在互动市场环境中，选择过程未能产生可以用来准确地预测出价与要价的估计值。

表 2.9　有选择评估的 UPDA 出价、要价及交易价的对比

		出　价	要　价	交易价
第 1 组 WTAs	t 统计量 置信水平	—	−8.68(0.00)	−4.14(0.00)
第 2 组 WTPs	t 统计量 置信水平	−9.043(0.00)	—	0.14(0.89)

表2.9也包含了交易实验中第1组与第2组的估价与所有杯子价格的对比，结果显示，价格明显低于第1组的WTA，但不低于第2组的WTP，因此如果要预测交易价格，由选择数据产生的WTP就比WTA更有意义。库西(Coursey et al.，1987)在研究WTA与WTP差异时曾有类似发现。

肖格伦等(Shogren et al.，1994)用重复的二级价格拍卖方法检验了拥有相近替代品(如糖果和杯子)的WTP和WTA，结果发现，平均来讲这些商品的WTP和WTA之间并不存在显著差异。他们对上述商品的WTP和WTA存在差异的说法提出了质疑，并拒绝了KKT的禀赋效应假说。肖格伦等(Shogren et al.，1994，p.265)对两种实验设置(treatment)的最后三个实验次(trials)即实验8—10的结果报告显示，WTA与WTP的比率仅仅是1.08和1.05，也就是说，二者几乎是相等的。

我们并不否定他们的结果或结论，他们的结果与我们得出的结果也谈不上冲突，因为我们直接检验的是交易量，而非 WTA 和 WTP 的差异。但有一点很重要，在这两种情况下，WTA 和 WTP 的平均差在统计上可能会很难辨别，交易量的差别却是实实在在的。我们可以回头看看表 2.2，平均来看，最后 4 组出价（要价）的轻微下降（上升）对 WTA 和 WTP 产生的影响几乎无法识别，但是，交易量却会从 6 减到 2；同理，WTA 和 WTP 的比率 1.08 和 1.05，差别很细微，但在我们的（以及 KKT 的）实验环境中，却会使交易量产生相当大的变化，在表 2.5 中，平均 WTA 与 WTP 的比率仅为 1.05，但市场却达到了完全交易（适量边际单位除外，它们对交易效率没有影响）。

2.3　总结讨论

本章重新考察了 KKT 检验消费品禀赋效应的实验过程，主要包括了一系列个体选择实验和另一套独立的市场交易实验。

我们在选择实验中消除了所有与"买""卖"和"价格"相关的因素，将 KKT 原来三个实验组的任务都改成了选择任务，而这些选择实验都是在一个独立的市场实验之后进行的，被试已经在独立市场实验里赚取了数量相差很大的现金，于是我们就可以观察，不同的收入、或者被试之前作为买家/卖家的经历，是否会对他们在选择实验中的表现产生影响，结果表明，这些都没有影响。

通过对比，我们发现 KKT 之前使用不同指令的方法——使被试成为买方、卖方或选择方——似乎夸大了卖方 WTA，但他们的禀赋效应假说在我们的实验中仍然成立。因此，在重设实验程序之后，尽管我们观测到的 WTA/WTP 差异确实要小一些，但人们的定性选择结果依然稳健成立。

杯子交易实验与选择实验在方法上有很大差异，但是实验结果却基本一致。训练实验局使用了诱导价格，使买卖两组被试各自获得的收入都存在很大差异。随后，买方（卖方）会对杯子给出各自的出价（要价），于是我们就可以观察前期收入是否会影响他们买（卖）杯子时的 WTP（WTA）价格，结果是收入效应或落袋为安的效应在买卖双方的行为中都不存在。按照理论预测，既然没有收入效应，那么卖家持有的 12 个杯子应该有一半会成功交易，但我们观测到的是：11 场实验中，两场与预测相符，7 场交易额为 2—4 个杯子,1 场交易额为 5 个,还有一场交易了 7 个,以预测值为标准,偏离要比代金券(诱导值)交易实验中大一些,但是远远没有 KKT 报告的那么大。我们设定的交易程序缩小了这种偏离,但无法把它消除。我们同意 KKT 的说法:禀赋效应似乎确实会导致交易不足现象,但我们对此有不一样的解释,后文将会论及。

经过对杯子交易实验中的出价(要价)与选择实验中的 WTP(WTA)进行对比,我们发现交易实验中的出价(要价)都低于选择实验,也就是说,在实际交易中,买方出价更低,卖方要价也更低。另外我们也对比了交易中的杯子价格,结果发现在选择实验中,WTP 比 WTA 能更准确地预测市场价值。

我们认同肖格伦等人(Shogren et al.,1994)的发现,他们用二级价格拍卖方法发现,杯子、糖果等类似商品的 WTA 和 WTP 不存在显著统计差异。他们认为,随着时间的推移,这种差异跟样本的可变性比起来确实会变得微不足道,但我们却观测到,交易不足与预测值是相关的,而预测值又与 WTA 和 WTP 之间那种微小的统计差异表现一致,因此,我们不能拒绝 KKT 交易不足假设。WTA-WTP 的微小统计差异与交易量的大小有显著联系,我们的实验以及 KKT 实验都证明了供需曲线非常平缓这一事实,很好地对应了上面这种联系,至此我们可以总结,WTA 和 WTP 之间的微小差异对交易不足具有很大的影响。

按我们的理解,KKT 承受市场检验的关键假设并不是 WTA 和 WTP 的不对等,而是交易不足这个问题,然而,后者似乎主要是由平缓的供需曲线造成的。

禀赋效应是一个值得我们关注的重要行为特征吗?我们不能轻易忽略这个与标准偏好理论相反的意见,它对市场有重要的实践价值,但却不为人们所重视。所有交易几乎都是在专业公司之间或是公司与消费者之间发生的,基本不存在个人对个人的交易。当然,现场旧货处理是一个例外,就算也有交易不足的现象,人们还是会显得热衷于以物易物或直接交易。最后,如果肖格伦等(Shogren et al.,1994)是对的——WTA 和 WTP 的差异会随着时间流逝变得微不足道——那么显著的交易不足现象可能就是平缓的供需曲线一手造成的了。

注 释

① 感谢杰克·尼奇(Jack Knetsch)为我们提供 KKT 第 6 和第 7 个实验的相关数据副本。

② 在一部分实验中,安排好的 WTP 和 WTA 相交了,结果买方和卖方直接以出清价格完成了交易。在这种情况下,KKT 所说的"我们的决策可能对价格没有影响"这种观点就不成立了。

③ 有些实验表明,被试在诱导价值实验中之所以进行了交易,是因为他们以为这是实验人员所希望的,或者会认为这就是实验人员带他们进实验室的目的。KKT 实验结果跟这个解读有非常大的不同。

④ 人们也可以基于 BDM 的启发式程序,从选择实验中用 WTP 和 WTA 数据去确定假想的交易量。我们做过这样的尝试,将第 1 组的 WTA 和第 2 组的 WTP 交叉起来,发现 20 个推测的交易中只有 8 个会发生。这一认识与 KKT 的发现是吻合的。如果我们用第 3 组的数据作为"真实 WTA"的更好的估计值,将其与第 2 组的 WTP 交叉起来,20 个推测的交易中我们只能得到 12 个。

3

实验经济学中的货币奖酬与决策成本

弗农·L.史密斯　　詹姆斯·M.沃克

本章针对赢利（payoff）的大小如何影响实验结果提出一个理论框架和一些经验证据。我们将考察赢利可能如何影响个体效用函数，以及该函数中非货币因素对应的赢利等相关理论问题。本质上，我们是利用关于被试行为的努力理论来完成上述工作的。

实验学家经常论及的一个问题是，除货币收益之外，可能还有其他因素影响被试的决策行为，因而在解读实验结果时须考虑到这一点。[①] 与自适应和行为经济建模相关的文献通常将决策成本看作模型中的隐含条件之一。[②] 科恩里斯克（Conlisk, 1988）曾提供一些例子，展示了优化成本（我们称之为决策成本）可以如何明确地整合到建模问题中，并提出了类二次损失函数的一般化的建议。我们的方法是，将决策成本问题表达为收益和为了减少"失误"而付出的努力成本之间的权衡，"失误"被定义为无决策成本时的最优决策与主体实际决策之间的差异。这种规范化处理的好处是，模型所蕴含的意义可以直接用大量已知的实验数据来检验。我们也试图完整阐述范温特费尔特和爱德华兹（von Winterfeldt and Edwards, 1986）的一个观点并使之规范化，即决策者可能会因为水平最大化（flat maxima）问题而无法做出最优决策，或者如哈里森

(Harrison,1989)所研究的,放弃最优决策的机会成本很低,也会造成非最优决策的出现。由于标准理论预测的是不管赢利函数的弯曲幅度有多细微,决策者总是会做出最优决策,所以理论的设定有误,需要进一步修正。若理论被正确设定,对于机会成本或水平最大化问题之类就没什么好说的了(比如,当边际收益与决策成本相差无几时,就不存在要放弃什么的问题了),这与哈里森,范温特费尔特和爱德华兹的观点是一致的。

我们考察的理论方法,立足于由西蒙(Simon,1956)率先提出的一个观点,亦曾被西格尔(Siegel,1959)用于实际操作,其主要内容是:理性选择理论在分析决策行为时首先是一个正确的一等近似值,但它是有欠缺的,要想使它更完整,就需要从特别设计的大量实验中收集有价值的数据,然后利用这些数据来引导出更完整的理论。西蒙最初的论点是:"要预测经济人的行为,我们不仅需要知道他是否为一个理性人,还需要了解他是如何认识现实世界的——比如他眼中有哪些选项,对每个选项的结果又有何种预期"(1956,p.271)。因此,我们不否认人类的理性,我们要研究的问题是:个体在什么状态下是理性的?关于人们"应该"有多"理性"这一抽象的实践性原则,我们又能够扩展到什么程度?

但是,如果研究赢利的效应需要一个理论基础,那么它一定也需要实证证据。传统经济模型均假设对决策来说只有货币奖酬是重要的,但心理学家却往往假设货币奖酬对决策无关紧要。[3]本章概括的事实支持了更符合常识的观点,即货币奖酬对决策至关重要,但同时也说明前面两种极端观点——货币奖酬是唯一重要的或者不重要的——在实验经济学研究中都有失偏颇。精确的理论与实际的观测结果之间总是存在差异,这也为理论的进步提供了空间。因为理性理论假设了受到激励的决策者,于是将奖酬分级就成了分析决策差异的重要工具之一。我们的基本观点是,实验学家们应该从被试身上更好地了解个体理性,同样,个体决策者也应该从经济模型中更好地学习我们所说的理性。

3.1 存在决策成本的激励理论

在这一节,我们提出一个简单的理论框架,以便帮助大家:(1)更好地理解可能产生最优决策或偏离最优决策的经济环境;(2)就实验设计和解释实验结果给出一些指导意见。

我们从理论家和实验学家视角推导出的理性理论命题开始。令 X、W、Θ 和 Z 为凸集,其他需要识别的变量随后再定义。

1. $x \in X$,是被试的信息决策变量,如价格、数量、出价,或预测。该变量是在特定的实验设计和制度背景下,由实验者对相关理论的理解来定义的。

2. $w \in W$,是环境变量,由实验者作为"实验设置"来控制,如货品价值、资产禀赋或产品成本。

3. $\theta \in \Theta$,是定义在 Θ 上分布函数为 $F(\Theta)$ 的随机变量。F 由实验者选定,在与老天爷(nature)对抗的博弈中生成恰当的概率,或在豪尔绍尼(Harsanyi)不完全信息博弈中对被试选择进行建模时,生成关于其他对手类型的恰当的不确定性。在私人价值拍卖中,给定的某个竞价者的 v,对于其他 $N-1$ 个竞争对手来说就是不确定的。

4. $\pi(x, w, \theta)$,是受实验者控制的结果函数,由实验中的货币(如代币、法郎等)来表示,以理论模型中的激励假设为基础。函数 π 被设定为 x 的严格凹函数,这样,在给定 w 和 $F(\theta)$ 时,实验者可以预测被试对 x 的唯一最优选择是 x^*。

5. λ,是由实验者控制的赢利标度转换率,它将实验货币转换成奖酬中介。我们假定这个边际转换率不变,但是在很多实验中情况并非如此[例如,转换率是结果函数的非线性增长函数 $\lambda(\pi)$]。

根据以上变量,标准的期望效用函数可以记为

$$U(x, w, \lambda, \pi, F) = \int_{\Theta} u[\lambda \pi(x, w, \theta)] \mathrm{d}F(\theta) \tag{3.1}$$

$x^* = \arg\max U$ 的一阶条件为

$$\lambda \varphi_1 = 0, \text{且 } \varphi_1 = \int_{\Theta} u_1 \pi_1 \mathrm{d}F(\theta) \tag{3.2}$$

其中,下标 j 表示对自变量 j 的微分。如果效用随奖酬($\lambda > 0$)递增,则式(3.2)意味着 $\Omega_1 = 0$,解 $x^* = x(w, F)$。就被试的预测选择 x^* 而言,函数 $x(w, F)$ 是可检验的实验假说之源头。注意,如果 u 是线性函数,或者是 π 的幂函数,则 x^* 独立于 $\lambda > 0$,无论机会成本 $\pi_{11}(x^*)$ 多么小,x^* 都是最优解。

现在,我们从决策制定者(被试)的视角,来考察同一个问题。为做好这

一点，我们在前面 5 个变量的基础上增列如下变量：

6. $y \in X$，是由被试选择的决策变量的值，被试在给定其感知、评估、分析和对实验导语及其所执行任务的理解（随其个人经验有所扩充，可复制）来做出决策。决策结果可记为 $\pi(y, w, v)$。

7. $z \in Z$，是由被试在执行任务时有意或无意控制的不可观测的决策过程变量，该过程导致决策变量 y。z 可视为决策成本或努力（包括专心、注意、思考、记录、报告、行动），这些都是被试在执行实验者表达的任务时需要付出的。跟粒子物理学中的夸克（quark）一样，z 无法被直接测量，但我们可以通过搜索它对决策变量 y 的影响来觅其踪迹。如果意识到 z 潜存于每个主观决策模型中，那我们就准备寻其影踪；如果认为 z 非常重要（比如在稍后提及的西格尔模型和我们提出的一般模型之中），我们就通过操控实验程序来影响 z 进而影响 y，以便建立起相关的认识。

8. 现在考虑如下式：

$$y = x^* + \varepsilon(z, s) \tag{3.3}$$

［例如，$\varepsilon(z, s) = s\xi'(z) < 0, \xi''(z) > 0$］，其中 $\varepsilon(z, s)$ 是一个函数，是对 x^* 的规范化，详细刻画了 z 对被试选择 y 的效应。设 $\varphi(z)$ 为被试的努力 z 到决策 y 的生产转换函数。未知随机变量 s 刻画了人们在决策时的"状态"，它导致 ε 在条件 z 下的随机性。通过重复执行任务，可获得 s 效应的观测值。假设更多努力可以缩小预测的最优决策（x^*）与真实决策（y）之间的差距并进而提高赢利，自然而然，ε 就可解释为预测决策偏差，并且对于给定 z 下重复选择 y 来说是随机的[④]，误差函数的某些假定性质将在下文讨论。

9. $\mu > 0$ 是被试标度特征，它度量的是，在当被试达到任何结果 π 时会存在或强或弱的自我满足的假设下，结果 π 的主观价值的货币等价。假定该参数在奖酬标向 $\lambda \geqslant 0$ 上是可加的，并且当外生奖酬 $\lambda = 0$ 时模型可以解释非随机行为。

很明显，对于读者来说，x、y、z、w 皆可由标度位置中的向量来表示，但标量足以考察我们要讨论的问题。另外，我们适当地忽略了变量和函数的下标 i，因为它总让人觉得我们是从某个特定的人 i（比如读者自己）的角度来看问题的。

现在，我们可以用新的变量写出主观的期望效用函数：

$$\Psi(y,z,w;\lambda,\mu,\pi,F)=\int_{\Theta}u[(\mu+\lambda)\pi(x,w,\theta),z]\mathrm{d}F(\theta) \quad (3.4)$$

其中，$u_2<0$ 是努力 z 的边际决策成本（或边际负效用）。代入式(3.3)，$z^*=\arg\max\Psi$ 的一阶条件为：

$$\varphi_1\geqslant\varphi_2/(\mu+\lambda)\varepsilon_1$$

其中 $\varphi_1=\int_{\Theta}u_1\pi_1\mathrm{d}F(\theta)$

$$\varphi_2=\int u_2\mathrm{d}F(\theta) \quad (3.5)$$

接下来，我们考察三种情况，每种情况都代表了式(3.5)的一个可能解。

(1) 有限理性的情况。

当式(3.5)中">"号成立，我们可在集合 Z 的边界得到约束解 z^*（例如：若 $Z=[0,\bar{z}]$，则 $z^*=\bar{z}$），这里的有限理性情况是很重要的，人的决策能力受心理和智力条件限制，当这些限制是有效的，当事人的约束优化决策就是 $y^*=x^*+\varepsilon(\bar{z},s)$，与奖酬 λ 无关。我们应当认为奖酬 λ 是在激励层面而不是心智能力层面产生作用的。这种情况是对西蒙决策中有限理性概念的规范化。

现在，我们看一看式(3.5)中等号成立时的内解。首先要注意，与式(3.1)和(3.2)的情况相反，当 $\lambda=0$ 时，式(3.4)和(3.5)很好地定义了最大化问题。这一点对于解释被试在缺乏显著奖酬时为何并不单纯地随机反应是非常重要的。

(2) 纯属决策失误的情况。

考虑一种退化情形：边际决策成本以及式(3.3)和(3.4)中 $\varphi_2=0$ 且 $\varepsilon(z,s)\equiv\varepsilon(s)$，在这些条件下，努力并未影响标准函数式(3.4)，无成本的直接决策变量为 y，替换式(3.5)我们得到条件 $\varphi_1=0$，它决定了 $y^*=y(w)$，其中 $y^*=x^*+\varepsilon(s)$。这个式子与式(3.1)和式(3.2)是相同的，除了在决策假设中以计量经济设定增补了决策误差项之外[正如麦克尔罗伊(McElroy,1987)考察生产、成本和派生需求方程组的误差模型一样]。根据过往经验，通常可以认为 $y^*-x^*=\varepsilon$ 服从平均值为 0、方差为 σ^2 的随机分布（也就是说，σ^2 是无偏的）。假设检验经常发生在这个既定条件下。我们在下面的检验中将看到，数据通常并不违反条件 $E(\varepsilon)=0$ 的条件，被试的选

择 y^* 分布于一个"逼近" x^* 的均值（或中值）周围，但是也有例外，并且至少有某些例外是当 x^* 与集合 X 边界之间的欧氏距离近乎 0 时发生的，此时，数据表明 $E(\varepsilon) \neq 0$。如果决策失误是随机的，那么 $E(\varepsilon) = 0$ 与边界最大值就不能彼此兼容，所以可以得出这样的结论：数据与预测能够保持一致，部分原因在于，x^* 足够远，处于随机无偏的决策失误 X 内解之中，因此难以产生不相容的情形。当然，它们可能是有偏的，并且在边界优化上误差肯定是有偏的，因为边界上 ε 的分布被截断了。

（3）占优的情况。

现在，考虑式（3.5）定义的更一般化的内点最大化解。式（3.5）特别告诉我们：如果均衡时边际决策成本减去 $\varphi_2/(\mu+\lambda)\varepsilon_1$ 随 $\lambda \rightarrow \bar{\lambda} \leqslant \infty$ 而趋于 0，那么我们在奖酬水平 $\bar{\lambda}$ 及更高水平上具有优势（换言之，奖酬足以压倒决策成本努力）。[⑤]这一性质是否在任何特定情形中成立，以及什么样的 $\bar{\lambda}$ 水平（如果有的话）足以获得优势，完全是一个经验性（empirical）问题。我们已经看到这个性质为何不能成立：式（3.5）的解值 z^* 可能在 Z 的边界上，其他生理、心理、感知上的影响也可能实现不了，因此，在信号侦听实验中，当被试接近其听力边界时，提高奖励几乎不能带来听力改善。类似的考量同样适用于几乎所有实验中的被试。

以上分析的方法论意义十分明显。在新的实验情形中，如果实验者发现决策误差系数 ε 足够有偏而与理论相悖，那么首先要质疑的就是实验导语和程序，导语和程序可以更简化吗？如果不能（任务本身很困难），被试的经验有用吗？不用说，这些都是有助于降低决策误差的手段。第二个要质疑的是赢利水平，可以尝试将 λ 增至 2 倍、3 倍，甚至 n 倍，我们确实经常这样做，史密斯和沃克（Smith and Walker，1993a）曾报告过拍卖实验中将赢利增加 5 倍、10 倍、20 倍之后的结果。现实生活中人们并不会这样做，因为在现实中低奖酬和高奖酬的经济决策都有，而且所有决策都与利益相关。我们可以操控赢利，继而使人们对最优决策收益与成本之间的权衡更易于理解，并探索客观最优的深度与极限。

把我们的技术误差模型应用于纳什均衡行为分析时，我们假设被试是有限理性的，就是说，从他们的行为来看，似乎其均衡选择行为并没有考虑对手选择行为的误差特性（或者对其他被试真实的失误倾向做出最优反应）。此类误差会影响纳什"颤抖手"均衡的计算，这一点已在泽尔滕（Selten，1975）的开创性论著中得到证明，其证明的前提是决策误差的结构乃共同知识:"……所有参与者都对其他人的误差抱有相同看法及打算"(Kreps,1900b, p.439)。但是回头看看福雷克和西格尔(Fouraker and Siegel, 1963)对议价、寡头垄断及拍卖市场的研究,他们却指出,假设(赢利)共同知识的纳什博弈中,单个人的出招在私人(不完全)信息下的重复博弈会表现得最好,在共有信息条件行为反而会发生偏离。结果,这类模型确实能表现出均衡行为,因为被试倾向于向均衡移动,或保持在均衡点附近,但误差还是存在的。在3.3的例子中,从他们的观点出发,我们发现没必要假定被试是有意趋向于"颤抖手"均衡的,在内点解优化的情形中,被试在平均意义上是对的,因此,简单的纳什模型可以解释数据的集中趋势,但不能解释误差。[⑥]

3.2 存在可加分离性的某些可比实验设置预测

在这一部分,我们考虑另外情形的含义,其中式(3.4)里的 Ψ 可写为如下可加分离形式:

$$\Psi = \varphi(x^* + \varepsilon) - C(z, \gamma) \tag{3.6}$$

这里,

$$\varphi(x^* + \varepsilon) = \int_{\Theta} u[(\mu + \lambda)\pi(x^* + \varepsilon(z, s), w, \theta)]dF(\theta)$$

函数 $C(z, \gamma)$ 表示被试的努力成本 z, γ 为转换参数。除式(3.3)中的条件 $\varepsilon(z, s) = s\xi(z)$ 外,还假设 $\varphi_1 > 0$, $\varphi_{11} < 0$, $C_1 > 0$, $C_{11} > 0$, $C_{12} > 0$。同时,令 $s \in S$,并有分布函数 $H(s)$。在史密斯和沃克(Smith and Walker, 1993a)的研究中,我们曾运用这些假设并检验它们在一级价格拍卖理论中的含义。

现在,利用泰勒展开式在点 x^* 的前三项去逼近式(3.6)中的 φ,那么,由于 $\varphi_1(x^*) = 0$,包括 ε 的线性项消失了,我们得到

$$\varphi(x^* + \varepsilon) \cong \varphi(x^*) + \varphi_{11}(x^*)\varepsilon^2/2 \tag{3.7}$$

然后,替换式(3.6)和式(3.7),并定义

$$\Psi(z) = \int_s \Psi(s)dH(s) = \varphi(x^*) + \varphi_{11}(x^*)\frac{\text{var}(s)\zeta^2(z)}{2} - C(z, \gamma) \tag{3.8}$$

从被试角度出发,要考虑的问题就是选择 $z^* = \arg\max \Psi(z)$,它由下式决定[7]

$$\zeta(z^*)\zeta'(z^*) = \frac{C(z^*, \gamma)}{\varphi_{11}(x^*)\mathrm{var}(s)} \tag{3.9}$$

通过对均衡条件(3.9)求导,可以直接写出下面的导数

$$\frac{\mathrm{d}z^*}{\mathrm{d}\lambda} > 0; \ \frac{\mathrm{d}z^*}{\mathrm{d}\lambda} < 0; \ \frac{\mathrm{d}\mathrm{var}\,\varepsilon}{\mathrm{d}\lambda} < 0; \ \frac{\mathrm{d}\mathrm{var}\,\varepsilon}{\mathrm{d}\gamma}$$

赢利的增加或决策成本的减少均与决策努力的增加有关,由此带来的实测结果是决策误差的方差变小。降低决策成本的一种"实验设置"就是被试的经验:随着经验增加,决策将变得更容易且更常规化,在给定的赢利水平下我们可以推测决策误差的方差将变小。

3.3 实验经济学中有效激励奖酬和机会成本对绩效的影响

实验经济学的文献源远流长,最早可以追溯到西格尔(Siegel,1961)及西格尔和福雷克(Siegel and Fouraker,1960),他们提出,影响被试机会成本的货币奖酬作为实验设置变量是不断变化的,它们对被试表现的控制效果也是可测的。此外,还有大量认知心理学家的实验文献涉及风险方案中的选择。心理学文献报告的绝大多数实验都不曾使用货币强化,如西格尔(Siegel,1961,p.767)所说,"被试是被要求发挥最优水平"。心理学家常基于这样的理由为假设的选择过程进行辩护:货币既可以不重要,也可以特别重要,如此一来,货币奖酬就并非必须。例如,道斯(Dawes,1988,pp.122,124,131,259)引用过一些决策实验例子,其中使用货币奖酬后得出的结果与假设的选择"一样"或"差不多":斯洛维克等人(Slovic et al.,1982),格雷瑟和普洛特(Grether and Plott,1979),特沃斯基和卡尼曼(Tversky and Kahneman,1983),特沃斯基与爱德华兹(Tversky and Edwards,1966)。但是,心理学文献中与此相反的一些引用表明,货币激励的确很重要,如戈德曼等人(Goodman et al.)总结道,"尽管这些数据还不那么确凿,但是如果人们想从虚幻赌注中得到某些等价值,并以此为基础去使用某些启发式方法,那也未免过于自信了"(1979,p.398);西格尔等(Siegel et al.)提到,对于那些以点数、积分[8]或代币作为"赢利"的实验,我们毫无信心(1964,p.148);梅西克和

布雷菲尔德(Messick and Brayfield，1964)、克罗尔等人(Kroll et al.，1988)发表了相同意见，即使是在心理学文献中，也有证据显示奖酬是很重要的。

经济学文献中有一项重要的研究，由宾斯万格(Binswanger，1980，1981)针对240位印度农民展开。该研究比较了人们在赌局中假设的选择与高于被试月收入水平的真实回报下的选择，发现假设的结果与真实刺激下的风险规避测度并不一致。将赢利在三种水平间变化，则被试会随着赢利上涨而表现出更强的风险规避行为。与此类似，沃尔夫和波尔曼(Wolf and Pohlman，1983)对比了国库券交易人在假设交易与真实交易中的不同表现，结果发现，在使用真实的交易数据时，交易人不变的相对风险规避是假想情况下的4倍。最近，Kachelmeier等(1991)在中国研究了高货币激励下的风险偏好问题，他指出，在低赢利与极高货币赢利之间，被试的反应有很大差别，而假想赢利与低货币赢利水平之间被试反应则没有显著差异，不过，在期望效用理论的检验试验中一直存在的常见异常情况还是存在。

还有其他一些研究数据也表明，货币奖酬会产生结果差异。普洛特和史密斯(Plott and Smith，1978，p.142)的研究结果显示，当存在佣金激励时，边际交易发生的频率要远高于没有佣金激励的时候；菲奥里纳和普洛特(Fiorina and Plott，1978)的研究是关于团体决策的，他们发现，通过逐步提高奖酬水平，理论预测的均值偏差与标准误差都减少了；格雷瑟(Grether，1981)报告了一些个体决策实验的数据，他指出，通过提供货币奖酬，出现"迷糊"行为的情况减少了，不过，对于那些从一开始就不"迷糊"的被试来说，不管有没有货币奖酬，他们的行为方式差不多。

关于赢利水平如何影响实验结果，克罗尔等人(Kroll et al.，1988)给出了一个让人印象深刻的例子。他们利用电脑控制的投资组合选择任务，对分离定理及资本资产评价模型进行实验性检验，两个实验为：实验1(30个对象)和实验2(12个对象)，实验2的赢利是实验1的10倍，平均每位被试有165美元，或者每小时44美元(相当于以色列学生一般时薪的30倍)，作者发现，在资本资产定价模型的实验检验中，被试的表现因为赌注的10倍增长而发生了很大的提高，他提出："这样的结果，让我们相当怀疑那些只用了微小货币激励或根本没有货币激励的决策实验结果的有效性"(Kroll et al.，1988，p.514)。

福赛思等人(Forsythe et al.，1994)发现，货币激励对独裁者博弈实验结果的影响非常大，同时，在无奖酬条件下，最后通牒博弈的结果也显得苍白无力,因为这种实验没办法重复,赢利加倍并不能影响被试的行为,在货币激励的存在的情况,作者有力地拒绝了公平假设。

最后,麦克莱兰等人(McClelland et al., 1991)的一项重要研究直接控制了激励决策机制下被放弃的小的预期利润,通过实验设置使最优赢利水平处于不同的峰值水平。他们发现,当决策机制显而易见非常简单(决策成本很低)时,扁平赢利函数的最大值和陡峭赢利函数的最大值差不多;但当决策机制变得晦涩难懂且需要搜寻时,当赢利函数更加陡峭时,被试最优的出价的绝对偏差显著变小。

3.3.1 不确定条件下的决策与决策成本

特沃斯基和爱德华兹(Tversky and Edwards, 1966)的一项研究很有趣,因为他们发现,当被试做出正确(或不正确)预期时,给予 5 美分的货币刺激(与没有显著奖酬的情况形成对比)就足以带来更近似于最优的实验结果。这是一项标准的二元选择预测实验:两盏灯的点亮按照固定概率 p 和 $1-p$ 的伯努利过程独立实验,且被试不知道该概率。该实验被复制了很多遍,没有增强货币激励,但被试一直被极力建议要做到最好,标准结果是,中等数量的被试达到了与概率匹配的稳定渐近线,就是说,预测到经常性事件的概率为 $\hat{x} \cong p$。由于做出正确预测的次数的期望值为 $xp+(1-x)(1-p)$,把经常性事件的发生率设定为 x,则"最优"解为 $x^* = 1(p > 1/2)$。特沃斯基与爱德华兹报告了 1 000 次试验得出的更高发生率(比匹配率更高):当 $p = 0.60, \hat{x} = 0.705$,而当 $p = 0.70$ 时,$\hat{x} = 0.76$;可以假定渐近线水平(报告中并未指出)某种程度上变得高一些了。但是,研究者得出的结论是:"虽然大部分控制组之间的差异都与规范模型的预测相符,但 Ss 却远远脱离了我们基于这个模型所做出的预测"(1966, p.682)。顺便一提,他们推测:"既得数据的正规模型可能包含了一个与决策相联系的概念,比如成本"(p.683)。

其实这样的正规模型在更早的时候就有人检验并发表过了,如西格尔(Siegel, 1959),西格尔和戈尔茨坦(Siegel and Goldstein, 1959),西格尔(Siegel, 1961),西格尔和安德鲁(Siegel and Andrew, 1962),西格尔等(Siegel et al., 1964)。西格尔并没有接受标准的结论,即指人们的行为是非理性的,也没有拒绝决策的效用理论,而是选择探索另外一个可能性:即该理论本身根本上是正确的,只是还不够完善。特别要引用西蒙(Simon, 1956)的论点:考虑到个人的感知和评估的前提,我们应该谨记客观理性(实验者看到的)与主观理性(被试认为的)之间的区别。实际上,西格尔就在二元选择实验里面把自己当成了那个面对几百次实验的被试,他假定了几个条件:(1)没有货币激励,唯一的奖酬就是做出了正确(错误)预测时得到的满意感(不满意感);(2)任务出奇地无聊,因为认知上还是行动上都十分单调,在此情境下,存在一个由改变个人预测产生的效用。西格尔模型的一般双态形式,把期望效用函数(3.2)写为

$$U = u(a_{11})px + u(a_{12})x(1-p) + u(a_{21})p(1-x) +$$
$$u(a_{22})(1-x)(1-p) + bx(1-x) \tag{3.10}$$

如上,p 为项目 E_1 的概率,$(1-p)$ 为项目 E_2 的概率,x 是被试选择 E_1 的实验占比(某个实验发生的概率),$u(a_{ij})$ 是结果 a_{ij} 的效用,在此,i 指 E_1 的预测(选择),j 指 E_j 发生的时间顺序,因此 a_{11} 是被试对 E_1 做出正确预测时的实验结果,a_{12} 是被试对 E_1 做出不正确预测的结果。现在我们假设 $u(a_{ij}) = u_{ij}^0 + u_m(a_{ij})$,$u_m(0) = 0$,$u_{ij}^0$ 是没有货币激励条件下的结果 (i, j) 的效用,a_{ij} 是 (i, j) 存在时的货币奖酬,而 u_m 是货币带来的效用。

我们可以看到,式(3.10)只是式(3.4)的特殊形式,控制变量为 $F \equiv p \in [0, 1]$,当 E_1 发生时 v 为 1,当 E_2 出现时 v 为 0,假设"努力"是以 $z \equiv x \equiv y \in [0, 1]$ 直接衡量的值,实验结果的效用对 $bx(1-x)$ 加性可分,西格尔把这些叫作反应的变异性的效用(或减轻单调的主观价值)。反应变异由 $x(1-x)$ 来衡量,该函数有一个很好的特性:当多元化达到最大时,它可以取最大值 $x = 1/2$,然后常数 b 就是变异的边际效用。西格尔的具体检验模型是一个特别的案例,具有下面几个特征:(1)$i = j$ 时 $u_{ij}^0 = u_0$,$a_{ij} = a$,也就是说,不管是对哪个项目,只要被试做出了正确预测,就能得到奖励 a,所有项目下的正确预测结果的效用均为 u^0;(2)$i \neq j$ 时 $a_{ij} = a'$,$u_{ij}^0 = 0$,只要被试做出了错误的预测,那么奖酬就为 a'(若 $a' < 0$ 就成了成本),且任何时候错误预测结果的效用均为 0。如此,式(3.10)就变为

$$U = [u^0 + u_m(a)][px + (1-x)(1-p)] + u_m(a')[x(1-p) +$$
$$p(1-x)] + bx(1-x) \tag{3.10'}$$

其中 $u^0 + u_m(a)$ 是正确预测的边际效用,而 $u_m(a')$ 是错误预测时的边际效用。因为 U 在 $[0, 1]$ 之间是严格的凹函数,为得到式(3.10')的内部最大值,就必须满足

$$U_x = (2p-1)\left[u^0 + u_m(a) - u_m(a')\right] + b(1-2x) = 0 \quad (3.11)$$

西格尔报告了三种情况的数据:

实例 1 $a = a' = 0$,此为无赢利的实验设置,由式(3.11)得

$$x_0^* = \frac{1}{2}\left[\frac{(2p-1)u^0}{b} + 1\right] \quad (3.11.1)$$

这种情形特别有趣,因为它解释了概率匹配行为,如果正确预测的变异性具有单位的边际替代率,即 $(u^0/b) = 1$,那么从式(3.7)可得 $x_0^* = p$。

实例 2 $a > 0$, $a' = 0$,存在赢利的实验设置(即,你做对了就能得到奖酬,反之则没有奖酬)。那么从式(3.11)可得

$$x_1^* = \frac{1}{2}\left[\frac{(2p-1)(u^0 + u_m(a))}{b} + 1\right] \quad (3.11.2)$$

实例 3 $a = -a' > 0$,赢利与损失共存的实验设置,比如,你对了会得到 1 美分,错了就会失去 1 美分。那么

$$x_1^* = \frac{1}{2}\left[\frac{(2p-1)(u_0 + u_m(a) - u_m(-a))}{b} + 1\right] \quad (3.11.3)$$

由于 $b = u_0 < u_0 + u_m(a) < u_0 + u_m(a) - u_m(-a')$,由此可得可检验的解

$$p = x^* < x_1^* < x_2^*$$

基于西格尔(Siegel et al.,1964)的数据,图 3.1 的柱状图显示了在不同奖酬条件下,即无赢利、只有赢利、赢利与损失并存的三种情况下,被试在最后 20 组测试中(总实验 100 次)的选择频率 $\hat{x}$ 的分布。在只有赢利的情况下,$a = 5$ 美分,在赢利与损失共存的情况下,$a = -a' = 5$ 美分。与西格尔模型的预测一致的是,随着赢利刺激的增加,平均的选择实验占比有明显增长,$p = 0.70 = M(\hat{x}_0) < M(x_1) < M(x_2)$。我们也可以从西格尔(Siegel et al.,1964)的数据计算出图 3.1 中的决策失误 S 的算术平方根,注意,它随着激励的增长而单调递减。不光被试预测会随着奖酬的增加向客观最优选择 $x^* = 1$ 移动,同时选择的变异性也会降低,并且,在最高激励条件下,赢利与损失并存情形中 1/4 的被试都处在这个边界最大值上。[⑨]

西格尔的模型针对二元选择中的非理性行为悖论提出了解答,并且给出了与新的实验结果相容的新观点,且该观点可检验。他指出,早期的心理学文献认为人们不是期望效用最大化者,这刚好是证明该规律的一种例外情

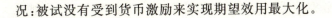

况：被试没有受到货币激励来实现期望效用最大化。

被试数量

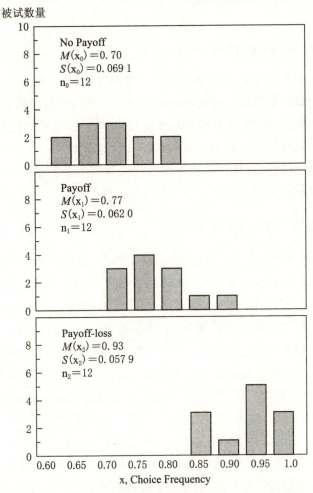

图 3.1　不同奖酬条件下二进制预测的选择频率柱状图

至于决策成本概念能将标准个体决策理论解释到什么程度，我们还无从得知。不过赫恩斯坦等人（Herrnstein et al.，1991）趣味十足的工作也许给我们提供了一个检验案例。他们的实验对被试来讲比伯努利二元选择问题更为复杂：选左和选右能得到的奖酬取决于前 N 次测试中选右的比例，N 是由实验者控制的设置变量，在稳态条件下，若 R 是最后 N 次测试中选右键的次数，则赢利为

$$\pi(R/N) = (R/N)f(R/N) + [(N-R)/N]g(R/N), 0 \leqslant R \leqslant N$$

其中,$f(\cdot)$ 和 $g(\cdot)$ 分别是选右和选左的当前赢利。如果 N 足够大,则当前选择对于未来行为的影响将很小且不易察觉,内部解的最大值取决于以下条件:

$$f(R/N) + (R/N)f'(R/N) = g(R/N) - [(N-r)/N]g'(R/N)$$

这种情况下的匹配行为(赫恩斯坦称之为改进)会导致条件 $f(R/N) = g(R/N)$。赫恩斯坦等人(Herrnstein, et al.,1991)的报告从不同程度上支撑了那两个假设,例如,更好的信息环境和奖酬水平(货币价值)少量地提高了最大值,但赢利函数(Herrnstein et al.,1991,图 2,4,6,7,8)全部都有扁平最大值的特征,这就使得决策问题对决策成本及其他影响净主观价值的因素比较敏感了。

3.3.2 双边议价与古诺双寡头垄断

西格尔和福雷克(Siegel and Fouraker,1960)最开始研究的是双边议价活动是一个简单的双人(一个买家和一个卖家)实验,之后才发展成大家都熟知的双边拍卖实验。买方会拿到一张收益表,该表以其将向卖方购买的不同商品数量 Q 的凹赎回函数 $R(Q)$ 为依据,同时卖方也拿到一份收益表,不过该表是基于卖方将卖给买方的不同数量商品的凸成本函数 $C(Q)$ 制成的。买卖双方的信息空间就是二元组(P,Q)、价格,以及买卖货品的数量。这样,买卖双方有可能从(P_1,Q_1)开始,卖方要么接受这个条件,要么提出新的组合(P_2,Q_2),接着买方要么接受,要么提出新的条件(P_3,Q_3),如此类推,直到最后要么达成一致,要么时间耗尽,双方都一无所获。在其中一个实验中有 11 组议价者,此实验的帕累托最优方案有一个特征,那就是成交商品数量每偏离 1 个单位,会导致总收益偏离 10 和 16 美分,见表 3.1 第 1 列,我们把这种情况叫作低赢利条件,作者关注:这种相对扁平的结构可能成为议价结果易变的导因,所以他们改动了赢利表,使得从最优方案上每改动一单位货品数量,则共同收益对称减少 60 美分,并且他们还在原实验的基础上进行了两次复制实验(议价组改为 22 对),见表 3.1 中的高赢利条件。注意,这样一来,平均误差由 0.545 美元降到了 0.091 美元,并且,如作者所说,从统计角度来看,这个实验设置对议价双方达成帕累托最优结果并无显著影响。不过,在从低赢利条件向高赢利条件转换的过程中,均方差却明显降低,结果,错失最优的机会成本上升,从而导致数据在邻近最优的地方更加密集。

表 3.1　实验所得的结果中值及均方差

信息	(1)	(2)		(3)		(4)		(5)	(6)
实验规则	双边议价[a]	双边议价[b]		双边议价[b]		双边议价[b]		古诺双寡头垄断[c]	古诺双寡头垄断[c]
x_i	卖家:价格—数量 买家:价格—数量	卖家:价格 买家:数量		卖家:价格 买家:数量		卖家:价格 买家:数量		卖家数量	卖家数量
信息	不完全信息	不完全信息		完全信息		完全信息		不完全信息	不完全信息
结果	买家和卖家	卖家	买家	卖家	买家	卖家	买家	卖家	卖家
高奖酬实验序号	22	9	9	10	10	12	12	16	11
低奖酬实验序号	11	9	9	10	10	12	12	9	8
$M_L(x_i - x_i^*)$	0.545	-0.222	0.222	-1.6	2.0	1.0	1.083	0.719	0.576
$M_H(x_i - x_i^*)$	0.091	-0.555	0.555	-0.9	1.6	1.167	-2.833	0.778	0.667
$S_L^2(x_i - x_i^*)$	5	10.25	10.25	8.667	20.222	6.182	6.636	7.194	10.844
$S_H^2(x_i - x_i^*)$	0.19	2.375	2.375	2.111	11.778	5.091	28.727[d]	5.529	11.826[d]
S_L^2/S_H^2	26.9	4.32	4.32	4.11	1.72	1.21	0.23	1.30	0.917

注：[a] 在高奖酬这一组中，帕累托最优交易量与其前后相邻的交易量之间存在 60 美分的利润差异；而在低奖酬组中，这些差异为 10 美分和 16 美分。以上数据源自 Siegel 和 Fouraker(1960；第 3 章；实验 1、4 和 5)。

[b] 经对比，高奖酬组的所有利润条目都是低奖酬组的 3 倍。Fouraker 和 Siegel(1963；实验 3—5，pp.227，333，239)。

[c] 高奖酬组的所有利润条目的奖金分别为 8 美元、5 美元和 2 美元，而低奖酬组没有。Fouraker 和 Siegel(1963；实验 17，pp.164—165，304—306)。

[d] 我们观测到一个异常值，可以用来解释更高的均方差。

M_L, M_H；均值，$\dfrac{1}{N}\sum_i(\hat{x}_i - x_i^*)$，分别来自低奖酬组和高奖酬组。

S_L^2, S_H^2；均方差，$\dfrac{1}{N-1}\sum_i(\hat{x}_i - x_i^*)^2$，分别来自低奖酬组和高奖酬组。

赢利水平与机会成本在偏离理论预测之后会有什么样的联系，对此的关注一直持续到了他们之后一系列的议价与寡占实验研究中。在福雷克和西格尔(Fouraker and Siegel, 1963)的研究中，他们把之前的二人议价实验扩展成了先动者实验，即由卖方开始报价，然后买方选择购买商品的数量。在重复试验中，该过程被复制成 19 次常规交易，最后实验者宣布第 20 次是"最后一次"，接着，在特别设置的第 21 次交易中，所有赢利都被增至 3 倍。表 3.1 的第 2、3、4 列总结了其中 3 次实验的结果，其中将第 20 次的低赢利交易与第 21 次的高赢利交易做了比较，通过比较买卖双方的平均值 M_L 和 M_H，我们基本上能看到两种赢利条件下均差偏离较小，但是低赢利(低机会成本)条件下的均方差 S_L^2 比高赢利条件下的均方差 S_H^2 要大一些。对买方来说第 4 列却是一个例外情况，因为在这里，高赢利条件下 12 组议价者中的 1 个买家用惩罚机制来回应卖家，他选的购买数量是 0，这个异数压低了平均误差，同时又极大地提升了均方差。我们在第 5 和第 6 列里面报告了西格尔与福雷克的实验结果，他们在其古诺双寡头实验中操控了赢利水平，在这里，作者不再对被试使用原来的在 3 倍赢利试验，而是另外组织了一个双寡头实验和三方寡头实验，并且除了常规实验中来自利润表的奖酬，他们还用上了额外的奖金激励，8 美元、5 美元、2 美元作为奖金分别付给第 1、第 2、第 3 名赢利最大的被试，如第 5 列和第 6 列所示，这样做并未使低赢利与高赢利组的平均误差明显变动，而均方差在双寡头组有所下降，在三方寡头组有轻微上升(后者观测到了一起例外)。

综上所述，很明显，虽然西格尔与福雷克没有对赢利的机会成本对市场结果的影响进行系统研究，但他们对此展现出了敏感性，即这种影响可能是重要的。尤其要注意的是，他们的实验数据告诉我们，提高非最优决策的机会成本最有可能带来的影响是，最优决策的均方差偏离会减小。

近期的文献，如布尔等人(Bull et al., 1987)，其后的德拉戈和海伍德(Drago and Heywood, 1989, p.933)都报告了锦标赛实验和计件工资实验的数据：当赢利函数被改得更陡峭时，观测值的方差会大幅下降，不过，他们也在所有赢利设置下观测到了符合预测中最优行为的数据。锦标赛实验是一个策略性博弈，计件工资实验是违反自然规律的博弈，在这两种情况下，最优都是非负实区间内的一个点。

3.3.3 双重拍卖市场

万字型(卍, swastika)供需市场暗含着表 3.2 中的结果：如史密斯

(Smith，1965，1976a)，给 11 位买家各分配 4.20 美元的诱导价值，给 16 位卖家各分配 3.10 美元的成本，在区间[3.10，4.20]内，所有价格条件下的超额供给为 $e = 5$，佣金 0.05 美元是促进交易的边际单位货品的最低激励，在低赢利条件下，从 27 位被试中随机选择 4 位来接受这笔佣金，在高赢利条件下，所有人都拿到了这笔钱，竞争均衡（competitive equilibrium，CE）价格为 3.10 美元。这就意味着，即便在这个价格上还存在超额供给，所有高于 3.10 美元的价格都会下降，这样，均衡处于最优值的边界，此时买方将获得所有剩余产品。我们在表 3.2 中列出了各个交易时期高赢利条件和低赢利条件下的平均值和均方差，此处的市场收敛比对称性市场的收敛慢一些，在低赢利处置下尤其显著。请注意，不管是低赢利条件还是高赢利条件下，被试随着实验进展获得的经验可以降低误差方差。在这种实验设置里面，对参与实验的每个理性人来说，所有的价格误差（偏离均衡的值）都必定是正值，所以，决策误差是有偏的，且随着低水平的激励使该误差增大，其影响必定是减少对理论预测的支持。

表 3.2　低奖酬和高奖酬双边拍卖中的中值及均方差，万字型设计
（11 个买家，16 个卖家；每人 1 单位物品）

低奖酬实验与高奖酬实验 中的中值和均方差[a]	交　易　期			
	1	2	3	4
$M_L(x_i - x_i^*)$	49.5	33.6	21.36	13.64
$M_H(x_i - x_i^*)$	47.3	17.0	5.32	1.90
$S_L^2(x_i - x_i^*)$	2 962.5	1 275.0	547.5	240.0
$S_H^2(x_i - x_i^*)$	2 650.0	436.9	61.9	15.0
S_L^2/S_H^2	1.12	2.92	8.84	16.0

注：[a] 在高奖酬实验中，每位受试者可以获得他/她的实际盈余外加一笔 5 美分的交易佣金，而低奖酬实验只从 27 位受试者中随机挑选 4 位出来在实验结束时接受这笔奖酬。此数据源于 2 次高奖酬实验和 1 次低奖酬实验（Smith，1965）。

贾迈勒和森德（Jamal and Sunder，1991）通过供求对称的实验设置，首次对口头双边拍卖中（较高的）货币奖酬的影响进行了系统的检验，初步结果显示，在没有经验和没有较高的奖酬（与被试表现无关的固定奖酬）时，市场不一定向竞争均衡预测收敛，但在有较高奖酬的情况下就一定会。不过实验者也发现，一旦被试有了得到较高奖酬的经验后，即使之后只得到固定不高的奖酬，他们还是会如常收敛。我们的理解是：其实，一旦让被试在简单实验中掌握了双边拍卖交易的过程，他们每个人都会变成行家，行动几乎已经

是下意识的了,无须再三考虑。

3.4 结语

回顾这些实验类文献,它们报告的数据比较了被试货币奖酬(包括无奖酬的情况)带来的各种影响。这些数据显示,随着货币奖酬的增加,预期最优水平附近的观测值的误差方差会趋于下降,还有一些研究报告了理性预期模型中数据偏离预测点的情况,但是只要增加奖酬,这些数据又会向预测点靠拢。其后的大量相关研究都有一个共同点,即理性理论的预测值代表了约束集边界上的一个解,例如,二元选择实验中的最优反应就是在任何时间都预测到发生率更高的事件。在这些情况下,任何决策失误都会产生偏离理性预测的集中趋势。在判定这些例子证伪了理性预期理论之前,我们有必要确定一点:增加赢利并不能使数据更接近预测中的边界最大值。

以上结论中的很大一部分与决策制定中的努力或劳动付出理论相一致。根据该理论,更好的决策指那些更接近最优点的决策,其是从实验者/理论家的角度计算出来的,这样的决策要求决策人具备更高的认知及反应能力,而这恰恰是会产生负效用的。对于决策人自己来说,问题在于怎样去平衡更优决策带来的收益及同时产生的决策努力成本。实验者/理论家预测的最优决策,只是决策人眼中的最优决策的一个特殊例子。因为提高奖酬的同时也增加了努力成本,新模型预测被试的决策会向理论最优点靠近,同时缩小决策误差的变动范围,但是这个预测的成立是有条件的,那就是努力已经受到被试最大能力的限制,而那将是一个无比繁杂的决策问题,关于后一种情况,可参考赫恩斯坦等人(Herrnstein et al., 1991)的研究。

注 释

① 见 Siegel(1959), Smith(1976a, 1980, 1982),以及 Wilcox(1989, 1992)。

② 持相同意见和做法的有 Day 和 Groves(1975), Nelson 和 Winter(1982),以及 Heiner(1986)。

③ 如 Siegel(1959), von Winterfeldt 和 Edwards(1986),以及 Kroll 等(1988)都是对此持反对意见的重要人物。其实,报酬并不是唯一的重要因素,我们在

模型中所关注的事情之一,是解释为什么在没有显著报酬的情况下,人们的行为也并非任意的或随机的。但是因为报酬确实起到一定的作用,因此经济学和博弈论领域的理论家们建立的模型不能忽略这个因素。我们认为,心理学家之所以在试验中剔除报酬因素,是因为他们的研究重点是认知过程,如 Smith(1991),他们的研究显示货币报酬在认知过程中并不重要,但是对这种观点尚存争议。

④ 但请注意:ε 不是受试者评估收益与成本对比时的误差(即便他们无意中这样做了),是实验者将它看作了理论中的预期误差(在此随机性是由未知的随机变量 s 中衍生出来的)。关于针对特定决策问题中对误差影响的理论处理,请参考 Hey 和 Di Cagno(1990),以及 Berg 和 Dickhaut(1990)。所有的试验方法中,实验者都不要求受试者了解自己是否做了错误的决策,也不要求他们了解自己的努力对决策结果的影响。我们只是想要在模型中模拟误差减少与赢利增加的联系。

⑤ Harrison(1989)和 Smith(1976a)。

⑥ 但很明显,在部分博弈中,通过将原来的完全信息模型重组为不完全信息博弈后,参与人对其他人的事物采取了策略性回应,这样,我们就可以解释原模型中的可预测性失灵了。其中最优秀的实例参见 McKelvey 和 Palfrey(1990),在蜈蚣博弈中,标准模型无法预测结论,但将其重组为不完全信息博弈后,参与人有行动误差,且抱有受这些误差引导的信念,结果,模型就可以解释实验数据了。他们提出,如果使误差率受制于决策效用差异,则该模型就有可能得到改进。

⑦ 泰尔(Theil,1971,p.192)的相关推导显示,在最优原则下,行为式中的误方差与准则函数中的第二个导数是成反比的。但是,泰尔的理解与我们的相反,他把真实决策(即我们所指的 y)处理为非随机的,而把最优决策(我们的 x^*)处理为随机的(Theil,1971,p.193),他也没有将误差看作是受行为人决策努力影响的经济变量。

⑧ 现在基本公认的是,在报酬显著的情况下,信用等级比货币报酬要管用得多,如 Isaac 等(1991)以及 Kormendi 和 Plott(1982)。

⑨ 关于这个文献,存在两个技术问题。似乎在所有情形下,研究的设计都控制了实验项目的实现,如此一来整个过程其实就不是伯努利过程了。Siegel 等(1964)遵从了更早期的文献将实验分成 5 组,每组 20 个测试。这就意味着,在每组测试中,当 $p = 0.75$ 时,实验进程都在某种控制下得出 15 个"左"和 5 个"右"(即,抽样是在没有替换的情况下进行的)。另一个缺点是,在该文献出现的时期,还没出现计量方法,因此不能利用所有数据来估计个体渐进概率(如逻辑回归),并且里面的分析也没有集中在个体行为上,而西格尔的模型正是专注于个体行为的。

公平因素对公开竞价市场中暂定价格与均衡价格的影响

罗伯特·弗兰乔西　普拉文·库亚尔
罗兰·米歇利兹　弗农·L.史密斯　邓　刚

4.1　问题

4.1.1　背景

人们如何看待零售市场上的定价？在一些调查研究（Kahneman et al., 1986，下文简称 KKT; 1987）中，受访者表示，如果经济环境的短期变化并非由成本增加导致，那么企业通过涨价来增加利润的做法是一种不公平的行为。例如，KKT 提出了如下假设环境（KKT, p.201），问题 1：五金店出售价值 15 美元的雪铲，在一场暴风雪过后的早晨，商店涨价到 20 美元，请勾选下列选项：完全公平____可接受____不公平____非常不公平____。82% 的被调查者选择了不公平或者非常不公平，那么，什么是"公平"？KKT 并没有解决这个问题，我们会以数据和相关文献为依据在 4.5 对"公平"进行解释。

此前，奥肯（Okun, 1981, p.170）认为，通过对"公平"的思考，我们可以解释为什么企业在供应（如汽车）紧缺时仍然保留库存而不出售,为什么体育比赛门票的定价往往无法使市场出清。奥肯和其他学者认为,企业的这些公平行为主要基于长期利润最大化的考虑:"不公平定价将导致惩罚"[①],人们据此来执行一种隐性契约,而这一隐性契约的定义是以社会公平规则为蓝本的。然而,在 KKT(p.201)的调查中,受访者表示,即使无法通过惩罚来确保隐性合同的执行,人们通常也会遵循公平原则,因此,受访者表示,即便他们不想再来到某座城市,他们还是会给酒店小费(约15%)。[②]此外,虽然长期惩罚策略存在不同的可能性,受访者仍然希望汽车修理工能够像对待老客户一样为游客服务(KKT,pp.212—213)。

经过以上论述,我们可以总结出这样一个观点:市场中企业所做出的定价决策会影响客户(如在零售市场中报价),如果供应成本上升不能解释过剩需求的合理性,那么这样的市场将无法出清(KKT,p.213)。这是因为双方都遵循双权利原则,一方面消费者有权支付参考价格,另一方面企业有权获得参考利润(Zajac,1985,pp.139—141),我们可以根据近期历史报价来确定参考价格(KKT,pp.201—212),但是人们适应了下来:"对于'适应'的心理研究表明,任何稳定的状态最终都会被接受,至少人们会忘记其他状态。一开始看似不公平的交易价格可能最后达到了参考价格的状态……他们根据实际行为规则来调整他们对公平的定义"(KKT,p.203)。以上论述表明,如单位供应成本的增加无法解释涨价,在这样的市场中,对过剩需求的短期价格反应会存在时滞;如果这种过剩需求持续下去,且涨价是可持续的,那么人们将会通过重新定义参考价格来适应,均衡仍然可能通过经济理论进行预测。在本章中,我们假设市场短期内无法出清的主要原因是买方认为:卖方可能通过涨价获得更高的利润,如果没有这一信息,买方就没有一个共同的理由来抵制涨价。

4.1.2 问题 1 的回答:市场效应

为了更准确地理解 KKT 问题 1 的回答,我们对其进行了两次调整。首先,我们注意这些问题有两个特点不寻常,在同一个工具中使用了"公平的"和"可接受的"这两个词,由此排除了这种可能性:尽管某种情况是不公平的,但是依然是可以接受的,受访者也可以直接在问卷中回答"无"。因此,我们对问题 1 做出的第一次调整是:去掉了"公平的"这个词,其他和 KKT相同。我们要求受访者对商店的行为进行评分,选项为:完全可以接受(29.7%)可接受(32.4%)无意见(5.4%)不可接受(27.0%)完全不可接受

（5.4％）。调查结果（在 $N = 37$ 的前提下）如括号中所示：32.4％的受访者认为商店的行为是"不可接受的"或"完全不可接受的"。我们将这些结果用作改变实验设置下的主体控制，我们从相同的大学生样本库中选出不同的受访者，对问题 1 进行第二次调整，这次调整中，我们使用相同的情景，但需补充一句："由于其他商店把价格提升至 20 元，因此这间店想通过这种方式来避免当老客户需要时无货供应的窘境。"经济环境的变化预示了市场行为的变化结果；我们的目的是描述能诱导此类变化的市场结果。③ 这里的问题是，商店对市场竞争的反应是否能有助于解释它的行为（如果过剩需求能够通过供应成本提高而得到解释，那么人们就能够接受在参考交易价格基础上一定程度的涨价）。我们得到的结果是（在 $N = 41$ 的前提下）：完全接受（34.1％）、可接受（39.0％）、无意见（7.3％）、不可接受（19.5％）、完全不可接受（0％），通过市场调节后最后两项的百分比从 32.4％下降到 19.5％。

通过这些数据，我们意识到需要在卖价公告式市场中进行奖酬激励实验，由此进一步探索 KKT 假设，即被试会在自利行为和公平顾忌之间进行权衡。

4.1.3　早期的实验

Kachelmeier 等人（1991a，下文简称 KLS）做了一些实验，目的在于度量前述公平考虑对于买方报价实验市场中实际价格反应和收敛行为的影响。在他们的假设前提中，5 个买方和 5 个卖方发生交易，交易分为 10 期，且价值/成本一定，买方独立报价，卖方给出回应，然后，实验中会采用一个新的 10 期顺序。在第一个 10 期交易中，卖方要承担 50％的利润税，如果交易价格/量等于竞争均衡价格/量，那么社会总剩余中卖方占了其中的 50％。而在第二个 10 期交易中，卖方 50％的利润税由 20％的销售税（按卖方收入征收）所替代，征收销售税的效应是提高了边际成本，即从 $MC(q)$ 上升至 $1.25MC(q)$，由此提高了竞争均衡价格，降低了产量，并且提高了卖方的利润份额。有 3 种不同的信息处理方式在不同的被试中被运用了 3 次（共 90 个被试）：(1)卖方的边际成本信息对所有被试公开；(2)卖方的利润份额（供给者剩余）信息对所有被试公开；(3)边际成本或利润信息不公开。如果利润信息公开，那么买方就会完全清楚，相比起之前 10 个参考交易期，销售税政策的变化使得净剩余从买方转向卖方。如果边际成本信息公开，买方就会知道，为了弥补供应成本的上升，价格一定会上涨，因此，利润信息公开基于这样一个 KKT 原则：卖方仅有权获得他们之前的参考利润（卖方从税收中获得利润是不公平的），而边际成本信息公开则强化任何形式的涨价能够通过单位成本的上升得到解释，不公开边际成本或利润信息实验设置作为控制实验，KKT 的预测假设如下（KLS, p.679）：

假设 1：在从利润税变为销售税的过程中，边际成本公开条件下的初始价格反应要强于利润公开条件下的初始价格反应。

相对于基准控制实验，随着时间推进而呈现的收敛为：

假设 2：在边际成本信息公开的条件下更快；

假设 3：在利润信息公开的条件下更慢。

KLS 提供了统计数据来支持这三个假设④，除了在效率结果上存在微小的偏差（我们在 4.3 中会有讨论），我们在卖价公告式定价实验中得出的研究结果与 KLS 的研究结果相一致。

4.1.4 扩展：买价公告式 vs.卖价公告式

KLS 采用买价公告式定价，"交易规则只允许买方报价"（KLS, p.700）。这是一种"人为实验安排"，由于公平与买方的理念和回应直接相关，那么这种设计有助于直接度量买价公告式条件下的反应。

鉴于此，我们提议运用熟悉的零售制度对 KLS 研究结果的可靠性进行检查，在此制度下，卖方向买方报价，很明显，这一制度就是 KKT 在消费者市场案例中使用的制度（尽管他们讨论的是劳动力市场，由企业进行工资报价）。例如，68％的受访者认为，倘若离他们较近的那一家药店涨价，他们宁愿光顾另一家药店，即使这家比先前那家远了 5 分钟的路程……如果许多顾客都做好了准备……想避免与不公平的企业交易，那么零售商就极有可能采取公平的行动……（KKT, p.212）。因此，顾客将减少与不公平企业的交易，而企业将倾向于给出公平的价格。在卖方独自向买方报价的实验中，我们不仅可以看到买方减少需求，还可以看到卖方对其报价公平性的态度。当然，在价格信息公开的情况下，如果卖方报出较低的价格，我们无法得知的是：卖方产生这个行为是因为他们想公平地对待消费者，还是因为他们为了避免预期的买方惩罚而做出的理性反应。

我们采用 Novanet(Plato)卖价公告式机制［由凯查姆等人（Ketcham et al.）于 1984 年描述］，并在以下实验中做出了这样的修改：每一期，卖方独立报价后，互相之间无法看见对方的价格，这一设计削弱了卖方相互压价的能力(比如,通过这个流程,我们期望观察到更纯粹的以及可能更持续的个体公平感反馈,在实验市场环境中对 KKT 理论进行反驳),此举并不是去否定"当卖方相互观察对方的价格时,市场可能会更具竞争性"这一理论。而我们的观点是,报告中的实验正是要控制这个因素,如果没有了公平因素的影响,那么这种理论解释将会帮助我们得到更有说服力的结果,我们总是可以使用这里的实验作为对比控制的手段来对公开价格信息的效应进行研究。

4.2 实验设计

我们采用的是 KLS 模型的实验设计,信息公开策略与第一部分中描述的内容相同,我们的供给与需求的设置也与 KLS 模型中的设置相同,如图 4.1 所示。实验第一部分的利润税制度以及第二部分的销售税制度都在图中体现。我们的设计和流程与 KLS 模型中的不同,体现在以下几个方面。

1. 我们设计了 6 个买家和 6 个卖家,而不是 5 个。(目的是能够适用于另外一个后续的独立实验,该实验需要 12 个被试。)

2. 在实验的第一部分的和第二部分中,所有 3 个条件都重复 4 次而不是 3 次(一共 144 个被试)。

3. 第一部分中,2 个控制实验的时间跨度为 12 个报价/购买周期,而其他实验的时间跨度则为 10 个周期。第二部分中,2 个利润公开实验的时间跨度为 20 个周期,而其他实验的时间跨度则为 10 个周期。在两个时间跨度较长的利润公开实验中,我们可以看到在前 10 个周期后是否还存在均衡的趋势。

4. 在第一部分和第二部分中间,KLS 安排了一场休息,原意是想分别向买家和卖家(假装要私下付钱给他们)就第二部分、销售税(未公开)和制度进行说明,但我们最终没有这么做,而是简化了这一步骤,在控制实验中向他们发送说明表供其参考。由于每个人都拿到了纸质材料,所以看不出卖家受到了不同的对待。给买方的说明中仅仅提示了第二部分的赎回价值与第一部分的赎回价值相同,而卖方则会被告知:下一期中他们会支付销售税,而非利润税。表 4.1 中包含了所有不同信息设置说明的汇总,这些设置可以与 KLS 模型的流程相比较(pp.691—703, 715—716)[⑤],被试都挣了不少钱。实验持续时

间一般在 2—2.5 小时,赢利从 8.75—62.5 美元都有,平均为 26 美元
(总共 3 700 美元),该赢利大大地超过了被试平时的机会成本,关于
物质回报的重要性评估论文概览,请参见史密斯和沃克的研究
(Smith and Walker,1993b)。

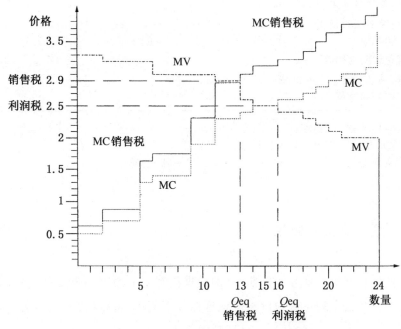

注:——,MC 销售税;……,MC 利润税;——·——,边际价值。

图 4.1　供需环境

表 4.1　公平实验相关讲义

	控制实验		公开边际成本[a]		公开利润	
	B	S	B	S	B	S
实验的第一部分						
买家如何累积利润	A1	A1	A1	A1	A1	A1
卖家如何累积利润	A2	A2	A2	A2	A2	A2
利润税说明与图表					A3	A3
表格:期望价格,实际价格, 卖家的利润分成					4	4

（续表）

	控制实验		公开边际成本[a]		公开利润	
	B	S	B	S	B	S
实验的第二部分						
注意：保持条件不变[b]	B1					
注意：新的实验说明		B2				
公开边际成本			B3	B3		
销售税说明与图表					B4	B4
表格：期望价格，实际价格，卖家的利润分成					4	4

注：B，买家；S，卖家。

[a]实验的第一部分与控制实验相同（无公开）。

[b]买家被告知其所持有的价值与实验的第一部分相同。

4.3 假设及实验结果

假设 1：在第二部分的 1 期中（即销售税制度下的第一个交易期），KKT
公平理论认为价格应该遵循如下规则：价格（边际成本公开）＞
价格（不公开）＞价格（利润公开）

假设 2：截至第二部分 10 期后，在不同实验设置下的价格将无法区分
开来。

假设 3：在利润公开的条件下，第二部分中这两个实验（时间跨度为 20
期）将呈现向竞争均衡收敛的形态。

图 4.2 描述实验第一、第二部分的各期中，我们可以看到各个信息披露
条件下 4 个实验的加权平均合同价（权数为交易量）。在第二部分中，我们
观察到初期（1 期）均价呈现出明显的差别，这与假设 1 相符。在边际成本公
开的条件下，公开价格瞬间跳跃到一个新的均衡，而利润公开的条件下，公
开价格仍然保持与之前"参考价格"时相同的水平。截至 10 期，在这 3 个信
息披露条件下均价收敛于新竞争均衡价格附近（2.90 美元）。最后，第二部
分中，对于这两个时间跨度为 20 期的实验，其价格在 11—20 期这段时间内
稳定在竞争均衡价格略偏上的位置。

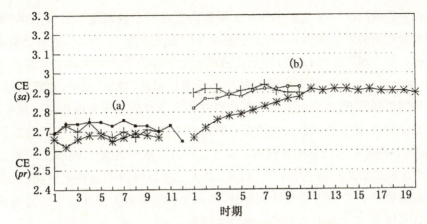

注:(a) ■, PRC; ＋, PRM; ＊, PRP; (b) □, SAC; ＋, SAM; ＊, SAP。本组实验分两个阶段进行,第一阶段是关于利润税(pr)的;第二阶段是关于销售税(sa)的。(c),控制;(m), MC,边际成本;(p),公开利润。

图 4.2 平均合同价格:利润税及销售税

我们使用 Jonckeere 非参数模型对假设 1 和假设 2 进行检验。该模型规定:

样本为平均合同价格,样本大小 $m_i = 4$,同时样本按 3 种分布进行优先级排序,而非原来的"取样自同一分布"。Jonckeere 检验是单尾 Wilcoxon 检验的一种广义形式,对于假设 1,检验数据为"$J_1(3, 4) = 2.34(P = 0.01)$",原假设被拒绝;对于假设 2,检验数据为"$J_2(3, 4) = -0.439(p = 0.33)$",原假设不能被拒绝。

在利润税制度中(第一部分,1—12 期,见图 4.2),尽管所有设置条件下的价格都位于竞争均衡价格之上,但利润公开设置下的价格仍然是最低的。在 10 期,这三个系列的图线归于一点,因此,在基准系列里(无参考),在利润公开的设置下,初期我们甚至观察到了更低的价格。卖方在利润公开的情况下,追求利润的力度比起其他实验弱了一些,然而,考虑到基准系列之前的参考交易,销售税制度下利润公开的效果更加明显。"利润公开"设置下的价格低于"边际成本公开"设置下和"无公开"设置下的价格,这种趋势非常明显,但是在第二部分中,前 3 期过后,后面两种价格的走势开始趋于平稳。

表 4.2 中,我们报告了顾客减少(压低)需求的频率,该频率取决于买方无法以小于等于其赎回价值的价格购买产品的次数。利润公开设置下,买

方在销售税制度下压低需求的发生率远高于在利润税制度下的发生率(销售税制度下的发生率为23,利润税制度下的发生率为4),其中,在某个实验中我们就发现了22例,而且那个实验产生的平均价格比其他两个实验的都低,这个观察到的压低需求情况是一个没有控制的"设置"变量,重要的是,在销售税制度下,该实验中的公告均价并不高于其他实验中的价格。相反,在所有期内,该实验的公告均价低于其他两个实验中的价格,且在税改后第1期的价格是所有价格中最低的。关于详细的价格变动线路,请参见图4.3;发生压低价格的实验是 SA4P。可见,卖方之所以倾向于选择在早期(按交易期的顺序定义)而非后期降低价格,是出于其公平行为或其对于压低需求策略的预期,而不是对压低需求事实的反应。

表4.2　公平实验设置下买方的抑制行为

抑制行为	控制	公开边际成本	公开利润	总额
利润税	—	1	4	5
销售税	2	2	23[a]	27

注:[a] 这些案例中的 22 例发生在 SA4P 实验中,共涉及 3 个买方。

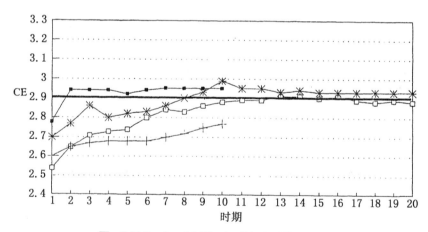

■, SA1P; ＋, SA2P; ＊, SA3P; □, SA4P

图4.3　平均公告价格:销售税,利润税

压低需求对效率的影响并不大,主要因为通常(尽管不是总是如此)只发生边际单位的减少,然而,在效率上我们的实验有一处不同于 KLS 的实验,他们其中的一个假设是:"比起成本公开或者完全不公开的市场,利润公开会导致更低的交易量和更低的市场效率"（KLS，p.698），并且他们的数据支持这一假设。但是，我们的数据不支持这个假设，利润公开实验中，只有2期（6期与10期）的平均效率和交易量是最低的。与此相似，相较KLS的数据，我们在边际成本公开设置下观察到更低的效率和更低的交易量，由于交易制度（规则）的微结构不同，所以可能为有微小的差别，但从卖价公告式定价变化的角度来看，KLS的研究结果总体来说是站得住脚的。

4.4　讨论

经济学家和计量经济学家一直认为，非货币因素和非经济因素会影响行为，尽管标准理性模型更深入人心。从外部消费经济角度来讲，这些例外的因素是隐含的，通过最近的研究（如KKT），我们了解到，调查得到的证据可帮助我们系统地研究那些偏离了均衡行为理性自利模型的狭义解释的各种行为，并对其进行分类。

本章中，我们研究特殊信息披露对卖方在其边际成本外生性增加（销售税）后报出的价格所产生的影响。KKT认为，如果卖家想把利润提高到参考交易水平之上而涨价，那么相较之下，买方更容易接受由成本增加引起的涨价，当卖方认识到这点之后，其在利润公开条件下给出的价格将低于边际成本公开条件下的价格。然而，KKT认为这种差异会渐渐消失，原因在于实际（均衡）行为中可能会建立一个新的参考交易，而这个参考交易不悖于公平行为的社会准则，我们的研究结果支持了这一观点。因此，如下预期得到了支持：均衡结果将反映标准经济模型中的理性行为，但是这些对于公平的思考会影响新均衡的实现过程，此外，卖方互相之间无法看到对方的价格，这样一来，这个结论就更站得住脚了。因此，如果一个卖方看到对方涨价了，那么这对于收敛没有任何帮助，同时，我们的结论证明，调查数据的价值在于，它们能够帮助我们找出潜在的反常情况，在激励决策的背景下可以对此进行检验，看看这些研究发现在实际行为中是否仍然成立。

《纽约时报》（Lohr，1992）报道，飓风安德鲁（Andrew）在1992年8月24日袭击了佛罗里达南部，KKT的公平思考在修改经济学理论过程中是如何发挥作用的？对于这个问题，该报道为我们提供了绝佳的案例。"在风暴之后的三合板市场发生了什么是一个典型的公平约束案例……大企业（Home

Depot，Georgia Pacific 和 Louisiana-Pacific）在这个案例中的表现极为不同（其涨价幅度仅为市场平均涨幅的一半）；相反，在飓风过后的第一个星期内，那些哄抬物价者在敞篷卡车后高价出售冰、水和木材。当然，古典经济学理论可以为其辩护……"（Lohr，1992，p.C2）。实际上，古典经济学理论是在解释，而并非为敞篷卡车后的竞争市场提供辩护。在竞争性市场中，愿意以低价出售货品的卖方，其库存很快会销售一空，然后不得不在压力下提高价格并提供有限量的供给，不然的话，他们会被第三方套利。以口碑理论为表现形式的现代经济学也解释了在各自市场上具有强大控制权的大企业的行为，他们覆盖全国的供给使得他们能够迅速补充库存并提供低廉的价格，目的在于建立长期的好口碑（《纽约时报》会对此进行报道，对于企业来说这是一种免费的广告），而非哄抬物价，但与此同时它们也通过这种方式赚取高于正常水平的利润（它们确实会涨价，但幅度仅仅是竞争性边界的一半）。长远看来，大企业的盈利本质是重复博弈（非单次博弈），这无需使用功利主义公平理念就能够得到解释。与之类似，最优化理论预测，如果买方认为他们可以通过抗议哄抬物价行为的不公平性来节省支出，那么他们将会这样做，事实上，长此以往，大企业的市场控制力会增加，市场竞争会减弱，社会福利会降低，而所有这些都是打着公平的名义，实则换汤不换药。

4.5 什么是公平？

对于这个问题，我们认为应该具体情况具体分析。在本章背景下，显然研究结果并不支持如下观点：公平的考量应适用效用函数，它是一种消费外部性，能够持续改变按标准（效用最大化自利模型[6]）预测得到的均衡行为。

我们所说的公平最大的特点是，它会影响预期，而不会影响效用函数。因此，期望得到公平对待的买方（买方认为他们有权利这么做）认为外部成本上升导致的涨价不应给卖方带来更高的利润，接受公平对待原则或害怕报复的卖方起初并没有尝试赚取更高的利润，这些预期起初不会影响价格，但这些价格是不可持续的，因为他们没有达到均衡（还存在过剩需求）。如果没有了公平的效用激励，卖方的本质会渐渐显现：提高价格追求更高的利润，如果卖方得到了公平带来的效用并找到了利润与公平之间的平衡点，那么他们愿意接受较低的利润，如果买方得到了公平带来的效用，那么我们根据物质奖励最大化的标准来预测他们最终的均衡需求水平。基于这样的解释，我们能够理解，买卖双方对"什么是可接受的或公平的"的预期会随着时间流逝而发生变化，这也解释了为什么被试问卷回答中大量涉及了"公平"，他们的回答是基于他们的预期，并非未预料到或不可预料的变化（随着实际市场行为或实验市场行为的变化而变化）。原因在于，没有人（除了市场实验中的实验者）可以预料新均衡以及它对"什么是公平"的短暂预期的可能影响。[⑦]

另外，问卷数据总结中呈现的是均值而非边际值，我们从大量控制实验中得知，边际分析（有时称为边际交易者假设）能够促成竞争的结果和效率，因此，在如表 4.1 描述的市场中，平均边际价值和平均边际成本与决定均衡的因素不相关，其中 $MV(Q_e) > MC(Q_e)$。边际交易者假设解释了为什么在预测选票方面，爱荷华州总统选举股市比民意测验更准确，虽然参与者一般都有一些标准的政治学和社会学观念倾向（Forsythe et al.，1992）。

费尔等人（Fehr et al.，1993）提供了一个不同的实验环境，在这个实验环境中"公平"与自利行为的偏离相关，买方先发制人，向卖方报出买入价（通过实验者使用电话进行匿名报价），而卖方可以接受价格但不能还价，之后，卖方选择其产品的"质量"或投入的人力；如果某个价格被接受，那么卖方出于自利考虑会选择低人力，但从买卖双方共同利益考虑将选择高人力，如果卖方选择高人力，那么买方个体最佳结果就是获得低价，但是卖方的占优策略是选择低人力，如果要实现合作，买方需高价买入，并信任卖方会以高人力投入来予以回馈。在两阶段市场博弈中，在自利前提下，促进交易收益最大化的是合作（公平）行为而非竞争行为。而本章的市场研究结论却恰恰相反：促进交易收益最大化的是竞争，而公平行为会阻碍交易收益最大化的实现（除非公平会带来功利性的补偿）。

对于不同周期、不同交易参与者，费尔等人（1993）得到的实验数据显示，价格与质量之间在统计上和经济学上存在显著的正相关关系。我们知道，由于市场上的交易配对并不能持久，所以互惠是扩散性的，显而易见，这一结论非常有趣。

如果没有互惠（如价格高、质量好），那么个人的回报将随着时间流逝慢慢缩减，这一观点是大家相互预期和认可的，但本章的研究结果与其背道而驰。

然而，我们并不能明白一种（功利性的？）公平道德是如何解释这些研究成果的。伯格等人（Berg et al.，1995）在两阶段双盲独裁者博弈的单次决策中已经得出了相同的研究结果［请见霍夫曼等人（Hoffman et al.，1994）的研究：被试互相之间是匿名的，且实验者也不知道谁做出了什么决策］。在实验第一阶段，A 房间的被试选择将 10 美元禀赋中多少份额付给 B 房间的匿名参与者，在第二阶段，如果 B 房间的人拿出 1 美元，在这 1 美元到达 A 房间之前将会变成 3 美元（共同知识），而由接受金额的 A 房间的人决定将这 3 美元中的多少份额返还给 B 房间的被试，A 房间被试的占优策略是拿下所有的钱，一分钱都不返还。实验结果显示，平均付出金额是 5.16 美元，而平均返还金额是 4.66 美元。在第二个"社会规范"设置下，所有被试拥有同一种背景：第一种设置下被试们分配的结果，此中，平均付出金额是 5.36 美元，而平均返还金额是 6.46 美元。

伯格等人（Berg et al.，1995）并没有表示他们的研究结果是"因为公平"，据其所述，他们正在研究信任与互惠，A 房间的被试可以通过将钱汇往 B 房间的这种"投资"方式充分发挥他们禀赋的作用。然而，这需要信任和互惠的预期，他们正在研究社会交换机制以及如何从历史经验中总结出相应的社会规范，这些机制是高度理性的，它们将理性选择的典范延伸至某些制度的进化，这些制度能够促进非激励相容交换中所获得的收益。

我们认为，本章、费尔等人以及伯格等人的研究结果有助于我们对反常行为（通常能导致公平）有一个统一的理解。这三个研究的实验背景是不同的，但是无论是功利主义公平的道德标准，还是不可持续的预期（在我们的研究中），或是因互惠预期而倍增的信任（在其他两个研究中），这些都无法解释反常的结果。这三个研究的共同结果是：被试会尝试从交换中有效实现社会物质收入最大化。

注 释

① 我们在亚利桑那大学对篮球赛票价进行了研究，研究结果与隐性契约的理性解释相一致。拥有季票的顾客如果每年续票，那么他们就有继续续票的权利。他们要向 Wildcat Club 支付 262 美元的票价以及 100 美元的"手续费"（免税）。新的比赛票（票发出之后，没有多少人可以真正买到；近期，在一家企业的倒闭结算中，两张比赛票被拍到 13 500 美元的高价）按几个方案进行定价，以确保市场出清。其中两个方案是：（1）每年以 1 400—1 800 美元的价格购买一张橄榄球赛季票，并获得以 362 美元购得一张篮球票的

权利(含手续费);(2)以向 Wildcat Club 支付 5 000 美元手续费的代价获得资格。为什么这100 美元手续费没有包含在官方票价中？原因非常简单，由于受到州(政府部门)花销规定的约束,体育部可以通过这种方式获得更多预算。体育部没有将票价设定为市场出清水平是为了避免来自各方(立法机关、校友会以及几年前就为了支持人气较差的篮球项目而买票的粉丝团)的抗议。许多人认为他们赢得了隐性权利合同,又有许多人将在大学项目中投入了一笔钱。

② 虽然在 KKT 描述的此类情景中,人们基于公平的道德准绳愿意付小费,但重要的是,我们要了解,这是基于一种被普遍接受的预期,即小费是一种特殊形式的服务费。IRS 认为,付小费是一种交易(以金钱换服务),而小费是一种收入,应按照雇主的估计进行收税。这个促发付小费行为的强大预期在以下情景中尤为明显,这是我们其中 1 个人(Smith)的经历:10 个人在会议结束那天去墨西哥餐厅就餐。他们以为,如果共同就餐人数超过 6 人,那么餐费中自动包含了 15% 的小费,因此他们谁都没有付小费。然而,服务员跟着付款人到停车场,问道:"先生,是不是我的服务有问题?""服务很好。""但你没有给小费。""餐费中没有包含小费吗?""没有。"于是,他就付了 20 美元小费。在研讨会中有人提及这个案例之后,其他人就纷纷举出了相似的例子,如愤怒的服务员(砸破出口门)、出租车司机(向仓皇而逃的搭车者扔硬币)。很显然,有这样一种双向预期,即提供了服务就应该享受奖励,而在该州这里的奖励也得到认可并依此征税。无论交易是否会再次发生,情况都不会变。

③ 当市场无法在均衡点以下的价格实现出清时,为满足定额配给而采取的方法会导致供应不足,最终交易会对买卖双方带来不利的影响。在均衡点处,一些买方的收益将处于标准之下,但在非均衡价格处交易将对买方有利;这样一来,获利更多的边际内买方(intramarginal buyers)将不复存在,最终导致消费者剩余的减少。如果我们使用 KKT 的当地商店假设,那么不涨价导致的不公平结果是:某些客户低价买进,然后转卖给其他客户。如果商店拒绝出售给陌生人(除非法院规定),那么很可能这对那些想到其他商店享受最低售价的顾客来说是不公平的。如果参考基准发生变化,那么其他政策对部分买方也是不公平的。

④ Kachelmeier 等人(1991b)做了相关的研究,通过不同的实验设计和角度使用口头双向拍卖交易规则对公平进行了检验,得出这样一个结果:随着时间流逝,公平效应会慢慢减弱。可见,该结果与我们的结论相同。在本章中,我们采用 KLS 模型(1991a)的设计。

⑤ 可以从作者(Smith)处拿到各种书面表格和补充说明材料。

⑥ 举例来说,假设有两个商品(X 与 Z),每位买方的效用函数如下:$u(x,$

$z\backslash\pi/\pi_0) = z + ax - (b/2)x^2 - \alpha x[(\pi/\pi_0) - 1]$，收入约束为 $I = z + px$，其中 p 是 X 的价格，X 以 Z 为最小单位。请注意，参数 $\alpha > 0$，效用函数中包含外部性 (π/π_0)，π_0 是每个消费者在初期利润，π 为即期利润。如果每位买方按收入约束最大化效用，那么就会产生需求等式：$p = a - bx - \alpha[(\pi/\pi_0) - 1]$。 如果每位卖方总成本产生了平方变化，那么利润函数为 $\pi = py - (1/2\beta)y^2$，y 是产出，在最大产出情况下，$y = \beta p$。 首先，令 $a = a_0$，$\pi = \pi_0$，那么 $x_0 = y_0$（供求相等）意味着 $p = p_0 = a_0 - b\beta p_0$ 以及 $p_0 = a_0/(1+b\beta)$；$\pi_0 = (\beta/2)p_0^2$。 现在 $a_1 - b\beta p_1 - a[(\pi_1/\pi_0) - 1]$，其中 $(\pi_1/\pi_0) = pp_1^2/p_0^2$。 显然，如果 $\alpha > 0$，那么外部性均衡，$x_1 = y_1$，与当前情况不同；如果没有外部性（$\alpha = 0$），那么 $x_1^* = y_1^*$。 实验数据收敛于一定的价格与产量水平，这些收敛数据于没有外部性（$\alpha = 0$）的情况相对应。（即从标准的自身效用最大化模型中预测实验第二部分中的结果）。

⑦ 我们对公平的预期解释与 Hoffman 等人（1994）通过最后通牒和独裁者博弈实验得到的研究结果相一致，但是我们的研究结果更有说服力，因为我们的实验中市场上每一边都有 6 位议价者（并非 1 位）。同时，根据 Binmore 等人（1992）的纳什议价实验，从长期来看，位于中值的被试能够根据经试错调整的理论得到优化。"然而该被试在整个博弈过程中都展现了公平的行为，可见似乎优化与'公平'行为之间并不矛盾。这些研究结果支持这样一种观点，即实验中所表现出来的行为是依据被试脑中的社会规范来形成的，但是被试认为这些社会规范是由他们自己都几乎意识不到的进化思维所决定的"（Binmore et al.，1992）。这与 KKT 的观点相吻合，心理学文献中可以找到其适应性结果，而本章中则对其研究结果进行了阐述。

第二部分

议价理论、行为与演化心理学

导　语

　　最后通牒和独裁者博弈实验暴露出了博弈论中传统假设的主要及根本缺陷(Guth et al., 1982)。但我和我的合著者认为,这些实验同其他重要的实验一起为我们带来了对人类行为的新认识,这些新认识将通过最新实验成果对博弈理论关键概念做出的重新解释并积极反馈到博弈论中。从博弈理论和实验两方面设置研究议程以探究这个观点的适用范围和有效性,具有潜在的重要性,但现在对其有效性做任何明确陈述均为时过早。本部分中的各章就体现了在我们的研究思路中这一观点的演进过程。在研究项目实施过程中,我们的思路已发生了很大的改变,尤其是在我们进行第 5 章所涉及的研究过程中,以及对该章反复校对时,我们不断地做实验以阐明我们对这一现象的理解。后面的论文,如第 6—9 章,反映了这一研究项目的进一步发展。在导语中,我将基于背离传统博弈理论的演化观点和对实验结果的一些可能的解释,试图提供一个综合且扼要的综述。

　　我们进行最后通牒和独裁者博弈研究的主要目的是考察其结果对实验设置的敏感性,这些实验设置旨在引入明确的社会条件或背景,我们预测它们将改变被试的预期和决策,我们的目的是要看看对之前一直被人们归因于"公平"的实验结果的非功利性解释能取得多大的进展——"公平"这个词曾被随意用做"反常"结果的标签,但却并不能真正诠释它们。把反常结果归因于效用因素的问题在于,这阻止了研究对话的进行，因为效用被当成了首要原因，如果效用的确是原因所在，那么我们需要知道如何测量它，为什么人们有这些效用而没有那些我们经典假定的效用，它们在促进一个人的成长时又具有哪些功能，以及它们来自哪里。在早期研究中，我们就意识到被试在由一系列不同博弈组成的重复互动中做出决策时很可能会受到生活经历的制约，因此，被试被假定为声誉类型，他们中有些人通过保持合作而建立声誉，并且/或者运用惩罚策略惩戒那些看起来不合作的人。从这个角度看，"一次博弈"中看似违背他们自己利益的合作行为，与博弈的理论预测保持了颇具意味的一致（例如，无名氏定理），因此，被试不需要把一个实验室博弈理解为一个单一试验决策（即动机型实验者所坚持的博弈理论的核心假设）。从重复博弈理论的角度和声誉类型的概念来看，观察到合作型行为似乎并不奇怪，或许，所需的是重新评估实验者或理论家关于"被试将把这样的实验情形视为单一试验博弈，并认为它与自己曾经或将来的声誉形象无任何关联"的假设。在这种解释下，关于什么构成了一个没有历史与将来的单次博弈以及什么仅仅只是一连串生活经历中的某个例子，被试与实验者或理论家之间有可能存在分歧，那种认为人们进行决策互动的实例可不考虑历史和将来的观点可能是错的，实验者所坚持的博弈理论的核心假设——声誉是一种完全在重复博弈的移动序列范围内形成的现象，它有别于整个博弈中个人的长期发展（个人的长期发展因素至少可以介入具体的博弈中来影响一个人的最初反应）——也可能是错的。

最后通牒博弈

最后通牒博弈是一个可以说明博弈论标准假设含义的特别浅显易懂的例子，博弈论假定每位参与人都是自利的，并认为同他们进行策略性互动的其他参与人也都是自利的。在我们的实验中，参与者 A 同参与者 B 进行匿名互动，A 提出，从总额为 M 美元（M 张 1 美元的钞票）的资金中分出 X 美元（X 张 1 美元的钞票）给 B，其中 $M \geqslant X$，如果 B 接受，那么 B 将获得 X 美元，A 将获得 $(M-X)$ 美元；如果 B 拒绝，那么两个人都将一无所获。如果 B 是自利的，那么即使 A 分给他最低的 1 美元他也会接受，而 A 作为自利主义者，预期到 B 同样是自利的，他将决定分给 B 一个最低金额，即 1 美元。正如古思等人（Guth et al., 1982）最早发现的那样，在实验中，A 大体上会分给 B

多于最低金额的钱，如果 A 不这么做的话，出于自利动机，B 将有可能拒绝该分配方案。一直以来，该博弈研究的难题就在于弄清楚为什么在实验中会出现这样的分配方式，它的限度是什么，以及 B 拒绝 A 的分配方案的动机是什么，给定对 B 的行为的预期，那么 A 的行为将是理性的。

结果

在第 5 章的研究项目中，我们从是否能得到福赛思等人（Forsythe et al.，1994）的最后通牒博弈研究结果入手。我们确实得到了一样的结果，但在实验步骤上同他们有些差异，出于比较的目的，我们引入了一些虚拟设置变量。就引入的这个"极小的变动"而言，我们的实验结果证明了他们的结果确是稳健的。实验界目前已形成一种共识：如果你想了解与其他实验者在实验设置方面的差异会造成什么影响，那你在采用你自己的实验设置去做比较之前需要先复制他们的实验并证明你能得到同他们一样的结果。通过重复先前研究者的实验结果，你能排除一种可能性，那就是你从你不同于前者的实验设置下得到的结果可归因于你采用了不同的被试，不完成这一步，你便不能把观察结果的差异归因于所采用的实验设置的差异，在那种对实验步骤的微小变化都甚觉敏感的博弈环境中，这种方法尤其重要。

在取得了同福赛思等人（Forsythe et al.，1994）一致的最后通牒博弈结果之后，我们探讨了三种实验设置变化的影响：（1）把每对被试之间的最后通牒博弈互动设定为一种卖者与买者之间的交易，卖者首先以出价的形式采取行动，而买者则通过选择买或不买来回应；（2）奖励那些在一般知识测验中得分最高的被试以先动权，那些因此"赢得"该权利的人则获得有利的优先行动地位；（3）将（1）与（2）相结合。按照先例，在福赛思等人（Forsyth et al.，1994）和我们的研究中，被试的角色是随机授予的，而不是他们自己"赢得"的，但是既然彩票都是我们社会中公平分配的一种常用手段，那么这也能被理解为一种公平的做法。而且，被试被告知"你和你的匿名对手已被临时授予 10 美元"，因此，这笔钱的所有权是不明确的，最后，他们被告知自己的任务是要"分配"这 10 美元，"分配"也意味着分享，而不仅仅是划分。［这样，韦伯斯特（Webster）对分配的定义便包含了：（a）按部分、比例、份额分配；（b）同别人分享一样东西；（c）在数学意义上，通过分配的过程分成几等份。］

我们的假设是，这些实验设置的变动将使先动者的出价比我们在复制福赛思等人（Forsythe et al.，1994）的研究结果中所观察到的更低，并且这个假设已被数据证实。进一步来看,尽管先动者出价更低,但后动者却并未增加其拒绝这些出价的频率,因此,先动者期望能保留这块"馅饼"的较大份额,后动者则采取看似接受先动者出价的行动。如我们彼时观察到的一样,被试从某种社会背景(那是一个满是重复互动的世界,在那个世界中,单一交易不是被隔离开的,而是一连串交易中的一部分)下走进实验室,这种社会背景导致了预期的形成,预期是决策行为的决定因素,于是,在交易的实验设置下(卖家出价,买家决定买还是不买),卖家的出价权从文化意义上来讲是不受质疑的。与此相似,被试赢得的明确权利也被认为是合法的,并被看成是一种投资形式,权利持有人使用这种权利亦是适合的。我们把实验设置(1)—(3)理解为合乎隐含的社会背景的触发响应,被试对他们的社会背景已是十分适应。我们从结果中观察到,被试的反应比抽象互动中更自利,抽象互动中的被试被随机指定为先动者和后动者的角色并对"待分配"的资金不具备明确的产权。我们的理解是,这些实验设置使自利行为变得合法,若无明确的受社会认可的角色,被试会恢复他们在日复一日与他人礼貌性、无意识及个人的互动中所表现出的声誉类型。在这样的互动中,那种(不具备反面信息)准备发起合作、期待合作并有可能因惩罚非合作行为而蒙受损失的人是很常见的类型。(见下文以"扩展形式的议价中的合作"为标题的讨论。)

罗思(Roth et al.,1991)所报告的实验为"被试将'重复单一博弈'互动看成是一个重复博弈的一部分"的假设提供了富有洞察力的证据。在他们的实验中,被试进行反复但不同的配对,以至于每位被试永远不可能与同一位对手配对两次。因此,后动者表现出与单一博弈相关的拒绝率的显著上升,但是博弈论中假定与不同的对手重复博弈在使被试获得经验的同时会产生与单一博弈相同的结果。报告中10%—44%之间的拒绝率(在单一博弈中10%的拒绝率已然很高),与被试对惩罚非合作行为(即惩罚欺骗者)的关心及对在整个重复互动过程中保持声誉的关注是一致的。传统上理论家或实验者都(没有证据地)假定,被试会认为各次互动是相互独立的。

在第7章的研究项目中,我们用10倍的奖酬在随机授权和交易/竞赛授权的实验设置下重复了最后通牒博弈。本质上,在两种授权设置下,随着奖酬的增加出价都不会显著地降低,然而,在交易/竞赛授权的实验设置下确实存在一种比较明显的(若统计上不显著)出价的降低,并显著地提高了拒绝率。这是我们所发现的第一种能使先动者和后动者在预期上产生分歧的实验设置（例如，被试之间不能很好地相互理解）。

独裁者博弈

　　如果免去后动者拒绝出价的权利并因此消除最后通牒博弈的策略性特征，那么最后通牒博弈就变成了独裁者博弈。福赛思等人（Forsythe et al.，1994）利用这个博弈来考察是否最后通牒博弈的结果能够完全在利他效用的意义上以公平的角度来解释，他们发现，独裁者的出价显著（无论从统计学意义上还是从经济学意义上）低于最后通牒出价，尽管独裁者比博弈理论中所指出的要大方得多。

结果

　　我们发现（第 5 章），正如上文提到的，通过结合交易与竞赛授权的实验设置，独裁者的出价会降低很多。我们采用一种可确保实验者和其他人无法知晓个体被试决策的透明步骤，开展了独裁者博弈双盲实验。通过使实验任务脱离一切社会背景（即可能的历史与将来），我们观察到，正如假设所示，到目前为止最吝啬的独裁者出价情况为 2/3 以上的被试不分给对方任何资金。后来，埃克尔和格罗斯曼（Eckel and Grossman，1996b）复制了我们双盲实验的步骤和结果；之后他们在实验接受者方面做了一些改变，他们把扮演接受者的被试由个人改为美国红十字协会，现在独裁者出价显著地提高，这表明即使在双盲设置控制了对参与人决策的知晓程度之后，接受资金的被试的特征是十分重要的。伯纳姆（Burnham，私下交流）也复制了我们双盲实验的步骤和结果。

　　我们的实验步骤是把我们所能想到的可能会使被试无意识地与重复互动的社会活动联系起来的因素尽可能地排除出去，因而对独裁者出价产生了较大的影响。我们接下来探讨了通过逐次排除一个这样的变量，是否能使数据逐步回归正常水平，第 6 章（关于社会差距与利他行为）报告了作为结果的有序样本分布情况。

　　我们对这些数据的理解依赖于一个模型，该模型推测被试因受制于文化因素而期望人与人之间的决策会以互惠的形式，且这些决策会对将来的声誉产生影响，模型［见第 6 章，方程（1）和方程（2）及脚注 6］假定独裁者获得利己效用,该效用不仅仅取决于货币奖励 $M-X$,也取决于假定的主观未来价值 Y_1,先动者作为一个合作而利他的人的社会声誉支持了这一点。可改变社会差距的实验设置被假定在给定 X、M 及实验说明 I 的情况下会对独裁者关于未来价值的预期 Y_1[即 $F(Y_1 \mid X,M,I)$]产生影响。

扩展形式的议价中的合作

第 8 章所研究的扩展形式博弈允许一位参与人在"决策树"的两个可选择分支中进行选择:一个分支包含了对称的子博弈完美均衡结果,另一个分支包含了对称的联合最大结果。但另一位参与人可偏离"决策树"的路径而按照他自己的优势行动,我们假定发出合作信号的参与人虽自身付出了成本但并不惩罚这种偏离行为。尽管在一轮单一博弈中自利的议价者被预测可达成子博弈完美均衡结果,但仍有 43% 的参与人选择遵循"决策树"中的合作路径。当博弈在不同的搭档间重复进行时,合作的趋势也加强了,并且在偏离行为不会受惩罚的完全信任、单一博弈中这种趋势会有小小的改变。这些结果与"存在一大群受自身过去经验及生理禀赋制约从而采取互惠主义支持下的合作策略的人"的假设是一致的。尽管有时不互惠会受到惩罚(如果互惠的选择是可行的话),但在不能受到惩罚的情况下,信任与信誉在匿名地配对的个人当中也可有效地实现高合作率。

专门的与一般的逻辑驱动心理模型

推荐第 6 章中重印的论文的人唤起了我们对以下事实的注意:我们模型中所暗含的假定,即模型的社会化背景都源自文化,从属于演化心理学家的另一种解释(Cosmides and Tooby,1992)。引入演化心理学文献大大拓宽了我们关于互惠主义起源的假定,第 8 章和第 9 章就反映了我们研究思路中的这一新维度,第 9 章考察了演化心理学家的一些工作,介绍了专业心理模型的概念并加强了它与实验决策行为的互惠解释的联系。

描绘了经济学和其他社会科学主流观点特性的标准心理决策模型建立在以下假设的基础之上:大脑是一种因文化而得以发展的具有普遍目的、内容独立并能处理信息的器官，它通过运用逻辑准则和运算法则处理相关数据来解决决策问题。因此，人类的决策行为是一个有意识地认知、计算的逻辑过程。演化心理学的假设是，人类的决策取决于专门的特定领域的心理模块以及由生理选择"设计"的运算法则，人类依靠这些运算法则来解决各个独立的适应性问题。其例证有：(1)用来辨别并惩罚那些违背隐含的社会交易契约的人的"骗子侦测"机制(Cosmides，1985)；(2)语言变形规则，如英语中在规则动词后加-ed构成过去时，或者在规则名词后加-s构成复数。这种理念认为，人类并不是生来就具有这样的特殊能力，但是生来就具有期待这样的能力被激发的蓝图或线路——回路的转换是由进化的经验来决定的，因此，给定由基因决定的自然禀赋，人类仍有充足的空间来吸收后天的教养因素。这些心理模块所产生的决策可能是极其无意识的，以至于个人并不能明确地意识到他们是怎样以及为什么"知道"要如他们所做的那样来决策。这就好比我们在童年时期自然而然就获得了语言能力，并没有依靠详细而明确的指导，也没有记住是怎样或者何时就获得了这种能力。

标准的经济学(以及社会科学)心理模型是不够优良的——所有具有相同潜在逻辑结构的问题都用相同的技术方法论意义上的公式化表述和解决办法。这种模式存在以下三方面缺陷尚未得到解决：(1)标准模型并没有解释为什么经济学如此难以教学、运用和理解——甚至专家也常常出错；(2)它没有解释文化即标准模型的根源是来自哪里；(3)它很难解释无意识的和直觉的决策。演化心理学的心理模型是自然地发展而成，它与近来生物学研究的热门趋势并行不悖。近来的生物学研究发现，许多曾被认为与文化的起源无关的人类特性是表型的基因传递，但是这个模型太新，以至于经受不住诸多检验，如科斯迈迪斯(Cosmides，1985)以及科斯迈迪斯和图比(Cosmides and Tooby，1992)所进行的检验。有些人认为，演化心理模型的结果可以用其他"更简单"或不那么"具猜测性的"原理来解释(Kahneman and Tversky，1996)，但是，我们当然知道对任何事物都总会有多种可选择的解释，这是因为，理论暗示了观测，但绝非观察说明了理论；而且被一个人看作是"猜测性"的东西也许就刚好符合另一个人的预期模式。

大多数关于现行假设(即决策来源于专门的心理模块)的案例是以该心理模型在认知纬度(Marr，1982)和语言(Pinker，1994)发展上的成功为基础的。布罗卡失语症形式的大脑损伤以及诸如威廉斯综合征之类的遗传精神病提供了大量人们语言功能受到损害后仍具有正常智力的案例。类似地，扁桃体疾病已被证明可损害理解面部表情和察觉视线的能力——在社交中这是一种极重要的要素(Adolphs et al.，1994)。自闭症(它在家族成员和双胞胎中的出现意味着它可能存在遗传的成分)损害一个人对其他人心理现象的认知(Baron-Cohen，1995)，因此一个自闭症患者不能从经验中推断另一个人可能持有错误信念。显然，人类"读心"的能力对于博弈论中核心的策略互动是十分重要的,证据表明,这种能力是大脑中与其他能力相独立的模块运行的结果,因此,自闭症患者也可能会在 IQ 测试中表现出高智商。

如果专门的心理模块在决策过程中如同在博弈实验中一样正常运转,那么这些模块是什么,它们的功能又是什么? 下面有几个猜想的例子,它们可能有助于假设的阐述。

敌友侦察器

如果敌友侦察器(FOF)是一种可辨别的心理机制,那么它肯定是我们最优良的屏障之一。非合作博弈理论是关于敌人的,这些人将彼此都看成敌人,每一个人都假定其他人会牺牲别人来最大化自己的利益,但是,当人们是匿名配对时,不管是单一博弈还是双盲博弈,他们都大体知道自己是与同一个相似的人进行配对。当人们不是匿名配对时[正如以美国红十字会为被试的埃克尔和格罗斯曼(Eckel and Grossman，1996b)实验那样],情况就有些不同,美国红十字会的众多特征之一自然是它被明确地断定为一位可提供帮助的朋友。长期以来被社会心理学家也被经济学家广泛研究(尤其见 Ball and Eckel，1995，以及 Ball et al.，1996)的集团内(与集团外)效应的敏感度,关注的是为什么精心设计的议价实验说明通常将议价者称为"配对者"(或类似这样的名称)而不是"搭档"或"对手"? 这是因为后两个术语易引发"友好"或是"敌对"的态度。

当然,取决于实验目的,有人可能想在实验设置中引入这些模式,伯纳姆等人(Burnham et al.，1998)报告了一组实验,在这些实验中,第 8 章所讨论的信任博弈(即博弈 2)就用到了议价者被看成"搭档"的模式以及与之相比较的"对手"模式。这些实验结果支持了"'搭档'模式与'对手'模式相比会增强信任(合作性的出价)与信誉(不背信)"的预测。

骗子侦察器和惩罚机制

以科斯迈迪斯(Cosmides，1985)为开端,目前已有大量文献表明人们在

"如果 P，那么 Q"的前提下存在选择困难的情况，但是如果是在侦测社会契约及交易中的欺骗行为时，他们的表现要好很多。

信任与信誉侦察

敌友侦察器可能只能提供粗略的筛选："我同另一位大学生配对，但他/她值得信赖吗？我将尝试使用一种测试信号来获得指示。"如果对方的身份是认证的，譬如它是美国红十字会，那么我知道该被试是值得信赖的。敌友侦察器是进行更深入评估之前的一次预审，在某些极端案例中，它会迫使哺乳动物选择攻击或逃离模式。

读心术

巴伦-科恩（Baron-Cohen，1995）描述了产生"读心"能力的特殊机制或心理模块（未必全面）。一个是意图侦察器，它在识别到一个带有目的的代理人的信息时被激活，例如，代理人想吃东西。第二个是视线侦察器，它能知晓他人视线的存在，并推算视线是直指还是偏离实体，由此推断他人见到了视线所达的什么东西，例如，代理人看到了我，或者正在看一棵树。第三个是共同关注机制，它涉及三元关系而不是二元关系（二元关系是前两种机制关注的焦点），例如，玛丽（Mary）和我都在看正在跑的车。最后是一种心理机制理论，它是一个从机体的行为或表情来推断其心理状态的系统，该机制使得你可以自然地、本能地得出以下想法：另一个人可能抱着一个错误信念，因为你心里感受到了。

一个具有心理模块特征的人能否拥有上述的某些机制而不是全部？显然，回答是肯定的，自闭症儿童很清楚地知道其他人有需求（如冰激凌）或欲望（如去游泳），他们也可以分辨出一个照片里的人是在看他们还是在看别处，而扁桃体损伤患者却做不到这一点。大多数（不是全部）自闭症儿童看起来不具备有效的共同关注机制，而且实验发现，只有一小部分具有理论上的心理机制。

显然，读心术是人们在生活及博弈中的社交互动策略的重要部分，一个人想要做出有效决策，必须能够使用相关信息判断其他人所属的类型，由此推断出他人的行为并相应地决定自己的行为。

比如，这些考虑就意味着一个自闭症患者在最后通牒博弈或其他类似的互动博弈中的行为将不受有关对方类型的信息的影响，旨在操纵被试对其他人的预期的实验设置就会无效。然而,这也进一步地意味着,自闭症患者可从经验中学习预测他人的行为,以这种经历中所获得的记忆为基础,他们的表现可能会有所改进,但仅限于特别情况下。在无法下意识地识别他人心理现象的情况下,自闭症患者并不能产生相应的直觉,因此还是不能快速判断不熟悉的形势。

当然,自闭症只是无法有效地从行动、表情或情境中"读心"的一个极端例子。在正常人当中,我们可预测到存在这种直觉"读心"能力的频率分布,这可能有助于解释被试样本在不合作与合作互惠之间的分歧,该命题具有经得起检验的内涵。

一个内涵是,如果赢利信息在二人扩展式博弈中是私密的,那么这将通过让参与人无法推断出对方意图而控制住"读心"能力。在第 8 章所讨论的扩展形式博弈中,预测最大程度地支持了私密(而不是完全)赢利信息条件下的子博弈完美不合作均衡,麦凯布、拉森蒂和史密斯(McCabe, Rassenti and Smith, 1998)所报告的比较实验也有力地支持了该预测。

另一个可检验的内涵是,这些扩展形式博弈(第 8 章和第 9 章)应比它们在相应的"等价的"正常(策略性的)形式下存在更多的合作行为,麦凯布、史密斯和勒波雷(McCabe, Smith and LePore, 1998)所报告的比较实验也支持了该预测。

议价博弈中的偏好、产权及匿名

伊丽莎白·霍夫曼　凯文·A.麦凯布　基思·沙查特　弗农·L.史密斯

1913年,一位名叫戴蒙德·詹内斯(Diamond Jenness)的种族学家应加拿大政府的邀请参加了为期3年的斯蒂芬森北极探险,此行的目的是对爱斯基摩人进行研究。他在日记中做了如下记载:

> 一直到下一年冬天,才会有人来收拾这些空置的小屋……屋旁的杆子上挂着数十张狐狸皮,这可是相当引人注意的,这些露天放置的狐狸皮可是整年的收入啊!不会有路过的人顺手牵羊吗?当然,事实上那样的事情没有发生过,这些货物跟放在储藏室里一样安全,因为爱斯基摩人数量稀少,在这么小的一个群体里面,大家抬头不见低头见,不论是谁偷了东西,都将无处遁形……诚信在小社群中更容易形成,而在大城市里就没那么容易了,因为那里人数众多,个体的不当行为很容易被掩盖在茫茫人海中,追究责任变得很难。(Jenness,1957,pp.128—129)

非合作、非重复博弈理论关注的对象就是詹内斯说的那种"大城市"居民,他们此前没有过交集,在博弈时只是偶尔遇见,根据已定义好的规则和回报条件,以自利为目的进行策略性互动，在此之后再无交集。为了确保对参与者互动情况的理论预测不与某个序列的过去或将来相关，以上这些刻板的条件不可或缺。因此，我们针对重复博弈的分析方法是不一样的，因为在重复博弈中，参与博弈的陌生人其实正是在共同开发他们的历史和未来，慢慢地他们可能会互相合作。此外，我们认为二人议价博弈的实验结果对能够影响参与者匿名性及议价环境的实验步骤是十分敏感的，因为在只有两个博弈者的时候，个体的行动很容易识别，基于这个原因，在二人议价博弈的实验研究中，研究人员通常会采用细致的预防措施来确保被试之间的匿名性，即使如此，实验结果一般也会与理论预测不一致，并且会因人而异，尤其是在没有货币奖励的情况下（Forsythe et al.，1994）。

比如，最近关于最后通牒博弈的实验研究发现，先动者往往会向他们的博弈对手提出比非合作博弈理论所预测的更高的出价。事实上，出价的众数为待分配的总盈利的 50％，尽管非合作博弈理论认为先动者按最低金额出价是可行的。在本章中，我们报告了非重复最后通牒和独裁者博弈实验的结果（实验目的为探讨显著的"公平"偏好产生的潜在原因），我们发现，如果参与者通过在一项知识测试中取得高分而赢得先动权，并且这种赢得的先动权因实验说明而得到加强，那么先动者的行为将带有更强的利己主义动机。我们在实验说明阶段都沿用了以往文献中用过的实验规定，规定了被试互相匿名这个条件来控制社会因素对个体选择的影响，我们还进行了双盲独裁者实验，在整个实验过程中，除了被试自己，任何人（包括实验者）都不知道他/她的决策是什么。这样一来，我们在实验中观察到了最大比例的自利性出价——大大高于以往各种实验所得到的比例。我们的解读是，最后通牒和独裁者博弈中的出价似乎主要受策略性及预期性考虑所左右，而利他行为基本上只是一种预期现象——即进化生物学家所称的"互利主义"，或简称"互惠"（Trivers，1971；Hawkes，1992）——它并不是因被试偏好平等而得到的结果。

5.1 最后通牒博弈与独裁者博弈

在最后通牒博弈中，两位被试分配数量为 M 的货币。其中一位被指定为发起人，他提出将 M 数量货币分为两份，其中 X 给对手，$M-X$ 给自己，对手可选择接受或不接受，如果接受，那么就按发起人的办法执行，二人各得到一些货币，如果拒绝，则双方都只能空手而归。如果对手是个理性的人并且对货币有偏好，那他应该接受数量为 X 的货币（$X = \varepsilon > 0$，ε 为该笔货币的最小单位值）。于是，根据子博弈完美均衡预测，应该是发起人向对手出价 $X = \varepsilon$，并且对手会接受这一提议。古思等人（Guth et al.，1982；以下记为 GSS）、卡尼曼等人（Kahneman et al.，1986）、福赛思等人（Forsythe et al.，1994；以下记为 FHSS）、罗思等人（Roth et al.，1991）以及其他学者的研究表明，在同类博弈中，发起人作为提议者，给对手的出价往往比理论上高得多，这种平分财物的倾向被认为是"公平分配"等社会准则促成的，然而，这种说法仅能解释实验中的平等分配倾向，却不能解释那些可检验的更基本的问题。博尔顿（Bolton，1991，p.492）提出了一个正规模型，将被试的分配动机融合到效用函数里面，这种做法此前奥克斯和罗思（Ochs and Roth，1989）也提出过。

这些实验结果同福雷克和西格尔（Fouraker and Siegel，1963，pp.34—36，218—221；以下记为 FS）的实验结果形成了对照，后者在实验中引入了最后通牒策略，其后发现在单一交易背景下，子博弈完美均衡［鲍利（Bowley）］的议价预测是有强有力的支撑依据的。平分收入的做法明显与博弈均衡不合，11 位议价者中无一人选择平等分配，我们现在把这个实验步骤叫做明码标价：就是说，卖家首先选定一个价格，并且与买家沟通好，之后买方只选择购买的数量，然后结束博弈。所以，卖家提供给买家的报价是一个最后通牒（要么买要么不买），FS 的实验步骤与设计与之前的最后通牒博弈有以下 3 处不同：（1）所有的议价行为在此被描述为一个买卖过程；（2）在纳什均衡条件下买家得到了大于 ε 的赢利，在不对称实验设计中，达到纳什均衡时买家的赢利是 2.44 美元，卖家则收入 6.44 美元；（3）买卖双方都有多种价格—数量（及赢利）搭配可以选择，如此一来，最后通牒博弈的"非此即彼"或"要么接受要么放弃"的特征被消除了，不过，买家还是可以通过选择购买 0 数额的货物来拒绝卖家的报价。这些早期的 FS 实验结果激发了 GSS 的首个最后通牒博弈实验，并且提出，最近的最后通牒博弈所产生的结果有可能要归因于以下一些因素：（1）实验背景和程序不同；（2）事实上，实验者预期后动者会接受纳什均衡点上的最低报酬（ε）。因此，我们可能只能把最后通牒博弈看成一个边界实验，其关注点是，当后动者被要求接受一个远低于先动者的赢利时，纳什均衡是否依然成立（GSS，p.369）。

　　FHSS还针对最后通牒博弈的策略行为进行了一项重要的基准控制实验,形成了之后的独裁者博弈,在独裁者博弈中,提议者决定如何分配数额为 M 的货币,并且不容对手拒绝。最后通牒博弈中的情形则不一样,提议者必须就对手的保留价值(即对手会开始拒绝的底线报价 X)形成预期,这样一来,提议者对公平因素的考虑跟他对保留价值的策略性预期就有些混淆了。而在独裁者博弈中,提议者的方案不可拒绝,所以可以假定,对后动者保留价值的预期并未纳入先动者的决策过程中。理论上来讲,有利己倾向并且不知足的独裁者应该会拿走全部资金 M,在试验中,FHSS也发现与最后通牒博弈中的提议者相比,独裁者拿走的货币金额明显高得多(M 为 5 美元或 10 美元),然而即便如此,还是有大约 1/5 的人会选择与对手平分收益。之前进行最后通牒博弈实验的人们认为"提议者对公平的偏好无法完全解释他们在最后通牒博弈中的分配方案"(FHSS,p.23),但是到底要怎样才能调和两种实验数据中存在的矛盾呢?

　　以被试预期为依据,我们可以利用两种博弈试验中的数据构建一个比较合理的理性模型。在这些简单的实验中,特别是在独裁者博弈实验中,被试可能会下意识地考虑实验者的目的是什么,他们也许会考虑:(1)实验者会根据我现在的表现来决定是否让我参加后面的实验吗? (2)如果后面还有实验要我参加,实验者会不会根据我现在的表现来决定让我参加哪些实验呢? (3)如果我拿太多,实验者会不会觉得我这个人很贪婪呢? 最后这种思虑表明,"公平"其实不是被试们"内在"的偏好,而是因为他们在意别人的评价而产生的衍生物。请注意,所有这些"解读"中都没有哪一种要求被试具备公平道德或者受共享效用约束。

　　最后通牒博弈中的提议者必须就对手的保留价值形成预期,然后,厌恶风险的提议者才可能给出一个稍高于理论价值的报价,以确保对手会接受自己的提议。假设提议者是理性的,那么他应该选择一个报价 $x^{*} = \arg\max u(M-X)F(X)$,其中 $F(X)$ 是提议者主观认为出价 X 会被接受的概率,它反映了提议者的预期。但是,独裁者作为说一不二的提议者,也会受到主观预期(如实验者如何评价自己,以及接下来该怎么做)的影响,结果他们还是可能选择分给对手一部分资金。

　　实验者对被试预期一无所知,对被试的控制也只能通过实验说明及事先的一些设置来实现,并且此类控制可能会有一定的疏忽。比如,在过去的实验中,被试的角色都是由实验者随机指定的,我们通常认为随机性能够彰显合理性,但是在最后通牒博弈实验中,随机可能并不代表中立,因为被试可能认为,实验者是出于公平起见才这样做,就像生活中人们常用抽奖的办法来确定权利(如狩猎许可证与篮球赛坐席)的公平分配,于是实验者就在无意之间导致了某种"公平回应",就是说,被试因为认为自己得到了实验者的公平对待,所以他们会感到自己也应该在试验中公平对待别人。

5.2 产权

产权是一种保障,它使产权所有人可以依法对自己的财物采取各种行动,这种保障也是有反作用的,产权的设立为惩罚策略提供了限制条件,另一方面,惩罚策略又可能被用来促进合作行为,它可以被我们看作是社会为了促进产权所有人行为的合理化而采取的一种手段。对私有制经济中的人们来说,产权是理所当然的事物,但议价实验中的被试是不是也持有这种看法呢?

在议价实验中,如果被试双方都了解赢取优势地位的过程,并且其中一个赢得了作为先动者的优势地位,那么双方的预期可能会更加一致,先动者受到对手惩罚策略的影响也可能更小。霍夫曼和斯皮策(Hoffman and Spitzer,1982,1985b;以下记为 HS)提供了支持这一观点的实验数据。[①] 在 HS(1982)的实验中,两位被试面对面讨论怎样分配 14 美元,首先,其中一位被随机选定为控制人,如果两个人不能就分配方案达成一致,那么控制者将得到 12 美元,另一个设置是,最后以控制人的选择为准。结果,12 组被试全部选择平分这 14 美元,尽管这样控制人得到的比他选择否决时得到的要少,但他们还是这样做了。后来,在 HS(1985b)的实验中,被试必须通过竞赛赢得控制权,实验说明也强调了这一信息,结果 22 对被试中只有 4 对选择平分,平均来看,每位提议者(控制者)拿到了 12.52 美元。古思和蒂茨(Guth and Tietz,1986)得到了相似的结果,他们的实验表明,如果在最后通牒博弈中使被试通过竞拍的方式获取先/后动权,那么后动者能得到的资金就会少很多。

为了把 HS(1985)的实验设置引申到最后通牒博弈中,我们设计了竞赛环节[②],被试需要参加一项时事竞答比赛,然后以答案正确率为标准由高到低排列。这种方法之前曾有班热(Binger,et al.,1991)、切赫(Cech,1998)和韦尔福德(Wellford,1990)使用过[③],如果按正确率不能分出胜负,那么答题时间的长短将被用作决胜依据(即答题时间最短者胜出)。在 HS(1985b)

实验中,被试通过参加 Nim 游戏来确定谁将成为控制人,但测试的搭档由实验者随机分配,而在本章所介绍的竞赛中,提议者以及其与搭档的选择都是通过被试在竞赛中的排名来确定的。

只有在两个控制实验(以及两个双盲实验)中,我们采用了 FHSS 的实验说明并且规定被试的任务是分配 10 美元,其他所有的实验都按照 FS 模式设定成了一桩买卖双方的交易,这样我们就可以检验交易与分配 10 美元这两种不同的任务产生的不同效应。一般来说,我们把议价看成是一种交易,因此这样的实验背景本身更具有合理性,并且可以引导议价双方形成共同预期:先动者在出价时自利倾向会更加明显。④

5.3 实验设计

在每个实验环节,12 位被试均同时参与,按时参与实验的被试均能获得 3 美元奖励,等所有被试都到达后,他们先自己阅读一系列描述接下来的买卖任务的实验说明,然后再由实验者(霍夫曼)再给他们讲一遍。在随机性实验设置下,被试被随机指定为买家或卖家,配对也是随机的(匿名的)。⑤在竞争性实验设置下,被试则需要先回答 10 道时事问题,然后按排名指定被试角色,第 1 名为卖家,与第 7 名(买家)配对,第 2 名(卖家)则同排名与第 8 名(买家)配对,依此类推。被试均不知对方身份,每个环节只有 1 对被试参加并产生 1 个决策,被试除了能在随后的实验中获得盈利外,他们还能在回答问题的环节中获得收入,每答对 1 题得 0.25 美元。

确定好被试角色后,每位卖家从图 5.1 所示的盈利表中选择一个价格,从该盈利表可看出,这实际上是一个最后通牒博弈,只是以交易的形式进行。卖家与买家要一起分配 10 美元,如果卖方出价 9 美元而买方同意买,则卖方得 9 美元,买家得 1 美元,与此类似,如果卖方出价 8 美元并且买家同意买,则卖家得 8 美元,而买家得 2 美元,跟其他最后通牒博弈实验以及 FS 实验一样,如果买家决定不买,那么双方的收益都将为 0。

卖方选择价格时,买家要答一份问卷(详见附录"买者问卷"),该问卷有两个目的,首先,每位被试都拿到一张纸,可以模糊买家和卖家的身份,第二,问卷要求买家告诉我们他自己作为卖家会选择的价格以及他现在期待对方选择的价格,有了这些数据,我们就可以检验预期是否受产权分配的影响。

卖家选择
价格

$0	$1	$2	$3	$4	$5	$6	$7	$8	$9	$10	

买家选择

		$0	$1	$2	$3	$4	$5	$6	$7	$8	$9	$10	卖家赢利
	买	$10	$9	$8	$7	$6	$5	$4	$3	$2	$1	$0	买家赢利
	不买	$0	$0	$0	$0	$0	$0	$0	$0	$0	$0	$0	卖家赢利
		$0	$0	$0	$0	$0	$0	$0	$0	$0	$0	$0	买家赢利

图 5.1　发给被试的奖酬表

在卖家选好价格后，我们把相对应的卖家价格在每位买家的选择表上圈出来，然后要求买家在"买"与"不买"上画圈，与此同时，我们也让卖家答一份问卷，是关于他们对买家行为的预期的，这里卖家同时拿到问卷，继续起着模糊买卖双方身份的作用，等买家做出决定后，我们分别确定好每位被试的赢利（包括在时事测验中应得的赢利），并私下分别支付给他们。

独裁者博弈也运用了以上实验步骤，只是其中的买家用不着做决定，交易背景的设定，意味着不管卖家选择什么价格，买家都事先对成交做出承诺。

表 5.1　最后通牒博弈和独裁者博弈中的议价搭档数量

	最后通牒		独裁者	
	分配 10 美元	交易	分配 10 美元	交易
FHSS 结果	24		24	
随机分派角色	24			
FHSS 实验说明				
竞赛分派角色	24			
FHSS 实验说明				
随机分派角色		24		24
竞赛分派角色		24		24
双盲 1			36	
双盲 2			41	

表 5.1 列出了我们上述所有实验中参与议价的组数，例如，列标题显示我们在最后通牒交易和独裁者交易中考察了 24 组被试，行标题则显示，试验中权利的分配是随机的。为了便于比较，我们在第 1 行列出了 FHSS 所做的实验，并且把他们的实验称作"分配 10 美元"实验，以与我们的"交易"实

验区分开来。这样,按照 FHSS 的实验说明,被试被告知"一笔金额为 5 美元(或 10 美元)的资金已暂时分配到每一组……"(FHSS,p.27;亦见 Kahneman et al.,1986,p.105),大家特别注意了,这个说明意味着议价双方都不拥有对这笔资金的明晰产权,从字面上来讲,这笔资金只是临时属于两人。除了从 10 美元的分配中获得收入外,被试还能从 FHSS 那里获得 3 美元的参与费,在我们所有的实验中(有一个例外),被试除了从 10 美元中获得一定份额外,也都能得到 3 美元的参与费。

为了把我们的被试及实验步骤同 FHSS 进行比较,我们利用 FHSS"分配 10 美元"的实验说明进行了另一个随机授权实验和一个竞赛授权实验,但是注意,我们并没有像 FHSS 实验那样要求买方与卖方进入不同的房间,因为我们的竞赛要求在同一个房间(即共同知识)里进行,同时也想维持这个实验与我们其他实验的可比性,它并不是对 FHSS 实验的单纯复制,我们反而想了解:就实验者、被试以及相同的房间环境等方面来考虑,他们的实验结果是否那么有效。

正如前面提到的,我们也一直担心议价实验中的被试可能会受以下两方面的影响:(1)实验者会不会根据被试的决策来决定是否录用他们,或以此为依据决定在之后的试验中如何安排他们;(2)实验者或其他看到数据的人(尽管匿名)会对被试行为做出怎样的评价。问题在于,在我们已知的所有"匿名"议价实验中,被试都明白实验者完全了解每个人将做出怎样的决策,"匿名"只是说明同组的两名被试均不知道对方的身份,而且不同组的被试也不知道其他组的身份和决策,但是实验者却什么都知道。

早在西格尔和福雷克(Siegel and Fouraker,1960)的私人议价实验中,这种被试之间的匿名就已经是个标准化的规则了,FS 以及所有最近的私人议价研究中都保留了这一规则,之所以要这样做,是因为如果实验不匿名进行(比如改为面对面互动),那么被试所具备的所有社会经验都将在他们的决策中发挥潜在作用,如此一来,实验者就是在冒险——被试偏好可能将不受控制(亦见 Roth,1990)。

我们赞同这个对危险的评估,但我们也有新的提议:实验者作为潜在的社会化因素,也可以采用"匿名"方式存在。为了消除实验者的监视,我们设计了一组新的"分配 10 美元"实验,其中有一个条件,即确保被试对所有可能看到他们决策的人(包括其他被试、实验者或任何人)都是匿名的,因为被试的决策和盈利对实验者和其他被试都是匿名的,我们便将这种实验设置称为双盲。⑥

　　在本章所述的双盲实验 1 中，15 人被召集至 A 房间，14 人被召集至 B 房间，每位被试都阅读同样的实验说明，之后每个房间都有一位实验者大声朗读该说明（A，麦凯布；B，史密斯），所有的被试都可以拿到 5 美元的参与费（现已在我们的实验中标准化，该实验是最早施行这一标准的实验之一）。在自愿的前提下，A 房间的一位被试被选为实验的监控人，并因此获得 10 美元，根据实验说明，14 个白色的未做任何标记的不透明信封中：2 个信封每个内装 20 张白纸片，另 12 个信封每个内装 10 张白纸片和 10 张 1 美元的钞票，监控人给每位被试一个信封，被试拿到信封后走到房间后面，各自在一个大的硬纸箱（用来严密保护被试的隐私）内打开信封，并从中拿走一部分，留下 0 到 10 张 1 美元的钞票和 10 到 0 张白纸片，应留下的钞票和纸片的总张数为 10，若被试拿到的是内装 20 张白纸片的信封，则信封内将留有白纸片 10 张。（通过这种方式，所有还回来的信封都是一样厚的，而且，房间 A 的每一个人都知道如果其在房间 B 中的对手拿到的是一个装有 10 张白纸片的信封，那么这有可能是因为该信封中本来就没有钞票，因此，这正是真正的"无人知晓"。）

　　等房间 A 的人都完成任务后，监控人走去房间 B，坐在房间外面，一个一个地把房间里的被试叫出来，然后让他/她选择一个信封打开，并收好里面的东西，监控人则在一张白纸上记下里面的纸片张数与钞票张数，但并不记名字，实验者陪着监控人一起回答在此期间出现但并不影响实验过程的任何问题。这些实验步骤的设计意在使一切都透明化：房间 A 的被试可自主决定留下多少给房间 B 的对手，并且大家都不知道其他人给各自的对手留下了多少，起用监控人使实验者的影响尽可能最小，同时也使房间 A 里面除了实验者之外的所有人能够确信，的确如实验说明所示，还有一个房间 B，里面有另外 14 个被试。

　　上述实验步骤同我们在其他实验中所采用的实验步骤存在很大的差异，这是我们有意而为之；我们想做一个出格的实验，要囊括我们能想到的一切对保护被试"完全匿名"有用的东西，实验结果显示，出价的分布显著变小，我们随后还会讨论这个问题。那么实验步骤中哪些才是最重要的呢？起用监控人并支付给他 10 美元，房间 A 的被试可能会受此暗示拿走所有的钱，相反，实验说明中举的例子（比如告诉被试可以留下 2 美元和 9 美元；见附录）则可能暗示房间 A 的被试应该留下一些给对手，还有，两个仅装有白纸片的信封可能会暗示大家即使一分钱都不留也没什么问题。使用装了钱的信封本身就是背离另外一个设置：让被试选择分配数量然后再支付给他们金额。这些特征中的任何一个，或者所有的特征，都在实验过程中起着重要的作用。

作为我们对众多变量进行研究的第一步，我们进行了一系列双盲实验 2（41 组）。在这些实验中，我们去掉了监控人这一角色，并让房间 A 的实验者代行监控智能，第二步，我们也不再使用装有 20 张白纸片的信封，并将实验复制了三次，每一次使用 14 个装有 10 张一美元的钞票和 10 张白纸片的信封（在其中一组实验里每个房间只有 13 位被试）。

5.4 最后通牒博弈先动者结果

FHSS 考察了五个非参数检验，并评估了它们区分不同样本分布的统计效力，这五个非参数检验分别是：Cramer-Von Mises 检验、Anderson Darling（AD）检验、Kolmorogov-Smirnov 检验、Wilcoxon 秩和检验以及 Epps-Singleton（ES）检验。他们发现，在最后通牒博弈中 AD 检验和 ES 检验的统计效力最强，他们还注意到了 ES 检验的另一个优点，那就是它对样本分布的连续性没有要求。埃普斯（Epps）和辛格尔顿（Singleton）也将 ES 检验与 Anderson-Darling 检验、Cramer-Von Mises 检验以及 Kolmorogov-Smirnov 检验做了对比研究，结果发现，ES 检验针对不同的连续分布有更加出众的统计效力，而且，当要比较的分布类型为离散型时，ES 检验的优势更明显。

ES 检验是基于特征函数之上的，它通过对比两个不同样本的特征函数来检验原假设（即特征函数及其分布相同）是否成立，在表 5.2 中，我们列出了对小样本修正运用 ES 检验的两两比对结果。[7]

由于用 ES 检验进行的比较不仅仅是基于第一时间分布，所以我们绘制了图表以反映我们的数据是如何随实验设置的变动而浮动的，并且与表 5.3 也有关联，表 5.3 列出了 Wilcoxon 秩和检验（也叫 Mann-Whitney 秩和检验，该检验在 1914 年就已被运用了至少 5 次；见 Kruskal，1957）的结果。根据表 5.2 和表 5.3，所有比对结果如果在 ES 检验下有显著差异，那么在仅对分布变化加以秩和检验的情况下，差异也是显著的。但是，由于 Wilcoxon 秩和检验的统计效力较差，该检验下众多比较结果中"好"的结果（显著性水平较低）被保留了下来。

表 5.2 最后通牒博弈和独裁者博弈的比对 ES 实验

χ² 统计值（概率显著水平）	FHSS 结果，分配 10 美元，独裁者	随机授权，分配 10 美元，FHSS 实验说明，最后通牒	竞赛授权，分配 10 美元，FHSS 实验说明，最后通牒	随机授权，最后通牒交易	随机授权，独裁者交易	竞赛授权，最后通牒交易	竞赛授权，独裁者交易	双盲 1，分配 10 美元，独裁者
FHSS 结果，分配 10 美元，最后通牒	30.0 (0.00)	5.2 (0.27)	30.5 (0.00)	22.4 (0.00)		35.5 (0.00)		238.4 (0.00)
FHSS 结果，分配 10 美元，独裁者					7.3 (0.12)		5.7 (0.22)	23.6 (0.00)
随机授权，分配 10 美元，FHSS 实验说明，最后通牒			10.4 (0.03)	10.4 (0.03)		19.3 (0.00)		304.6 (0.00)
竞赛授权，FHSS 实验说明，最后通牒				2.7 (0.60)		6.1 (0.19)		283.7 (0.00)
随机授权，最后通牒交易					6.4 (0.17)	4.9 (0.29)		144.4 (0.00)
随机授权，独裁者交易								44.9 (0.00)
竞赛授权，最后通牒交易							13.2 (0.01)	114.4 (0.00)
竞赛授权，独裁者交易								11.8 (0.02)
双盲 2，分配 10 美元，独裁者								3.0 (0.56)

表 5.3　最后通牒博弈和独裁者博弈的比对 Wilcoxon 秩和检验

秩和检验值（概率显著水平）	FHSS结果,分配10美元,独裁者	随机授权,分配10美元,FHSS实验说明,最后通牒	竞赛授权,分配10美元,FHSS实验说明,最后通牒	随机授权,最后通牒交易	随机授权,独裁者交易	竞赛授权,最后通牒交易	竞赛授权,独裁者交易	双盲1,分配10美元,独裁者
FHSS结果,分配10美元,最后通牒	−4.61 (0.00)	−1.74 (0.08)	−4.33 (0.00)	−3.63 (0.00)		4.83 (0.00)		−6.04 (0.00)
FHSS结果,分配10美元,独裁者					−0.822 (0.41)		−2.20 (0.03)	−3.52 (0.00)
随机授权,分配10美元,FHSS实验说明,最后通牒			−3.09 (0.00)	−2.69 (0.00)		−4.09 (0.00)		−5.88 (0.00)
竞赛授权,FHSS实验说明,最后通牒						−1.92 (0.02)		−5.58 (0.00)
随机授权,最后通牒交易					−2.06 (0.04)	−1.66 (0.09)		−5.86 (0.00)
随机授权,独裁者交易							−3.08 (0.00)	−3.86 (0.00)
竞赛授权,最后通牒交易							−4.28 (0.00)	−5.25 (0.00)
竞赛授权,独裁者交易								−1.71 (0.09)
双盲2,分配10美元,独裁者								−0.52 (0.61)

图 5.2 是根据 FHSS 两个实验(10 美元最后通牒实验和 10 美元独裁者实验)的数据绘制而成的,由于 FHSS 的论文和数据为当前的研究提供了三个主要动机之一(HS,1985 提供了第二个动机;FS,1963 提供了第三个动机),所以图 5.2 为我们报告实验结果奠定了基础。FHSS 报告的实验结果如图 5.2 所示:独裁者实验结果与最后通牒实验结果显著不同(独裁者实验中的被试更加自利,该结果也可见表 5.2 和表 5.3)。

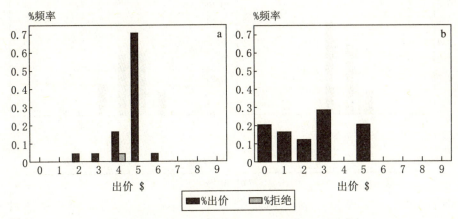

图 5.2　FHSS 实验结果:(a) 分配 10 美元最后通牒实验,$N = 24$;
(b) 分配 10 美元独裁者实验,$N = 24$

图 5.3 把我们采用 FHSS 的实验说明所做的分配 10 美元实验、随机授权实验、竞赛授权实验以及同时进行的以买方卖方交易形式进行的实验的各个结果做了一个比较。首先请大家注意,我们的分配 10 美元最后通牒实验[图 5.3(a)]是对 FHSS 的一个复制过程 [图 5.2(a)],也就是说,不同的被试、不同的实验者和"相同的房间"环境得出的结果与 FHSS 并无多大差异(在表 5.2 中 $p = 0.27$,在表 5.3 中 $p = 0.08$)。 在分配 10 美元实验条件下对比随机授权与竞赛授权所带来的差异时[图 5.3(a, b)],我们发现,竞赛授权导致更低出价的倾向是显著的(在表 5.2 中 $p = 0.03$)。 并且将实验设置成买家与卖家之间的交易时,竞赛授权同样导致比随机授权时更低的出价水平[图 5.3(c, d)]。这种差别在 ES 检验下并不显著(在表 5.2 中 $p = 0.22$),但在 Wilcoxon 检验下却是显著的。我们又在随机授权的前提下比较分配 10 美元实验与交易实验[图 5.3(a, c)],交易显著地导致更低的出价水平(表 5.2 中,$p = 0.03$)。 但是,如果我们把实验设置改为竞赛授权,则交

易导致更低出价的趋势并不显著(在表 5.2 中 $p = 0.22$)。 最后,将交易与竞赛的效应结合起来看[图 5.3(d) 与图 5.3(a)],我们发现了被试有高度显著的自利性出价倾向(在表 5.2 和表 5.3 中 $p = 0.00$)。[⑧]然而,大多数这种倾向仅是由交易效应导致的——这有助于解释 FS 所报告的显著结果。

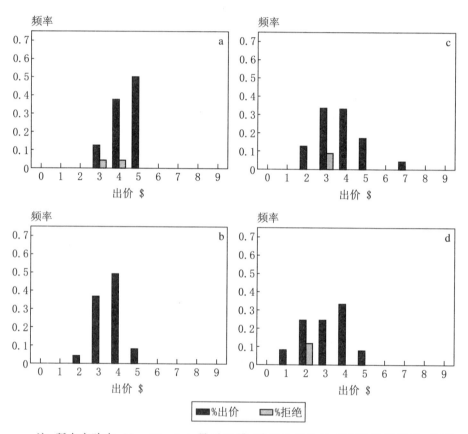

注:所有实验中,$N = 24$。(a)最后通牒,随机分派角色,FHSS 实验说明,分配 10 美元;(b)最后通牒,竞赛分派角色,FHSS 实验说明,分配 10 美元;(c)最后通牒,随机分派角色,交易形式;(d)最后通牒,竞赛分派角色,交易形式。

图 5.3 使用 FHSS 实验说明的分配 10 美元实验与以买方卖方交易形式进行的分配 10 美元实验的结果比较

下面是我们从发放的卖方问卷得到的结果,它为我们了解卖家对买家(或后动者)行为的预期提供了相关数据。如果按照 FHSS(分配 10 美元)的实验说明来进行实验,不论是随机授权还是竞赛授权,所有卖家都预期自己的出价能被买方接受,并且,他们也都表示若自己是买家,会选择接受。当情形变为随机授权的交易实验时,有一位卖家表示他/她觉得买家不会接受他的出价(事实上买者接受了);同时,所有卖家都表示,若他们是买家,会选择接受自己提供的出价。另一种情况,在竞赛授权的交易实验中,所有卖家都预期买方能选择接受,但是有一个卖家表示如果他是买家的话,不会接受他提出的 2 美元的出价(事实上,这个价格还是被接受了)。绝大多数情况下,上述所有实验设置中的先动者都预期他们的出价能被接受,这跟下一节里面提到的高接受率一致,前面在 5.2 的分析中指出,自利动机会受到预期的节制(因担心被拒绝)而降低,这也与我们的实验结果不谋而合。

5.5 最后通牒后动者结果

图 5.3(a—d)中的阴影部分显示了后动者在每一种实验设置下拒绝率的频数,我们可以看到它们都很低:随机授权的分配 10 美元实验中为 2/24(8.3%);竞赛授权的分配 10 美元实验中为 0/24;随机授权交易实验为 2/24(8.3%);竞赛授权交易实验为 3/24(12.5%)。这些比率相互之间没有显著差异,与 FHSS 的结果[图 5.2(a)]亦没有显著不同。所有实验的买家(后动者)问卷中,只有一个买家(来自竞赛授权交易实验)认为卖方预期自己的出价将被买家拒绝,而事实上,就连这个买家也接受了卖家的出价。

大多数最后通牒博弈(见下文的讨论)的实验者都着重指出:相当大比例的正出价都遭到了拒绝,而先动者都会考虑到这一点。这表明了以上所得实验结果的重要性。由于我们的实验过程(以及 FHSS 的)很少甚至不会造成拒绝率的差异,因此可以认为,我们的实验设置在引致议价双方形成共同预期方面是做得十分合理的,尤其值得注意的是,我们采用的竞赛授权和交易设置虽然产生了比随机授权分配 10 美元实验低得多的出价,但是并没有造成任何可检测的拒绝率上升。因此可以说,当我们采用会促成较低出价的实验设置时,先动者是可以准确地估量后动者的接受意愿的。可以说,在这些实验设置中,先动者的自利倾向一方面导致了更低的出价,另一方面也对他们的预期(即被拒绝的风险并不会相应增加)起着一定的作用。统计数据显示,出价较低时被拒绝的风险的确没有增加。

5.6 独裁者博弈结果

图 5.4(a，b)分别描述了随机授权和竞赛授权时独裁者博弈实验数据的频率分布，竞赛授权会降低出价水平，并且差异显著(表 5.2，$p = 0.01$)。图 5.4(c)呈现的是我们的双盲 1 独裁者博弈实验的数据，从该图清晰可见，双盲实验是到目前为止我们用过的最有效的方法，在这样的实验设置里面，没人知道先动者会向对手提出什么样的出价，不论是独裁者实验还是最后通牒实验，出价水平都大幅降低了，除了一个例外(双盲实验 2)，双盲实验 1 的实验结果与我们其他的实验以及 FHSS 实验有显著不同(出价更低)。

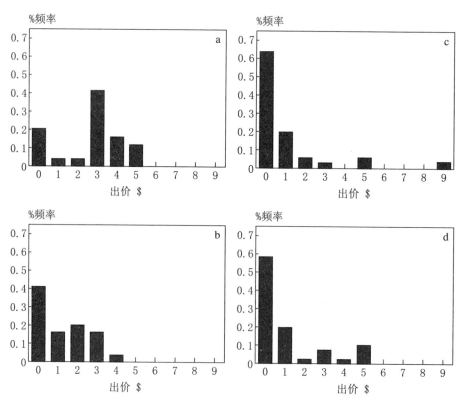

注：(a) 独裁者，随机分派角色，交易形式，$N = 24$；(b) 独裁者，竞赛分派角色，交易形式，$N = 24$；(c) 独裁者，随机分派，分配 10 美元，双盲 1，$N = 36$；(d) 独裁者，随机分派角色，分配 10 美元，双盲 2，$N = 41$。

图 5.4　独裁者实验结果

就独裁者试验中 0 美元出价的比例来看，差异就显得非常清楚。在 FHSS 和随机/交易实验中，只有约 20％的卖家出价 0 美元，还有差不多数量的卖家出价 5 美元；在竞赛/交易实验中，出价 0 美元的比例上升到约 40％，另有 40％出价 1 美元或 2 美元；在双盲 1 独裁者的实验设置下，出价 0 美元的比例超过了 2/3，出价 0 美元或 1 美元的比例达 84％，36 位被试中仅有 2 位出价 5 美元。

图 5.4(d)描述了双盲 2 的实验数据，二图的对比数据[图 5.4(c, d)]显示，在起用付费的监控人并且使用两个装满白纸条的信封时，双盲实验具有了一定的稳健性。尽管出价有轻微上升，但通过表 5.2 和表 5.3 中的各项统计对比可以看出，双盲实验结果对于实验步骤方面的因素来说是稳健的（$p = 0.56$ 和 0.61）。显然，相对于我们其他的实验来说，双盲 1 和 2 都具有很强的统计效力。这些结果也进一步巩固了我们的结论：我们思考的这些博弈种类对实验中的步骤、契约及说明性设计都是敏感的。[9]

5.7　实验结果与理论及实验性文献的关系

博尔顿（Bolton，1991）对标准议价理论做了正式的扩展和延伸，在他的新理论中，议价者福利的高低取决于其自身所得的货币赢利的多少，以及其赢利与对手（即与其分享资金的人）赢利的比较，潜在对手们往往愿意接受平均的分配方案（甚至包括双方获利都为 0 这个可能方案），而不愿接受己方所得明显少于提议方的出价，所以先动者在决定出价策略时必须考虑到这个情况，因此，博尔顿的模型与标准最后通牒博弈相似，既纳入了偏好意义上对公平因素的考虑，又引入了子博弈完美均衡角度对策略的考虑，是一个混合体。不同的是，议价者效用函数中赢利及相对赢利是相互替代的，这里必须强调，该模型是直接从以前的最后通牒博弈实验的数据中生成的，但是它具有可被验证的新含义，并且经住了最新实验的检验。

我们喜欢博尔顿的研究方法，因为他的方法有以下几个优点：(1)对传统模型采取修正态度，而不是贸然弃之不用；(2)保留了传统模型中有关最大化、完美均衡及博弈者行为的假定；(2)检验传统模型的有效性。但是博尔顿模型与我们以及 FHSS 的独裁者实验结果都不相一致，这是因为，在博尔顿模型中议价者对公平因素的需求仅仅是出于对自身利益的考虑，而且先动者在确定他们的最后通牒出价时都必须考虑到这一点。在博尔顿的独裁者博弈中,决策者要忽视对手的利益并取得全部资金,然而,除了我们的双盲独裁者博弈实验中的被试外,大多数被试都不会这么做,因此可以说,我们的双盲独裁者博弈实验情形与 Bolton 模型比较符合。[10]

古思和蒂茨(Guth and Tietz, 1986)通过先动权和后动权的独立拍卖来确定最后通牒博弈中议价双方的地位,例如(Guth and Tietz, 1986,表 2),在一场分配 55 马克的最后通牒试验中,一位被试支付 25 马克取得了先动权,另一位支付了 5 马克取得了后动权,然后实验者将他们配对,最终,先动者分配 20 马克给后动者,并且被接受了,这样,先动者的净赢利为 10 马克,后动者的净盈利为 15 马克。虽然这个实验只报告了 12 位被试的数据(每位被试参与 3 轮最后通牒博弈),但其结果同我们的竞赛/交易实验结果是一致的。古思和蒂茨(Guth and Tietz, 1986,表 12)报告称,在 36 轮博弈中,只有 2 轮的先动者出价达到了全部资金的一半,而在我们的竞赛/交易实验设置下,24 位被试中仅有 2 位提供了这么高的出价。由于以下两个原因,拍卖往往增加了自利出价的发生率:(1)它使先动者对其优势的利用合法化;(2)另一方面,双方平等分配的内容被重新定位了,即为初始资金量扣除拍卖价格之后的净值。

因此,在上述例子中,先动者需要在 55 马克中获得 35 马克,才能在扣除 25 马克的拍卖价格后获得 10 马克的净赢利,而先动者给出的 20 马克的出价占到了可分配净值(30 马克)的 2/3,我们欣赏用拍卖方式来分配先动权的做法,但我们的竞赛/交易实验设计可以在不改变待分配资金净值的情况下检验合法性(即"赢得"的权利)。古思和蒂茨(Guth and Tietz, 1986)实验中的先动者会给出很慷慨的出价(在初始资金扣除拍卖价格后的净值中比重较大),而我们竞赛/交易实验中的先动者出价相对会低一些(占初始资金的比重较小)。[11]

罗思等人(Roth et al., 1991)对最后通牒议价行为进行了目前为止最广泛也最具雄心的研究:将最后通牒双边和多边(市场)议价行为进行了国际性的比较。在他们的市场实验中,九位初始禀赋为 M 的买家各陈述一个买价(即出价:他们愿意从总资金中分配给对方的金额),卖家不需花费成本,只要对九位买家给出的最高出价选择接受或拒绝。若卖家接受了其中一位买家的出价,那么总资金就按该出价在二者之间进行分配,并且其他买家赢利为 0。若卖家拒绝了所有买家的出价,那么所有人的赢利都为 0。每一位参与人都知道交易是否发生，并且了解交易价格为多少，该过程在不同的买者中重复 10 期。如果把这个过程看成一个市场，则供给仅为 1 单位，是无弹性的，每单位的愿意接受卖价为 0，最高愿意支付价格保持为每单位 M（最大总需求为 9 单位），也就是待分配总资金的值，从 0 到均衡价格 $M-e$（事实上 $M-e$ 到 M 之间的任何价格都是均衡价格）之间的任何价格水平上，额外供给保持为 8 单位不变。在实验文献中，这样的环境被熟知为卍型供求设计，无论是在完全信息还是在私人信息假定下，人们都已对其进行过广泛的研究（例如见 Smith，1965，1976a，b，1980；Smith and Williams，1990；Cason and Williams，1990），这也被普遍认为是一种完全竞争环境［除非供需能力是相等的（Smith and Williams，1990）或几乎相等的（在这种情况下考察的卖方中只有两位多余，见 Smith，1965）］，这样的市场很容易在 10 期内就收敛，罗思等人（Roth et al.，1991，pp.1075—1082）在我们习惯称之为（买方）标价交易机制的实验背景下很好地再现了这些结果，之后，他们将市场实验的结果同最后通牒议价实验的结果进行了对比，发现二者都得出了较低的先动者出价。

他们认为，不管是市场实验环境还是双边议价实验环境，先动者都会提出能将预期回报最大化的出价，我们赞同这一点。实际情况的确如此：在市场环境中，出价低于均衡点的买方会被拒绝；而双边议价环境中的先动者相信（正确地），低于均衡点的价格被接受的概率很高，并能促成可接受范围内的风险回报交易。[12]

转向罗思等人实验中的议价数据，可发现他们的结果同我们的结果相比最大的差别就在于后动者的拒绝率，他们所报告的拒绝率在 10%—44% 之间变动，各轮实验之间平均拒绝率为 22%—29%，这些较高的拒绝率说明，议价者之间在预期上存在很大的分歧，显然，标准博弈理论中关于共同预期（即"共同知识"）的假定并不被满足。

为什么我们的结果产生如此低的拒绝率，而罗思等人的结果却产生如此高的拒绝率？我们给出以下三方面的原因。第一，按照我们交易实验设置下的结果以及 FS 买家—卖家实验的结果，在罗思等人实验中买家（而不是卖家）想成为先动者的决策是不确定的[13]，从文化的角度来说，几乎在任何一个地方都是卖家而不是买家被认为具有定价的合法权利，把这种定价的角色抛给买家，就使得两位被试的行为有可能出现很大的角色互换冲突；第二，采用多轮实验，就使得惩罚策略的出现成为可能，因为被试将惩罚策略看成是与社会相关联的，而不会理解博弈理论中关于"在相同的两位被试永远不可能进行两次配对时，惩罚策略不可行"的假定，麦凯布等人（McCabe et al.，1996）报告了一种令人惊讶的策略的出现，该策略显然是用来惩罚非合作行为的，尽管每一个议价组在每场博弈之后都会被重新随机分配，要对此加以控制，最后通牒博弈就不应重复进行；第三，在 10 轮博弈中被试仅仅只有一轮可获得支付，这一轮是被随机抽取的，这就使得预期盈利变得很低，并且极大地降低了拒绝先动者出价可损失的利润。FHSS 最后通牒实验数据表明，拒绝率随着报酬的增加而减少：若无报酬，拒绝率为 8/48（16.6％）；若报酬为 5 美元的馅饼，拒绝率为 3/43（6.98％）；若报酬为 10 美元的馅饼，拒绝率降至 1/24（4.17％）。我们所有的实验用到的都是 10 美元的馅饼，在罗思等人的实验中，一轮博弈的预期盈利为（1/10）10 美元 ＝ 1 美元和（1/10）30 美元 ＝ 3 美元（此为美国数据）。

5.8　结论及讨论

以下为我们实验成果做简短总结和分析。

1. 最后通牒博弈中先动者的出价对实验设置（产权及合同方面）是敏感的。尤其，当实验背景是卖家与买家之间的交易而不是 10 美元的分配，或者当先动者的权利是以赢得的方式获得（并通过实验说明得到加强）而不是以随机的方式被指定时，出价会更低。在竞赛授权加交易的实验设置下，少于 45％的先动者出价 4 美元或更多。在随机授权加分配 10 美元的实验设置下，多于 85％的先动者出价 4 美元或更多，这与先前所报告的最后通牒博弈结果相一致。但是，超过 1 美元的出价究竟是应归因于利他偏好还是应归因于先动者对他/她的出价可能会被后动者拒绝（除非后动者对其出价很满意）的担忧？最后通牒博弈的策略性或预期性特征使得我们要仅从出价数据就得出关于这一点的结论是不可能的，FHSS 所提出的独裁者博弈就避免了最后通牒博弈中的策略性考虑。

2. 在 FHSS 所报告的独裁者博弈中，实验任务设置为随机授权下分配 10 美元，仅有约 20％的先动者出价 4 美元或更多。我们与 FHSS 结果的一致也巩固了他们的结论，尽管我们的被试是在同一个房间里进行实验。

3. 我们发现独裁者博弈亦对实验设置(产权及合同方面)也敏感。在交易加上竞赛授权的实验设置下,仅有 4% 的先动者出价 4 美元,无人出价 5 美元。但是,20% 以上的人出价 3 美元或 4 美元;所以,这些结果也表明,作为匿名条件下独裁者博弈或最后通牒博弈中的一种因素,利他行为的影响不能完全被忽视。

4. 这种利他行为的性质是什么呢? 我们仅从本章概述的双盲独裁者实验结果去回答这个问题。在这种实验设计下,被试的决策不仅被确保对其他被试匿名,也被确保对实验者及别的任何人匿名——只有先动者可能知道他/她的出价。在我们的双盲 1 实验中 36 名被试里仅有 4 名(或 11%)给对手出价 3 美元或更多。作为一种纯偏好现象,这近似于公平的一种适当标志。在我们的双盲 2 实验(免去了获支付的监控人,并且不再使用 2 个装着白纸片却无钞票的信封)中,全部的数据并无很大的改变,但是,双盲实验步骤的其他方面要求用实验检验是什么促成了这些结果,一个内装了现金的信封或许是重要因素之一。

5. 这些双盲实验结果[(到目前为止,这些结果都是稳健的)意味着,独裁者和最后通牒博弈的结果都不应主要从利他偏好(或公平)的角度来建模,而都应主要从预期的角度来建模——不管是最后通牒博弈中明确的策略性预期还是独裁者博弈中对实验者(或其他人)]会想什么和做什么的不明确的预期。这些双盲实验结果同任何关于"理解议价实验结果的关键就在被试匿名、私密的利他偏好中"的观点都是不一致的。至少,这些结果间接表明,利他偏好可能具有一种强大的关于"其他人知晓什么"的社会成分,因此也就应从更基础的预期考虑上去正式探究它的形成。这些结果也意味着,对议价实验中将匿名作为一种避免偏好受社会性影响的方法来使用的争论,还远远不够,实验者作为一个知晓被试议价结果的人,他的存在可能是所有降低自利行为发生的实验设置中最重要的方面之一。

这些双盲实验的结果也似乎引出了关于我们社会中利他行为性质和根源的基础性问题,它们意味着,这样的行为可能并不是出自对公平的偏好(或利他的偏好)而是出自对其他人会想什么和被其他人尊重的社会性关心。如果这个观点是正确的,那么利他行为可被理解为社会交易的一种形式，在这种交易形式中，我把我的某些资源需求同别人分享，以作为对他们的尊重及帮助的回报（就像在土著民族中常见的，也作为对他们分享资源需求的回报）⑭，这种理解同我们开头的引文相一致。詹内斯在那段文字中提到爱斯基摩人对可能的盗窃并不在意，他并没有说这是由于"诚实"——这个词仅仅是对这种现象的描述，而不是解释，相反，他将此归因于可监控和发现盗窃行为的群落之间密切的联系。当代的人种文化，更多地关注于对土著社会分享传统的理解，有一个常用术语"互惠主义"（Hawkes，1992 和 Trivers，1971 称之为"互惠的利他主义"）来解释个人在分享（作为对从对方的分享中获得延期利润的交换）中蒙受短期损失的现象。因此，报答者的偿还在自我利益范围内创造了净利润，这种交易过程中的参与者们歧视那些不报恩的人，诸如诚实和分享之类的社会特性是最好的理性的政策，这样的行动在紧密的群落中是可能的，因为每一个人可"保留得分"并制裁那些"搭便车"者。正如在我们的双盲实验中，一旦社会交往濒临信誉的边缘，那么这样的关系就破裂了。但是这仅仅表明"议价者在进行自利动机下的互动之前或者单次互动之后，是没有社会关系的"博弈理论假设有多牢固，然而，理论假设与实验检验在解释这些顽固社会问题上共同发挥了重要作用。

附录：实验说明

FHSS 实验复制，随机授权

实验说明

我们邀请各位来此是为了参加一项经济实验，除了已经支付给大家的 3 美元参与费之外，你还有可能在实验过程中赚到一笔额外资金，这些钱会在实验结束时支付给大家。

在本次实验中，我们会将你与这个房间里的不同人士配对，在此期间，你在实验过程中及实验完成后都不会知道对方是谁，对方也自始至终不知道你是谁。

实验步骤如下：我们预先给每一对受试者配备 10 美元现金，每一对中的参与人 A 可以决定怎样在二者之间分配这笔钱，为此，参与人 A 要填写一张"分配方案表"，表中写明参与人 B 与参与人 A 分别分得的金额，很简单，A 得到的金额就是 10 美元减去 B 所得金额之后剩下的余额。

　　每个参与人A都提出了一个分配方案之后，这些提议表会分发给对应的参与人B，而参与人B可以选择接受或者拒绝对方提出的方案，如果B选择接受，那么他/她就在表上勾选"接受"，然后二人按照A的提议分配这10美元；如果B不愿意接受对方的提议，那么他/她就在表上勾选"拒绝"，这样的话，A和B二人都将一无所获。

　　待所有参与人B接受或拒绝了其对应的参与人A的提议后，我们会按照以上规则对各位支付应得金额。

　　大家还有不明白的地方吗？

FHSS实验复制，竞赛授权

　　实验说明变化

　　（注：前两段与随机授权实验的说明相同。）

　　（……此处为第三段开始）实验步骤如下：接下来我们先要进行一项常识测验，扮演参与人A还是参与人B将根据你们在测验中所得的分数来决定。测验的问题来源于一个大数据库，本次实验的12位参与人将同时参加测验，每个人将要回答的10组问题都是一样的，你答对多少题，就得到多少分，然后我们会将你们的分数由高到低排列，同分则耗时较短的人会排在前面。注意，1号代表分数最高的人，12号代表分数最低的人，排名1—6的人将会**赢得**扮演参与人A的权利，请注意，在本次实验中，作为A就取得了提出分配方案的权利，具有显著的优势。其他6人将会扮演参与人B，6位A中得分最高者（A1）将会与B中的得分最高者（B7）配对，A2则与B8配对，以此类推。我们将会对各位的姓名及分数保密。

　　参与人A**赢得**扮演A的权利后要填写一张"分配方案表"，表中写明B将分到的金额和A将得到的金额，其中A所得金额即为10美元减去B所得金额后剩下的余额。（其他内容与随机分配实验相同。）

FHSS实验复制

　　分配方案表

　　（1）参与人身份　　　A

　　（2）与谁配对　　　　B

　　（3）待分配总金额　　＿＿＿＿

　　（4）参与人B分得　　＿＿＿＿

（5）参与人 A 可得（3）－（4）_____

（6）接受_____拒绝_____

最后通牒买卖实验，随机授权

实验说明

在本实验中，我们将你与另一个参与人匿名配对，你们二人中的一位将成为卖家，另一位将作为买家，卖家选择一个卖出价格，该价格会显示给买家，他/她可以选择"买"或"不买"。在下面的表格中，每一格都显示了双方可能得到的盈利（profit，美元），右上角为卖家盈利，左下角为买家盈利。例如，当卖家选择的卖出价格为 8 美元时，如果买家选择"买"，则卖家将得到 8 美元，买家将得到 2 美元；当卖家选择的卖出价格为 1 美元时，如果买家选择"买"，则卖家得 1 美元，买家得 9 美元。另外，如果买家的选择是"不买"，则不管卖家给出的价格是多少，二人都会一无所获。实验开始后，我们会发给卖家一张价格选择表，卖家圈定一个价格后，实验人员会将这个价格在买家价格选择表上圈定，然后将由买家选择"买"或"不买"。

最后通牒买卖实验，竞赛授权

实验说明变化

在本次实验中，我们会将你与另一个人配对，你们中的一个将会成为卖家，另一个会是买家。每对参与人中的买家角色和卖家角色将根据你们在一项常识测验中的分数来决定。该测验的题目来源于一个很大的数据库，我们的 12 位参与人将同时参与测验，每个人将要回答的 10 组问题都是一样的。你答对多少题，就得到多少分，我们会将分数由高到低排列，同分则耗时较短的人会排在前面。注：1 号为排名最高的人，12 号为排名最低的人，12 位参与人的排序完成后，排名 1—6 的人将**赢得**作为卖家的权利，请注意，在本实验中，有价格决定权的卖家是具备显著的优势。其余 6 人（排名 7—12）将成为买家，排名最高的卖家（卖家 1）将与排名最高的买家（买家 7）配对，排名第二的卖家（卖家 2）将与排名第二的买家（买家 8）配对，以此类推。我们将对你的姓名及得分保密。

卖家赢得作为卖家得权利后，即可选择一个卖出价格。［后面的内容与随机分派角色实验说明相同（从随机分派角色实验说明的第二句开始）。］

最后通牒买卖实验,随机授权

卖家选择

你是卖家,请在下面盈利表的最上面一行选择并圈定一个价格。

最后通牒买卖实验,竞赛授权

卖家选择(变化)

你已**赢得**作为卖方得权利,请在下面盈利表的最上面一行选择并圈定一个价格。[后接随机卖方选择的第二句话。]

最后通牒买卖实验,随机授权

买家问卷

1. 如果你是本次实验中的卖家,你会选择什么样的价格? _____(请填写该价格)。

2. 你**预计**卖家选择什么样的价格? _____(请填写该价格)。

3. 你认为卖家预计你做哪个选择? 买_____   不买_____(请勾选你的答案)。

最后通牒买卖实验,竞赛授权

买家问卷(变化)

1. 如果是你在本次实验中**赢得**了作为卖方的权利,你会选择什么样的价格? _____(请填写该价格)。

(问题 2 和问题 3 与随机授权相同。)

最后通牒买卖实验,随机授权

买家选择

你是本次实验中的买家,卖家提出的价格已在下表的最上面一行圈定。

请在下面的盈利表左方圈定你的选择:"买"或者"不买"。

最后通牒买卖实验,竞赛授权

买家选择(变化)

(将下面这句话加到第一段的结尾):不要忘记,卖家是因为测试分数比你高才成为卖家的。

（余下部分和随机授权相同）

最后通牒买卖实验,随机授权和竞赛授权

卖家问卷

1. 如果在本次实验中你是买家,你会选择"买"＿＿＿＿＿,还是"不买"＿＿＿＿＿?（请勾选你的答案）。

2. 你预计买家做出什么选择?"买"＿＿＿＿＿,还是"不买"＿＿＿＿＿?（请勾选你的答案）。

3. 你认为买家预计你的出价会是多少?＿＿＿＿＿（请将该价格填入空格）。

最后通牒买卖实验,随机授权和竞赛授权

选项表

卖家选择价格（单位:美元）

	0	1	2	3	4	5	6	7	8	9	10	
买家选择												
买	0	1	2	3	4	5	6	7	8	9	10	卖家盈利
	10	9	8	7	6	5	4	3	2	1	0	买家盈利
不买	0	0	0	0	0	0	0	0	0	0	0	卖家盈利
	0	0	0	0	0	0	0	0	0	0	0	买家盈利

独裁者买卖实验,随机授权

实验说明

在本实验中,我们会将你与另一个人匿名配对,并指定你们中的一个为卖家,另一个为买家。卖家选择卖出价格,买家必须接受并购买,由此决定买卖双方各自的盈利。在下表中,每一栏中列出了双方的可能性盈利（美元）,右上角为卖家可能得到的盈利,左下角为买家可能得到的盈利。例如,当卖家选择的价格为8美元时,卖家将得到8美元,买家将得到2美元;当卖家出价为1美元时,卖家将得到1美元,而买家会得到9美元。我们会给卖家一张选项表并由他/她圈定一个价格,之后我们的实验人员会收上所有表格。

独裁者买卖实验，竞赛授权

实验说明（变化）

在本次实验中，我们会将你与另一个人配对，你们中的一个将成为卖家，另一个将成为买家，而买家和卖家的位置将根据你们在一项常识测验中的分数来决定。本次实验的 12 位参与人将同时参加这次测验，测验题目来源于一个很大的知识竞赛问题库，每个人将要回答的 10 组问题都是一样的，你答对多少题，就得到多少分。随后我们将分数由高到低排列，同分则耗时较短的人会排在前面。注：1 号为最高名次，12 号代表最末名次，排序完成之后，排名 1—6 的参与人将**赢得**作为卖家的权利，请注意，本实验中作为卖家的人可以决定价格，具有显著的优势。余下 6 位参与人将成为买家，排名最高的卖家（卖家 1）将与排名最高的买家（买家 7）配对，排名第二的卖家（卖家 2）将与排名第二的买家（买家 8）配对，以此类推。我们会对你的姓名及得分保密。

卖家**赢得**作为卖家得权利之后就可以选择卖出价格，而买家必须接受此价格，买卖双方的盈利就由此而定。（余下的请参阅随机实验说明第三句之后的内容。）

独裁者买卖实验，随机授权

卖家选择

你是卖家，请在下面盈利表的最上一行选择并圈定你想要的价格。

独裁者买卖实验，竞赛授权

卖家选择（变化）

你已**赢得**作为卖家得权利，请在下面盈利表的最上一行选择并圈定你想要的价格。（第二句话相同。）

独裁者买卖实验，随机授权

买家问卷

1. 如果在本次实验中你是卖家，你会选择什么样的卖出价格？_____（请填写该价格）。

2. 你预计卖家选择什么样的价格？_____（请填写该价格）。

独裁者买卖实验,竞赛授权

买家问卷(变化)

1. 如果是你在本次实验中**赢得**了作为卖家的权利,你会选择什么样的价格? _____(请填写该价格)。

(问题 2 同上。)

独裁者买卖实验,随机授权与竞赛授权

买家表格

你是买家。卖家选择的价格已在下表的最上一行圈了出来。

独裁者买卖实验,随机授权和竞赛授权

选项表

卖方选择价格(单位:美元)

0	1	2	3	4	5	6	7	8	9	10	
0	1	2	3	4	5	6	7	8	9	10	卖方盈利
10	9	8	7	6	5	4	3	2	1	0	买方盈利

独裁者 10 美元分配实验,双盲 1 实验说明[15]

我们邀请各位来此是要请各位参加一项经济学实验,凡是今天到场的参与人都会得到 5 美元的报酬,你也可能在实验过程中赢得更多的钱,那些钱在实验结束后我们也会以现金形式支付给你。

在本次实验中,我们会将你与另一个房间中不同的人进行配对,不论是在实验中或是在实验后,我们都不会告诉你他们是谁,他们也不会知道你是谁。这里是房间 A。

大家一定注意到了,在同一个房间里,还有其他人跟你一样是来参加我们的实验的,我们不会把你跟同房间的这些人配对。

接下来,房间 A 中的一人会被挑选为今天这次实验的监控员,监控员除了之前提到的 5 美元之外,还可以得到另外 10 美元的报酬,他/她的职责是负责保管之后提到的那些信封,此外,监控员的作用还有核实我们的实验确实是按照实验说明来执行的。

本实验步骤如下：我们在一个盒子里放了 14 个全新的信封，其中 12 只信封里装的是 10 张 1 美元的钞票和 10 张空白纸片，另外 2 个信封里则装了 20 张空白纸片。实验人员交给监控员一张房间 A 的人员名单，然后监控员依次按名字把每个人叫到房间的后面，并从盒子里拿出一个信封交给他/她。被叫到的人拿到信封后走到房间后部的一个座位上坐下，座位的上方有一个盒子[16]，参与人私下在盒子里打开拿到的信封，这样就只有他/她自己才知道里面装的是什么。

房间 A 中的每位参与人必须自行决定装多少张钞票和多少张纸片在信封里，总之放进去的 1 美元钞票的张数和空白纸片的张数加起来必须为 10，然后他/她可以剩下的 10 张钞票及纸片放进自己的口袋里。例如：(1)放 2 美元(2 张钞票)和 8 张纸片进去，留下 8 美元和两张纸片给自己；(2)放 9 美元(9 张钞票)和 1 张纸片进去，留下 1 美元和 9 张纸片给自己。这些仅是例子而已，真实决定是由各位参与人自行做出的。如果有人拿到的信封里只有 20 张纸片，那么他/她就放 10 张进信封，留 10 张放进自己的口袋。整个过程是私密的，我们要求参与人不要告诉别人自己的决定。注意，所有人交回来的信封看起来都完全一样的。另外，任何人，包括实验人员，都不知道房间 A 中各位参与人做了什么。

做好决定以后，请你把信封封上并放回写着"回收信封"的盒子里[17]，然后就可以离开房间了。

14 个信封全部回收之后，监控员会把回收盒带到房间 B，这个房间里有 14 个人，我们已付给每人 5 美元参与费，监控员会拿到房间里所有人员的名单，然后开始挨个叫名字，被叫到名字的人走到监控员面前，监控员从盒子里选一个信封并打开，记录里面所装东西是什么，然后把这些东西交给面前的参与人，参与人拿到东西之后就可以离开了。监控员继续叫名字，开信封，做记录，发东西，直到 14 个信封发完，所有参与人离开房间。实验到此结束。

独裁者 10 美元分配实验，双盲 2

实验说明（变化）

（本实验说明与双盲 1 相同，不过，学生监控员的有关步骤被去掉，也不使用装了 20 张空白纸片的信封了。）

注　释

① 又见 Burrows 和 Loomes(1989)。他们进一步考察了人们在赢得先动权后其行为方式将更趋于自利的假设。他们报告了支持这一假设的论据,但他们的实验结果也表明,人们仍旧会重视公平因素,这一点同 HS(1985b)是一致的。

② 其他的实验设置也可能导致最后通牒博弈中先动者预期的类似变化。比如,Harrison 和 Mckee(1985)以及 Burrows 和 Loomes(1989)从本质上来讲就是运用不同的实验机制——为先动者引进公平意识——复制了 HS(1985b)的实验结果。

③ 竞争实验软件包含在随书光碟里,由本文作者提供,可在装有 IBM 网络的私人电脑上运行。

④ 通常,实验和在讨论实验结果时都希望可以针对市场现象做出某种总结,比如 Kahneman 等人(1986,pp.105—106)报告了这样一个实验:预先给每组被试 10 美元并要求他们重新分配,双方采取同时博弈原则(即,在了解先动者的决策之前,后动者先将可接受的先动者出价以及不可接受的标价分类标记)。实验者发现后动者都强烈倾向于平均分配,他们中的大多数人会拒绝数额较低的正数出价。作者提出,这种抵制不公平分配的举动"是一种阻止有利益最大化倾向的个人或企业攫取利益的行为"(p.106)。为了更好地说明为什么企业会遇到这样的局面,我们觉得可能很有必要吧实验环境描述为买方与卖方企业之间的某种交易,而不是简单地设置为双方重新分配事先得到的 10 美元。

⑤ 然而,在给被试阅读的实验说明里我们不会用到"随机"二字,而是告诉他们,配对是匿名进行的,详见附录关于"随机"的说明。

⑥ "双盲"通常用于医学实验中,意指无论是被试还是实验者均不知道哪位被试在接受哪种治疗方案。把这一含义运用到经济学实验中是不恰当的,因为被试要完成实验任务就必须了解实验设置(实验说明及实验背景)。对于经济学中的"双盲",我们建议大家采取一种更合适的用法。另外,我们对该术语的运用已被其他人采纳,这也不是第一次用这个术语来表示两方之间的匿名(Blank,1991)。

⑦ 检验以下方式进行:第一步,建立一个矢量,代表每个样本(或实验设置)的特征函数的真实部分及虚构部分:

$$g(X_{km}) = (\cos \hat{t}_1 X_{km}, \ \sin \hat{t}_1 X_{km}, \ \cos \hat{t}_2 X_{km}, \ \sin \hat{t}_2 X_{km})$$

其中 $\hat{t} = t/\hat{\sigma}$,t 为实数,则

$$g_k = n_{k-1} \sum_m g(X_{km})$$

其中 m 为一个固定样本内的实验观察数,k 为样本数。Epps 和 Singleton (1986,下文简称 ES)提供了一个可以最大化 t_1 和 t_2 的计算方法。σ 是对实数 t 的一个缩放比例,可以通过下面公式估计:

$$\hat{\sigma} = 0.5 \left[\frac{(Y_U + Y_{U-1})}{2} + \frac{(Y_L + Y_{L+1})}{2} \right]$$

其中 $\{Y_i\}$ 是按升序排列的样本 1 和样本 2 的集合,L 是 $(n_1 + n_2)/4$ 取值范围内最大的整数,U 等于 $n_1 + n_2 - L$;检验统计量为 W_1,且由下面公式给定:

$$2W_1 = N (g_1 - g_2)' \Omega^{-1} (g_1 - g_2)$$

其中

$$\hat{\Omega} = (\hat{S}_1 + \hat{S}_2) N [(n_1^{-1} + n_2^{-1})]/2$$

且

$$\hat{S}_k = n_k^{-1} \sum_{m-1}^{n_k} g(X_{km}) g(X_{km})' - g_k g_k'$$

如果零假设为真,即特征函数是相同的,那么检验统计量服从 4 个自由度的卡方分布。

ES 也推导出一个小样本校正方法可以在小样本情况下提高检验效能。小样本校正由以下公式给出:

$$\hat{C}(n_1 n) = [1 + (n_1 + n_2)^{-0.45} + 10.1(n_1^{-1.7} - n_2^{-1.7})]^{-1}$$
$$W_2 = W_1 \cdot \hat{C}$$

表 5.1 报告了检验结果以及小样本校正结果。

⑧"自利性出价",在这里我们仅指更低的出价。有一位读者不认同我们的表述,他将其解读为会随着交易实验和竞赛授权的设置而增加的预期效用 $U(M - X^*)F(X^*)$。 这是不对的,因为我们的先动者结果显示 X^* 显著降低,而后动者结果(第五节)表明净拒绝(以及接受)率 $F(X^*)$ 并不会显著地改变,所以我们可以断定 $U(M - X^*)F(X^*)$ 在我们的实验设置下会增加。先动者在交易和竞赛授权的实验设置被主观地设置为更富有的一方,因此作为某种平衡,从预期效用的意义上来讲,他们做出了自利性出价。

⑨我们让一位实验者来监控双盲 2 实验,结果得到了一个印象深刻的"观察结果":房间 A 的一些被试并没有按指示密封他们的信封,我们不能出面指正,只是旁观,发现这些被试往往就是那些在信封里留下了钞票的人,似乎被试对于完全匿名的给予抱有某种矛盾心理。由于事先没有料到这种情况,我们没有把这些观察结果情况记录下来。如果此前我们硬性规定所有被试必须在离开各自的硬纸箱之前把信封密封好,那么会对被试的给予行

为带来什么影响呢?

⑩ 最后通牒博弈的结果已通过一个模型得到论证,该模型中议价双方是竞争的,且先动者具有不完全信息,要理解这一点不必非要涉及公平偏好。

⑪ 因为 Guth 和 Tietz(1986)实验中的拍卖获胜者并不知道对手所支付的价格,所以在上文中分配已知总资金的最后通牒实验中,他们对对手可接受多高的出价是很不确定的,我们的竞赛/交易实验设置则用一定数额的资金创造了一种作为共同知识的产权,在上文提到的拍卖过程中,如果实验者让议价双方都知道待分配的净金额是多少,那我们的实验结果就跟他们的有可比性了。

⑫ 不过,罗思等提出,市场上的"竞争压力"(偏离均衡点的行为)并不都是出于使收益最大化的目的,他们在公平偏好的基础上举了这样一个例子(p.1093):有一位买家,因为想惩罚其他买家,给出了高于所有人的报价。早先的研究显示,在私有信息环境中,报价会比完全信息环境中更快收敛至均衡点,而罗思的提议与此相悖,因为在私有信息条件下,只有收益最大化和竞争因素起作用,公平因素则根本不起任何解释作用。所以,根据所有这些数据,我们可以这样理解:在完全信息条件下,收益最大化才是最关键的因素,不过相对于私有信息环境来讲,其他有关公平的偏好(也可能受到策略行为的影响)也会在一定程度上延缓收敛速度。因此,也许公平因素能解释为什么收敛比我们观测到的要慢,但它终究不是 Roth 市场试验中价格收敛的关键原因。

⑬ 注意,在他们已出版的论文里,议价/最后通牒博弈是作为"奖品的分配"来讨论的。在他们的论文底稿中(内含实验说明),他们显然采用了交易的背景。这就说明,在试图理解具体的实验结果时先了解实验说明是十分重要的。

⑭ 这样的理解预示着,真正的匿名礼物赠与(在这种情况下,家庭成员或亲密朋友永远不会知晓赠与礼物的人是谁)是极少的。例如,在教堂礼拜仪式过程中我们常常可见公开地传递奉献盘。

⑮ 实验指导员口头强调受试者要保持安静,并且只能问与实验程序相关的问题。为了避免受试者就各自对实验的评论进行交流,强调这一点很重要。

⑯ 通过使用盒子,实验人员与受试者之间保持了足够的距离,用独立的两个盒子也能加快实验进度。

⑰ 并不是所有人都封上了信封,上交信封的时候,实验人员必须放一个提示标语在身边,并且在保证信封都被封好。

独裁者博弈中的社会距离与利他行为

伊莉莎白·霍夫曼   凯文·A.麦凯布   弗农·L.史密斯

在这一章,我们要探讨能否通过系统地运用实验中的说明性和程序性操作,来解释一些社会规范问题,这些规范一直被认为是导致独裁者博弈和其他博弈模型中的实验结果偏离于预测值的原因。[①]说明性和程序性操作的目的在于影响实验者与被试的社会距离程度,进而影响对互利的预期,对决定和解释被试行为有关键性作用。

福赛思等人(Forsythe et al.,1994,下文称 FHSS)已对附带货币报酬和不附带货币报酬的两种独裁者博弈做过比较,他们在博弈中"暂时性地分配了"10 美元给被试和另一个房间里的匿名对手,被试的任务就是"分配"这 10 美元,匿名参与人必须接受分配,并无追索权。上述引号中的内容即是在福赛思等人的博弈模型中对被试所用的说明,如我们所见,说明中所用的词句并不太友善,卡尼曼(Kahneman,1986,pp.105—106,下文称KKT)最早使用该说明,FHSS 希望尽可能地贴近卡尼曼的模型,检验卡尼曼模型的可重复性和报酬变化所产生的影响。

独裁者博弈是研究公平因素的一种有趣手段,它控制着最后通牒博弈中的策略性行为,而最后通牒博弈是最先明确解读公平因素的,在最后通牒博弈中,参与人 1 可以将 10 美元中的任意数额分配给参与人 2,若参与人 2 接受,即分配完毕；若参与人 2 拒绝，则双方所得都为 0。如果有 10 张 1 美元的纸币，子博弈的完美纳什均衡为 1 美元（或者就是 0 美元）分配给参与人 2，且参与人 2 接受，但是，在最后通牒博弈实验观察到的结果是，这笔钱往往被平均分配了，人们一直认为是公平规范使然（参见 KKT 和其参考文献）。FHSS 实验显示：独裁者博弈中参与人 1 分配给参与人 2 的数目少于最后通牒博弈，最后通牒博弈的参与人 1 相对更加慷慨，除了公平因素之外，策略性思量也起到重要作用。

　　本章中，我们在霍夫曼等的实验（1994 年，即下文 HMSS）基础上，进一步研究影响独裁者博弈产出的条件。为了最大限度地避免参与人决策受外部社会因素的影响，HMSS 实验采用双盲方式（实验者或者数据分析者均对

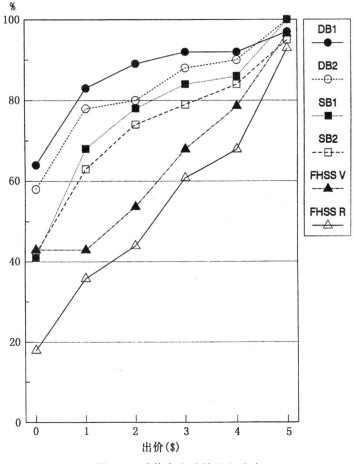

图 6.1　独裁者实验的累积分布

被试的决策一无所知),64％的被试会给对方 0 美元,仅 8％的被试分配给对方 4 美元或更多。[②]另一方面,我们采用上文所提到的 FHSS(FHSS-R)实验说明,则只有 18％的参与人会分给对方 0 美元,而 32％的参与人提供给对方 4 美元或更多。比较图 6.1 的双盲模型 1 和 FHSS-R 的累积分布情况,两种分布存在显著差异,由秩和检验统计量 $W = 4.02(p < 0.0001)$ 可见一斑;同时我们也发现,FHSS 和 FHSS-R 的实验结果则没有显著差异。

我们详细分析了上述两种完全不同版本的独裁者博弈模型中出现的巨大差异,然后提出了假设:造成上述差异的原因是独裁者与其对手以及其他知道其决策的人员之间的社会距离。[③]通过改变上述两种截然不同的实验所采用的说明语言和涉及独裁者匿名与社会隔离程度的操作程序,我们对出现的差异进行了系统的区分。社会隔离的重要性在于它排除了所有可能的互惠性补偿的推测。这一实验能使我们更深入地理解议价博弈实验经常出现的利他行为,而在此之前,对于议价博弈实验结果中的策略性互惠和功利因素等难以做出合理的解释。

6.1 文化与共享,或"合作"行为

一个世纪或者更久以来,民族学家已经研究、比较过关系紧密的部落以及大家族联盟中盛行的共享传统。卡普兰和希尔(Kaplan and Hill, 1985a)对乌拉圭境内的狩猎部落阿奇人(Ache)的研究就是一个好例子,他们采集食物的风险较低且来源稳定,通常不与直系亲属以外的人分享,而狩猎的风险较高(40％情况下捕猎者只能空手而归),一般整个族群来分享。有机地结合两种处理食物的方式,阿奇文化巧妙地把合作传统与外部资源消费结构结合在一起。利他行为并不是普遍存在的,而是因成本高低而各有差异。在族群内部分享狩猎成果是一种重复互动博弈,通过这种方式,猎人们有时候可不劳而获,有时却要多做贡献。[④]

这一原理广泛地应用于当代人类学文献中(特别要提的是 Hawkes, 1992, 1993,为了检验竞争性假设,对建立在博弈理论和公利原则基础上的共享行为理论做出了解释)。当代人类学文献较为关注的案例里面,通常都以互利主义来解释共享传统,其中私人成本(直接的或机会成本)会鼓励互利行为,同时阻止"搭便车"行为,因此,互利主义者会歧视甚至惩罚一味索

取而不愿分享狩猎成果的人。

然而，从表面上看，独裁者博弈中的后动者不管受到何种对待均无力反击，那么上述事例与独裁者博弈有何关联呢？我们已经简单提出了先验假设，我们并不能保证参与实验的被试完全按照实验者设定的那样做出决策，信念源于经验，过去的经验起到举足轻重的作用。人们按照现有社交习惯的惯性经营生活，而被试也可能很在意决策在实验之后带来的影响或他人对自己的看法，未来的交往是很重要的。简而言之，被试是带着重复博弈与社会名誉的包袱走进实验室的，在敏感度较高的单次独裁者博弈实验中，实验说明能帮助参与人或多或少从过往的社交经验中抽离出来。实验文献有充分的记录表明，将参与人的决策与过往经验联系起来，那么决策的形成能够影响预期值。⑤ 但我们还未能深入理解或诠释决策形成的本质，尚需在独裁者博弈模型中进一步探索。

独裁者博弈的实验说明里说"暂时性地分配了 10 美元"给被试和他/她的对手，而任务是"分配"这 10 美元，这本身也许就暗示了被试要跟对方分摊这笔钱，就算对手是匿名的，但却跟被试的社会关系却是很近的。而在另一个极端，是我们的双盲实验过程，它提出了最大社会距离，双盲程序尽最大限度地保护决策者的隐私，保证决策者不必遭受决策带来的任何社会影响。⑥

基于这一推理，我们在两种极端的实验中依次改动某些说明性语言成分，我们预测了一个先验知识，即这样的处理既会缩小独裁者与其他人之间的社会距离，又会提高独裁者的分享金额，我们操纵实验说明，将参与人的任务与实验前的日常社交生活中互利经历联系在一起，观察实验说明如何影响被试的决策制定，实验环境与其互利经历越接近，互利决策的出现就越多。

6.2　说明与程序：定义认知社会距离的变量

（1）双盲模型 1（DB1）。

在我们开始的双盲独裁者博弈实验中，15 名参与人被分派到 A 房间，14 名参与人到 B 房间。实验者面见参与人，付给每人 5 美元的报酬费，给出一系列说明，并指示参与人坐在指定位置上，尽可能令参与人之间保持距离，参与人在实验期间不得交谈或进行其他任何形式的交流活动。说明内容在 HMSS（第 5 章）附录中"独裁者，分配 10 美元，双盲模型 1"条目下。

在下面的描述中,标示(i)—(iv)的语句代表了实验规定,在随后的说明性设置中会被改变:(i)A房间中的一个参与人被选出作为监督者,他会得到10美元的报酬,实验者此时大声朗读实验说明,由此保证参与人均能接受到相同的指示信息,然后,实验的决策部分开始了;(ii)实验说明明示参与人有14个信封,其中的12个内有10张1美元的钞票和10张白纸片,另外两个信封中有20张白纸片,A房间的参与人听到自己的名字后,带着所有物离开房间,叫到名字的参与人从14个不透明的信封中随机选取一个,拿着信封到房间后面,坐在一个大纸箱后面,以确保个人隐私;(iii)参与人打开信封决定自己留多少张钞票,剩余多少张给B房间的人,所有取出的钞票都由白纸片代替,这样就使信封看起来都是一样的厚度;(iv)做出决策后,他们被要求封好信封,然后归还到出口附近的盒子里,离开实验室。这一过程不断重复,直到A房间里的所有参与人都离开房间。实验者拿着信封去到B房间。

到达B房间后,监督者(还有实验者)坐在房间外,参与人被逐一叫到名字,选择一个信封,打开信封,信封的内容由监督者不记名地记录在白纸上,参与人得到信封中的东西,离开实验,这一过程不断重复直到所有参与人离开B房间,此时,监督者得到劳务费用,实验结束。

在我们的DB1实验中,两个装有20张白纸片的信封确保完全的匿名(ii)。如果没有这一预防措施,如果A房间的所有参与人都拿走10美元,那实验者或者其他人都会清楚地知悉每个人的决策。然而,有了这两个空白信封的存在,实验者和B房间的接受者就不会知道A房间的参与人是一分钱也没留还是只不过收到了一个空白信封。空白信封(ii中)可以放大独裁者的隔离意识,监督者(i中)的存在则排除了实验者进行人为处理的可能。(而HMSS支付监督者10美元,有助于参与人在拿走钞票后进行辩解。)

(2)双盲模型2(DB2)。

我们用第二种处理法来检验之前的假设,去除了以下内容:(i)有偿的监督者,(ii)空白信封(DB2),如此一来完全匿名的情形不复存在,但如果有参与人留下钞票,却还是一样地不为人知。在DB2中参与人提供给对手的金额可能增加,因为实验弱化了社会隔离度。在实施DB2实验中,参与人的某些行为促使我们首次意识到匿名和社会距离的微妙特征(HMSS,脚注9)。A房间的部分参与人不遵照指示封好信封,最具有启发性的是,两位实验者(本例中的麦凯布和史密斯)发现了一个显著的趋势:一分不留的人会封上信封,而留下相当部分金额的人不会封上信封,我们在DB1中没有机会观察到这一点,因为当时任命了一位监督者。这一经历使我们认识到,实验者的存在令可检测性更加突出,而从参与人的视角看,他们的隐私相对减少了。

(3) 单盲模型 1(SB1)。

SB1 的设置除了改变了 DB2 的(iv)以外,其他完全一致,改变这一设置后,实验者现在能了解决策者的最终决策。附录(如果需要可向作者索要)包含如何进行 SB1 的说明,实验如下:(a)参与人决定留下多少金额,向实验者报告;(b)实验者桌旁有一个大纸箱,在箱子后打开未封口的信封,确保与其他参与人(而非实验者)隔离;(c)记录参与人提供的金钱数额;(d)信封封口;(e)参与人将其投入回收盒中,离开。我们预计如果实验者知悉参与人的决策可降低社会隔离度,增加提供的金额。除了使用装有金钱信封外,我们的实验设置与 FHSS 和其他人所使用的方法更为接近。

(4) 单盲模型 2(SB2)。

最后一个实验 SB2 改变了(iii)中的一些设置,其他与 SB1 完全一致。信封装有一份决策表而不是纸币。程序如下:(a)参与人在房间后面的大箱子背后填写表格;(b)参与人在房间前面将其归还给实验者;(c)参与人在大箱子后面打开信封;(d)参与人得到填写在表中的金额,金额记录在数据表上参与人姓名旁;(e)如果参与人决定给 B 房间的参与人留部分金额,同等金额的纸币放入信封并封口;(f)参与人在离开房间时将信封投入归还箱中。实际的说明内容在附录中(可索取),这一设置方式遵循偿付实验参与人的标准,但使用表格令交易更加社会化。我们的问题是:如果实验者在本实验中以信用卡(或票据)替代直接分配的纸币,结果又会有何区别? 由于 SB2模型构造了参与人与实验者之间的直接交易(参与人目的在于得到报酬),社会距离缩小了,我们预计相对于 SB1 模型,参与人会增加提供给对方的金额。

(5) FHSS 的复制与变异(FHSS-R 和 FHSS-V)。

DB1 模型的三个要素(DB2,SB1,SB2 中)缓和了独裁者博弈假设中被试与他人的社会隔离度或社会距离(被试与实验者之间),我们转向另一相反的模式——重现 FHSS——弱化独裁者与其对手的交流意识,我们仅做了以下改动:去除暗示独裁者与其相对人"暂时性"分配 10 美元的语句,改为"分配"这 10 美元,附录中包含有关 FHSS-R 的所有指导性描述和对其变动(FHSS-V)的说明,预计在 KKT/FHSS 中所做的改动将会减少参与人提供的金额。

最终我们发现 SB2 模型和 FHSS-V 模型的说明性描述中存在着很多差异。[⑦]我们想说明的最重要一点是,在 SB2 模型中(在 SB1,DB1,DB2 也是如此),实验指示详细说明了保护隐私的方法(例如,信封装有决策表格,参与人选择一个信封并带到大纸箱后的隐秘处,然后归还给实验者),A 房间的参与人互相观摩他人如何执行任务,由此我们认为 SB2 提供的金额会少于 FHSS-V。

6.3　实验设计和研究假设

我们的实验设计汇总于表 6.1 中。我们假定 $F(\cdot)$ 作为 6 种设置(DB1,DB2,SB1,SB2,FHSS-V,FHSS-R)中提供给对手不同金额的总体分布,研究假设是:H_R:$F(DB1) > F(DB2) > F(SB1) > F(SB2) > F(FHSS-V) > F(FHSS-R)$。原假设为分布完全一致,我们将对这一假设进行检验。

表 6.1　独裁者实验设计

实　　验		实测数量	匿名环境	决策类型
1	DB1	36	双盲＋白纸[a] (DB＋blacks)	美　金
2	DB2	41	双盲(DB)	美　金
3	SB1	37	单盲(SB)	美　金
4	SB2	43	单盲(SB)	表　格
5	FHSS-V	28	单盲(SB)	无交流
6	FHSS-R	28	单次(Single)	有交流

注:[a]信封中装有 20 张空白纸片,监控者可得 10 美元报酬。

6.4　结果

6 种设置的金额累计分布体现在表 6.1 中的描述性总结数据。弱化匿名程度或社会隔离条件(从 DB1 到 FHSS-R)之后,金额分布增加了,这和预期假设一致,Jonckeere 非参数顺序检验的统计值为 $3.77(p < 0.0001)$,我们否定所有模式的金额分布相同的原假设,预测序列变动更为合理。我们所主

张的并不是成对的实验模式之间存在显著差异，而是这一系列模式的固有数据如表所示排列，排列顺序与预测一致。

6.5　讨论与结语

导致最后通牒博弈出现异常结果的原因，通常被认为是公平实用主义准则导致的，FHSS通过与独裁者博弈进行比较，对这种说法进行了检验，独裁者博弈操控着先动者对后动者的拒绝行为的预期，最后的结果是先动者向后动者提供的金额会减少，这说明仅靠公平因素不能解释最后通牒博弈中的异常结果，不过，62％的独裁者仍然会给予对方 2 美元或更多的金额。我们假设后者情况的出现是由于参与人的互惠预期——参与人在实验室外通过反复交互的社会经验而产生的社会模式，我们通过独裁者博弈来探索以上假设，改变独裁者与实验者间的社会距离，以及独裁者/实验者关系之间的潜在互惠程度，数据结果证实了这一假设：社会隔离度越高，提供的金额越低。

以上数据总体上证明了经济学中的自利行为理论，但此假设须附加三个说明：首先，在 DB1 中，少数被试仍然给予对应的参与人 2 相当数目的金额，这可能反映了真实的利他偏好；另外，被试可能对实验程序的匿名可靠度存在疑问；其次，实验在同龄人之间进行，即大学本科生，他们涉及的利害得失关系也较为简单；最后，双盲模型可能不会令最后通牒博弈产生更多自利的资金分配。这可能是由于独裁者预期对方很可能会拒绝接受所提供的金额，这种预期甚至克服了完全匿名的作用。

其他研究者进行的独立重复试验提供了更多依据证实社会距离的重要性。埃克尔和格罗斯曼（Eckel and Grossman, 1996b）重复了我们的双盲模式，他们比较一系列平行实验的结果，在这些实验中，独裁者给予金额的对象不是第三人而是给慈善机构，如美国红十字会，结果发现金额明显有所增加，美国红十字会是一家有悠久历史、提供互惠的组织，Eckel-Grossman实验的结果表明历史因素具有影响力，有助于解释互惠行为。

我们的实验提出了有关出现利他行为的预期的本质的一些重要问题，经济学家也提出类似问题，比如，纸币为什么有价值？经济学家在回答这一问题时，并没有将之归结为人们接受纸币是出于对持有者的公平心理，事实上，对这个问题更为合理的解释应该是：人们在正常持续交易的互惠过程中，对消费和资源有基本的需求，人们接受本质上没有价值的纸币，希望他人将纸币作为交换商品和服务的等价物，这实际上带来了更有效的社会交易。例如，麦凯布（McCabe，1989）的报告称，在名义货币实验的结尾，人们在交换商品时拒绝接受根本没价值的纸币，同样的情形重复出现，且人们拒绝接受纸币的时间逐渐提前，到达极限的时候，没有人再接受不能兑现的纸币，因为他们不能再指望别人接受纸币。我们意识到参与人将重复博弈交换的经历带到实验中，一开始，参与人均接受纸币，但随着实验反复进行，与参与人认为纸币可以得到认可的预期心理相悖，参与人进行自我调整，适应与过往经历迥然不同的实验规定。

那么，当参与人在最后通牒博弈中拒绝接受别人的给予，或者在最后通牒博弈/独裁者博弈实验中给予对方金钱，这个过程究竟消费了什么呢？从实验的视角看，答案是声誉（或者形象），通常也解释为涉他主义，表面的利他行为实际上为了赢取声望，获得更大的满足，只有在社会隔离的情况下，才能将参与人对声望的关注度降到最低。正如名义货币实验中，认为参与人在社会隔离的条件下就直接消耗了他们的声誉，而不再珍视声誉及其产生的长期个人收益，这种观点是不合理的，此外，人际关系对个人而言是非常重要的，拥有好名声有利于维持人际关系。[8]

演化心理学也提出与上述解释相一致的论证。科斯迈迪斯和图比（Cosmides and Tooby，1992）曾简明扼要地讲解对社会认可的关注："……大脑储存了专用于解决各类问题的推理组织系统，应对诸如社会交换、他人威胁、同盟关系以及配偶选择等问题。演化观点的倡导者并不否认人类学习、推理、发展、或者营造文化，但他们强烈认为，专有知识认知机能的运作有助于发掘上述功能……"（p.166）。承上所述，这与标准的经济学模型和其他社会科学形成对比："……推理功能涉及了少数用以解决最细微和最一般问题的过程……"科斯迈迪斯和图比对研究项目进行总结，认为涉及社会交换推理的认知程序包含了可以预知的适应演化的选择压力而形成的特征。

结合我们的"社会距离"案例来理解此类文献，我们发现人们其实有一些无意识的，已预设好的社会交换行为的准则，这些规则让他们可以很好地适应人生交往中与他人的重复博弈。人们将重复博弈的经验带入了实验，在独裁者博弈实验中"暂时性地分配"10美元时，纯粹以自利心理来分配的人数不多，并没有那么多人严格按照自利主义进行分配，因为实验情境其实很像日常生活中不断重复的人际交往，它们具有共同的特征。然后，不断扩大个体与他人之间的距离之后，在双盲模式中实现个体之间的完全隔离，改变了上述心理，自主回应逐渐减少，更加显著的以自利为出发点的行为决策逐渐增加，未来的研究将会探索实验室里的互惠行为和演化心理学家的研究成果之间的联系，关于这些情况的进一步讨论请参考本部分第9章。

注　释

① 根据 Coleman(1990，pp.243—246)的定义，所谓规范，就是一种行为人的行动不受自己控制，而受他人控制的情形，通过让个体了解一种行为会引致怎样的潜在互利行为，规范可以影响人们的自利行为。关于社会规范的定义，还可参考 Brewer 和 Crano 的教材，他们的定义是"……被广泛遵守的引导性规则……规范通常并不带来法律制裁，但我们还是感到很有压力，必须要遵守它们"(p.240)。Brewer 和 Crano 提到的一个社会交换规则就是互利，这也是我们的解释里面很关键的一个因素。

② 我们的双盲实验过程不能完全忽略什么人受到了什么样的对待，就像医疗过程中对药品或安慰剂的分发一样。我们引入这个概念是想说明对被试信息的未知状况(Blank，1991)。

③ 社会距离可以说就是被试认为存在于社会交往中的互利程度，从设计上来看，经济活动或实际行为在类似于隔离性交往的独裁者博弈中是单向的。

④ 但对那些最高级的猎人来说是存在问题的，如果得不到区别待遇，他们可能会离开并加入另一个团体(在阿奇人中团体间的人员流动率是很高的)。Kaplan 与 Hill(1985b)针对这个现象处理了相关假设，他们发现，更优秀的猎人生育率要高于普通猎人，因为更优秀的猎人能让自己子女的存活率上升，且经历婚外恋而生育非婚生子女的几率也要高一些，所以，对待优秀猎人的公共货物分享传统也是存在变动的。

⑤ 比如，HMSS 曾报告过，如果把博弈被设定成一场买卖交易，且先动者的出价就是卖价，而先动者权利只有在事先的常识测试中得到最高分才能获得，那么最后通牒博弈中的出价分布水平显著降低。

⑥ 我们改变社会距离的做法，类似于社会心理学家通过改变群体压力来研究个体如何服从集体选择的手法，该文献见 Allen(1965，pp.133—175)。非常有趣的是，Argyle(Allen 曾引述并讨论过，1965，p.146)使用信封来确保私密性的做法与我们的双盲处理法很相似。据 Allen 报告，私密性的增加会降低服从性。

⑦ 例如，我们使用了图解和隐私盒，并且缩短了说明性的描述。在 HMSS 中

我们独创的 DB1 处理法在 FHSS 的基础上构建了一个迥异的实验,设计此实验的目的是要加入所有我们认为能在最大程度上造成独裁者孤立性的因素。为了使实验说明短一些,简化或省略了 FHSS 中对我们的实验不那么必要的内容,并将这种看似"微小"的差异带入了 SB2。虽然做了这些改动,但我们的 FHSS-R 实验的确再现了 FHSS 的实验结果。

⑧ 因此,如果个体很看重社会交往,当他们意识到失去名誉就会遭到排挤的时候,他们宁可选择自杀,也不会揭露任何有伤于自身名誉的信息。

7 最后通牒博弈中的预期与货币奖酬

伊莉莎白·霍夫曼　凯文·A.麦凯布　弗农·L.史密斯

最后通牒博弈：即货币奖酬共 M 美元，参与人 1 提议为参与人 2 提供 X 美元，如果参与人 2 接受这个出价，则参与人 1 获得 $(M-X)$ 美元，参与人 2 获得 X 美元；如果参与人 2 拒绝这个出价方案，那么双方所得均为零。根据文献关于最后通牒博弈实验的报道，通常 M 不大于 10 美元（参见 Forsythe et al.，1994，后文简称为 FHSS；Hoffman et al.，1994，及其中所引文献，后文简称为 HMSS）。我们对新的实验结果给出了报告（$M=100$ 美元，共 50 对议价者），并将其与之前的结果进行了对比（$M=10$ 美元，共 48 对议价者），有文献指出，检验货币奖酬对于最后通牒博弈的影响非常有必要，该文献关注过去 33 年中各种决策及市场实验中因改变货币赌注而造成的影响（Smith and Walker，1993b）。在一些案例中，货币奖酬增加时，理论预期得到改善，而也有一些案例，货币奖酬的多少对于实验结果没有影响，所以，以个案为基础来检验货币奖酬是很必要的。我们之前报告过实验说明（即定义不同制度背景的用语）对最后通牒博弈实验结果的影响，在此我们又说明了货币奖酬的影响。二者可以得出一个博弈公式，用来解释实验背景说明的变化对于两位参与人行为的影响，我们构造了这样一个模型，并进一步验证。

7.1　理论与之前的实验结果

　　假设赢利及参与人的个人理性为共同知识，如果货币奖酬的最小单位为
1 美元（即，M 包括 10 张 1 美元的纸币，供两位参与人分配），那么最后通牒
博弈的唯一严格子博弈的完美均衡为 $X^* = 1$ 美元。实验文献中普遍记载，
反复复制实验的结果为 X（提供金额）的平均值（或中值）远远超过 1 美元。
根据记载，X 的金额分布也会被描述或定义议价任务的规定所影响，例如，
FHSS 报道的结果：24 对被试，其中 24 人在一个房间而另外 24 人在另一个
房间（匿名配对），每一对都被告知"10 美元已经临时分配给他们"，而且 M
被描述为"被分配的总金额"①，在这个分配权模糊的模式中，参与人 1 提出
的分配额为 5 美元。HMSS 使用相同的说明项也得出相同的结果（匿名配对
的被试处在相同的房间，分 4 期，每期 6 对参与人），由此产生的分配额分布
如图 7.1（a）所示。

　　如果在议价的条件中有如下两项变化，则结果不同：（1）12 个被试首先
在博弈前进行一个一般知识测试，说明中强调得分最高的 6 位被试将"赢
得"作为先动者的权利，分别与排名在 7—12 之间的被试配对；（2）所有的参
与人 1 被描述为卖方，卖方选择一个价格，并告知与其对应的买方，买方在
出价基础上选择"买"或者"不买"。在此实验设定中，可能的获益与最后通
牒博弈中的获益是相同的，区别在于，这些收益为交易获利，而非从"分配 10
美元"获得。条件（1）和（2）意在使参与人 1 的权利合法化（参与人 1 作为先
动者，是有位置优势的），根据预测，这种分配条件下的出价会相对少于前一
个实验设置（分配权模糊）的出价，事实上，该预测得到了相当强有力的支
持。见图 7.1（b），并与图 7.1（a）对比。

7.2　高额货币奖酬论

　　完美均衡模型未能正确预测最后通牒博弈行为，无论是学术研究陈述还
是非正式讨论都提出：结果与预测相悖是由于人工给出的货币奖酬过低（M
= 10 美元），如我们所听到的论点：虽然被试可能拒绝 1、2 美元（据

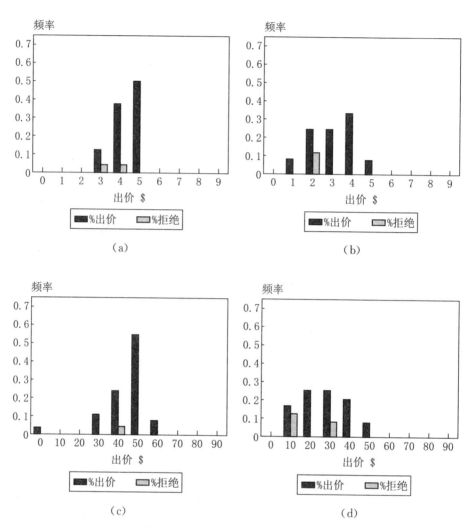

图 7.1　分配型最后通牒实验（a 和 c）与竞赛交易型实验（b 和 d）中
使用 10 美元和 100 美元的影响程度对比

观察所得），但是他们会理智地拒绝 10、20 美元吗？据此推理，如果货币奖酬翻 10 倍（$M = 100$ 美元），单位比例不变（M 包含 10 张 10 美元纸币），那么先动者的出价将按比例减少，后动者则会接受一切正出价。

特尔泽（Telser, 1993）沿着以下的思路，提出了一个谨慎合理的观点，把公平看作一种商品，等额分配时，消费为最大化。我们合理假设公平与价格成反比，那么如果我们提高货币奖酬，公平的价格将上涨（即小比例报价变多，而因为 M 较大，小比例金额也很可能被接受），特尔泽的观点与史密斯和沃克尔(Smith and Walker，1993b)提出的决策成本模型比较一致，只是，其中决策成本的表现变成了反映公平行为的商品价值。他的观点得到了埃克尔和格罗斯曼(Eckel and Grossman，1992)所提出的"公平的价格"议价结果的直接支持，后者的报告指出，尽管男性在公平的价格方面对公平的需求是非常固执的，但是女性在这个方面却比较有弹性，当公平行为的机会成本为1美元时，女性会明显表现出公平行为，但当机会成本上升为2美元时，她们会转向不公平行为。

尽管特尔泽的案例中可以把货币奖酬提高到几百万美元，我们建议把货币赌注从10美元提高至100美元(因为实验预算有限)。对于一个持续20分钟的实验来说，100美元的货币赌注，对于那些机会成本远小于100美元的大学生志愿者来说是非常慷慨的。我们的被试在从其他类型的实验中赚到10—20美元后，又热情地志愿参加更多的实验。就如埃克尔和格罗斯曼(Eckel and Grossman，1992)所报告的一样，他们衡量出的公平的价格也是很低的，因此，$M = 100$ 美元时的预测为：(1)先动者的出价将会显著地下降；(2)拒绝率会下降。因为图7.1(a)(拒绝率：2/24)和图7.1(b)(拒绝率：3/24)显示拒绝率过低，提高货币奖酬后，我们未预期拒绝率会(从统计数据上大幅)降低。

在最后通牒博弈中，货币奖酬论为何有可能失败？首先要注意的是，在对 M 不公平分配时，参与人1的潜在收益与损失，均随 M 的增加而增加。参与人1可能非常担心会产生"不堪设想"的后果(即出价被参与人2拒绝)，所以他变得更加致力于促使参与人2接受出价，即给出 $X = 50$ 美元。因此，当货币赌注为100美元时，参与人1对参与人2的匿名否决权的感受会被放大(相对于货币奖酬为10美元时)。其次，从更正式的角度考虑，根据风险选择效用理论，参与人1对于实验中可获得的美金会一直表现为相对的风险厌恶态度，这就意味着，以任何系数增加货币奖酬都不能改变风险发生的比例，那么也就不会改变从 M 中提供给参与人2的金额比例。根据拍卖实验(货币奖酬所乘系数各不相同，最高系数高至20倍)(Smith and Walker，1993a)，及某国债交易商的披露行为(其金额高达几百万美元)(Wolf and Pohlman，1983)，在决策制定时，实验依据更倾向于持续的相对风险厌恶模式。

7.3　被试招募程序

被试是根据美国亚利桑那大学经济科学实验室的一般招募程序来招募的，每周会运行几个实验，被试都是从班级中和通过电话招募来参加"一个实验"的，每一个提前报名参加并按时到场的被试均可获得 3 美元(5 美元)的报酬，实验前一晚，每个被试会得到电话提醒，并会被告知实验结束后，他们会根据所做的决定获得更多钱(现金)。参加任何特定实验的被试都将会被记录到数据库，使实验者可以查询其之前参与该实验的情况。

由于 100 美元实验性质非比寻常，100 美元竞赛/交易及随机指配实验会在很短期间内完成，并且两个实验间会相隔几个月，其他实验(赢利在 10—40 美元之间)分别在同一天的不同时段内运行，因此，即使被试听说 100 美元的实验的确存在，他们也不可能知道自己会参与其中。此外，招募人员不可将任何相关实验信息告之可能参与实验的被试，在 100 美元实验进行期间，没有迹象表明参加实验的被试是为赚取 100 美元而来的。

7.4　实验设计说明

共有 8 期实验，12 名被试每次只参加 1 次最后通牒博弈实验[②]，每个被试报名并到场就会获得报酬[③]，当所有的被试都到达时，会被分到同一个房间的不同隔间内。阅读一系列描述任务的说明时，实验者也会将实验说明读给他们听。在随机分配实验中，被试被随机分配为 A 或 B，并随机匿名相互配对，根据要求，每一位 A 以 10 美元为单位将 100 美元在他(她自己)与对应的 B 之间进行分配，A 提出分配方案后，B 表示他(她)是否接受，所有 B 做出决定后，我们再将钱私下单独支付给每个人，然后被试会单独离开实验室。

在竞赛/交易实验中，被试回答 10 个时事问题，排名第一的被试是卖方，与排名第七的被试配对，排名第二的被试与排名第八的被试配对，依此类推。被试不知晓与自己配对者的身份，并且每期实验只进行一次配对并只做一次决策。[④]

指定好买方和卖方后,各卖方根据竞赛/交易处理方法(见第 5 章表格,其中 $M = 100$ 美元)的赢利表选择一个价格,此赢利表显示,此博弈是一场嵌入交易模式中的最后通牒博弈,买方和卖方之间有 100 美元供分配,如果卖方出价 90 美元,且买方同意购买,则卖方得 90 美元,而买方得到 10 美元,同样,如果卖方出价 80 美元的价格,且买方同意购买,则卖方得到 80 美元,买方得到 20 美元。正如在其他最后通牒博弈以及在福雷克和西格尔(Fouraker and Siegel,1963)的文章中所述,如果买方决定不买,买方和卖方都只能得到 0 美元。

一旦卖方选择好价格,我们会在每个买方的选择表上圈出相应的卖方价格,并让买方来圈出买或者不买,买方做出决定后,我们会将钱在私下单独支付给每个人,然后被试会单独离开实验室。

表 7.1 给出了 2×2 的实验设计图,列出了预控和新实验设置中的观察结果(议价对)的数量,所有的假设检验都依据随机/分配和竞赛/交易实验和 10 美元实验/100 美元实验之间的不同而有所不同,有关 10 美元实验的说明在第 5 章的附录中。

表 7.1　最后通牒博弈设计中的产权与奖酬

每种实验设置下议价者的 配对数量(观察值)	货币奖酬	
产权条件	$M = \$10$	$M = \$100$
分配 $\$M$;随机授权	24	27
交易;竞赛授权	24	23

7.5　实证结果

图 7.1(c, d)的柱状图分别为两种分配权($M = 100$ 美元)相应的出价/拒绝比例,实心黑柱代表先动者的出价,条纹柱代表每个出价量的被拒绝率。

表 7.2 列出了成对的 Wilcoxon 和 Epps-Singleton 测试统计数据及针对四种实验设置(两种分配权设置及两种货币奖酬设置)相应的显著水平。需要注意的是,不管用没用到竞赛/交易的处理方法,我们都不能拒绝原假设,即货币奖酬是 10 美元和 100 美元时,出价是无差别的。此外,我们可以拒绝如

下假设,即不论货币奖酬高低,FHSS 说明条款和竞赛/交易说明得到的结果都是一样的。根据实验结果,有强有力的证据表明:两种实验设置下,货币奖酬乘以 10(从 10 美元到 100 美元)并不会影响先动者对于可接受结果的看法,被试在分配权模糊的时候,愿意给出将近一半的金额,而在竞赛/交易的处理方法下,出价明显减少了。

对比图 7.1(b, d)(竞赛/交易处理方法下),货币奖酬(分别为 10 美元和 100 美元)增加时,出价略有降低,出价到 $0.4M$ 的人更少了,而出价为 $0.1M$ 的人更多了,由此可以看出,一些参与人 1 似乎断定参与人 2 不会拒绝 10 美元的出价,拒绝率也有所上升。货币奖酬为 10 美元时,23 对中有 3 对拒绝,当货币奖酬增至 100 美元时,27 对中有 5 对拒绝(统计数据上看,差异并不明显)。4 个 10 美元的出价,被拒绝了 3 个,5 个 30 美元的出价被拒绝了 2 个(事实上是 6 个被拒绝了 3 个;见脚注 2)。对比随机分配权与竞赛/交易两种实验设置(货币奖酬为 100 美元),拒绝率从 1/27 上升到 5/23,有显著提高($p < 0.001$)。在 100 美元的实验中,一些被试常常拒绝相当于甚至是高于 10 美元实验全部货币奖酬的出价,这意味着,在 10 美元的实验中,与竞赛/交易实验设置相关的是双方期望的变化,并在 100 美元实验中体现。一些先动者以为现在他们可以给出低价,但是更多的后动者并不认为这个改变是合理的。[5]然而,先动者的结果(随机和竞争/交易分配权设置)通常都与博弈的预期效用模式一致,如我们下文中将讨论的一样,先动者一直表现出相对的风险厌恶。

表 7.2　不同产权及奖酬条件下最后通牒实验的检验对比[a]

Wilcoxon(W)统计量[b](prob) Epps-Singleton(ES)统计量(prob)	随机授权,FHSS 说明,分配 $10	竞赛授权, 交易 $100
竞赛授权;交易 $10	$W = -4.09(0.00)$ $ES = 24.46(0.00)$	$W = 0.91(0.36)$ $ES = 1.37(0.85)$
随机授权,FHSS 说明,分配 $10	$W = 0.79(0.79)$ $ES = 2.79(0.59)$	$W = 4.93(0.00)$ $ES = 36.82(0.00)$

注:[a] 以上检验统计数据的前提是所有比对样本均来自同一个群体。
[b] 符号取决于行与列之差。

FHSS 报告中,最后通牒博弈的分配权是随机的,货币赌注从 0 美元到 5 美元到 10 美元不等,报告指出,有没有货币奖酬,出价方面没有太大的区别,货币奖酬为 5 美元和 10 美元时,出价没有任何差别。但是 FHSS 的结果确实显示了,当货币奖酬增加时,拒绝率有明显的下降。汇总 10 美元实验的 HMSS 和 FHSS 数据,并加入来自这一章中 100 美元实验的结果,我们测得当货币奖酬增加时,拒绝率单调递减。无货币奖酬与货币奖酬为 5 美元时的差别是非常大的,也很好地说明了应用货币报酬的重要性(Smith and Walker, 1993b)。这些数据绘制在图 7.2 中。

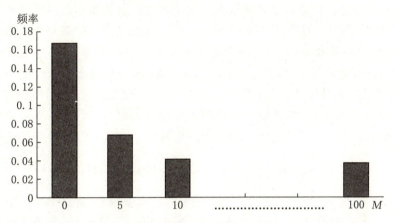

图 7.2 拒绝率与奖酬 M 的对抗(最后通牒博弈,随机分派角色)

7.6 最后通牒博弈结果的预期效用模型

从上述实验可以看出,被试的预期对遵守公平结果有非常大的影响(即,后者不会从根本上,也不会过度地依据他涉效用偏好),所以根据数据可证:货币奖酬中所剩货币报酬的效用不会因为实验说明的改变("分配 M"变为买方/卖方共同在一个交易中对利润 M 进行分配)而改变。相反,我们认为,将先动者描述为卖方,而且此角色需要通过竞赛获得,这使得先动者给出更"自涉"的出价变得更合理而且也更符合共同预期,此时预期会发生非常大的变化。当被试来实验室参与据称是"一次性决定"的实验时,我们不能假设被试会放弃他们自己的参考基准以及衡量合法性的标准。当先动者是作为买方,一个陌生的权力位置(Roth et al., 1991),拒绝率要高得多,这表明共同的预期没有达到。

被试也可能担心会显示出贪婪,并被实验者或其他审查实验结果的人认为贪婪。日常社会交往中的重复博弈有如下特点:贪婪的名声会招致报复,社会接受度也比较低,在非正式社会交易机制里也很难获利。人们习惯去获取好的名声,所以会为了以后社会交易中长期的互惠而放弃短期的机会型收益,这就要求:节制自己的贪婪行为的同时,会在有过度贪婪行为发生的时候进行惩罚(又见注释②)。

在最后通牒博弈中,从参与人 2 开始分析,我们认为这些因素对于参与人 2 意味着外在价值的主观期望 Y_2,这是在最后通牒博弈之后实现的。Y_2 以当前的决定 A_2 为条件(如果接受 $A_2 = 1$;否则为 0),设参与人 1 的报价为 X,货币奖酬为 M,实验说明为 I,之前讨论了各种考虑因素,以上三个参数为引发背景的因素,也就是说 $G(Y_2 \mid X, M, A_2, I)$ 是参与人 2 的主观概率,考虑到 (X, M, A_2, I),则有 $Y_2 \in S_2 = [0, Y_2^{\max}]$。 在交易设置中,为了解释 $M = 100$ 美元时,被试的拒绝率大幅增加的原因,M 和 X 都必须纳入期望函数。参与人 2 的金钱获利效用函数为 $V(A_2, X, Y_2)$,则其建模为

$$A_2^* = \arg\max \int_{S_2} V(A_2, X, Y_2) \, dG(Y_2 \mid X, M, A_2, I) \qquad (7.1)$$

对于任何报价 X,外部回报(Y_2)都有足够大的概率权重,那么 A_2^* 的值将取决于 $G(\cdot)$,如果 $A_2^* = 0$ 并且 $X > 0$,那么实际上,参与人 2 放弃了即得现金利益,通过惩罚吝啬的报价,去换取未来感知价值,否则会损害其声誉和持久的利益。

假设参与人 1 对于未来价值的主观期望为 $F(Y_1 \mid X, M, A_2^*, I)$,$Y_1 \in S_1 = [0, Y_1^{\max}]$,并且有一个主观的概率,给出 $p(X, M, I)$ 时,$A_2^* = 1$。 参与人 1 的奖励效用,$U(M - X, Y_1)$,决定了

$$X^* = \arg\max \Big\{ p(X, M, I) \int_{S_1} U(M - X, Y_1) \, dF(Y_1 \mid X, M, A_2^* = 1, I) +$$
$$[1 - p(X, M, I)] \int_{S_1} U(0, Y) \, dF(Y_1 \mid X, M, A_2^* = 0, I) \Big\} \qquad (7.2)$$

因为观察到 X^* 的值与收益值 M 成比例关系,我们可以得出结论,在式(7.2)中,X^* 相当于 M 的一次齐次。⑥当然,$M = 100$ 美元时的数据确实显示了 X^* 小幅度向下移动,但是我们不能拒绝如下假设:此现象是由于出价分布的取样变化产生(出价不受 M 影响)。

7.7　实验效果差异解析

相比心理学等学科的学生,经济学和商学院学生作为参与人 1 时提出的

出价更低(Kahneman et al.，1986；Carter and Irons，1991)，最后通牒博弈模型(1)和(2)符合该结果。无论是通过培训或者自我选择，相比其他领域的学生，经济学和商学院学生，对于制定最后通牒博弈中决策都更受短期激励的影响。因此，在一次性最后通牒博弈中，他们更容易摆脱重复博弈互惠激励的负担，将其看作最终一博。当然专业的经济学家因经过培训，明白公共政策方案中，激励不相容会导致政策失败，即便如此，经济学和商科学生提出的报价仍远远超过子博弈完美均衡的预测值。

7.8　预期效用模型的附加实验

我们还可以针对此模型做一个更直接的测试，设计一个预实验调查工具，通过衡量实验对象良好融入社交网络(该社交网络涉及与他人的互惠关系)的程度来进行筛选，高社会联通评分应该与最后通牒博弈中的出价成正比。研究表明，根据首价密封拍卖以及风险前景选择测得，衡量风险厌恶程度的心理调查工具与风险厌恶有很大相关性（Harlow and Brown，1990）。在目前情况下，这些工具将被用于预测个别被试的相对能力（调整习惯行为以适应最后通牒博弈窄端条件），关于衡量社会心理态度的现有工具的调查，见罗宾逊等(Robinson et al.，1991)，尤其是第 5 章和第 8 章。

7.9　讨论与结论

根据 FHSS 报告，从之前的最后通牒博弈结果可以发现，当货币奖酬在 0 美元到 5 美元之间变动，以及在 5 美元到 10 美元之间变动时，出价分布没有显著的差异。FHSS 随机指定分配权时，对比货币奖酬为 10 美元及 100 美元时的变化，出价分布同样没有显著性差异。然而，当模糊分配权设置（分配 M 美元）变成买卖双方交易所形成的议价，且卖方的先动位置（公布价格权）是通过常识测验中取得高分而获得时，出价分布呈显著下降。因此，无论货币奖酬是 10 美元还是 100 美元，当被试觉得他们作为先动者的角色是合理合法的时候，他们给后动者的出价明显变少。货币奖酬为 10 美元时，这种合法性为后动者所接受，正如观察显示，拒绝率未因较低的出价分布而大幅度上升,但货币奖酬为 100 美元时,如果我们把随机分配变为竞争/交易处理方法,则拒绝率显著地上升。因此,货币奖酬为 100 美元时,当分配权条件发生改变时,后动者和先行者的预期改变不一致。但是在随机分配设置下,货币奖酬从 0、5、10 到 100 美元变化时,拒绝率相对稳步下降,因此,低出价不足以引起高拒绝率,也要考虑货币奖酬的影响,拒绝行为在理解最后通牒博弈中是至关重要的,后动者可能会"抵制不公平"(KKT,p.106),先动者必须理性预测这种可能性。

对于最后通牒博弈行为和独裁者博弈的结果[Hoffman 等(1996d)],我们认为:人们会无意识地把日常生活中形成的重复博弈期望带入实验中来,他们不会即时地自发调整他们的行为,来适应实验中的"一次性博弈"的条件。当你不仅观察最后通牒/独裁者博弈的结果,而且还观察其他在重复博弈中观察对象行为的实验时,上述观点将显得更加清晰。因此,麦凯布(Mc-Cabe,1989)报告了有限范围名义货币实验的结果,这个博弈的扩展形式是这样的,没有人愿意在第 6 轮和最后 1 轮接受本质上没有价值的货币。通过倒推法,在第 5 轮中没有人应该接受它,直至第 1 轮,因此,纳什均衡在任何一轮中都没有达成。6 轮博弈,对同样的被试重复进行 10 次、15 次或者 20 次,结束时间不定,最初,在 6 轮博弈过程中有很多交易,但是,随着博弈重复进行,交易就减少了,随着 6 轮博弈不断进行,拒绝交易也从最后开始移向每轮博弈一开始就拒绝。开始时,由于现实习惯,被试在实验中也接受了钱,但是随着时间的推移,他们认识到,在实验的条件下,他们不能再应用现成的习惯,所以他们的预期也随实验条件而进行了调整。

注 释

① FHSS 在说明中应用的语言沿用了 Kahneman 等人(1986,p.105)。总金额 M 被描述为"暂时分配给每一对",意为对使金钱私有权显得模糊而不确定。将任务描述为"拆分 M",表明两个个体在解决一个金额分享问题,而不是一个策略互动问题。就好像我和你正在街上散步,看到人行道上有一个信封。我把它捡起来发现里面有 10 张 1 美元纸币,则你我二人平分。

② 在竞赛/交易及随机指配实验中,其中 1 期有 1 位被试未到场,因此该期只有 5 对被试。所以 N = 23。在随机指配实验中,有几个被试以前是参与过该实验的,我们在筛选时未注意到。我们未使用这些数据。我们在筛除有经验被试方面是非常严格的,因为根据 Roth 等(1991)及其他人的报告,即

使被试通常是与不同的人配对,最后通牒博弈行为会明显受重复博弈条件影响,这是常识信息(详见此卷第 5 章)。此外,随机指配实验中,我们排除了一项观察结果,因为某参与人 1 在他的决策表里写道:"不要做殉道者(原文如此);这是你可以赚到的最轻松的 35 美元。"(35 美元是指 30 美元的出价加上 5 美元的到场费。)参与人 2 不仅拒绝了 30 美元的出价,而且对实验者给出如下解释:"贪婪正把这个国家推向地狱。贪婪就要付出代价。"

③ 在 10 美元实验中,被试获得 3 美元,是之前实验运行期间的标准出场费。100 美元的实验中,被试获得 5 美元,是现在的标准费用。

④ 通常情况下,实验者都希望能通过实验结果推测出一些市场结论。例如 Kahneman 等 (1986 年版,pp.105—106)给出了下列实验报告:提前给每对被试 10 美元,让他们重新分配。其中应用到同步行动规则(即后动者在得知先动者报价前,给出可接受及不可接受的出价)。报告中指出,后动者都趋于平分,大部分后动者宁可拒绝正的报价。作者指出,这种抵制不公平的行可"可以阻止那些追求利润最大化的代理或公司寻求获利机会"(p.106)。为了更好地向企业证明我们对这个结果的推测,我们假设如下描述非常重要:应将实验设置为买方公司和卖方公司之间的交易,而不应设置为是针对之前给到每对的 10 美元进行的再分配。

⑤ McCloskey (1985)及其他人经常提及一个观点:统计学意义不等同于行为经济学意义。我们的实验结果提供了一个非常清楚的范例。我们观察到,统计上只是向更低的出价有微小的变化,但拒绝率却高于在我们以前的实验中观察到的任何水平。因此,我们首次在本研究项目中,发现了一个引起先动者和后动者预期不一致的处理方法(涉及竞争/交易的 100 美元实验)。

⑥ 在独裁者游戏中,后动者必须接受先行者的报价。所以在式(7.2)中,$p(X, M, T) \equiv 1$。根据预期函数 F,独裁者可能会给正数金额的出价,正如我们在独裁者博弈的实验中观察到的一样。但 Hoffman 等人(1996)报告显示:随着实验说明逐步增加独裁者与社会的隔离或者增加其与他人的距离的情况下,独裁者被诱使报出越来越低的价格。所以式(7.2)的退化形式,$p = 1$,可以解释独裁者数据。

扩展式博弈实验中的博弈理论和互惠行为

凯文·A.麦凯布 斯蒂芬·J.拉森迪 弗农·L.史密斯

通过使用相对透明的双人扩展式议价博弈中的变量,我们用实验分析法来检验自明博弈模式(Kreps,1990a)的几项原理。如果参与人知悉博弈的可能次序以及相对应的可得赢利,那么我们就说这个博弈是透明的,但是,如何为一次相对透明的博弈制定策略却并非自明的(self-evident),因为这需要参与人对对手的行动和反应了如指掌,那么,在什么情况下参与人之间才可能做到相互了解呢?

演化心理学为我们指明了道路。很多经济学实验中都出现了与标准理论相悖的反常行为,而演化心理学在解释这些反常情况时发挥了重要作用,霍夫曼等人(Hoffman et al.,1996b)以及他们的参考文献对演化心理学的这种功能进行了更加深入的讨论。经济学理论假设,在任何情况下人们都会有意识地使用常规的认知算法来提高自身赢利,但是,演化心理学却假设,人们会根据具体情况使用特定的认知算法,这个过程通常是下意识的。经济学理论认定人们会采用将个人效用最大化的行为并以此来指引我们的思维,而演化心理学则认为人们在物竞天择的思想下会制定适应环境的行为计划,并以此来指引我们的思维,当然,这些自然形成的计划将根据他们未来发展的变化而变化,发展方式有:文化互动(培养)以及持续评估通过经验获得的行为成就。

本章的研究问题是：通过运用博弈论、实验经济学和演化心理学中的相关原理，我们是否可以更透彻地理解扩展式博弈中对参与人来说自明的东西是什么？

8.1 行为准则

我们通过实验检验的命题可在下列基本准则中得到支持：

(i) 非餍足性。参与人认为钱多多益善。

(ii) "占优。如果一位参与人可在两种行动之间进行选择，而其中一种行动产生的赢利优于另外一种，那么他会选择产生占优赢利的行动。"

(iii) 逆向归纳法。在一个序贯博弈树中（如图 8.1），每个参与人都会基于占优准则分析最后一个潜在的子博弈，然后分析倒数第二个子博弈，以此类推直至分析完整个博弈过程（注：在完全信息博弈中，如图 8.1 那样的博弈，每个决策结之后都有一个子博弈）。这个准则能够帮助被试判断潜在威胁和承诺的可信性。

单次博弈理论是关于匿名陌生人的理论，博弈过程中，参与者只与匿名陌生人相遇一次，运用占优准则、逆向归纳法进行策略互动之后，就再也不会与之相遇（Hoffman et al., 1994；1996d）。虽然过去和未来是外生于博弈的要素，但其影响却与当前的结果息息相关，因此我们有必要对这些强条件（strong conditions）进行控制，离开信息控制，我们就很难将分析范围限定在该博弈上。

(iv) 无名氏定理（声誉）。在重复博弈中，过去和未来是内生要素，由此威胁和承诺的可置信性得到增强。在过去和未来中，虽然威胁更大了，但承诺可以兑现，可信性得以维持。目前，博弈论无法预测重复博弈的结果，原因在于一些合理的触发性威胁、惩罚或策略会影响博弈的结果，另外，博弈论同样无法预测声誉均衡，我们稍后会在图 8.1 中用博弈 1 来举例说明。

如果参与人不完全了解对手的特点，那么在重复博弈中他们可以以某些特点（或类型）建立声誉、实施惩罚或提供奖励从而达成合作。

(v) 互惠。与前述的准则相反，我们可以假定被试有一种"互惠习性"，它是一种专业心理算法（Cosmides，1985；Cosmides and Tobby，1992），在这种心理算法中，实现长期自利的最佳途径是向他人和你自己传达这样的信号：背叛合作社交行为将受到惩罚（消极互惠），实施合作社交行为将得到奖励（积极互惠）。在互惠准则的应用过程中，一些参与人对单次和重复博弈的激励差异非常敏感，但另一些参与人却希望通过实施诚信行为（甚至在单次博弈中都能）获得信任（这种合作中背叛行为不会受到惩罚）。在惩罚成本不是太高的前提下，如果能够对背叛行为加以惩罚，那么将会有更多的参与人展开合作。目前，演化心理学无法预测互惠算法的初始相对优势（参与人角度），也无法预测一系列重复博弈中该行为的短期稳定性。

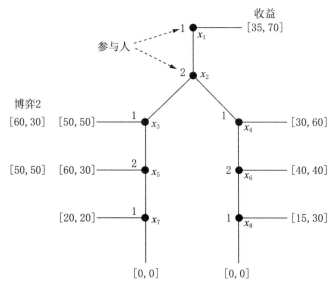

注：参与人1和参与人2轮流采取行动直至达到一个决策结点，此时参与人1所得赢利为前一个数额，后一个数额为参与人2的赢利。除了决策结点[60，30]与[50，50]是反过来的意外，博弈2与博弈1大致相同。

图 8.1　初始结点为 x_1 的扩展式博弈 1

8.2　实验设计

我们在实验中控制若干个因素，之前的理论或实证研究认为这些因素有可能影响博弈行为，这些因素包括是否能直接惩罚不合作行为以及重复博弈中用于配对参与人的协议，通过改变这些因素，我们有望得知：在什么情况下占优或互惠是博弈双方的自明原则。在许多实验中，参与人没有运用占优策略,相反,他们似乎更倾向于采用互惠准则。这些实验涉及两种子博弈,第一种子博弈中,占优准则是唯一的决策标准,第二种子博弈中,互惠准则占据上风成为唯一的决策标准,然而,这两种子博弈是事先安排好的,参与人无权选择。例如,在标准的最后通牒博弈(Hoffman et al.,1994)和投资(Berg et al.,1995)博弈中,占优准则占上风,原因在于先动者在做决定时只能以后动者的互惠为前提条件。在我们的设计中,后动者可以要么信任对手(在一些实验设置中),要么惩罚对手(在另一些实验设置中),他们有了其他选择,而不是只能自明地选择占优准则。

8.2.1 相继博弈:分析与赢利问题

本章研究的相继博弈如图 8.1 所示。博弈开始,参与人 1 移动至决策结点 x_1,之后两位参与人沿着博弈树向下交替行动一直达到赢利盒,在每一个决策结点的左上方,我们可以判断出是哪一位参与人移动至该决策结点。每个赢利框左边的数字是参与人 1 的赢利,右边的数字则是参与人 2 的赢利。这里赢利的顺序是:参与人 1 先于参与人 2 获得赢利,比如,如果参与人 1 在 x_1 处右移,那么博弈结束,其结果为总赢利最大,其中参与人 1 获得 35,参与人 2 获得 70,记作[35,70]。

在博弈 1 中,通过合作可以实现最佳的对称结果是[50,50],为了达成这个目标,参与人 2 必须在 x_2 处左移,但若参与人 2 左移,参与人 1 可以采取背叛策略(也是其最优选择),即通过在 x_3 处下移,最终实现[60,30]的结果。或者,参与人 2 可以高昂的代价直接对参与人 1 进行惩罚——(子博弈中)在 x_5 处选择下移,但是,在 x_5 处选择左移将比这种直接惩罚策略更有利。由此我们会问:参与人是否会选择子博弈劣势策略?如果这里的相继博弈可重复,那么参与人 2 就不会选择劣势策略,而将采取一种间接且符合个人理性的触发策略:若参与人 1 在第 t 轮重复博弈中选择背叛,而参与人 2 在 x_5 处左移,但第 $t+1$ 轮参与人 2 就会吸取教训,在 x_2 处右移,以此惩罚参与人 1,这样至少可以实现子博弈均衡结果,即[40,40],而第 $t+2$ 轮仍然在 x_2 处选择左移。每次参与人 1 出现背叛行为,参与人 2 都可以借助这一策略避开[20,20]这个较差的结果。如果仅仅对参与人 1 实行一次惩罚,那么其平均获利依然可以达到 50[(60+40)/2],所以对于每一次背叛,参与人 2 必须予以惩罚或严肃表示出惩罚态度(在 x_2 处右移),大幅降低参与人 1 的赢利。

博弈 2 与博弈 1 唯一的不同在于，博弈 2 中的[60，30]和[50，50]位置发生了互换，从而消除了直接惩罚的威胁。由此我们要问：在没有直接惩罚的情况下，信任是否会影响合作的频率？无论是在博弈 1 还是博弈 2 中，如果参与人 2 预计到合作会失败，那么他会在 x_2 处右移，一旦参与人 2 这么做，参与人 1 就能判断出[40，40]的结果对双方都有利，我们称这种结果为子博弈精炼结果(8)。在两个博弈中，合作结果[50，50]和子博弈均衡结果[40，40]是对称的(双方赢利相同)，因此参与人在进行选择时会倾向于赢利相等的结果。

通过先前的讨论和针对实验调查提出的问题，可以了解到在这两个博弈中我们之所以会选择左右两侧各三个赢利结果的原因，可是，为什么我们要在博弈树顶端设置[35，70]选择来直接结束博弈呢？

首先，这是一个外部选择，它能够免去之后各种繁复的操作，从而将交易成本降到最低；其次，对参与人 1 来说，这个结果的赢利仅仅比子博弈均衡结果少 5 个单位。因此，它可能是一个主观理性的结果，如果参与人 1 不想做那么多冗长、繁复的操作，不想承担风险，也不想为猜度对手行动而头痛，那么他会以 5 单位机会成本为代价获得一个"稳妥"的赢利。由此 x_1 处经常会出现右移的操作，通过顶部右侧的相对赢利，我们可以检验在什么背景条件下博弈分析是有意义的；第三，如果相继博弈是可重复的，那么这个顶部右侧的结果就是一个纳什均衡，在这个均衡下，参与人 2 一定会在 x_2 处右移并在 x_6 处选择下移。这样的话，参与人 1 可获得 15 单位的个人理性赢利。此外，出于利己考虑，参与人 1 会选择在 x_1 处右移。

x_7 和 x_8 处下移的结果都是[0，0]，这在重复博弈中可以得到解释，而 x_7 和 x_8 处左移和右移的结果分别是[20，20]和[15，30]，属于惩罚性赢利，那么问题来了：为什么不同的移动方向会导致如此不同的结果？我们把参与人 1 在 x_7 或 x_8 处选择下移理解为一种报复升级——"如果你要采用惩罚性策略，那么我也一定会有对策"，左移是一种非理性报复升级。如果参与人 1 在 x_7 下移，那么就等于警告参与人 2："别采取惩罚措施"，如果参与人 2 是理性的，他就不会在 x_2 左移，并接受参与人 1 在 x_3 背叛，但可能性更高的是，参与人 2 会认为对方不会为此所动。理性的做法是，在之后的博弈中于 x_2 处直接右移，这样就可以避免博弈树左侧的报复升级。由于考虑到参与人 2 可能企图在 x_1 处迫使其右移，参与人 1 将会示意，她准备采取应对措施，因此，在 x_8 处下移或许是一种理性的报复升级形式，这种反惩罚行为不太可能发生，因为我们认为参与人 2 不可能在一开始就采用最终结果为 [35，70]的策略。

8.2.2　匹配规则

泽尔腾和斯托克(Selten and Stocker，1986)将囚徒困境 10 次重复博弈中的匿名参与人进行随机配对，发现合作开始破裂，这表明在囚徒困境占优策略中，拥有多次博弈经验之后，参与人的观念会发生变化，他们的合作意图会越来越少。如果参与人认为对手假装合作的可能性更大，那么当预测到对手的背叛行为时，他们会抢先一步实施背叛策略。麦凯布(McCabe，1989)以及史密斯、苏查内克和威廉姆斯(Smith，Suchanek and Williams，1988)分别在一个 6 期的名义货币博弈中和一个 15 期的实验股票市场中发现了类似的缓慢收敛纳什均衡，因此，关于有限次重复博弈，有一篇实验文献是这么说的：当参与人积累了足够的经验时，逆向博弈论所预测的归纳法纳什均衡将会出现，从策略上说，达成合作较为困难且成本高昂。本章中，我们按单次博弈或重复博弈(长度未知的超级博弈)对参与人在两人扩展式博弈中的合作能力进行了研究。

在重复博弈中，我们检验了四条参与人匹配规则(见表 8.1)，这些规则是参与人共知的信息，在单次博弈中，被试与一个随机选择的对手博弈一次，然后实验结束。我们不禁要问，在缺少重复互动的单次博弈实验中，合作是否有可能实现？博弈理论预测合作不会出现，参与人最终得到的是子博弈精炼结果。

另外，我们对重复博弈中的 4 条参与人匹配规则进行了检验(见表 8.1)，这些规则是所有参与人共同了解的信息，在单次博弈中，被试与随机选择的对手博弈一次，实验就结束了。对于这种博弈，我们会问：在没有重复互动的情况下，是否仍然有可能实现合作？根据博弈论的预测结果，答案是否定的，实验最后会以子博弈均衡结果告终。然而，互惠理论告诉我们：在文化(或心理因素)的影响下，一些参与人可能会在单次博弈中尝试合作，因为参与人可以通过习惯性的长期策略来提高长期赢利。在重复进行单次博弈时，被试仅与对手交锋一次，其角色在参与人 1 与参与人 2 之间转换，理论上，这一规则在控制重复博弈效应的同时也可以帮助我们获取一些关于样本的信息，此外，我们可以用博弈论来预测子博弈均衡结果。在单次博弈实验 1 中，曾经参加过重复单次博弈 1 的被试另外安排了一天回到实验室参加一轮单次博弈，随着经验的累计，在单次博弈中，子博弈均衡结果出现的可能性会更高吗？

表 8.1　博弈树的实验设计：实验设置与参与人数量

实验名称	构成	匹配规则	配对数
单次博弈 1	1	一次—博弈	50(30)
单次博弈 2	2	一次—博弈	26(26)
重复单次博弈 1	1	重复一次—博弈[a]	24(360)[b]
单次博弈实验	1	一次—博弈	17(17)
不变配对 1	1	重复同一配对	22(440)
不变配对 1	2	重复同一配对	23(460)
随机配对 1	1	重复随机配对和分配角色	24(480)[b]
随机配对 2	2	重复随机配对和分配角色	24(480)[b]

注：[a] 参与人 1 和参与人 2 之间互换角色，每人将两个角色分别扮演一次。
[b] 此处包含 16 位参与人，重复组成 8 对博弈搭档。其他博弈中至少有 8 位参与人，通常是 12 人。

随机配对情况下，每一次相继博弈，被试都会被赋予一个角色（参与人 1 或参与人 2）并接受随机配对。"在既定样本规模下，按照随机配对规则，个人将更有可能会被赋予不同的角色或与不同的对手进行配对，这样一来，任何人都很难与同一个合作伙伴执行重复博弈战略。"重复单次博弈和随机配对中，被试一直是匿名的，且对对方的过去也一无所知。

当我们保持配对不变时，整个博弈过程中被试的对手和角色都将维持不变，得益于这一设计，耦合的可能性达到最大：了解对手，实施重复博弈策略。

这 4 项规则（单次博弈、重复单次博弈、随机配对和不变配对）都使用了"参与人之间互动"设计，考虑各项规则下的行为之后，我们可以提出这样的问题：根据无名氏定理的预测，提高不变配对博弈的几率是否能够增进合作？

8.2.3　实验设置与实验步骤

表 8.1 中我们对实验设置进行了总结，方便起见，我们采用传统的做法，即通过配对实验设置和博弈数量对每个单元进行命名，因此，不变配对博弈 1 的实验中，参与人对手不变，博弈重复进行。

虽然实验持续时长只有一个多小时，但我们往往会雇用参与人两小时。

为了获得一系列重复博弈的可信预期，我们不会告诉参与人实验持续多久。参与人可获得 5 美元作为基本的出场费（nonsalient show-up fee），实验结束再结算赢利。相继博弈下，框中的赢利是以美分为单位的，且可重复获利 20 次，为了确保与重复博弈的可比性，我们将单次博弈中的所有赢利乘以 20。

在进行说明时，我们非常谨慎，尽可能避免提及一些术语（如博弈、轮、对手、合作者）或其他可能有暗示性的、有价值的术语。参与人会被告知，他们将参与两人决策模型，对手的代号为 DM1 或 DM2，参与人在做出行动选择时可以先通过计算机程序进行模拟，也可以观察行动和赢利的记录，但前提是这些行动和赢利对应的博弈不得与当前进行的博弈存在关联，在规则解释环节，参与人可以于任何时间进行私下提问。

被试在屏幕上通过触摸或鼠标点击并沿着博弈树依次做出决策，此步骤是为了帮助他们将注意力集中于屏幕。

8.3 扩展式贝叶斯伯努利试验理论

下面我们要讨论的数据预估将基于伯努利过程的条件概率［例如，在图 8.1 中，样本中的每位参与人 2 在结点 x_2 处都可选择右移或左移，实验者事先无法确定移动方向，只知道右移的概率是 p，左移的概率是 $(1-p)$］。这要求我们首先要扩大标准伯努利试验理论中的参数空间，再对极端假设出现的概率做出预估，因此，严格的博弈理论预测是：在结点 x_2（以及 x_6）处右移的概率（p）为 1。然而，如果 p 既定，并令 $0 < p < 1$，那么标准的伯努利过程在 n 次独立试验中会产生 r 次右移的结果，这种情况类似于"一枚两面都是正面（反面）的硬币无论怎么抛掷在落地时都会正面（反面）向上"。如果抛掷 5 次都是正面，那么这枚硬币不可能两面都是反面，但有可能两面都是正面。由此，我们可以说这次抛掷可能是公平的，也可能是有失偏颇的，且连续 5 次正面朝上已经可以排除"两面都是反面"的可能性。根据标准伯努利试验理论，我们不能推断这枚硬币两面都是正面，只能说这枚硬币的正面向上的概率可能更高，在以下数据中，我们观察了许多 $n = r > 0$ 和 $n > r = 0$ 的情况，希望能够估算出 $p = 1$ 或 0 的概率。

在进行实验前，我们用 $D'(p)$ 表示任何人的（实验者的或读者的）对于 p 的先验概率预估。我们令 $D'(p)$ 为一个以 (r', n') 为参数的 β 密度（$0 < p$

$<1)$,令 $P_0 > 0$ 为 $p = 0$ 的先验概率,令 $P_1 > 0$ 为 $p = 1$ 的先验概率。显然,在图 8.1 中,一个博弈理论学者会将一些先验概率(如 P_1)与 $p = 1$ 联系起来,其中,$p = 1$ 是单次博弈 1 中所有参与人 2 在 x_2 处右移的条件概率。类似地,在重复博弈 1 中,这位理论学者会相信所有参与人 2 在 x_2 处左移的概率为正,那么先验混合(概率)密度/质量函数为

$$D'(p) = \begin{cases} P_1, \text{若 } p = 1 \\ kp^{r'-1}(1-p)^{n'-r'-1}, \text{若 } 0 < p < 1, \text{其中 } n' > r' > 0 \quad (8.1) \\ P_0, \text{若 } p = 0 \end{cases}$$

其中,$P_0 + P_1 < 1$。由于 $D'(p)$ 在整个集合上的概率为 1,所以我们一定有

$$k = \frac{(1-P_0-P_1)(n'-1)!}{(r'-1)!(n'-r'-1)!} \quad (8.2)$$

请注意,如果 $n' = 2$ 且 $r' = 1$,那么 β 密度呈矩形,且 $k = 1 - P_0 - P_1$,同时 $0 < p < 1$ 时 β 密度不变。

观察到 n 个被试中有 r 个右移的概率以 p 为条件,具体有

$$L(r; n \mid p) = \begin{cases} 0, n > r \geqslant 0 & \text{若 } p = 1 \\ 1, n = r > 0 & \text{若 } p = 1 \\ \dfrac{n!}{r!(n-r)!}p'(1-p)^{n-r}, n \geqslant r \geqslant 0, \text{若 } 0 < p < 1 \\ 1, n > r = 0 & \text{若 } p = 0 \\ 1, n \geqslant r > 0 & \text{若 } p = 0 \end{cases}$$

$$(8.3)$$

等式(8.3)表示:如果 $p = 1$(所有参与人 2 在 x_2 或 x_6 处都将选择右移),那么在 $r < n$ 的情况下,观察到 r 个人右移的概率为 0,而在 $r = n$ 的情况下,观察到 r 个人右移的概率为 1;如果 $0 < p < 1$,则该概率服从 (r, n) 二项式概率分布,依此类推。

接下来我们说一下 p 的后验分布,它可以表示为 $D''(p \mid r, n)$,在给定样本观测 (r, n) 下,该分布与方程(8.1)和(8.3)的核心部分(p 函数的部分)结果成一定比例,该比例取决于 (r, n) 二项式概率分布,并赋予 D'' 在 $(0 \leqslant p \leqslant 1)$ 范围内的计量单位性质,以结点 x_2 为例,根据移动方向我们可以总结出三种情况:时而左移,时而右移;始终右移;始终左移。以 $D'(p) = 1 - P_0$

－P_1 为假设,我们对每一种情况下的 D'' 进行计算,其中,方程(8.1)中的 n' ＝ 2 且 $r' = 1$。如果 $n > r > 0$,那么

$$D''(p \mid r, n) = \begin{cases} 0, \ p = 1 \\ \dfrac{(n+1)!}{r!(n-r)!} p^r (1-p)^{n-r}, \ 0 < p < 1, 若 \ 0 < n > r > 0 \\ 0, \ p = 0 \end{cases}$$

$$(8.4)$$

我们发现有些参与人时而左移,时而右移,因此先验概率(P_0 或 P_1)最后都无法影响后验概率,这一结果用于 $0 < p < 1$ 下的标准伯努利过程。对于 $n = r$,我们有:

$$D''(p \mid r, n) = \begin{cases} \dfrac{(n+1)P_1}{1+nP_1}, \ p = 1 \\ \left(\dfrac{n+1}{1+nP_1}\right)(1-P_1)p^n, \ 0 < p < 1 \\ 0, \ p = 0 \end{cases} \qquad (8.5)$$

因此,随着 $n = r$ 不断增加,我们越来越确信 $p = 1$,对于 $r = 0$,我们有:

$$D''(p \mid r, n) = \begin{cases} 0, \ p = 1 \\ \left(\dfrac{n+1}{1+nP_0}\right)(1-P_0)(1-p)^n, \ 0 < p > 1 \\ \dfrac{(n+1)P_0}{1+nP_0}, \ p = 0 \end{cases} \qquad (8.6)$$

随着 n 不断增加,我们越来越确信 $p = 0$。

8.4　结果:后验期望概率

如果先验概率函数方程(8.3)呈矩形,我们可以用后验概率函数方程(8.4)—(8.6)来计算(r, n)的期望概率。令

$$E''(p \mid n > r > 0) = \frac{r+1}{n+2} \qquad (8.7)$$

$$E''(p \mid n = r > 0) = \left(\frac{n+1}{n+2}\right)\left[\frac{1+(n+1)P_1}{1+nP_1}\right] \qquad (8.8)$$

$$E''(p \mid n > r = 0) = \frac{(n+1)(1-P_0)}{1+nP_0} \int_0^1 p(1-p)^n \mathrm{d}p \qquad (8.9)$$

每次博弈中,我们都将这些结果应用于(r, n)解上,如表8.2和8.3所示,这主要基于以下四个假设:(i)在x_2处右移,而非左移;(ii)在x_6(子博弈均衡)处右移,而非博弈1右侧的所有其他结果;(iii)在博弈1中的x_3处下移,或在博弈2中的x_3处左移(发出合作信号,然后背叛),而非无背叛;(iv)在博弈1中的x_5处下移(惩罚背叛),而非无惩罚。在每种情况下,我们都假定$P_0 = P_1 = 1/4$,从而有一半的先验概率质量为$p = 0$或$p = 1$,而另一半人则在$0 < p < 1$的区间内徘徊。在检验表8.2和8.3之前,你可以自由地表达自己的想法,然后按照方程(8.1)—(8.3)进行计算。

8.4.1 单次博弈实验

对于每个实验设置,节点选择假设i—iv下的$E''(p \mid r, n)$结果如表8.2所示。

结果1:博弈1中,在结点x_2处右移(不合作)的概率远低于不依靠标准博弈理论分析所推断出的结果,博弈1在x_2处右移的后验期望概率是0.563。

结果2:博弈1中,如果与不同的对手重复进行博弈1(重复进行单次博弈1),那么在x_2处右移的最后试验概率为0.423,因此,经验和学习有利于合作,当后面24个被试中的17个回来参加一轮单次博弈时,右移的概率进一步降至0.263。实质上,他们回来参加这次试验,赢利和损失都扩大到20倍,就好像又进行了一轮重复博弈,而不像单次非合作博弈。

结果3:如果不选择惩罚背叛,那么在x_2处右移的频率只会发生非常细微的变化,因此我们可以认为,几乎所有参与人2都是出于信任而提出合作邀请的。博弈2中,x_2处右移的后验概率为0.536(而博弈1中该概率为0.563),这一观察结果再一次证实了这一结论。

结果4:正如博弈论所预测的,在博弈1和博弈2中,出现子博弈均衡结果的概率很高,而这取决于博弈是否在博弈树右侧,因此,子博弈均衡概率从0.894(单次博弈1)到0.990(单次博弈2)不等(从表8.3可看出,这一结论在配对变化的重复博弈实验中通常是成立的)。

结果5:与基于占优的博弈论预测相反,在所有的实验设置下,博弈1中,当参与人2提出合作邀请(在x_2处左移)后参与人1出现背叛(在x_3处下移)的概率小于等于0.4。

表 8.2　赢利结果的出现频率和后验期望概率：单次博弈实验

实验设置	在 x_2 处右移（不合作）			在 x_6 处右移（SP）			在博弈 1 中在 x_3 处下移，在博弈 2 中在 x_3 处左移（背叛）			在博弈 1 中在 x_5 处下移（惩罚）		
	n	r	$E''(p\|r,n)$	n	r	$E''(p\|r,n)$	n	r	$E''(p\|r,n)$	n	r	$E''(p\|r,n)$
单次博弈 1	30	17	0.563	17	16	0.895	13	2	0.20	2	1	0.50
单次博弈 2[a]	26	14	0.536	14	14	0.990	12	6	0.50		na	
重复单次博弈 1[b]	24	10	0.423	10	10	0.982	14	5	0.375	5	3	0.571
重复单次博弈实验[c]	17	4	0.263	4	4	0.938	13	5	0.40	5	2	0.429

注：[a] 请注意，与博弈 1 相比，博弈 2 中的赢利结果(60, 30)和(50, 50)是反过来的。
[b] 上期实验数据仅供与其他单次实验进行比较。
[c] 重复单次博弈实验中的 24 对参与人有 17 对与参与人 1 的单次博弈 1 对回到了博弈 1 的单次博弈中，且赢利增长了 20 倍。

表 8.3　赢利结果的出现频率和后验期望概率：重复博弈实验

实验设置	在 x_2 处右移（不合作）			在 x_6 处右移（SP）			在博弈 1 中在 x_3 处下移，在博弈 2 中在 x_3 处左移（背叛）			在博弈 1 中在 x_5 处下移（惩罚）		
	n	R	$E''(p\|r,n)$	n	r	$E''(p\|r,n)$	n	r	$E''(p\|r,n)$	n	R	$E''(p\|r,n)$
不变配对博弈 1	433	80	0.186	80	68	0.841	353	41	0.118	41	27	0.651
不变配对博弈 2[a]	423	162	0.384	162	114	0.701	261	41	0.160		na	
随机配对博弈 1	471	154	0.328	154	149	0.962	317	102	0.223	102	69	0.673
随机配对博弈 2[a]	453	293	0.646	293	278	0.946	160	70	0.438		na	
重复单次博弈 1	352	148	0.421	148	138	0.927	204	71	0.375	71	36	0.507

注：[a] 请注意，在博弈 2 中，赢利结果[60, 30]和[50, 50]与博弈 1 相反。

我们观察到博弈树右侧呈现出占优策略的特点(结论 4),而左侧并非如此,这是互惠假设的有力证据,因为只有博弈树左侧的行动才能够反映互惠反应。

结果 6:博弈 2 中,当背叛者(参与人 1 向 x_3 左移)可免于惩罚时,背叛的概率高于博弈 1 中的背叛概率,但也只增加到 0.5,确实出人意料,这一结论与结论 3 都告诉我们——信任他人与被他人信任的概率大致相等;参与人 2 提出合作邀请的概率是 0.464(结论 3),而参与人 1 做出积极互惠反应的概率是 0.5。(从表 8.3 可看出,相对博弈 1,博弈 2 的背叛率更高,且该背叛率同样适用于重复博弈;不变配对博弈 2 相对于不变配对博弈 1、随机配对博弈 2 相对于随机配对博弈 1 都属于这种情况。)

结果 7:博弈 1 中,惩罚(参与人 2 在 x_5 下移)的期望概率在这三种处理方法下达到 0.429 以上,这与基于占优的博弈论预测相反,却与互惠假设一致。参与人 2 在 x_2 处左移,由此提出合作邀请,而参与人 2 可能觉得有义务惩罚背叛者参与人 1,哪怕付出代价也在所不惜。(从表 8.3 可看出,在所有的重复博弈处理方式中,即在不变配对博弈 1、随机配对博弈 1 和重复单次博弈 1 中,惩罚的条件概率至少是 0.507。)

8.4.2　重复博弈实验

对于每个实验设置,结点选择假设 i—iv 下的 $E''(p \mid n, r)$ 结果如表 8.3 所示。

结果 8:无名氏定理认为重复博弈有利于合作,这一点得到了证实,当同一对参与人重复进行博弈时,在 x_2 处右移的概率是 0.186,为所有实验设置中的最低概率。同样,将表 8.2 中的单次博弈 2 与表 8.3 中的不变配对博弈 2 进行比较之后发现:在无法进行直接惩罚的博弈 2 中,重复博弈增进了合作。

结果 9:博弈 1 中,随着不变配对博弈出现的概率从 1 降至 0,不合作(在 x_2 处右移)的概率在这三种实验设置下(不变配对博弈 1、随机配对博弈 1 和重复单次博弈 1)都有所增加(分别为 0.816,0.328,0.421)。与此相似,博弈 2 中,将不变配对博弈 2 与随机配对博弈 2 进行比较之后发现,不合作的概率从 0.384 增加到 0.646,这与无名氏定理的预测高度一致。

8.5 参与人选择的最优性与效率

表 8.4 中,我们给出了参与人 2 在 x_2 处左移的预期赢利(用 $E(\pi_2 \mid \text{Left})$ 表示)计算结果(考虑各种实验设置),这些计算结果基于实际博弈的后续条件概率。参与人 2 在 x_2 处右移的子博弈均衡回报是 40,因此 $E(\pi_2 \mid \text{Left})$ 的值大于 40 意味着在 x_2 处左移会增加参与人 2 的预期赢利。以参与人 2 在 x_2 处左移为条件,我们也计算出了博弈 1 中参与人 1 因背叛(在 x_3 处下移)而获得的预期赢利 $E(\pi_1 \mid \text{Down})$。如果 $E(\pi_1 \mid \text{Down})$ 大于 50(参与人 1 不背叛时的回报),那么背叛就是一个最好的选择。每个实验设置下,最后一列中的"效率"指双方的预期赢利,它是基于观察得到的条件似然率,且博弈(x_2 以上部分)按合作总盈利($50 + 50 = 100$)分割。如果我们说效率是 80%,那就意味着每一对参与人的平均回报等于子博弈均衡总赢利($40 + 40 = 80$)。

结果 10:从表 8.4 的第 1 列数据中可以清楚地看到,对于参与人 2 来说,在 x_2 处右移可得到子博弈均衡结果,而相比之下,左移能够获得更高的回报,无论单次博弈还是重复博弈,对所有处理方法来说都是如此。单次博弈 2 甚至实现了与子博弈均衡赢利相等的预期赢利(40,左移),这意味着,平均来讲,在 x_2 处左移的参与人正确解读了竞争对手的行为,邀请积极互惠(信任他人)能够得到回报,原因在于这么做可以帮助参与人赢得回报(被他人所信任),无论该邀请是否受到背叛惩罚的影响。

结果 11:从表 8.4 的第 2 列 $E(\pi_1 \mid \text{Down})$ 数据中可以看到背叛永远得不到好结果,背叛者(即参与人 1)在所有实验设置所获得的回报都不足 50。科斯迈迪斯(Cosmides,1985)认为人类天生具有惩罚背叛者的心理,这一理论在我们的实验中得到了很好的体现,然而,背叛行为不一定会受到惩罚,但往往会无利可图,这就涉及一个免费搭便车问题:每个人都希望看到背叛者得到惩罚,但同时都希望别人来承担惩罚的成本。

结果 12:在所有的实验设置中,合作的结果比非合作博弈理论预测的结果更有效——他们可以从实验者那里拿到更多的钱。

表 8.4　在 x_2 处左移或采取背叛行为的预期盈利

实验设置	$E(\pi_2 \mid \text{Left})^b$	$E(\pi_1 \mid \text{Down})^c$	效率(％)^d
单次博弈 1	46.2	30.0	83.8
单次博弈 2^a	40.0	na	86.9
单次博弈实验^b	40.7	44.0	86.4
不变配对博弈 1	46.6	31.3	90.6
不变配对博弈 2^a	46.9	na	90.3
随机配对博弈 1	40.7	30.8	82.6
重复单次博弈 1	41.5	42.0	85.1
随机配对博弈 2^a	41.2	na	84.7

注:^{a} 请注意,与博弈 1 相比,博弈 2 中的赢利结果[60,30]和[50,50]是反过来的。

^{b} 此处为给定参与人 1 和参与人 2 后续行动的相关频率时,参与人在 x_2 点左移的预期赢利。

^{c} 博弈 1 中,参与人 1 在 x_3 处采取背叛行为的预期赢利。

^{d} 所有博弈搭档都实现合作赢利[50,50]的百分比就是本次博弈的效率。

8.6　重复博弈的演化

我们以每五轮重复博弈为一组,在表 8.5—8.10 中呈现条件似然概率,每个赢利结果都与重复博弈实验相对应。

结果 13:在最后一组重复博弈中,惩罚的概率增加了,背叛的回报减少了,但即便如此,结果没有发生显著的变化。如果你认为参与人渐渐"学会了进行子博弈均衡结果",那这种想法是不合理的,参与人不可能随着时间流逝慢慢"学会如何行动才能达成子博弈均衡结果",在每组博弈中,虽然在 x_2 处左移的平均回报都大于 40,但仍然没有人学会去合作。

结果 14:不变配对博弈 1(表 8.6)中,在 x_2 处左移的合作行为起点较高且在重复博弈中呈上升趋势,然而右移至子博弈均衡结果的可能性却下降了,经过几组重复博弈之后,背叛出现的频率仅略有下降。更有趣的是,在前五轮重复博弈中,惩罚出现的频率并不高(57％,14 次中出现 8 次);而在之后的五轮重复博弈中,该频率上升至 91％(12 次中出现 11 次),在最后的两组中,类似的情况又重演了一次。表面上看,似乎参与人最初是可以容忍背叛行为的——参与人 2 较为宽容——而之后却采取了严厉的惩罚,最后实现的效果是:末轮,由于背叛者尝到了苦头,背叛频次从 14 下降到 5。

表 8.5 重复部分重复单次博弈 1 的条件赢利结果概率[a]

重复实验	Left branch[b]	50 / 50	60 / 30	20[c] / 20	Right branch[b]	30 / 60	40 / 40	15[c] / 30	$E(\pi_2 \mid \text{Left})$	$E(\pi_1 \mid \text{Down})$
1—5	68/116 = 0.586	43/68 = 0.632	12/25 = 0.48	13/13 = 1	48/116 = 0.414	7/48 = 0.146	41/41 = 1	0	40.7	39.2
6—10	71/117 = 0.607	46/71 = 0.648	15/25 = 0.60	10/10 = 1	46/117 = 0.393	2/46 = 0.043	43/44 = 0.977	0/1 = 0	41.6	44.0
11—15	65/119 = 0.546	44/65 = 0.677	8/21 = 0.381	13/13 = 1	54/119 = 0.454	0/54 = 0	54/54 = 1	0	41.4	35.2

注：[a] 在以上各条目（r/n）=（realizations/ no. of observations）的基础上。条件概率是似然的。
[b] 从以上各条目的"左""右"两栏的分母可以推断出，在 x_1 点右移，赢利结果是[35, 70]的情况（例如，在第 1—5 轮重复试验中，120 对当中有 116 对左移或右移，意味着有 4 对做此移动，意味着这些节点处的移动会做右移，点 x_1 点右移，意味着 4 对做试验的赢利结果最终会定在[35, 70]）。
[c] 从这些条目中可以推断出这些节点处的移动会产生[0, 0]的赢利结果（例如，若有 0/1 的参与人的赢利结果为[15, 30]，则有 1/1 的参与人的赢利结果为[0, 0]）。

表 8.6 重复部分不变配对博弈 1 的条件赢利结果概率[a]

重复实验	Left branch[b]	50/50	60/30	20[c]/20	Right branch[b]	30/60	40/40	15[c]/30	$E(\pi_2 \mid \text{Left})$	$E(\pi_1 \mid \text{Down})$
1—5	78/109 = 0.716	64/78 = 0.821	6/14 = 0.429	8/8 = 1	31/109 = 0.284	2/31 = 0.065	28/29 = 0.966	0/1 = 0	45.4	37.2
6—10	88/108 = 0.815	76/88 = 0.864	1/12 = 0.083	7/11 = 0.636	20/108 = 0.185	0/20 = 0	19/20 = 0.95	0/1 = 0	45.1	16.6
11—15	94/106 = 0.887	87/94 = 0.926	4/7 = 0.571	3/3 = 1	12/106 = 0.113	0/12 = 0	12/12 = 1	0	48.2	42.8
16—20	93/110 = 0.845	85/93 = 0.914	3/8 = 0.375	4/5 = 0.8	17/110 = 0.155	1/17 = 0.059	9/16 = 0.563	4/7 = 0.571	47.5	32.5

注:[a] 在 (r/n) = (realizations/no. of observations)的基础上,条件概率是似然的。

[b] 从以上各条目的"左""右"两栏的分母可以推断出,在 x_1 点右移或左移,意味着有 4 对被试有 4 对……当中有 116 对左右移,意味着这些节点处的移动最终赢利结果是[35、70]。

[c] 从这些条目可以推断出这些节点处的移动合产生[0、0]的赢利结果(例如,若有 0/1 的参与人的赢利结果为[0、0])。点右移,赢利结果是[35、70]的情况(例如,在第 1—5 轮重复试验中,120 对重复试验中,120 对参与人的赢利结果为[15、30],则有 1/1 的参与人的参与人的赢利结果为[0、0])。

表 8.7　重复部分不变配对博弈 2 的条件赢利结果概率[a]

重复实验	Left branch[b]	60 / 30	50 / 50	20[c] / 20	Right branch[c]	30 / 60	40 / 40	15[c] / 30	$E(\pi_2 \mid \text{Left})$
1—5	45/100 = 0.450	16/45 = 0.356	29/29 = 1	0	55/100 = 0.550	7/55 = 0.127	42/48 = 0.875	6/6 = 1	42.9
6—10	65/110 = 0.591	10/65 = 0.154	55/55 = 1	0	45/110 = 0.409	11/45 = 0.244	26/34 = 0.765	8/8 = 1	46.9
11—15	73/108 = 0.676	8/73 = 0.110	65/65 = 1	0	35/108 = 0.324	6/35 = 0.171	23/29 = 0.793	6/6 = 1	47.8
16—20	78/105 = 0.743	7/78 = 0.090	71/71 = 1	0	27/105 = 0.257	3/27 = 0.111	23/24 = 0.952	1/1 = 1	48.2

注：[a] 在 (r/n) = (realizations/no. of observations) 的基础上，条件概率是推断出的。

[b] 从以上各条目的"左""右"两栏的分母可以推断出，在 x_1 点右移，点右移，赢利结果是[35, 70]的情况（例如，在第 1—5 轮重复试验中，120 对当中有 116 对 4 对被试的移动的赢利结果最终会定在[35, 70]。

[c] 从这些条目可以推断出这些节点处的移动会产生[0, 0]的赢利结果（例如，若有 0/1 的参与人的赢利结果为[0, 0]）。

表 8.8　重复部分随机配对博弈 1 的条件赢利结果概率 [a]

重复实验	Left branch [b]	50 / 50	60 / 30	20 [c] / 20	Right branch [b]	30 / 60	40 / 40	15 [c] / 30	$E(\pi_2 \mid \text{Left})$	$E(\pi_1 \mid \text{Down})$
1—5	73/117 = 0.624	47/73 = 0.644	15/26 = 0.577	10/11 = 0.909	44/117 = 0.376	0/44 = 0	44/44 = 1	0	41.1	42.3
6—10	78/117 = 0.667	50/78 = 0.641	8/28 = 0.286	17/20 = 0.85	39/117 = 0.333	0/39 = 0	37/39 = 0.949	1/2 = 0.5	39.5	29.3
11—15	78/119 = 0.655	51/78 = 0.654	6/27 = 0.222	17/21 = 0.810	41/119 = 0.345	1/41 = 0.024	38/40 = 0.95	2/2 = 1	39.4	25.9
16—20	88/118 = 0.746	67/88 = 0.761	4/21 = 0.190	14/17 = 0.824	30/118 = 0.254	0/30 = 0	30/30 = 1	0	42.6	24.7

注: [a] 在以上各条目的"左""右"两栏目的分母可以推断出,条件概率是似然的。

[b] 从以上各条目的分母可以推断出,在 x_1 点右移或左移,意味着有 4 对被试的赢利结果最终会定在[35,70]。当中有 116 对左移或右移,意味着这些节点处的移动会产生[0,0]的赢利结果(例如,若有 0/1 的赢利结果为[0,0])。

[c] 从以上条目可以推断出这些节点最终的赢利结果(例如,在第 1—5 轮重复试验中,120 对当中有 1—5 轮重复实验,则有 1/1 参与人的赢利结果为[15,30],若有 0/1 的参与人的赢利结果为[0,0])。

表 8.9 重复部分随机配对博弈 2 的条件赢利结果概率[a]

重复实验	Left branch[b]	60/30	50/50	20[c]/20	Right branch[b]	30/60	40/40	15[c]/30	$E(\pi_2 \mid \text{Left})$
1—5	32/110 = 0.291	9/32 = 0.281	23/23 = 1	0	78/110 = 0.709	4/78 = 0.051	73/74 = 0.986	0/1 = 0	44.4
6—10	43/112 = 0.384	17/34 = 0.395	26/26 = 1	0	62/112 = 0.616	0/69 = 0	66/69 = 0.957	2/3 = 0.667	42.1
11—15	47/116 = 0.405	26/47 = 0.553	21/21 = 1	0	69/116 = 0.595	1/69 = 0.014	66/68 = 0.971	2/2 = 1	38.9
16—20	38/115 = 0.330	18/38 = 0.474	20/20 = 1	0	77/115 = 0.670	2/77 = 0.026	73/75 = 0.973	0/2 = 0	40.5

注: [a] 在 (r/n) = (realizations/no. of observations) 的基础上,条件概率是似然的。
[b] 从以上各条目的"左""右"两栏的分母可以推断出,在 x_1 点右移,点左移的赢利结果最终会定在[35, 70]。
当中有 116 对被试的赢利结果是[35, 70]的情况(例如,在第 1—5 轮重复试验中,120 对中有 116 对的参与人的赢利结果为[15, 30],则有 1/1 的参与人的赢利结果为[0, 0])。
[c] 从这些条目可以推断出这些节点处的移动会产生[0, 0]的赢利结果(例如,若有 0/1 的参与人的赢利结果为[0, 0])。

表 8.10　重复单次博弈 1:合作(信任别人)与互惠(被人信任)的综合相对频率

综合相对频率 $(1-P_D)$	综合相对频率 $(1-P_N)$			
	0—0.33	0.34—0.66	0.67—1.0	合计
0.67—1.0	6/47 = 0.128	5/47 = 0.106	14/47 = 0.298	25/47 = 0.532
0.34—0.66	1/47 = 0.021	6/47 = 0.128	4/47 = 0.085	11/47 = 0.234
0—0.33	10/47 = 0.212	0/47 = 0	1/47 = 0.021	11/47 = 0.234
合　　计	17/47 = 0.362	11/47 = 0.234	19/47 = 0.404	47/47 = 1

注:P_N,x_2 处参与人采取合作(右移)的频率;P_D,x_5 处参与人选择背叛(下移)的频率。

结果 15:不变配对博弈 2(表 8.7)中,在 x_2 处左移的概率最初只有 0.45,比在不变配对博弈 1(0.716)中要低很多,然而,在最后五次重复博弈中,该概率稳步上升至 0.743,背叛概率也相应下降。因此,就不变配对博弈而言,在通过互惠实现合作的过程中,信任扮演了重要的角色,各轮博弈过后,x_2 处左移的预期赢利从 42.9 稳步上升至 48.2。

结果 16:随机配对博弈 1(表 8.8)中,在 x_2 处左移的概率从最初的 0.624 上升至 0.746,始终低于不变配对博弈 1 中的相应结果(表 8.6),这证实了无名氏定理的准确性:有经验的竞争对手能够更好地协调合作。相较不变配对博弈 1,随机配对博弈 1 中出现背叛的频率更高,但在随机配对博弈 1 中,参与人 2 在 x_2 处倾向于左移,然后再提高惩罚率:如果角色和配对无法维持不变,那么参与人 2 会遇到更多背叛者,但他们会不惜牺牲自身利益来实施惩罚。这证实了科斯迈迪斯(Cosmides,1985)的结论:只要找出背叛者,高昂的惩罚成本就不是问题。

结果 17:每轮重复博弈中,相较不变配对博弈 2(表 8.7),随机配对博弈 2 下左移(left play)的似然率更低(见表 8.9),左移概率增至 0.405,增幅适中,但在最后一轮降至 0.330。起初左移的预期赢利很高,然后开始下降,而第 6 次至第 10 次以及第 11 次至第 15 次重复博弈中左移概率增幅同样也比较适中。然而,在这几轮背叛行为也有所增加,且左移的期望回报下降,受此影响,第 16 次至第 20 次重复博弈中的左移概率下降。

8.7 其他结果

一般而言,参与人 1 会在 x_1 处下移,因此,就重复单次博弈 1 而言,在 360 次相继博弈操作中(见表 8.4),有 352 次是在 x_2 处向左或右移,这意味着参与人 1 在 x_1 处只有 8 次选择右移。

我们也观察到在 x_6 处下移非常罕见,而在不变配对博弈 2 中该行动却最为常见,在总共 460 次选择中有 21 次(未展示)是在 x_6 处下移,这样一来,可能在随后的博弈中会出现"在 x_1 处的右移"的情况,据统计,在 x_1 处一共有 37 次右移。

8.8 信任对手的人也值得对手信赖吗?

在重复单次博弈 1 中,被试轮流扮演参与人 1 和参与人 2 的角色,因此,我们有了这样的数据:每个被试分别扮演两个角色,重复与不同的人配对。被试由一个特定群体中的相似个体(大学生)匿名配对构成,因此很自然地根据他们的特点将归为一个样本,样本大小为"size 1"。

如果一个人属于合作型,并假设他(她)与另一位合作型的对手配对,那么一方提出的合作邀请有望得到另一方的积极响应(见结果 6 的讨论)。我们的数据是否能够证实这一点? 也就是说,如果一个人以参与人 2 的身份左移,那么当他(她)以参与人 1 的身份在博弈树左侧选择背叛的可能性是否较低? 类似地,如果一个人以参与人 2 的身份右移,那么当他(她)作为参与人 1 在博弈树左侧是否很有可能会选择背叛?

重复单次博弈 1 的结果请见表 8.10,共有 48 位被试(24 对),其中一位被试在博弈树左侧分支上从不扮演参与人 1 的角色,其余的 47 位在左侧博弈树分支上每个角色至少扮演一次。如果在 x_2 处左移并在 x_3 处左移,那么总体上该选择(作为参与人 2 选择合作,作为参与人 1 也选择合作)出现的相对频率是 1/3(如表 8.10 所示),因此,21.2% 的被试表现出最低的合作与互惠概率,即 0—0.33,在右上角,模型的结果(29.8%)属于合作/互惠的最高概率范围。与预想的一致,若信任他人者会得到他人的信任且反之亦然,那么大部分的概率密度/质量(mass)都位于对角线上(63.8％)。

8.9 讨论与结论

本章探索了增强被试互惠/不互惠倾向的各项条件。在我们的实验设计中，我们允许被试在两个子博弈中进行选择：在一个子博弈中，逆向归纳法是自明的，而在另一个子博弈中，互惠是实现合作的方式。在完全信息环境中，在各类单次博弈实验设置下，我们都能够发现大量事实证明"合作是行之有效的方式"，无论是否有机会对背叛者进行直接惩罚，重复相继博弈中，对合作的支持也大大增加，这与无名氏定理的结论一致，即重复能够增进合作。博弈准则也解释了这个定性结论：在重复互动中，随着不变配对概率从0增加到1，合作也会增加。另外，我们观察到，在所有的实验中，若选择右移，几乎所有参与人都能达成子博弈均衡，这一点与博弈论的预测高度一致。同时，我们在单次博弈和重复单次博弈中观察到了大量合作行为，这正说明了互惠是许多人的天性，这些人之所以倾向于合作是因为他们将单次博弈视为不同博弈重复系列的一部分，在这些不同的博弈中，他们想要建立"终身"名誉，单次和重复博弈之间存在标准博弈论上的差别，而这一差别不如传统假设中所说的"具有重大意义"。

虽然是匿名的，但被试都与同质个体进行配对，这一点在解释实验结果时至关重要。人类心理的一个重要特点可能就是敌我探测，并为他们(至少)尚未视为敌对方的对手保留一份合作立场，但当人们与被他们视为敌对方并准备不顾一切获取赢利的"外人"配对时，我们就不能妄下结论了。

互惠的行为基础：实验经济学和演化心理学

伊莉莎白·霍夫曼 凯文·A.麦凯布 弗农·L.史密斯

长期以来，理论家们一直在研究一个根本性问题：合作以及社会有效的结果通常无法从有限博弈的均衡中产生，让人不解的是，在没有直接激励的情况下合作行为也会发生。例如，在两人议价实验中，不合作行为无法获得有效率的结果，然而在实验中，我们观察到的合作行为比预期更多，效率也比预期的要高。与此相似，在对 4—100 人不等的各个小组进行公共品实验的过程中，我们发现，被试取得的赢利水平比非合作理论所预测的更高。此外，通过分散方式实现合作行为的例子在人类历史长河中不胜枚举。有人类学和考古学证据表明，在没有市场、货币体系或其他财富存储和再分配手段的部落文化中，共享行为是普遍存在的(参见 Cosmides and Tooby，1987，1989；Isaac，1978；Kaplan and Hill，1985b；Tooby and De Vore，1987；Trivers，1971)。

本文中，我们将博弈论、演化心理学以及实验经济学的理论和实验依据结合起来，以此为理论基础，建立一个互惠框架，帮助我们理解这样一个现象：相反的个体激励下同样可以维持合作的结果。带有折现的或无限时间跨度的重复博弈理论考虑到了合作解，但是没有提出预测它们的条件(Fudenberg and Tirole，1993)。演化心理学最近的研究(Cosmides and

Tooby，1987，1989，1992)表明，随着人类的进化，在社会交换中人们可能会倾向于通过心理判断来辨别和惩罚背叛者。最后，实验经济学诸多研究发现，在许多环境和制度因素的驱动下，个体激励即便相反也能得出合作的结果(Davis and Holt，1993；Isaac and Walker，1988a, b，1991；Isaac et al.，1984，1991)。另外，相较演化心理学家的背叛者惩罚模型，这些实验结果中信任和诚信的作用要大得多。因此，我们做出这样的假设：在社会环境中，人类理解他人心理的能力可以促进互惠(Baron-Cohen，1995)。

9.1 重复博弈

重复博弈理论就基于自利的合作行为给出了两种解释：自我强化均衡和声誉。自我强化均衡基于这样一个理念：参与者可以有效地惩罚不合作的背叛者，然而，自我执行合作均衡存在一个麻烦的问题，即在这些博弈中存在多重均衡，而合作只是其中的一种可能。

实验表明，在相对短期的重复博弈中，如果被试选择合作(Selten and Stoecker，1986；Rapoport，1987)，那么在不完全信息的博弈中声誉的作用更大(Kreps et al.，1982)。声誉理论认为，如果参与者不确定其他人的类型，那么他们可能模仿别人，并表现得与以往不同(树立声誉)，当合作能带来互惠时，参与人倾向于做出合作行为。

在克雷普斯等人(Kreps et al.)的实验中(1982)，参与者根据类型(效用或赢利)的不确定性理性地计算各种策略，在博弈开始时合作，直到博弈接近尾声时转而背叛。不过，实验中长期观察到的模式并非如此，在实验中，多次互动最终形成合作的情况也较为常见，而且在博弈接近尾声时的背叛行为也并非经常出现。

这个理论的优点在于，它基于个体(长期的)自利行为且简单明了，其不足之处在于，它承认存在许多可能的均衡却没有解释为何合作会是最可能出现的结果，此外，对于基于声誉的均衡，人们必须对某些类型抱有一定的信念。

然而，这些信念从何而来？我们假设，类型源于对某种认知能力的进化适应性，而这种认知能力引导众人走向互惠，实际情况和经验可能能起到这样的作用，并不是每个人都必须有特定的类别，正因为存在变异，选择才可能发生，才能让自然适应变化。然而，只有当特定类型的人数量足够多时，人们才会相信互惠是有利可图的。如果互惠是有利的，那么文化和规范的发展就会塑造出互惠的具体形式。

9.2 社会交换中的心理判断：支持合作行为的人类认知策略

人类的思维结构极其复杂，在至少几百万年的时间里，他们不断解决狩猎和采集①问题，而复杂的思维就是在此过程中不断进化的产物。演化心理学家猜想，这个过程不仅是神经生理学方面的适应，也包括人类社会认知层面的改进（参见 Cosmides and Tooby，1992，下文称 CT，以及其中的参考文献），他们认为，人类拥有特殊且高度发达的认知机制来解决各类社会交换问题，同时，如同视觉和听觉平衡能力，②这些解决社会问题的心理模块是适应性思维的一部分。

能解决专项设计问题的心理"计算"模块包括视觉、语言和"读心术"，视觉的形成机制中包含了能够进行图像分析的神经回路（Marr，1982），在图像分析的过程中，我们的大脑像一台计算机器一样探测形状、边缘、动作、（青蛙体内的）虫子、（兔群中的）鹰、脸等等，就像我们不用教就能学会看和解析图像，不必经过任何正式的训练就能学会说话。

众所周知，文化会影响语言学习的思路，但在不同文化中语言的深层次结构是共通的（Pinker，1994）。母语为英语且心智正常的学龄前儿童通过心理判断就可以完成单词变形：规则名词加"s"构成复数，规则动词加"ed"就能变成过去式。他们甚至"知道"可以说一幢房子是"mice-infested"，而不说一幢房子是"rats-infested"，另外可以说"teethmarks"，但不说"clawmarks"——心理判断告诉他们，复合词是由不规则复数而非规则复数组成的，其原因在于无自主意识的大脑认为：规则复数并非储存在大脑中的词干，而是通过"后加s"的转换规则推理得出的词汇。不管讲哪种语言的学龄前儿童，在没有父母或老师的教导下也能自动做出这些辨别（Pinker，1994，pp.146—147）。

在一些家族中，语言混乱症就像带有显性基因的血统一样被代代遗传，这进一步说明了语法规则深藏于人类思维中，而患有语言混乱症的人则不懂得如何将词根转换成派生词，比如不懂得在词后加 s 变成复数。

"读心"是根据语言和行动来判断心理活动的过程，它有利于"社交理解、行为预测、社交互动和沟通"（Baron-Cohen，1995，p.30）。儿童患孤独症会导致思维闭塞，患者无法自动意识到他人的心理活动，且没有读心能力（Baron-Cohen，1995）。③同卵双生的双胞胎以及亲兄弟姐妹同时患病的概率较高，这也证明了这种病症和遗传有关。巴伦-科恩（Baron-Cohen，1995，pp.88—95）认为，在观察对方视线方向和解读他人心理活动时（有一种思维理论），扁桃体及大脑相关区域共同起到了操控的作用。其他的洞察机制似乎包括：敌我判断——对敌人自动选择不合作——以及面临危险时选择战斗还是逃跑。

虽然我们假定人类的思维也倾向于学习有助于产生合作结果的行为反应，但这并不意味着我们生来就拥有这种行为反应。我们只需要生来就能够从社会环境中慢慢学会这种反应即可，正如虽然我们不是生来就会说话，但我们生来就拥有学习语言的能力一样。在社会交换中，一些策略能够引发合作，而对这些策略的天然习得能力有适应性方面的价值，然而，所学策略的实现形式却千差万别，它取决于环境、先天素质和父母、家庭以及社会单位的组织与交流的过程，因此，文化永远是易变的，但事实上互惠却是普遍存在的。

我们假定，人类对社会交换推理进行校正时会自然而然地选择适应性策略，分析这些策略可以帮助我们根据相关心理判断推理行为特征，同时也可以帮助我们预测人类在该类实验推理中的反应（我们以后会对该类实验进行总结）。实验经济学家对这些心理学实验尤其感兴趣，因为它们让策略互动博弈的主体行为变得更加丰满。

我们再来看标准的双人囚徒困境博弈，其中 C 代表参与人"合作"，D 代表"背叛"，我们把参与人的净收益和净支付以增加（或降低）单位内在适应度来表示，C 可以代表"交易"，而 D 代表"偷窃"。正如之前讨论的，博弈论预测，相互合作不会出现在单次博弈中——参与人都是自利的"敌人"。

想象有一个锦标赛，参赛选手人数众多，他们两两配对，但任意两位选手不会相遇两次，每位成员都要经历配对、繁殖和死亡的过程，后代继承了父母的策略选择倾向，而且子女的数量与父母在配对博弈中所获得的赢利成一定比例，如此过程一代又一代循环反复。

重复博弈理论可以用来分析这种博弈的均衡结果，重复互动是社会交换的一大显著特点，通常几个需求无法同时得到满足，然而，远在人类社会发明出一种能被广泛接受的交易媒介之前，许多文化方面的机制就已经为推迟共同利益的实现提供了社会适应(social adaptations)：如果我运气好打到猎物，那么我会和你分享，反之亦然。尽管这种行为经常被称作互惠利他主义，但我们更倾向于称它为互惠行为，如果我做事的初衷是希望得到你的回报，那么我就不是利他主义者。

互惠自然地导致了"产权"概念的诞生。如果我种植玉米而你养猪，并且我们交换剩余产品，那么我们就可以从对方的产权中获利。如果我们中的某个人行窃，那这种交易关系随之终止。因此，并不是需要中央行政机构的存在，双方才会认可和捍卫非正式产权体系。

那么，在重复囚徒困境博弈中，双方是如何达成合作的呢？我们从阿克塞尔罗德和汉密尔顿(Axelrod and Hamilton, 1981)的研究中得知，在重复博弈中，最优结果并不是纯合作策略 C，而是有条件的合作策略 T(以牙还牙)。一般说来，对于包括 T 在内的任何策略，当(且仅当)这个策略"与合作者合作，惩罚背叛者"，就可以入侵背叛者组成的群体(Axelrod, 1984)。正如 CT 指出的(1992，pp.176—177)，"在这个容许集之外找出哪个策略真正存在于人类的认知体系"是一个实证性问题。

为解决囚徒困境问题从而达成合作，我们制作了一个抽象的框架，并根据这个框架来理清非直系亲属合作，然而，如果仅仅考虑这个激励人心的囚徒困境案例，我们无法全面理解人类的社会交换，尤其是，它不能帮助我们理解：在没有惩罚预期的情况下，人们仍会对素昧平生的陌生人做出合作行为。在 CT 的进化范式中，这种情况属于异常现象。

进化范式中有一个重要的问题，社会交换过程中的心理判断包含的是一些无关内容的广义推理规则，还是一些用于解决社会交换问题的专门设计？经济学理论或博弈论的发展是基于这样一个原则：在处理决策性问题的时候，人类都会自然而然地倾向于使用无关内容的广义推理规则，如果真如此，为什么经济学如此难教学？如果这些规则源于文化，那文化又源于何处呢？

CT(1992)认为，进化观点倾向于专项规则而非广义规则，可用于任何标的的通用规则无法帮助人们辨别欺骗者……因为欺骗不属于命题演算中所定义的违规。假设我们同意以下交易："如果你把表给我，那么我就给你 20 美元。"如果你拿了我 20 美元却不给我表，那么你就违反了我们之间的约定，也就是说你欺骗了我，但根据命题演算的推论，只有一种情况才能被视为违约，那就是"你已经把表给了我，但我不给你 20 美元"(CT，1992， pp.179—180）。如果你想证明"若 P，则 Q"为假，那么你就得证明"若 P，则非 Q"为真，在这个例子中，"把你的表给我"是 P，而"我不给你 20 美元"是"非 Q"，如果人类的大脑中只有这种规则，那么我们就没有辨别欺骗的任何特殊能力了。[④]

CT 研究项目的其中一个主题是通过实验设计来检验此类命题（CT，1992，pp.188—206），其使用的选择任务是由沃森（Wason，1996）设计的，沃森的目的是用它来研究普通学习体验是否反映了前面提到的 Popperian 假设检验逻辑。整个过程用了 4 张卡片，朝上的一面分别标着"P""非 P""Q""非 Q"，上下两面的标记不同，朝上一面的标记代表了一张卡片的含义，只有当某张卡的一面是"P"，另外一面是"非 Q"的时候，才视为违规。

实验被试的任务就是指出哪张需翻面才能判断是否违规的卡片，正确的方法是找出标有"P"的卡片（看看背面是否是"非 Q"）以及标有"非 Q"的卡片（看看背面是否是"P"）。在实验中，秘书的工作就是检查学生的文件看看他们是否满足以下条件：如果一个学生的评分为 D 级，那么他的文件标记上代码 3，4 张卡片分别显示"D""F""3""7"，实验被试需指出带有字母 D 和数字 7 的两张卡片，然而，只有不到 25％ 的学生能将这两张卡片准确地找出来。

现在假设有一条法律规定："如果一个人要喝酒，那他的年龄一定要超过 20 岁。"我们有 4 张卡片，其中包括"不喝酒"和"25 岁"，正确的反应是选出带有"喝酒"和"16 岁"的卡片，在这个实验中，75％ 的学生都能选对，为什么同之前的实验结果存在如此大的差异呢？

在诸如"如果去波士顿，他就乘坐地铁"这样熟悉的案例中，人们的表现会更好，但也只有一半不到的人能够做出正确的选择。有文献表明（Cosmides，1985），"只有在标准社会契约形式下被认为与收益和支出/要求有关的条款，才会产生稳定、可再现的内容效应（content effects）……"（CT，1992，p.183）。我们在使用社会契约的情况下进行了 16 个实验，它们全部都产生了很强的内容效应，另外，我们在未使用社会契约的情况下进行了 19 个实验，其中 14 个未产生内容效应，2 个效应较弱，3 个效应显著。

受这些研究发现的影响，人们进行了一系列的研究，旨在将社会契约假设从混淆的解释中抽离出来（比如熟悉性，或者社会环境仅仅有利于 Popperian 推理）。CT 在研究报告中提到，在诸多意图把社会契约假说从欺骗识别假说中分离出来的试验里，备选假设都不能得到满足。[⑤]

9.3 可观察性、交流与意愿信号

如果人类天生倾向于学习,以图在社会交换中达成合作的结果,那么促进这些天然机制运行的因素,即便在相反的个人激励下也能增进合作,例如,如果个人能够观察和监视其他人的行为,即使没有强制执行某些行为的直接机制,合作也会增加。在巴伦-科恩(Baron-Cohen, 1995)的读心模型中,人们通过眼神的方向、共同的关注点和意愿信号来判断和确认他人心中所想,通过观察和监视,我们可以获得更多信号,更进一步,如果参与者可以对其他实施欺骗的参与者进行惩罚,那么合作会增加更多。

与此类似,如果参与者之间能够相互沟通,他们会将集体决策当成社会交换问题,并确认他人心中所想,由此参与者会自然而然地倾向于合作,个人也能从中获得更多的赢利,因此,即便没有有效的监视、处罚机制,通过沟通交流也能增进合作。

9.3.1 自愿贡献实验

对于公共品分配过程中的搭便车问题,标准研究环境是自愿投资机制(VCM),艾萨克、沃克尔和他们的合著者对此进行了广泛的研究(Isaac et al., 1981, 1984, 1985, 1989; Isaac and Walker, 1988a, b)。在 VCM 实验中,每个阶段的开始,所有实验被试都会拿到一套代币。实验被试可以用代币进行个人交易,每个代币可以获得固定的赢利,并/或进行集体交易,所获得的赢利是所有被试总投资的一部分。

一般来说,个人激励故意设计成鼓励搭便车行为,也就是说,在实验中,每个被试的占优策略是不对集体交易做出投资,另一方面,如果所有被试将他们的代币都投资出来用于集体交易,那么就能实现共同赢利最大化。

正如前文提到的,艾萨克、沃克尔和他们的合著者发现,对集体交易的投资度受信息交换规则的影响较大,而这种信息交换规则与前文提到的社会交换认知机制有关。在由 4 或 10 个被试组成的实验组中,如果被试私下做出投资,而没有明确的投资目标,且在整个实验中,实验者之间不能相互交流,那么对集体交易的投资比例会从第 1 阶段的 40% 下降第 10 阶段的 10%(Isaac and Walker, 1988a; Isaac et al., 1984)。如果将实验组人数增加到 40 或 100，上述结果依然成立，只是人均资本投资率在 4 或 10 人实验组的基础上有一定程度的增加。

然而，在相同的实验环境下，如果实验者能够在做决定之前与其他实验者进行一个短暂的沟通，那么即便实际的投资决策是私下做出的，对集体交易的投资比例仍会迅速增加到接近 100%（Isaac and Walker，1988b）。这个结果表明，在双方进行协商的前提下，即便所有决策都是私下做出，且任何背叛行为都不会被察觉，参与者希望其他人仍然能选择合作，并恪守已确认的规范。

这种结果也可以通过信号传递模式得到解释，在与他人沟通时，个体的语言信号会传递出这样一个信息：他们愿意合作并希望其他人也能如此。在做决定时，个体一般会遵守经信号确认过的规范进而达成合作的结果，尽管没有被试能对背叛行为做出直接惩罚，但在以后的博弈中，其他被试会通过背叛对背叛者实施惩罚。

在其他的实验中（Isaac et al.，1989），实验者确立了集体投资的一个最低贡献标准。在不允许沟通的条件下，实验者将有最低标准的结果和无最低标准的结果进行了对比，发现在有最低标准的情况下，被试对集体账户的投资较大，当将最低标准设为 100% 的代币时，虽然许多实验组无法实现这个标准，但投资值仍然得到了提升。

从信号传递的观点来看，最低投资标准是对集体账户预期的投资水平，由此会产生一个普遍的预期，即集体账户会获得大量的投资，在禀赋相同的情况下，其隐含的信号是每个实验被试都应该投资最低标准的 $1/n$。

9.3.2 最后通牒和独裁者实验

最后通牒和独裁者实验证明了可观察性、社会规范的共同预期以及惩罚和信号传递在促进互惠行为中的重要性。在最后通牒博弈中，参与者 1 提议将 M 元中的 X 元分给参与者 2，若参与者 2 同意，则参与者 1 能获得（$M - X$）元，而参与者 2 获得 X 元，若参与者 2 不同意，则他们两个都只能获得 0 元。在独裁者博弈中，参与者 2 只能接受参与者 1 的提议。

在通常的理性假定下，最后通牒博弈的非合作均衡是：参与者 1 将最少的钱给参与者 2，而参与者 2 接受这个提议。在独裁者博弈中，参与者 1 不给参与者 2 钱。不过，在最后通牒博弈中，鉴于参与者 1 违反了社会交换中长期形成的隐性互利共享规范，参与者 2 可以拒绝参与者 1 的提议来惩罚对手，单独看来，这种反应是一个劣势策略，因为即使提议的金额再小，也会让参与人双方都获得更多的金钱，但是在缺乏自利行为共识的情况下，潜在的惩罚可能会改变参与者 1 的均衡策略。

在卡尼曼等人（Kahneman et al.，1986；后面统称 KKT）的最后通牒博弈实验中，参与者 1 和参与者 2"暂时获得"共 10 美元，其中，参与者 1 首先提出一个"切分"方案，参与者 2 可以否决参与者 1 的提议，那样双方都拿不到钱。KKT 发现，大多数的参与者 1 都分 5 美元给参与者 2，如果少于 5 美元则可能被拒绝。在不同文化中，该实验所得到的结果虽然略有不同，但大体的特点都是相同的，这说明实验的结果不具有显著的文化特性（Roth et al.，1991），也就是说，实验结果不因文化的不同而不同。

福赛思等人（Forsythe et al.，1994；后面统称 FHSS）通过通牒实验也得出了相同的结果，同时对独裁者博弈进行了研究。他们发现，在独裁者博弈中，20%的参与者 1 不给参与者 2 钱，这与非合作博弈理论的预测结果相同；然而，参与者 1 中，愿意分出 5 美元的人数大于一分钱也不给的人数，分出 1 美元、2 美元、3 美元、4 美元的人数也大致相当。因此，如果没有惩罚的危险，那么共享行为会减少，但减少的量不如博弈理论预测的那么多。

意识到潜在的惩罚可能会产生一种预期，即参与者 1 的行为会发生变化，因此，霍夫曼（Hoffman et al.，1994；下面统称 HMSS）认为，实验旨在影响被试对社会交换运行规则的预期，在预期社会交换规则下，不同分配方式的实验说明可视为向被试发出的信号。

布鲁尔和克兰诺（Brewer and Crano，1994）在他们的社会心理学课本中，将最后通牒博弈中可能会应用到的三大社会交换规范列举了出来。在我们看来，规范是通过心理模块进行文化互动的产物，旨在解决社会交换中的具体问题，此类规范包含了用于判断他人意志状态的心理机制理论。平等的含义是，当人与人之间不存在客观差别时，赢利应当平均分配，如若不然，将适用另一种分享规则。公平的含义是，在社会交换中投资较大的人可以获得较大的赢利。互惠的含义是，如果一个人对他人"投之以桃"，受赠者应在合理时间内"报之以李"。我们应当区分消极互利与积极互利，前者使用惩罚策略对不恰当行为进行报复，后者使用策略来激励恰当的行为。

KKT 与 FHSS 的设计中引用了平等规则。他们设置的情景是："暂时获得"10 美元，由两个人进行"切分"，在这种情景下，若分配不平均，比如偏向其中一方,则这种做法将被视为社会交换欺骗,会导致惩罚,HMSS采用相同的任务描述通过10美元随机分配实验再现了FHSS的结果。

让我们来看公平规则实验。HMSS在2×2的实验设计中通过10美元随机分配实验探索两种变化。首先,HMSS在不调整该博弈简化形式的情况下将交流模式定义为:有一个市场,由卖方(参与者1)定价(分配10美元),由买方(参与者2)决定是否要买(接受或拒绝),从社会交换角度来看,卖方也许能以公平的方式赚取比买方更多的赢利。其次,在竞争分配中,常识测试得高分者可成为卖方,卖方能获得产权,之后,测试的获胜被告知,他们已经"赢得了"成为卖方的资格。我们再来看霍曼斯(Homans,1967),公平理论理论预测,赢得高收益权利的人获得了高收益,这从社会角度来说是合理的。

通过图9.1,我们可以看到HMSS随机分配和竞争交换实验的结果。社会交换理论预测,如果参与者1获得比参与者2更多的补偿是公平的话(比如竞争交换的情形),那么:(a)参与者1将会分配极少的赢利给参与者2;(b)参与者2将有更高的可能性接受任何分配结果。

图9.1中的数据与预测(a)吻合而与预测(b)不吻合。参与者1分了明显更少的一部分给参与者2,但拒绝率在统计上的差异不显著,这表明,在从随机分配向竞争交换转变的过程中,参与者对社会交换规范操作的共同预期发生了改变,同时确立了一个合适的新共享规则。最后,随机分配与竞争交换之间的差别在独裁者实验中也同样适用,这说明了即使不存在来自参与者2的惩罚威胁,预期也会发生变化。

但是,为什么这些实验设置减少了分成却并未增加拒绝率呢?一种猜想是,参与者双方都能从实验中相关的信息里洞察出对方的心理活动(在这个例子中是指预期),读心是洞察其他具有相同信息的个体的能力。在这个实验中,参与者1预期参与者2会接受较少的分成,而参与者2正好预期并准备接受较少的分成。这里最起码需要一种共享意图的机制。

可观察性在强制实施社会规范方面可能具有很大的影响力,正因为如此,FHSS分别把参与者1和参与者2招募到不同的房间里,并确保他们互相之间都是匿名的,但是决策者对实验者并不隐藏身份。整个过程FHSS特地安排专人负责"观察",因此,参与者1一直没有完全走出社会交换模式,他们无意识地遵循了互利规范。

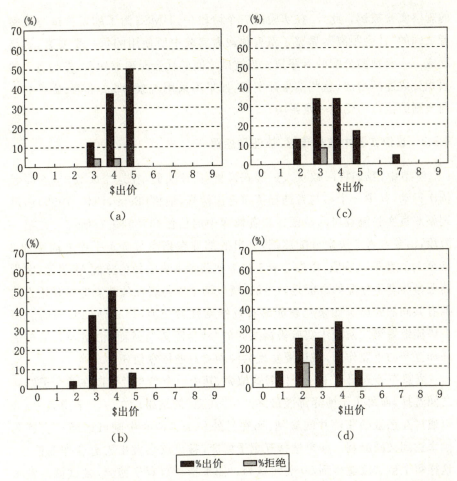

注：(a) 最后通牒，随机分配，FHSS 实验说明，分配 10 美元，$N=24$；(b) 最后通牒，竞赛分配，FHSS 实验说明，分配 10 美元，$N=24$；(c) 最后通牒，随机分配，交易，$N=24$；(d) 最后通牒，竞赛分配，交易，$N=24$。

图 9.1

鉴于此，HMSS 设计了一个双盲独裁者实验，并在实验过程中每次调整其中的一两个要素，HMSS 通过这种方式来研究社交隔离在消减可以反映人们行为的社交规则方面起到怎样的作用（Hoffman et al.，1996a）。双盲分配过程中，64% 的参与者 1 拿到了全部的 10 美元，而约 90% 的参与者 1 获得了 8 美元以上的赢利。[⑥]

这些结果与 FHSS 的独裁者博弈结果以及 HMSS 的随机分配和竞争交换独裁者实验结果都存在很大差别，在后两者里实验被试都受到实验人员的观察实验被试。此外，在实验的三个阶段中，HMSS 为了缩短被试与观察者之间的"社会距离"，调整了双盲独裁者实验中所使用的每一个要素，最终形成了一套预测分配的有序集。当被试之间的社会距离缩短时，参与者 2 的累积分成逐渐增加，这些结果证实了：如果不采用观察，那么平等、公平与互利规则的执行将受到一定影响。

9.3.3 议价实验中信号传递、信任和惩罚

本节中，我们将回顾双人扩展式议价/信任实验，在这个实验中，参与者依次行动，其中一个参与者选择传递合作信号，伯格（Berg et al., 1995）通过调整双盲实验流程对两阶段独裁者博弈中的信任和互利进行研究。在第一阶段，由参与者 2 决定分配比例，分出的部分在到参与者 1 手中之前增加 2 倍至 M。在第二阶段，由参与者 1 作为独裁者来决定如何分配 M 美元，因为需要参与者 1 分配的金额是内生的，所以两个参与者在独裁者博弈开始之前拥有共同的经历。如果互惠能够有效推动社会交换，那么他们共同的经历应该能缩短第二阶段中实验被试之间的"社会距离"，然而，伯格等人发现信任和互利的重要作用，被试要实现共同利益只能依靠信任。

麦凯布等人研究了一个扩展式博弈，其中一个参与者可以在两个子博弈之间选择，而每个子博弈都能最终产生"共赢"的结果。在一个子博弈中，可以通过互惠激励获得共同赢利，而在另外一个子博弈中则可以通过自利激励来达到共同赢利。如果选择互惠子博弈，被试就会发出愿意合作的信号，这样每个被试就能得到 50 美元赢利。如果选择自利子博弈，被试就会发出不愿合作的信号，这样每个被试只能获得 40 美元赢利。在其中的一些实验中，发出信号的参与者即便付出代价也要直接惩罚那些违反隐性社会交换规范的参与者，在其他的信任实验中，无法对不遵守合作信号原则的参与者进行直接报复。

1. 相继博弈：赢利

图 9.2 展示了这两次相继或两阶段博弈的扩展式议价树。参与者 1 首先从 x_1 结点向右移动或者向下移动，向右移动会以（35，70）的赢利结束博弈（重复博弈，单位为美分，其中 35 对应参与者 1，70 对应参与者 2；若为单次博弈，则需乘以 20）。如果参与者 1 向下移动，则参与者 2 可以在结点 x_2 处向左或右移动，如此下去，当参与者移动到博弈树左边或者右边的赢利框时博弈结束。博弈 1 展示了基础的盈利结构，除了结点 x_3 和 x_5 左侧的赢利

情况有所不同之外,博弈 2 与博弈 1 相同。麦凯布(McCabe et al., 1996)已经研究了在不同配对模式和信息处理下的博弈行为。

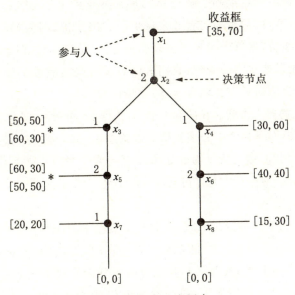

注: ＊ 博弈 2 与博弈 1 的不同之处即在于这两个。

图 9.2 博弈 1 与博弈 2 的扩展形式

在博弈 1 和博弈 2 中,博弈树的右侧都包含了非合作的子博弈完美结果 [40,40],即参与者 2 在结点 x_6 向右移动,一旦参与者 2 在结点 x_2 向右移动,通过简单占优(simple dominance)就能得到这个结果(例如,参与者 1 出于自身利益考虑会在结点 x_4 向下移动,然后参与者 2 就可以在结点 x_6 处向右移动)。

在博弈 1 中,如果参与者 1 在结点 x_3 向左移动,参与者的合作行为会产生最大对称盈利(LS)结果[50,50]。在完美信息的条件下,参与者 2 在结点 x_2 处向左移动可以看作是向参与者 1 发出信号要求其在结点 x_3 向左移动(这是因为对于参与者 2 来说,[50,50]明显要好过在子博弈完备非合作结果[40,40],参与者 1 因此可推断参与者 2 会在结点 x_2 处向左移动)。然而,参与者 1 也可以背叛参与者 2,在结点 x_3 向下移动,迫使参与者 2 出于自身利益考虑不得不在 x_5 处向左移动,如此参与者 1 可以获得 60 元赢利。事实上,这只是对发生在博弈树左侧的一种预测,在一个单次博弈中,参与者 2 应该会认识到这一点,从而产生位于右侧泽尔滕的子博弈完美结果。

175

然而,博弈 1 中,在结点 x_2 处向左移动不仅仅表示参与者 2 想要实现 LS 结果[50,50],它也可以表示一种潜在的威胁,如果参与者 1 在结点 x_3 处向下移动,背叛或者欺骗了参与者 2,那么参与者 2 会在结点 x_5 向下移动以惩罚对手。不过,这对参与者 2 来说也要付出代价,因为如果参与者 1 在结点 x_7 向左移动,则每个参与者都只能获得 20 元的赢利,但是,考虑到实验被试在最后通牒博弈中的表现,我们可以假设一些实验被试会在结点 x_2 向左移动,并且会惩罚对方在结点 x_3 的背叛行为。

博弈 2 与博弈 1 不同。在博弈 1 中,为获得 LS 的结果,参与者 2 会在结点 x_5 处向左移动,而参与者 1 必须要抵制住诱惑,不在结点 x_3 向左移动。而在博弈 2 中,不必担心参与者 2 的报复,那么参与者 1 可以不顾合作邀请而选择[60,30]。因此,博弈 2 中允许传达信号但不允许惩罚,这是一个信任博弈。

2. 实验设计

表 9.1 展示了四种分配方式,由此每个实验中的配对方案都不一样。一组实验被试由 8—16 人组成,随机配对,在重复单次实验(Repeat Single)中,我们从 16 人小组开始,参与人和其他所有人分别配对 1 次之后交换角色再进行博弈,在相机抉择情形下,每个参与者在每个结点做出选择,然后由电脑来执行博弈操作。"单次"的意思是,各对参与者通过相机抉择只能博弈 1 次,但表 9.2 的框中的赢利将乘以 20。

表 9.1　实验设置和参与人数量[a]

实验名称	构成	配对准则	配对数量[c]
单次博弈 1	1	单次博弈	26
单次博弈 2	1	单次博弈	17
重复单次博弈 1	1	重复单次博弈[b]	26
单次相机博弈[d]	1	单次博弈,所有结点	24

注:[a] 赢利信息是完全公开的——博弈双方都了解所有设置下各自的赢利结果。

[b] 每位参与人可在电脑上选择参与人 1 和参与人 2 并分别扮演一次。

[c] 每一期至少有 8 个参与人,即 4 对。在重复单次博弈 1 中,16 位参与人分别扮演了博弈的两个角色各一次。

[d] 相机选择博弈是指每位参与人对自己的决策结点作出回应,然后由电脑来执行博弈操作。

3. 结果总结

表 9.2 列举了每个赢利盒的条件结果频率。从第 1 行的单次博弈 1 (Single 1)数据中,我们可以发现 30 个参与者 2 中有 13 人在结点 x_2 向左移

表 9.2 所有实验设置下的数据总结

实验设置	各种实验设置下的条件收益结果概率(含所有实验)						$E(\pi_2 \mid \text{Left})^b$	$E(\pi_1 \mid \text{Down})^c$	效率^d(%)
	Left 50 50	50 50 / 60 30	20 20	Right 30 60	30 60 / 40 40	15 30			
单次博弈1	13/30 = 0.433	11/13 = 0.846 / 1/2 = 0.5	1/1 = 1	17/30 = 0.567	0/13 = 0 / 16/17 = 0.41	1/1 = 1	46.2	30.0	83.8
单次博弈2^a	12/26 = 0.462	6/12 = 0.5 / 6/6 = 1	0	14/26 = 0.538	0/14 = 0 / 14/14 = 1	0	40.0	—	86.9
重复单次博弈1	204/352 = 0.580	133/204 = 0.652 / 33/71 = 0.549	36/36 = 1	148/352 = 0.420	9/148 = 0.061 / 138/139 = 0.993	0/1 = 0	41.5	42.0	85.1
单次随机博弈1	9/23 = 0.391	8/9 = 0.889 / 1/9 = 0.111	0	14/23 = 0.609	3/14 = 0.214 / 11/11 = 1	0	47.8	60	88.7

注:^{a} 请注意,博弈 2 中的赢利结果[60, 30]和[50, 50]的博弈顺序与博弈 1 中相反。

^{b} 此处为给定参与人 1 和参与人 2 的后续博弈行动的相对频率时,参与人 2 在 x_2 处左移的预期赢利。

^{c} 参与人 1 在结点 x_3 处采取背叛行动的预期赢利。

^{d} 所有搭档达成合作赢利结果[50, 50]的百分比就是博弈的效率。

动,表现出合作倾向,在这 13 人中有 11 人最终以参与者 1 选择[50,50]结束博弈,两个参与者 1 选择了背叛,在 x_3 处向下移动,1 个参与者 2 接受了背叛,以[60,30]作为回复,而另外一个参与者 2 选择在结点 x_5 向下移动以惩罚参与者 1 的背叛,从而选择[20,20]。在右侧的博弈中,30 个参与者 2 中有 17 个参与了博弈,其中 16 人最终达到非合作均衡[40,40],1 人的最终赢利是[15,30]。E 列($p_2 \times$ 向左)基于参与者在序列博弈中出招的相对频率计算出了参与者 2 的期望赢利,当他在结点 x_2 向左移动时,预期将获得 46.2 美分的赢利,$E(p_1 \times$ 向下)是参与者 1 在结点 x_3 选择背叛时的预期赢利(30 美分)。"效率"(Efficiency)是指所有参与者通过合作实现的总赢利[50,50]。因此,在单次博弈 1 中,83.5% 的合作盈余是由所有参与者共同取得的,在子博弈完美均衡中,效率是 80%,因此高效率意味着博弈者能够从合作中获得较高的净社会赢利。

结果 1:根据博弈论,我们可以预测,单次博弈 1 中所有的选择都发生在右侧的子博弈中,但实际上,有 43.3% 的选择发生在了左侧的子博弈中。在重复单次博弈 1 中,我们发现,即便参加过博弈,也并不意味着一定能够达成子博弈完美均衡,现在还有 58% 的参与者选择左侧的子博弈。

与理论不符的是,我们发现许多参与者倾向于合作而极少倾向于背叛,然而,根据右侧分支的博弈情况,观察博弈 1 和博弈 2 的所有分配之后,我们发现博弈论的观点在预测子博弈完美均衡方面非常准确。

结果 2:在所有分配中,左侧子博弈的预期赢利稍高一些,事实表明,无论哪种分配方式,参与者 2 在做左侧子博弈中的预期赢利至少有 40 美分,其在子博弈完美均衡时的赢利也才 40 美分。因此少数人参加的右侧子博弈在博弈 1 和博弈 2 中的赢利表现都不理想。

结果 3:在单次博弈 1 和重复单次博弈 1 的分配中,如果参与者 1 在博弈 1 中 x_3 处选择背叛,那么其赢利并不理想:向下移动的预期赢利总是小于参与者 1 不选择背叛时的赢利(50 元)。因此,科斯迈迪斯(Cosmides,1985)假设的"惩罚欺骗者"心理模块在这里是有效的,并且,在该模块的运作过程中,始终保持到刚好有效的程度,即一旦效率受到影响,就不再继续使用。

结果 4:同步博弈中,如果要求每个参与者在决策树的所有结点提前做出选择,那么相机抉择单次博弈 1 会使得博弈 1 从扩展式转变成策略式,这等于让参与人同时做出选择,并把所有的支付结果用矩阵的形式来表示。博弈论假设策略式和扩展式是等价的,但先前的研究表明事实并非如此

（Schotte et al.，1994）。对比单次博弈 1 和相机抉择单次博弈 1，我们发现在后一种情况下，左侧的博弈会减少（右侧的博弈增加），为什么？我们猜想，在按序轮流选择的扩展式中，参与双方可以对自己的选择做出解释，因此，在结点 x_2，参与者 2 可以从参与者 1 那里得知："我在结点 x_1 向下移动是因为我想获得比 35 更多的赢利。"如果参与者 2 现在向左移动，那么他传达的意思就是"我向左移动时因为不想要右侧的[40，40]赢利，而想要[50，50]，这对我们双方都更有利。不过，如果你在结点 x_3 向下移动，那么作为对你的惩罚，我就会选择[20，20]。"这种假想的对话在同步博弈就无法实现，尽管在严格的理性假设下，参与者 2 发出的信息未必会自我执行，但是正如我们看到的（Baron-Cohen，1995），参与者可以通过读心从行动中得知他人的心理活动，而且与这些结果一样，因为读心的作用，扩展式中的博弈与策略形式中的博弈会有所不同。⑦

结果 5：由于子博弈完美均衡所预测的结果（结果 1）未能实现，我们开始对博弈 2 进行研究，其中合作的结果[50，50]无法通过惩罚的预期来实现。对比单次博弈 2 和单次博弈 1（表 9.2 的第 2 行和第 1 行），我们发现博弈 2 中的参与者 2 并没有在左侧博弈中改变他的移动策略。左侧子博弈 2 的结果[50，50]出现的概率（50%）低于在博弈 1 中出现的概率（84.6%）。由此，左侧博弈的预期赢利从博弈 1 的 46.2 美分降到了博弈 2 的 40 美分（盈亏平衡点）。显然，从策略上讲，这两个博弈的不同在于博弈理论预测方向的不同，更加有趣的是，我们观察发现博弈 2 中的信任要素对于参与左侧子博弈的多半参与者来说已经足够产生合作行为了，这与费尔等人（Fehr et al.，1993）的劳动力市场实验以及伯格等人的投资独裁者博弈实验所得到的结果一致。在这些研究中，先做出选择的参与者在没有惩罚的情况下仍相信另一个参与者会选择互利。

如果你认为非合作博弈理论是用来对付"敌人"的，那么在这些扩展式实验中该理论的预测准确度仅仅略高于 50%，我们无法忽略与传统博弈理论相符的大量结果，但我们也需要对剩下的那些坚持合作的人进行解释和建模。有博弈的经验之后，这些人仍然不改变他们的行为：在重复单次博弈 1 中，参与左侧互利分支博弈的人数增加到了 58%。我们认为，策略博弈中的一个完整的心理现象理论至少应包括以下这些要素：（1）一个敌我识别机制；（2）一个意图检测机制，而后者需要扩展式博弈才能完全发挥作用。

9.4　在哪些情况下，人们会放弃互惠的策略而选择非合作的策略？

前面的例子描述的是一个混合个体模型，其中一些人的选择体现了博弈理论原则，而另一些人的选择则是后天习得的或先天的反应，包括信号传递、信任、惩罚以及互利行为的其他成分，对于后者，博弈目标对于典型的被试非常有用：他们的表现超越了严格执行博弈理论的参与者，因为使得剩余增加的合作结果出现的频率高于理论预测。

在本节中，我们考虑一个与前文所述相反的案例，在该案例中，被试开始时凭直觉做出反应，结果发现那些决策不能一直保持好结果，于是他们会像理论所预期的那样，朝着非合作理性的结果来调整自己的行为。被试拥有共同"信息"，但这不足以形成"预期"语境下的共同"知识"（参见 Smith et al.，1988；Harrison and McCabe，1992）。我们认为，这是因为共同信息没有解决行为或策略的不确定性问题，不过，被试会在连续几轮扩展式博弈中形成共同的预期，认为预测的均衡结果将会占据主导，那么这样的话前面所说的不确定性问题就能够得到解决。

麦凯布（McCabe，1989）使用不兑现的代币实施了一个 6 人、6 阶段的扩展式博弈实验，被试在连续几个阶段中通过发出买、卖和无的信息，使用 1 单位代币交易支付现金红利的债券，在最后一个阶段，债券持有者不应卖出债券，否则他/她剩下的将只有一些无任何价值的废纸。与此类似，在倒数第 2 轮交易者也不应接受代币，而根据逆向归纳法，交易者在第 1 阶段就不应接受代币。尽管被试拥有赢利结构的完全信息，第 1 阶段的交易还是会引发之后各个阶段的交易，这个多阶段博弈重复 10 次（共同信息），交易者就会从最后一阶段开始进行不完全的逆向分解，当被试做第 2 次 15 阶段实验，分解的过程会持续，但交易仍会存在，特别是在早期阶段，在第 3 次 20 阶段实验里，交易进一步减少，最终在第 15 阶段完全停止。

这些结果可以用一个模型加以解释，在这个模型里，基于互惠经验，人们愿意在交易中接受不可兑换的纸币，因为他们希望其他人在交易中也能接受这种纸币，这种期望是无意识的：他们从来不会问自己和他人为何要接受不可兑换的纸币，这是一个互利的条件反射，在日常的生活中对人们的帮助很大。在他们参与到的实验中,重复交易不会一直延续下去,在最后的博弈中,交易者就会拒绝接受没有任何实际价值的代币,由于这种失败的经历,他们就会反思对代币的无意识、习惯性反应,随着有限重复博弈的进行,交易就会非常缓慢地收敛于 0。[8]

9.5 结论

本章概括的博弈实验结果表明,人们在多种群体交往的情境下都会运用奖励/惩罚策略,这些策略一般与博弈论预测的非合作策略不同,但却更加有利。然而,与 CT 强调的背叛者惩罚不同,我们发现积极和消极的互惠策略都被频繁使用,甚至在单次博弈中也是如此,因此,相较 CT 的模型中所预测的,这些行为更加丰富,且人们更加愿意信任对方。

背叛者惩罚机制的优势在于,它可以通过以牙还牙的模式维持合作,但纯信任和守信机制是可持续的吗? 让我们回过来看囚徒困境博弈,其中策略 C 也无法阻止背叛者发难,这仍然是一个悬而未决的问题。但卡迈克尔和麦克劳德(Carmicheal and MacLeod,1995)拿出了一个振奋人心的模型,他们对礼物交换进行分析后发现,即便不使用惩罚策略,一个稳定的赠礼传统也会产生。

下面我们看看这个人类决策思维的假设模型,我们都遗传了一种用来解决社会交换问题的“电路”,但是开关一开始并没有打开,在我们迈向成熟的某个时点,不需要正式的学习,也不是一个自省的过程,这个电路就会启动,从这个意义上来说,它更像我们无师自通学会语言的过程。不同的文化有不同的触发机制,但最后的结果在本质上都是相同的。一般来说,如果人们觉得对方并不是敌人,那么他们会在交易中倾向于尝试合作。然而,并非所有人都会做出如此选择,所以我们才会研究有多少人属于 P 型(开始合作的概率),有多少人属于 Q 型(背叛合作的概率),有多少人属于 R 型(惩罚背叛的概率),有多少人属于 S 型(愿意信任的概率),又有多少人属于 T 型(诚信的概率)等等,参与者类型的分布是一个随着时间推移慢慢变化的适应性过程。

正规教育困难重重,因为在正规教育中,人们都会有意识的学习、表达和行动,这些都不是与生俱来的,比如人并不是生来就会使用书面语言,因此书面语言较难学会。大部分人会觉得学习经济学原理非常艰难，诸如比较优势理论、机会成本、交易赢利和纳什均衡等，很多人放弃了，但那并不意味着他们在经济学实验中会表现的很差，原因在于他们善于读懂他人的内心并善于运用自己的天然直觉，这些直觉有助于在生活中或者实验里的博弈中不断确立信誉。实验中的单次博弈是人生中的一部分，并非一段孤立的经历，会驱使我们做出严重偏离信誉规范的行为。因此，除非被试在某个实验中发现互利行为受到了惩罚而其他行为得到了奖励（在这种情况下，他们会放弃天性直觉而去尝试其他更为有利的策略），否则我们一般都可以预期被试会在实验中遵守互利规范。

注 释

① 但是 Rice(1996) 曾经做过一个实验，在该实验中，Rice 阻止雌性果蝇与雄性果蝇共同进化，41 代之后，在两种性别的基因竞争中，雄性果蝇适应了环境，而由此导致雌性果蝇的存活率降低。

② 根据神经系统科学家对扁桃体（大脑颞叶深处的一个杏仁状结构）的研究，这种视觉和听觉平衡能力与对社会信号的理解是直接相关的。扁桃体在动物的社交认知和行为中存在一定的作用，这一点多年前已经为世人所知，但最近的研究发现，该结论仍然适用人类（Allman and Brothers, 1994; Adolphs et al., 1994）。因此，如果某实验对象的扁桃体受到伤害，那么她将失去表情识别/区分能力，即无法在照片中识别/区分恐惧、惊讶、愤怒等表情。研究证明，该实验对象几乎无法判断他人是否在看着她。扁桃体的作用是前意识的，"证据清楚表明，远在人们对复杂刺激进行完全认知和分析之前，更可能是，远在人们意识到复杂刺激之前，扁桃体就已经影响到了人们对复杂刺激的评估"（Halgren, 1992, p.194）。

③ Pinker(1994, p.227) 提供了以下对话作为例证。女人说："我要离开你了。"男人说："他是谁？"如果你不是孤独症患者，你就会知道这段对话是什么意思。

④ 与演绎逻辑不同，欺骗者辨别机制必须考虑到意向性。在 CT 的实验中，交易是按顺序进行的：首先，我给你表，然后你再付我 20 美元。这里，如果后者没有付这 20 美元，那么他/她都构成欺骗，这一点是清楚的。由此，也就意味着不能使用双条件语句来替换单条件语句（"当且仅当我给你 20 美元时，你才会给我你的表"属于双条件语句）。其原因在于，双条件语句存在一种跨期的模糊解释，也就是说，使用双条件语句之后，合同所表达的意思就不那么清楚了。假设我给你 20 美元，但是你不给我你的表，那么在这种情

况下，即便我没有欺骗你，双条件语句也明显是错误的，比如我出于利他主义考虑给你 20 美元。请注意，我们可以写出更复杂的逻辑表达，即如果（当 Q 发生时，我们同意 P），那么（当 Q 发生时，则 P）。我们可以在未承诺任何交易顺序时对双条件语句进行正确的跨期解释。

⑤ 另外，也有其他实验对不涉及欺骗的情况下违背社会契约的情形（Gigerenzer and Hug，CT 中引用，1992，p.195）。仅 44％ 的实验对象正确地解决了问题的无欺骗版本，而 83％ 的实验对象能正确解决有欺骗的版本。在一些社会契约问题中，将因欺骗导致的违约与无心之失导致的违约区分了开来，Cosmidesy 和 Tooby（CT 中引用，1992，p.198）对这些问题进行了考察。68％ 的实验对象解决了有欺骗的版本，但仅 27％ 的实验对象正确地解决了无心之失版本。其他社会契约推理任务中，实验对象需辨认出利他主义者，而非欺骗者。结果证明，人们不善于辨认利他主义者。事实上，如果规则是一条社会法律（公共品），那么相对于利他主义者，更多人能辨认欺骗者（CT，1992，pp.193—195 与脚注 17）。

⑥ Bolton 等人（1993）通过不同的独裁者博弈及双盲实验发现，双盲和单盲的分配方式没有差别。一般来说，根据这些分配方式的差别得出的结果具有一定价值，但实验结果与 HMSS 得到的结果并不一致，人们对这一点的关注度超过了论述内容本身。通过较早期的研究来检查分配方式的差别时，第二个实验者必须首先表示，他/她可以使用相同的分配方式和流程得到同样的结果，以此论证：即便实验对象和实验者不同，但实验结果不变。如果使用不同的分配方式，那么实验结果的不同将归因于这些条件的不同，而非实验对象、实验者或实验流程的不同。因此，在尝试将他们与通过新分配方式得到的结果进行比较之前，HMSS 使用了相同的实验流程并得到与 Forsythe 等人（1994）相同的结果。Eckel 和 Grossman（1996b）在有趣的新分配方式中请到了美国红十字作为实验对象，在应用该分配方式之前，Eckel 和 Grossman 得到了与 HMSS 双盲实验相同的结果。另外，Terry Burnham 在最近一项研究中也得出了与 HMSS 双盲实验相同的结果。

⑦ McCabe、Smith 和 LePore（1998）通过扩展形式与常规矩阵形式比较再次检验了互利假设。从互利假设中，我们也可以看到，在信息不流通的情况下，子博弈完美均衡结果是站得住脚的。McCabe 等人（1996）非常支持这一预测。

⑧ Camerer 和 Weigelt（1988）发现，在序贯均衡声誉模型中交易也会以非常缓慢的速度收敛于 0。

第三部分

制度与市场

导　语

　　过去 40 多年来,经济学思想的发展呈现出这样一个引人注目的特点:许多经济学家尝试从各种角度对制度及其经济功能进行重新探索。其中一些开创性的贡献尤其惹人眼球,如戈登(Gordon,1954)在财产所有权上的贡献,科斯(Coase,1960)在法律制度与交易、执行与监督成本上的贡献,赫维茨(Hurwicz,1960)在交易机制上的贡献,维克瑞(Vickery,1960)在交易规则的激励相容性质(和设计)上的贡献以及最近诺思(North,1990)在经济学变迁中制度重要性上的贡献。与此同时,一些实验经济学家,如钱伯林(Chamberlin,1948)、霍格特(Hoggatt,1959)、绍尔曼和泽尔滕(Sauermann and Selten,1959)、西格尔和福雷克(Siegel and Fouraker,1960)、史密斯(Smith,1962)、福雷克和西格尔(Fouraker and Siegel,1963),采用不同的制度进行实验,并从这些实验对象的行为中发现了交易的制度规则是效率、价格、分配以及交易所得分布的重要决定因素。在当时,这个发现并不是显而易见的,而是源自事后的解释和理解,即行为的变化通过不同的交易规则体系导致了结果的变化。

　　实验者渐渐意识到:制度的重要性源自规则的重要性,而规则之所以重要是因为它们决定了动机。制度也有框架,我们从卡尼曼和特沃斯基的著作中了解到决策问题的框架同样也是重要的。实验设定一个基于制度治理的微观环境,其中制度规定了信息内容、信息交换规则以及信息如何影响分配。

没有一个事无巨细的制度,实验就无法进行。早期的研究中,舒贝克(Shubik,1959)强调了制度与扩展形式博弈之间的密切关系,创立了"数理制度经济学",为动态的寡头垄断博弈的研究做出了贡献。

第三部分中的 8 篇文章都重点探讨了制度对结果的影响力。第 10 章对古典环境中市场机制的一些结果进行了研究,包括跨期交易中的口头双向拍卖、价格控制下的行为以及与垄断卖方的交易行为。接着总结了一些变化对双向拍卖规则微观结构的影响。最后对口头竞价、卖方报价、双向拍卖制度和公开竞拍制度做了分析比较。这章的调研中没有采用计算机实验,因此它代表着一个研究时代的结束。第 11 章也是一项调查,但它研究的是两种商品的双向拍卖,在该章中,我们将这种制度的属性应用到了更复杂的环境中。另外,在制度研究过程中,该章举了一个在政治体制(一致投票)下进行交换的例子。

第 12 章展示了一些早期的证据,表明在双向拍卖制度环境中,意愿支付(willing to pay,WTP)价格和意愿接受(willing to accept,WTA)价格之间的差别会明显减小。达成这个初步结果之后,文章脉络引向了卡默勒(Camerer,1987)、科克斯和格雷瑟(Cox and Grether,1996)对于一个普通问题的深度探索:人们在重复性制度背景下(比如市场中)会表现得更为理性吗?答案是:通常是,但不尽然如此。

第 13 章中,对于已形成规模经济的公司,我和我的合著者将把他们的市场可竞争性研究扩展到有限非零沉没成本的情况。准入成本的出现弱化了对强式有效竞争市场假设的支持。另外,没有一项实验的结果支持"自然垄断"假设。就不同市场之间的选择以及实验参与者规模的明确选择来说,这些重要的结果是非常有力的(Plott et al.,1994)。

第 14 章探讨了在双向拍卖交易制度下竞争性价格模型有效性的极端条件:双寡头垄断始终而完全垄断则通常都会实现竞争均衡结果;即便剩余分配出现极端不对称,向竞争均衡收敛的趋势也不会受到影响;多个竞争均衡市场产生了不同的结果——向其中一个均衡的收敛(包含边界),并从其中一个均衡转向另一个均衡。

当我们以一家有组织的交易所为视角研究场外交易时,遇到了一个潜在的市场失效问题(第 15 章)。当存在一个中心交易所时,交易者可能倾向搭便车利用已公布的价格发现信息,以较低的成本进行私下交易。这个过程中,关键就在于双向拍卖中买卖价差。如果这个价差不收敛于零,交易者就有动机这样做,并且实验表明交易双方的确进行了场外交易。这最终会导致市场瓦解,而且当市场的信息整合功能出现问题时,价格波动会更加剧烈。在极限情况下,市场将失灵或者消失,但是在实验中并没有对这种极限情况做考察。

交易所管理人员假设交易者倾向于制造买卖价差以节省交易成本,因此在考察场外交易问题时,我们建立了一个买卖价差不收敛于 0 的模型。我们发现,当供需的不确定性增大时,买卖价差出现了系统性扩大的现象——这是自利导致的结果,因为它是该制度重要的行为特征。

有组织的期货交易所对提前安排的交易和场外双边交易施以重罚,以此防止市场瓦解。在考虑是否选择场外交易时,交易者需要比较交易所交易成本(交易所手续费＋买卖价差)与场外交易成本。其中,由于场内竞争价格信息的存在(即交易所提供的公共品),场外交易成本要低得多。因此,有组织的交易所会通过增加场外交易预期成本的方式来改变这些动机。我们的解决方法(McCabe et al.,1993)是:使用统一价格公示的双向拍卖制度来消除买卖价差,但是那些依靠买卖价差来生存的庄家(dealer)显然不喜欢这种方法。如果我们消除买卖价差并采用电子交易,那么对庄家的依赖就会越来越少。在这个电子交易风行的年代,老的交易模式将渐渐过时。

第 16 章和第 17 章对一些百年课题进行了研究,它们是:(1)伯特兰—埃奇沃思(Bertrand-Edgeworth)环境下的竞争;(2)瓦尔拉斯均衡制度(Walrasian tâtonnement institution)的有效性。在第一个课题的研究中,我们使用数值法计算了四个卖方市场的混合策略均衡分布(其中模拟了完全显示的需求)。尽管整体价格分布证实了定性理论预测是正确的,但个体的表现仍然与混合策略预测结果存在很大区别,并且个体之间存在大量的序列相关导致不能达到纳什均衡。第 17 章中研究的各类瓦尔拉斯拍卖都不如双向拍卖有效。甚至法国股票交易所最后也放弃了曾给予瓦尔拉斯(Walras)灵感的交易机制。

10

对古典环境中一些实验市场机制的思考

弗农·L.史密斯

向他人展示我们所看到的需先告诉他们我们所知道的。

——N.R.汉森（N.R.Hanson）

　　本章将对古典环境（纯私人物品）进行讨论，相关实验研究的焦点集中在两大主题上。对于第一个主题最为贴切的描述是：你是否看到了我所看到的？这取决于你在寻找什么、你期望看到的是什么或你关注什么样的"结果"，不同的个人对于同一个实验结果可能有不同的解读。在我们对实验结果的意义进行解读、理解和社会化（分析）时，我们期望达成的目标亦是如此，这是自然而然形成的结果。

　　事实不会自己跳出来，它需要我们去探索。正如汉森（N.R.Hanson，1969）所说，事实往往带有浓厚的理论色彩。因此，"经济学家无法利用经过控制的实验来解决他们之间的分歧"（Robinson，1977，p.1319），这种说法不但是一个明显错误的陈述（实验经济学存在并发展良好），而且也误读了实验证据的本质。实验结果产生分歧和解决分歧的概率相当，而且有时它们在解决分歧的同时又制造了新的分歧。实验结果具有浓厚的理论色彩，这一点在卡普兰（Kaplan，1964，pp.153—154）的实验报告中也得到了很好的体现。该实验中，两只老鼠被分开关在两个笼子里,实验者训练老鼠通过按笼子另一端的操纵杆来获取食物小丸。之后,实验者将两只老鼠关在一个笼子里,当一只老鼠按操纵杆时,另一只老鼠总是能够最先到达放小丸的槽沟。最后的结果是两只老鼠都在食物槽沟旁边等,而没有老鼠去按压杠杆。卡普兰指出这个实验"可能被用来解释在激烈竞争、劳动剥削、剩余价值、阶级冲突以及其他尚不可知的情况下发生的生产破裂;但很显然,该实验无法证明这一点"。对许多人来说,这个实验清楚地表明:任何有能力的组织都依赖于个体动机相容性原则。[①]然而,每个人在这种实验中所看到的主要是受他的理论(信念)的影响,决定他能否敏感的"看到"。[②]因此,我们要坚持按汉森的话去做,即"先知识后眼界"。在之后的几节中,我们总结了实验讨论中得出的结论和学到的知识。其他人可能对所学习到的东西有不同的解释。

第二个主题讨论两类实验的区别[③]:

1. 通过启发式或探索性的实验来探索新的研究领域。做这些实验可能仅仅是为了"看看将会发生什么"或者为了通过探索性实验来测试和区分两个不同的假设。如果迄今尚未有学者对某些领域的行为进行研究,那么在这种情况下,探索性实验是必要的。

2. 通过规范性实验,以重复严格控制来降低假设检验的错误率。这里既包括理论检验(即对基于一个正式的模型或理论的假设进行检验),又包括实证(即通过随机观测得出实证性规则或性质)。一般来说,如果没有严格控制和重复实验,那么检验的假设就无法轻易辨别。

如果说规范性实验是基础,那么启发性实验就是发展。没有对新现象的探索,我们就无法提出新的科学问题;没有严格控制和重复实验,我们可能无法确定所知。规范性实验主要解决了"我能看到你看到"的问题,而启发式探索则主要有助于达成这样一个效果:"你能吸引我的注意",并引导我得出新的科学主张或重新检验我的认知体系。

10.1 口头双向拍卖

以下几节对若干实验研究进行了总结。研究过程中使用了口头双向拍卖的制度,这种制度是有组织的股票和商品交易的一大特色。双向拍卖交易上的一些变化已被各个实验者所使用。然而,无论哪种双向拍卖形式,有一个条件是不变的,即买卖双方都能自由报价。当双方的买卖价格都已报出后，接受买价的卖方或接受卖价的买方可签订一份有约束力的合约。所有买卖价格以及构成协议的承诺条件都将立即通知到交易参与者。此过程中，口头双向拍卖通过电脑来完成，而出价以书面形式直观显示来实现，尝试达到与口头制度相同的效果。在10.1.4中将双向拍卖机制的不同计算机版本进行了比较。在双向拍卖机制下，价格向竞争均衡快速收敛，且分配效率高于其他交易体制，因此它的意义特殊(Smith et al.，1982)。

读者可以参阅史密斯(Smith，1964，1980)和米勒等人(Miller et al.，1977)的作品，查看典型口头拍卖实验说明的案例以及关于价格机制实验中收益和其他设计流程的讨论。

10.1.1　跨期交易实验

一些著作(Miller et al.，1977；Williams，1979)对双向口头拍卖实验进行了研究。在实验中，需求在高低位之间循环(见图10.1)，并且在之后的再售期中，(两个)"交易者"被赋予了排他性购买权。在一个"自给自足"实验中，威廉姆斯(Williams，1979)使用了同样的循环需求设置，但没有使用交易者。这是一项基准控制实验，针对检验投机买卖的效果能够通过实证方式衡量的假设。

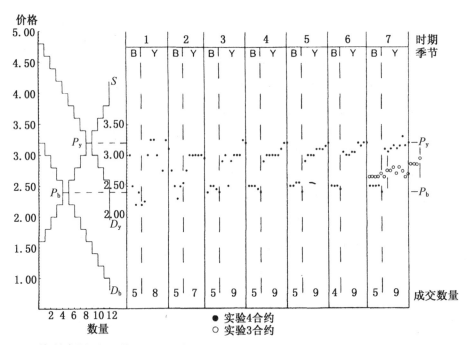

资料来源：A.Williams(1979)。

图 10.1　循环需求下的双向拍卖价格合约

　　图 10.1 显示了威廉姆斯自给自足实验的合约价格以及投机买卖实验中相应的 7 期价格。图 10.2 显示了逐期平均跨期价格差异、交易的数量、米勒等人的投机买卖实验 2 以及威廉姆斯的投机买卖实验 3 和自给自足实验 4 的有效性。在实验 2 和 3(见图 10.2)中,我们可以看到价格明显收敛于跨期竞争均衡,然而在自给自足实验 4 中,价格偏离于对应的竞争均衡水平。在图 10.1 中,很显然,投机买卖下的 7 期合约价格完全包含于自给自足下的季节性合约价格。如威廉姆斯所述,投机买卖的作用在于大大减少了交易者之间的价差,其中包括理论价差,也包括在自给自足实验中实现的价差。类似地,图 10.2 中,投机买卖的交易量接近跨期竞争均衡水平,并且自给自足下的交易量也达到了对应的竞争均衡水平。在自给自足实验中,买卖双方的总剩余是跨期竞争均衡剩余的 90.2%。在图 10.2 中,除了实验 3 中的第 1 期,投机买卖实验中每一期的效率都超过了自给自足实验中的效率。交易者的作用是增加了买卖双方的剩余,但是在此过程中,他们自己的利润却降到最低[主要由交易手续费(5 美分)构成]。

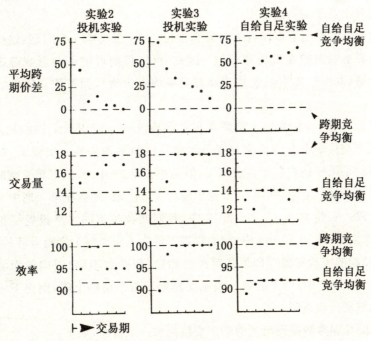

资料来源:Miller et al.(1977)和 A.Williams(1979)。

图 10.2　投机实验和自给自足实验中,每期平均的双向拍卖价格、交易量和效率

尽管这些实验结果为古典跨期价格理论提供了强有力的支持,但该研究尚不完整,且探索性不强。该著作中只涉及了一个自给自足实验和两个投机买卖实验。我们需要通过重复实验来检验这些结果的可靠性。另外,我们还需要通过不同供需设计的实验与不同的供需波动模式来测试投机买卖保持平衡效果的极限。

10.1.2　价格控制

艾萨克和普洛特(Isaac and Plott, 1981)就价格上下限对双向拍卖市场表现的影响进行了开创性的实验探索。静态价格理论预测的是:如果价格上下限具有约束力,那么情况会怎么样?[即如果价格上(下)限位于自由市场竞争均衡价格之下(上),那么价格将由价格控制的水平决定。]如果价格上限没有约束力[即价格上限高于竞争均衡价格(或价格下限低于竞争均衡价格)],那么理论预测价格控制将不会影响价格(即以竞争均衡价格为准)。然而,艾萨克和普洛特注意到,关于无约束的控制存在一个另类的合谋理论(Scherer, 1970):卖方以一个无约束价格上限为焦点进行策略合谋,最终将价格提升至竞争均衡点之上。

除了价格控制下市场行为的静态理论,还存在这样一个问题:这些控制是如何影响双向拍卖市场动态的? 因此,价格控制可能不会影响静态竞争均衡价格(双向拍卖市场收敛于静态竞争均衡价格),而可能会影响收敛的方式。

图 10.3 中,我们总结了艾萨克和普洛特(Isaac and Plott,1981)12 个实验的每个交易期中合约价格与竞争均衡价格的平均偏差。实验 1、2 和 3x 中采用的是无价格控制的自由市场,但是在实验 3x 中,我们对第 4 期的竞争均衡价格设置了上限,在第 5、6 期中降低了该上限,之后在第 7 期中又取消了该上限。实验 4、5、7、8x 和 12 中,我们在各种不同水平设置了价格上限,而在实验 6x、9 和 10x 中,我们设置了价格下限。每个实验号后的"x"指代"有经验的实验对象"[即那些曾经参加过(但参数不同)双向拍卖实验的对象]。图 10.3 中,向上的箭头表示交易期后取消价格上限,而向下的箭头则表示取消价格下限。

艾萨克和普洛特得出了两个主要结论和一个猜想,如下:

(1) 在无约束力的价格控制下,竞争模型比"焦点"合谋模型更接近市场行为。

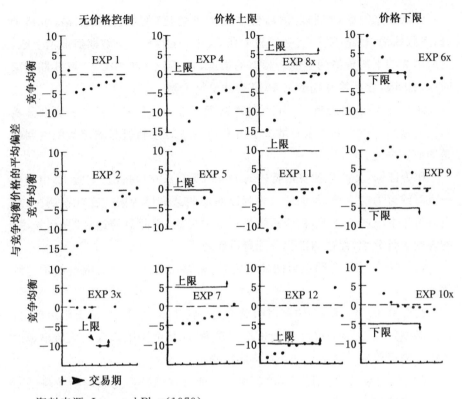

资料来源：Isaac and Plott(1979)。

图 10.3　在无价格控制和存在上(下)限实验中，每期平均的双向拍卖价格

图 10.3 中所有无约束力控制实验下的价格行为表现证明了这个结论。因此，在实验 7、8x、11 和 10x 中，平均价格趋向于竞争均衡价格，而非控制价格。

（2）价格受控制的市场中存在一些行为规律，这些规律在竞争均衡模型中无法得到解释。

① 对竞争均衡价格进行控制最终会导致市场价格偏离竞争均衡价格。

4、5、6x 这三个实验的结果并不支持该结论。在每个案例中，各期的平均价格都收敛于竞争均衡价格。尽管在实验 4 中平均价格稳定地收敛于竞争均衡价格，但相较实验 2 中自由市场下最后一个交易期的价格，第 10 个以及最后一个交易期的价格偏离竞争均衡价格更远。然而，这并不是实验 5 和 6x 的结果，这两个实验中并没有出现价格偏离的趋势。

② 当我们把非约束性控制从市场中取消后，价格发生了变化。

可以补充的是,控制取消后价格发生了变化(例如,上限取消,价格上升;下限取消,价格下降)。在实验 7 和 8x 中,自第 8 个交易期后取消上限,之后第 9 期平均价格的上涨。相似的情况,在实验 9 和 10x 中,第 8 期结束时取消下限,之后第 9 期和第 10 期合约价格下降。

③ 由有约束力控制引起的无效率甚于标准的消费者—生产者剩余分析预测的结果。损失的剩余量取决于由有约束力的控制引起的定量配给问题是如何解决的。

作为证据,艾萨克和普洛特(Isaac and Plott, 1981)指出,实验 12 中设有一个有约束力的上限,每期的效率都以对应的最高值为限。在此案例中,在设有价格上限的情况下,供应短缺是普遍的现象,因此只能通过"先到先得"的规则进行分配,而这与随机分配背道而驰。

④ 当我们消除有约束力的控制之后,价格出现了一个大幅度的不连续跳跃。

在实验 3x、6x 和 12 中可以明显看到。在实验 12 中,取消上限之后,价格一路飙升,远远超过竞争均衡价格。看来,这是由于限价取消之后出现的恐慌性购买现象。艾萨克和普洛特的猜测是:

(3) 无约束力的上限(下限)就像一个使价格保持在竞争均衡价格之下(上)的缓冲器。

艾萨克和普洛特表示,由于证据说服力不够,所以该结果只是一个猜测。这是因为在一些实验市场中价格趋向于自下收敛("温和的卖方")或者自上收敛("温和的买方")。因此,如图 10.3,在实验 7、8x 和 11 中,我们无法清楚判断这个缓慢或者说不完全的自下收敛趋势形成的原因是(1)上限高于竞争均衡价格 5 或 10 美分,还是(2)无上限情况下卖方较为温和(实验 2 中)。同样,在实验 9 和 10x 中,下限比竞争均衡价格低 5 美分,我们也不能确定地说下限导致了价格从竞争均衡价格上缓慢地收敛。如果在这些实验群体中买方是温和的,这些观察到的收敛模式在无下限的情况下也可能出现。对于这个问题,一个解决方法是简单重复检验(例如,进行 N 次无价格控制的实验以及 N 次有价格上限的实验。在这些实验中,实验者将实验对象随机分配到两个分配模式中)。假设 $m(< N)$ 个无价格控制实验的价格显著低于竞争均衡价格,$N - m$ 个无价格控制实验的价格大于等于竞争均衡价格。如果 $n(\leqslant N)$ 个上限设置实验的价格显著低于竞争均衡价格,那么对于某个大于 m 的 n,我们可以否定这样一个假设:这个结果本可以在

无价格上限的情况下出现。如图 10.3，三个无价格控制实验中有两个实验（1 和 2）的均价低于竞争均衡价格。

表 10.1　每个价格控制条件下的实验数量

第 2(3)周的供求浮动	价格控制变量		
	第 2 周或第 3 周无价格控制	第 2 周价格上限为 CE＋5 美分，第 3 周价格下限为 CE－5 美分	第 2 周价格下限为 CE－5 美分，第 3 周价格上限为 CE＋5 美分
上浮（上浮）	1	2	1
上浮（下浮）	1	2	1
下浮（上浮）	1	2	1
下浮（下浮）	1	2	1

因此，在三个实验中存在无约束力的价格上限，其均价低于竞争均衡价格，这与艾萨克和普洛特的猜测不符。

在艾萨克和普洛特价格控制实验的启发下，史密斯和威廉姆斯（Smith and Williams，1981）设计了一个精确的实验，可以消除无约束力控制对价格收敛的影响。史密斯—威廉姆斯设计的预测基于这样一个假设：买卖双方议价能力的差别取决于实验对象群体抽样方差的影响。得益于这种设计，每个实验市场群体可通过以下方式进行个体差异控制：

1. 每个实验由 3"周"的交易组成，而每周由 5 个（在某些实验中有 4 个）交易期组成。第 1 周有无价格控制观察的基准集合。

2. 在每个实验中，第 1 周交易结束之后，供求在第 1 周的基础上一起上浮或下浮一个常量。同时，个人分配也改变了，单位价值（和成本）在买方（卖方）之间重新随机分配。之后，第 2 周继续开始交易。其中，8 个实验设有 1 个上限；4 个实验设有 1 个下限，另外还有 4 个实验无价格控制（见表 10.1）。在该步骤中，供求变化的影响与价格上下限的影响隔离了开来。

3. 第 2 周结束之后，估值（成本）再一次发生变化并重新随机分配。第 3 周，交易继续，共 8 个实验，设有价格下限（第 2 周设有价格上限），其中 4 个实验有价格上限（第 2 周设有价格下限），另外 4 个实验无价格控制。

我们采用史密斯—威廉姆斯实验设计中的一些特点来加强对抽样方差的控制，或提高精确度。

1. 所有的实验使用威廉姆斯(Williams,1980)双向拍卖机制的PLATO
   计算机版。在计算机化交易中,由于所有实验采用统一的流程,因此
   对"实验者"影响的控制得到了加强。

2. 每个实验对象都是有经验的。这里"有经验的"指的是这些实验对象之
   前曾在不同参数、无价格控制的PLATO双向拍卖实验中进行过交易。

3. 在图10.4的左边可以看到实验的供求数据。在这个对称性的设计
   中,买方剩余与卖方剩余相同。另外,我们可以看到,在竞争均衡价
   格上下5美分的范围内有供求数据。由此,无效交易更加容易实现,
   同时效率测试方式也更加精确。

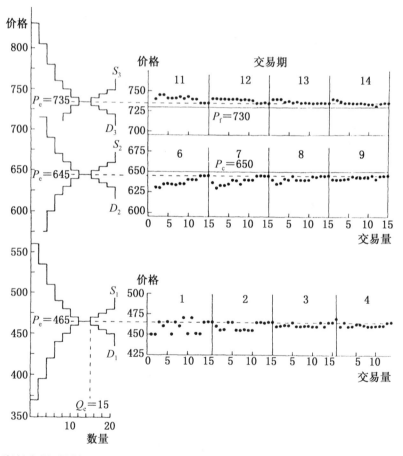

资料来源:根据 Smith and Williams(1980)整理。

图 10.4   实验 26 中每期的双向拍卖合约价格

图 10.4 为史密斯—威廉姆斯的一个价格控制实验提供了合约价格顺序,而图 10.5 仅根据供求变动描绘价格。图 10.6 是对 12 个实验期均价的总结(在第 2 周,有 4 个实验采用了价格下限,在第 3 周,有 4 个实验采用了价格上限。这些数据都没有在图 10.6 中体现)。图 10.6 上方可以看到第 2和第 3 周供求变化的方向。在实验 30、27 和 49 中,第 2 周,供求均衡点下移到(−D, S);第 3 周,供求均衡点上移到(+D, S)。第 2 周的上限趋向于降低价格,第 3 周的下限趋向于提高价格,同第 1 周的基准实验相比,这些价格变化趋势是非常明显的。

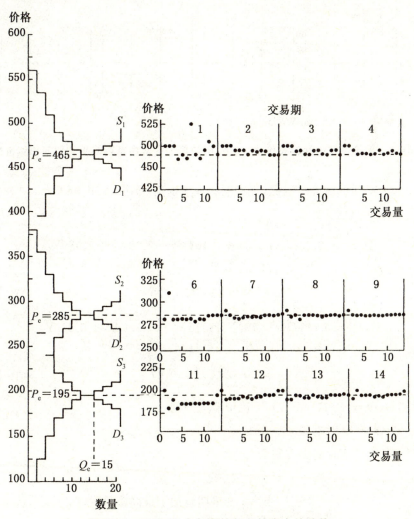

图 10.5 实验 57 中每期的双向拍卖合约价格

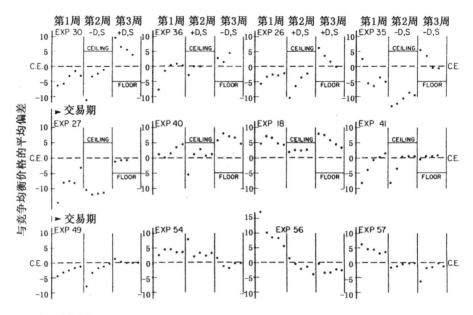

资料来源:Smith and Williams(1980)。

图 10.6　无价格控制和存在价格上(下)限的每个实验中每期的平均双向拍卖价格

为了得到更精确的数据,史密斯和威廉姆斯(Smith and Williams,1983)进行如下回归估算:

$$D(t) = 0.236D(t-5) + 0.464X_2^c - 2.02X_2^f + 1.089Y_2$$
$$\quad\quad (3.41) \quad\quad\quad (2.08) \quad\quad (-6.03)\ (4.81)$$

$$R^2 = 0.55 \quad N = 70 \tag{10.1}$$

$$D(t) = 0.111D(t-10) + 2.315X_3^c - 1.190X_3^f + 0.260Y_3$$
$$\quad\quad (1.94) \quad\quad\quad (8.47) \quad\quad (-6.54) \quad (1.38)$$

$$R^2 = 0.74 \quad N = 67 \tag{10.2}$$

其中,$D(t) = B(t) - S(t) = $ 议价能力差别

$\quad B(t) = t$ 时期买方剩余

$\quad S(t) = t$ 时期卖方剩余

并且

$$X_i^c = \begin{cases} 1, \text{当第 } i \text{ 个星期施加了最高限价时} \\ 0, \text{当第 } i \text{ 个星期没有价格控制时} \end{cases}$$

$$X_i^f = \begin{cases} 1, \text{当第 } i \text{ 个星期施加了最低限价时} \\ 0, \text{当第 } i \text{ 个星期没有价格控制时} \end{cases}$$

$$Y_i^l = \begin{cases} 1, \text{当第 } i \text{ 个星期供给和需求下移时} \\ 0, \text{当第 } i \text{ 个星期供给和需求上移时} \end{cases}$$

式(10.1)和(10.2)支持以下的结论：

1. 由于价格上限的存在,市场剩余在第 2 周以 46 美分/期的速率,在第 3 周以 2.32 美元/期的速率从卖方转移到买方。由于价格下限的存在,市场剩余在第 2 周以 2.02 美元/期的速率,在第 3 周以 1.19 美元/期的速率从买方转移到卖方。价格控制系数的 t 值(括号中的)呈高度显著。根据艾萨克与普洛特的猜测(预测了价格控制的方向性影响),这里适用单尾检测。然而,没有证据显示无约束力的价格控制对竞争均衡模型所预测的最终合约价格水平产生影响。

2. 无论买卖双方谁的议价能力强,他们的能力差距在连续几个交易期/周中都未消失,但呈递减趋势。

3. 供求均衡点的统一移动以及个体价格限制的重新分配导致了新均衡过度调整。然而,这个影响在第 3 周比第 2 周更小,表明很可能存在这样一种学习效应,即双向拍卖市场追踪供求变化的能力得到了增强。

在没有价格控制的情况下,双向拍卖交易具有这样一个特征:卖方往往会做出让步,降低远高于竞争均衡价格的卖价,而买方经常也会做出让步,愿意提高远低于竞争均衡价格的买价。如图 10.7 的下面一张图,我们可以看到买卖价格与合约价格的分布,数据来源于史密斯—威廉姆斯实验(无价格控制)中的第 6 和第 7 期。另外,我们还可以观察到,买价(卖价)的分布向有利于买方(卖方)的方向偏移,即向下(上)偏。史密斯和威廉姆斯假定,价格上限对卖方议价策略的限制比买方更大。由于价格上限的存在,卖方从一个不利的位置开始议价,而买方不受影响,这一点从图 10.7 的上面那张图中可以看到。存在价格上限的情况下,卖价出现在竞争均衡点;而在无价格上限的情况下,卖价则会出现在竞争均衡点上 5 美分处。存在价格上限的情况下,买卖价格的分布跨度缩短了,而在无价格上限的情况下,买卖价格的分布呈下移趋势。Mann-Whitney 检验显示这两个移动都是显著的,但在卖价分布中的移动更为显著。在下限实验中发现了一个相似的结果,不过方向完全相反(此处不再展示)。

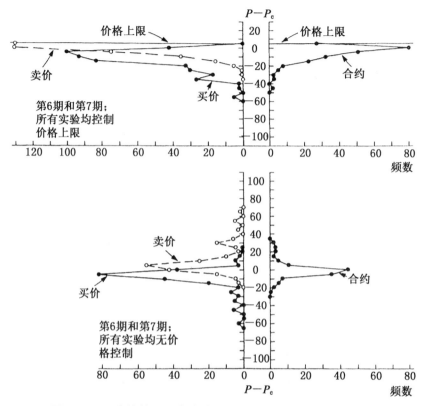

图10.7　无价格控制和存在价格上限条件下的价格频数分布

10.1.3　垄断行为

垄断行为实验可被视作合谋行为中的一种边界实验。边界实验"与一些规律相关,主要通过实况考察确定这些规律的适用范围,尤其是针对极端的情况"(Kaplan,1964,p.150)。我们曾经报道过使用几个不同的价格调整机制得出了一系列探究性垄断实验的结果(Smith,1981)。这些"边界实验"对于合谋行为有什么意义呢? 为了回答这个问题,让我们来考虑几个可能防止市场卡特尔化的结构性因素:

1. 内部不确定性。卡特尔的成员可能无法确定各种不同产量上的成本。因为这种不确定性的存在,合谋的价值也变得难以厘定,卡特尔成员之间也开始互相怀疑,最终合谋关系会发生动摇。

2. 激励失效。假定个体成员对各自的成本有足够的了解,为了解决卡特尔问题,他们是否能够详细地解释成本构成? 如果答案是否定的话,那么成员之间互相欺骗最终会导致卡特尔的收益甚至还不如单独行动的收益。

3. 外部不确定性。如果需求是不确定的,且存在策略性买家的对抗性行为,那么找到并维持一个卡特尔市场的解决方案可能会非常困难。

4. 执行问题。即使找到了一个卡特尔解决方案并达成了协议,成员就有动力去执行该协议吗?

是否存在一个能自我执行的社会"契约"效应,还是说监督和制裁是必不可缺的?

如果我们在成本信息完全但需求信息不完全的情况下研究垄断,实际上我们研究的是合谋行为的限制,这里限制指的是一种极端情形,即我们抽取了(即控制)了设置1、2和4的影响。我们的问题是:如果存在理想的内部条件,即卡特尔只需要应对外部的(需求)不确定性,那么我们能观察到哪些卡特尔行为? 就这个意义上来说,对垄断行为的研究即是对"完美"合谋行为的研究。如果完全垄断者在进行垄断时因为需求信息不完全和/或买家的策略性行为遇到阻力,那么合谋限制交易则更不是一件容易的事。图10.8中,我们可以看到3个双向拍卖完全垄断实验的其中1个(即第2个)的合约价格(Smith,1981)。图10.8的左侧显示的是基于5个实验买家的诱导需求,每个买家被指定有2个单位的边际估值。卖家被指定有12单位的边际成本(MC)。基于理论需求D,卖家面临的边际收益为MR。竞争均衡价格为80美分,垄断均衡价格为110美分。除第0期(测试期)外,所有的收益都是用现金支付。以4分钟为1个拍卖期。在该实验中,卖方的平均销量大约是5单位(垄断均衡数量),但是价格始终低于P_m,并且在整个实验中呈现下降趋势,因为买方在双向拍卖议价过程中降低了需求。尽管每个垄断者之间的表现有所不同,但在这3个双向拍卖实验中,所有垄断者在实现垄断均衡利润时都遇到了极大的阻力(Smith,1981)。

垄断者只能通过降低销量来维持高价;同样道理,消费者能够通过减少购买量来获得一个较低的价格。那么,我们要问,是否有这样一些制度:在这些有效的制度下(诸如双向拍卖),购买者能够表示对垄断的抗议(如通过减少需求的方式)? 在多个买卖方的双向拍卖市场中,没有发现不通过正式协议机制形成的默契合谋。如果文化上存在对垄断的怀疑,那么同时买方也可能默契地形成合谋与垄断卖方进行对抗。有一种方法可以验证这个猜测:如图10.8,5个买家面临诱导需求D,以垄断均衡产量为限,让几个卖家共同承担垄断边

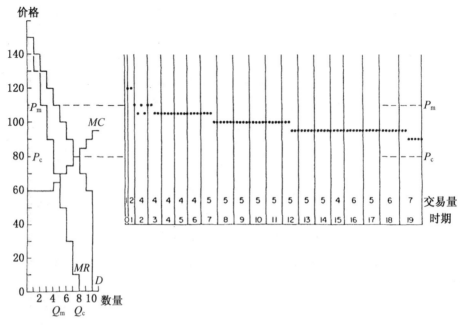

资料来源：根据 Smith(1980)整理。

图 10.8　双向拍卖垄断实验

际成本。史密斯在 1981 年曾经做过这个实验，结果如图 10.9 所示。在这个
多卖方竞争实验中，有 5 个买家和 5 个卖家。每个卖家承担 2 单位的边际
成本，如图 10.8，理论供给紧贴垄断者的 MC 曲线一直到第 5 个单位，然后
跳跃到需求曲线之上（参见图 10.9 中的供给 S）。因此，我们迫使 5 个卖家
的供给曲线调整到与完全垄断卖家的情况一样，将销量严格控制在垄断均
衡水平（5 单位）。从图 10.9 中，我们看到这个实验中的买家面对 5 个卖家
的表现不如图 10.8 中的买家。当然，这些结果只是启发性的，因为无论是在
垄断实验中还是多卖方控制实验中，实验的数量都不足以较好地控制抽样
变异性。

　　除了史密斯（Smith，1981）的 3 个双向拍卖垄断实验，我和威廉姆斯进
行了两个垄断实验（46x 和 58x），使用了威廉姆斯（Williams，1980）建立的
PLATO 计算机化双向拍卖机制中的一种。表 10.2 包括平均价格偏差以及
6 个实验中与相应竞争均衡水平的销量偏差（括号中）。这 6 个实验分别是：
3 个口头拍卖实验（实验 1—3）、先前的多卖方实验（实验 4），以及两个
PLATO 实验（实验 46x，58x）。5—10 期的平均效率显示在表 10.2 的底部。

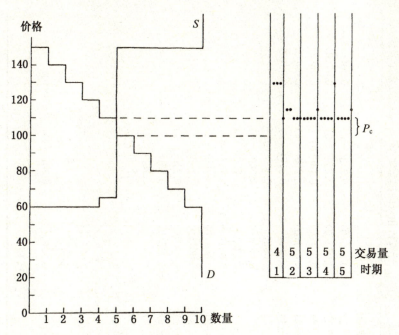

资料来源：根据 Smith(1980) 整理。

图 10.9 存在 5 个卖方的双向拍卖垄断供给实验(同图 10.8)

表 10.3 显示了每期垄断效率指数的数值以及 6 个实验各期累计的数据。M 是卖方垄断利润和卖方实际获得的竞争利润的差额占比。实验 1 和实验 46x 中，从卖方的平均价格、数量、M 的数值中可以看到，存在一个收敛于竞争均衡点及该点以下的趋势。这两个实验中的平均效率也接近普通小群体双向拍卖市场的典型高水平(接近 100%)。尽管卖方 2 在卖价上步步退让，由于销量温和上升，M 并没有相应地下降。实验 3 中，5—7 期的价格迅速地降到竞争均衡点以下；在 8 期，卖方扭转颓势，成功地把 M 值从 7 期的 -0.19 提高到 0.44。12 期时他或她几乎回到垄断均衡点，然后开始下降直至最后一期。最有效率的垄断者出现在实验 58x 中，此时 M 在 15 期中有 6 期超过了 0.90。然而，由于强有力的买方抵制，代价很高。因此，销量在 7 期和 8 期中大幅下降，到 9 期时 M 为 0.93，销量在 10 期又再次下降，M 在 11—15 期达到更高水平。因此，最有效率的垄断者也出现了销量反复无常的情况。由于在双向拍卖机制中的垄断效率低，效率损失，实验 2、3 和 58x 中的社会成本也较高。在每个案例中，平均效率低于理论上的垄断水平(88.5%)。

表 10.2 垄断条件下平均合约价格(交易量)偏离竞争均衡的水平

时期	口头双向拍卖实验			计算机化双向拍卖实验		多个卖家
	1	2	3	46x	58x	4
1	0.375(—4)	0.350(—6)	0.275(—2)	0.176(0)	0.350(—3)	0.20(—1)
2	0.288(—4)	0.275(—4)	0.164(—1)	0.064(0)	0.250(—3)	0.07(0)
3	0.164(—1)	0.263(—4)	0.092(—2)	0.031(0)	0.188(0)	0.06(0)
4	0.107(—1)	0.250(—4)	0.050(—2)	0.017(0)	0.250(—4)	0.09(0)
5	0.081(0)	0.250(—4)	—0.014(—1)	0.007(—1)	0.217(—2)	0.06(0)
6	0.036(—1)	0.250(—4)	—0.030(—3)	0.033(—1)	0.150(0)	
7	0.021(—1)	0.230(—3)	—0.036(—1)	0.025(0)	0.300(—6)	
8	0(—2)	0.200(—3)	0.238(—4)	0.013(0)	0.250(—7)	
9	—0.036(—1)	0.200(—3)	0.230(—3)	—0.001(—1)	0.156(0)	
10	—0.057(—1)	0.200(—3)	0.217(—2)	—0.001(0)	0.250(—7)	
11	—0.071(—1)	0.200(—3)	0.250(—3)	0.007(0)	0.200(—3)	
12		0.170(—3)	0.233(—2)	0.005(0)	0.210(—3)	
13		0.150(—3)	0.200(—2)	—0.003(0)	0.156(0)	
14		0.150(—3)	0.200(—2)		0.183(—2)	
15		0.150(—4)	0.192(—2)		0.155(0)	
16		0.150(—2)	0.175(—2)			
17		0.150(—3)				
18		0.150(—2)				
19		0.114(—1)				
理论上与竞争均衡价格(数量)的偏离	0.30(—3)	0.30(—3)	0.30(—3)	0.30(—3)	0.30(—3)	0(0)
第 5—10 期的平均效率[a]	97.05	80.33	85.5	96.16	60.04	

注: [a] 理论上垄断的效率为 88.5%。

表 10.3　垄断条件下双向拍卖的效率[a]

时期	口头双向拍卖实验			PLATO 计算机化双向拍卖实验		多个卖家
	1	2	3	46x	58x	4
1	0.89	0	1.19	1.04	1.19	1.07
2	0.63	0.59	0.85	0.38	0.81	1.07
3	0.85	0.56	0.37	0.19	1.11	1.04
4	0.56	0.52	0.19	0.10	0.52	1.15
5	0.44	0.52	−0.07	0.04	0.93	1.04
6	0.19	0.52	−0.22	0.17	0.89	
7	0.11	0.74	−0.19	0.15	−0.07	
8	−0.04	0.63	0.44	0.07	−0.48	
9	−0.19	0.63	0.74	−0.01	0.93	
10	−0.30	0.63	0.93	−0.01	−0.48	
11	−0.37	0.63	0.81	0.04	0.63	
12		0.52	0.96	0.03	0.70	
13		0.44	0.85	−0.01	0.93	
14		0.44	0.85		0.78	
15		0.22	0.81		0.92	
16		0.63	0.74			
17		0.44				
18		0.63				
19		0.59				
全时期	0.25	0.52	0.57	0.17	0.62	1.07

注:[a] 通过相关性计算: $M = \dfrac{\text{实际利润} - \text{竞争性利润}}{\text{垄断利润} - \text{竞争性利润}}$。

10.1.4　双向拍卖的另类形式

史密斯和威廉姆斯(Smith and Williams,1982)又报告了 21 个实验的结果,这些实验设计用来系统地比较不同的计算机化双向拍卖交易规则和实验对象的经验对竞争市场的收敛和效率属性的影响。这些实验中使用的是威廉姆斯(Williams,1980)通过使用 PLATO 计算机系统发展出来的互动程序方法。有两个可匹配电子买卖排队系统的投标规则,定义如下:

规则 1:在市场上,对于每一单位交易商品始终都有一个买价和一个卖价。每个买卖价格的最小立定期为 3 秒钟,3 秒钟结束以后开始新一轮的报价。如果一个买价或卖价在最小立定期内被接受,那么 PLATO 就会等待新一轮的报价。任何在已显示报价的最小立定期结束之前报出的其他买价或卖价都会被拒绝。

这个投标规则是一项制度的计算机化版本,该制度在竞争性市场的实验研究中已经使用了多年(Smith,1964)。这里的两套基本规则几乎没有给谈判带来阻力,从这个意义上来说它们代表了相对自由的市场形式。因此,在场外电话交易市场上,买方和卖方不能确保连续的报价能够为他们带来更好的价格。

规则2:除非一个买价或一个卖价被接受,或者两者其中一个由新的买价或卖价替代,否则这个买价和卖价会一直存留在市场上。如果其中一个报价(如买价)被接受了,它就不再有效,因为它已成为一个合约价,同时另外一个报价(卖价)也随之"失效"。原因在于,(根据纽约证券交易所的规则)合约成立,拍卖结束,卖方即便没有成为合约的一部分,但其(报盘)义务也已经结束了。在该合约订立之后,PLATO等待新一轮报价来开始新的拍卖。因而,一场拍卖只能以一份合约的形式结束(除非允许每个交易日在当日最后一份合约达成之后再结束)。

该拍卖流程参考的是纽约证券市场交易的规则71和72(Leffler and Farwell,1963,pp.187,190—191)。在合约达成之前,交易价格对潜在的买方和卖方都是有利的。因为根据规则2,如果某个交易者想等待一个更好的报价,那么在这个等待的过程中,其他人就有可能抢先一步。然而,在规则1下,风险会增加,因为随后的报价会更加不利。在规则2下,买卖协商过程呈现收敛趋势,也就是说,与规则1相比,规则2下的价格浮动更小。

规则1Q:在规则1下,增加一个交易条件,即允许持续递、报盘(即在3秒立定期内进行递、报盘)并按时间顺序排队下单。如果没有排队,当一个报价失效,最早给出新报价的人才可以进入市场;而其他人必须等待,再次尝试,并且可能失败。排队减少了这种失败的发生,并降低了市场准入的交易成本。

规则2Q:在规则2下,市场接受的报价必须向前推进以缩小买卖价差。另外,如果交易者报出一个不高于(不低于)目前最有利的立定买价(卖价)的价格,那么报价按以下顺序进行:首先,递、报盘按价格高低排列,报价高的买价(报价低的卖价)优先级较高;其次,递、报盘按时间顺序排列。交易者可随时撤销等待队列中的报价。然而,根据规则1,报价一旦在市场上立定就不能撤回。交易结束时,还有未成交的递、报盘,那么队列中最高的卖价与最低的卖价会自动在市场上成交。

表 10.4 不同交易规则的实验对象经验水平设置的实验数量(和交易期总数)

实验对象	规则 1	规则 1Q	规则 2	规则 2Q
无经验	3 (30)	2 (20)	3 (29)	2 (28)
有经验	2 (19)	2 (19)	3 (25)	3 (25)

规则 2Q 是电子版"专业人员指南"(队伍排序)和买卖价差缩小规则的结合,后者正是纽约证券交易所交易协商流程的一大特色规则。它是史密斯—威廉姆斯重点关注的交易制度,其中,规则 1、2 和 1Q 是这个重要且有组织的交易所制度中分离出来的另类形式。规则 2Q 中包含的流程经过纽约证券交易所几代人的努力发生了变化,正如史密斯和威廉姆斯(Smith and Williams, 1982)所说的:"我们假设是,规则的生存价值在于其优化市场表现的程度。"这里,我们将根据表 10.4 中的实验数据总结出一些结果。交易过程中我们采用无经验的实验对象,也就是说,我们的实验对象之前都没有参加过任何双向交易实验。在有经验的交易中,实验对象都曾至少参加过一次使用上述四个规则中任一种双向拍卖实验。因此,对于有经验的实验对象来说,他们的经验以及之前参与的实验中的交易规则条件都是不同的。如图 10.10 左侧,所有实验的供需设计是对称的(除了从一个实验到另一个实验时,个人的单位成本和价值上加了一个非必需的位移常数)。

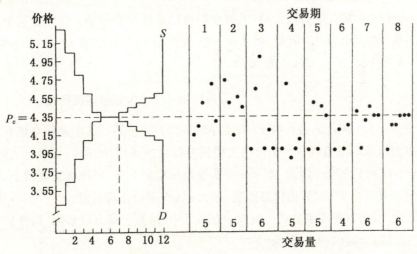

资料来源:Smith and Williams(1979)。

图 10.10 实验对象无经验条件下的双向拍卖价格

如图 10.10 和 10.11，两个说明性实验中每个交易期的合约价格按顺序排列。如图 10.10，我们采用了没有经验的实验对象，并以规则 1Q 为交易规则，在规则 1Q 下会出现最弱的收敛趋势。图 10.11 的实验中采用了有经验的实验对象，并以规则 2Q 为交易规则，在规则 2Q 下会出现最强的收敛趋势。我们使用回归对经验和交易规则的效果进行总结。

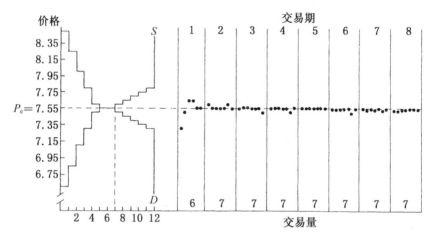

资料来源：Smith and Williams(1979)。

图 10.11　实验对象有经验条件下的双向拍卖价格

令 t 为交易期间，$t = 1, 2, \cdots$

$\alpha^2(t) =$ 第 2 期合约价格(此处合约价格是根据交易期 t 内理论竞争均衡价格计算得出的)。因此，如果在 t 期，在价格 $P_k(t)$ 上，有 $Q(t)$ 个合约。

$k = 1, 2, \cdots, Q(t)$，那么

$$\alpha^2(t) = \sum_{k=1}^{Q(t)} (P_k - P^0)^2 / Q(t)，其中 P^0 为竞争均衡价格$$

因变量 $\alpha^2(t)$ 衡量的是价格 P_k 与竞争均衡价格的差距。这个差距会随着价格方差以及均值与竞争均衡价格之间偏差的增加而增加[即，$\alpha^2(t) = V(t) + (\bar{P}(t) - P^0)^2$]。因此，如果一个实验市场稳定下来，即价格变动较小，且稳定在某个非 P^0 的其他价格附近，那么 $\alpha^2(t)$ 不会出现低值。

此处回归(每个系数的 t 值标示在括号中)运算会得出观察数、调整后的 R^2 以及每个回归的 F 值，如下：

$$\ln \alpha(t) = -1.16 - 0.135t + 0.400X_{1Q} - 0.920X_s$$
$$(-7.67)\ (-6.46)(3.35)\qquad (-7.47)$$

$$N = 99, R^2 = 0.51 \quad F = 34.4 \tag{10.3}$$

其中 $X_{1Q} = \begin{cases} 1, 如果使用规则 1Q \\ 0, 如果使用规则 1 \end{cases}$ $X_s = \begin{cases} 1, 如果是有经验的实验对象 \\ 0, 如果是无经验的实验对象 \end{cases}$

$$\ln \alpha(t) = -0.918 - 0.175t - 0.138X_2 - 0.984X_s$$
$$\quad\quad (-5.99) \quad (-8.11)(-1.13) \quad (-7.88)$$

$$N = 98, R^2 = 0.56 \quad F = 42.9 \tag{10.4}$$

其中 $X_2 = \begin{cases} 1, 如果使用规则 2 \\ 0, 如果使用规则 1 \end{cases}$

$$\ln \alpha(t) = -1.05 - 0.184t + 0.658X_{2Q} - 0.867X_s$$
$$\quad (-7.30) \quad (-9.07)(-5.93) \quad (-7.78)$$

$$N = 102, R^2 = 0.59 \quad F = 50.2 \tag{10.5}$$

其中 $X_{2Q} = \begin{cases} 1, 如果使用规则 2Q \\ 0, 如果使用规则 2 \end{cases}$

从这些回归中可得出以下结论:

1. 这三个回归中都存在一个显著的指数分布的收敛率,在通过经验和不同交易制度进行矫正之后,每个交易期的 $\alpha(t)$ 以 13.5%—18.4% 的平均速度递减。

2. 在每个回归中,实验对象是否有经验对实验结果的影响较大且非常显著。

3. 如果我们在非结构化的(规则 1)市场中采用排队规则,那么在每个交易期内价格相对竞争均衡价格的变动幅度将会明显变大。史密斯和威廉姆斯认为,这是因为排队能够降低交易成本,而交易成本会影响买卖价格在市场上的成交情况。如果可采取排队的方式,那么交易者确定他的报价能够通过排队方式进入市场。因此,交易者会试图坚持以"低买高卖"的方式来获得高利润。这样一来,策略就起作用了,因为合约价格变化幅度更加剧烈。但是如果没有排队,进入市场将更为困难。合约无法达成的风险增加,并迫使交易者在报价上做出更大让步。

4. 相对于规则 1,规则 2(在此规则下,如果递、报盘要进入市场,买卖价差必须缩小)的影响在于每期合约价格的变动幅度小了,不过这个影响并不是那么显著。

5. 如果在规则 2 中使用排队规则，那么合约价格的波动性将显著下降。这看起来是"场外交易"竞争的结果，其中交易者转而使用一个更高（更低）的买价（卖价）来代替早期的买价（卖价），以此在队列中获得优先位置。

6. 比较这四种制度后，我们发现规则 2Q（即计算机化"专家指南"＋买卖价差缩小规则）的合约价格波动性最小、收敛速率最高。

10.2 单边定价制度

在大多数市场上，发起价格或报价是单边执行的（即由买卖双方中的一方提供，而非双方一起提供）。在多数零售市场上，卖方报出价格和数量，由买家决定接受或是拒绝。在牲畜和设备的"乡村拍卖"上，买方逐步对每个待售物品进行出价。相似地，在"密封报价"拍卖上（如美国国库券的一级市场），买方就一定数量的债券（供给量一定）进行书面出价。有学者曾尝试通过几项实验研究（下面几节中会有总结）明确这样一个问题，即这些制度上的考虑是否会影响价格形成过程或市场上的静态价格水平。

10.2.1 口头单边报价与双向拍卖的比较

有 6 个实验（Smith，1964）对单边口头拍卖和双向口头拍卖进行了比较。实验 1b 和 2b（见图 10.12）中，只有买方才允许报价，卖方可以做的是接受买方报价或保持沉默。实验 3sb 和 4sb 研究的是双向拍卖，其中买方可以提出买价或接受卖价，而卖方可以提供卖价或接受买价。最后，实验 5s 和 6s 是报盘拍卖，其中卖方可以提出卖价，而买方可以做的是接受卖方报价或保持沉默。所有 6 个实验的引致供需一览表如图 10.12（左侧）所示。图 10.12右侧部分，我们可以看到每个实验、每个交易期的平均合约价格。这些数据呈现出了一个独特的趋势：在第一或第二个交易期后，买方出价拍卖中的均价高于双向拍卖中的均价，而双向拍卖中的均价高于卖方要价拍卖中的均价。因而，所谓"沉默是金"是指单边口头拍卖中保持沉默的一方较有利。在买方出价拍卖中，买方通过提高报价来吸引卖方，而卖方会认为继续等待对他们更有利。这里，卖方的沉默导致了合谋。合约价格趋向于升至竞争均衡价格之上,但是该上升趋势基于这样一个前提:在某一价格水平上,如果卖方开始"排队",那么这就意味着有两到三位卖方愿意接受报价。该流程与口头卖方要价拍卖流程相反。

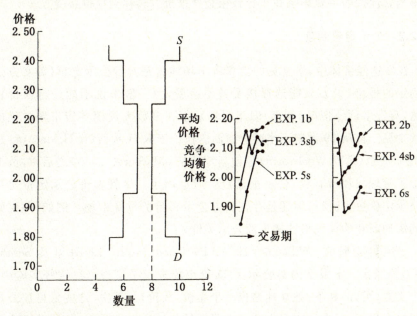

资料来源:Smith(1964)。

图10.12　口头单边报价和双边拍卖的每期平均价格比较

本文中引用的实验只有5至6个交易期,因此,我们不能确定这些实验结果是一种暂时的动态现象还是一种长期的静态均衡。此外,如图10.6所示,尽管实验设置效应(treatment effects)区别很大并且在统计上是显著的(Smith,1964,pp.193—194),但是它们的占比并不大。第5个交易期中的均价差距在1.95—2.25美元之间,这是通过第一位边际内买方和卖方的限价计算得出的。

在图10.12的实验中,每个买家(卖家)一个交易期内只能就一单位产品形成合约价格。实验1b、3sb、5s中有10个买家和10个卖家,实验2b、4sb、6s中有14个买家和14个卖家。普洛特和史密斯(Plott and Smith,1978)做过两个口头买方出价拍卖实验,其中有4个买家和4个卖家,这些交易者都能够就多个单位产品形成合约价格。普洛特和史密斯(Plott and Smith,1978,pp.143,144)的两个口头买方出价拍卖实验中,我们都可以看到合约价格呈现上升至竞争均衡价格之上的趋向。然而,虽然我们可以看到多单位产品的影响,但它却并不显著。而且,在每个交易期中,这两个实验的有效性达到99%—100%。因此,看来单边口头拍卖对资源的配置并非不得当。他们的主要影响在于导致租金从报价方转移到报价接受方。

10.2.2 公示定价制度

在发达经济体中,最常见的消费者市场体验是卖价公示定价(即卖方公示固定的报价,买方只能选择接受或不接受,但一般来说不能进行议价)。当然,有许多例外情况(如新/旧车市场),但在多数大规模零售市场中议价非常少见。自从19世纪下半叶普通商店让位于R.H.梅西(R.H.Macy)和F.W.伍尔沃思(F.W.Woolworth)等创新零售店(Marburg,1951)之后[④],员工失去了管理权和所有权,公示报盘定价应运而生。尽管卖价公示定价比买价公示定价更为流行,但还是存在买方公示买价的重要市场。例如,购买原油的炼油商和购买蔬果的罐头商公示买价。

三项实验研究(Williams,1973;Plott and Smith,1978;以及 Smith,1980)曾经在一定限度内对公示买/卖价市场进行了调查。在这些实验中,每个卖方(买方)私下、独立地选择一个卖价(买价)。其次,这些价格被公布(例如,在黑板上)在所有买方和卖方看得见的地方。之后,一位被随机选中的买家(卖家)会选择一位卖家(买家),并要求该卖家(买家)按照公示的价格提供相应数量的商品,于是该卖家(买家)按要求给出回应,最后达成一份有约束力的合约。如果对方不接受该商品数量,该买家(卖家)可能选择第二位卖家(买家)提供商品等等。在第一位买家(卖家)达成合约后,第二位买家(卖家)被随机选择,以此类推,直到所有人授权达成了合约。在交易期间不允许价格调整,并且在交易期结束后不允许二级市场交易。这个过程结束之后,新一轮的报价又会启动,由此也代表着又一个交易期开始了,如此循环。类似的情况还有:Sears-Roebuck公开春冬季定价目录,或Macy's公布其秋季服装定价(在没有后续销售目录或清仓大甩卖时例外)。用这种方式,学者可以纯粹地研究某个制度,如果重要的话,可以不考虑试图减少误差的其他相关制度的影响。当然,任何相关结论的解释都要将这些因素纳入考虑范围。

威廉姆斯(Williams,1973)通过三对实验比较了买价公示和卖价公示,发现卖方公示卖价的均价要显著高于买方公示买价的均价。该实验的各期均价数据详见图 10.13。在实验 1s、3s 和 5s 中公示卖价,而在实验 2b、4b 和 6b 中公示买价。括号中的数字表示实验对象(买方＋卖方)的数量。因此,在实验 1s 和 2b 中,共有 18 个实验对象(9 位买家和 9 位卖家)。图 10.13 左侧,我们可以看到对称的供求表以及相同数目的买家和卖家。从图 10.13 中的均价数据可以看到,尽管在实验 1s、2b、3s 和 4b 中这些价格水平随时间收敛,但公示的卖价要高于公示的买价。然而,在实验 5s 和 6b 中,交易队伍要长得多,这两种定价制度下的均价价差一直延续到第 20 期和最后一期。这些实验表明,在公示定价制度下,收敛是从有定价主动权的一方开始,因此该方对另一方的价格优势可能是永久性的。然而,这一影响虽然显著,但却并不大。

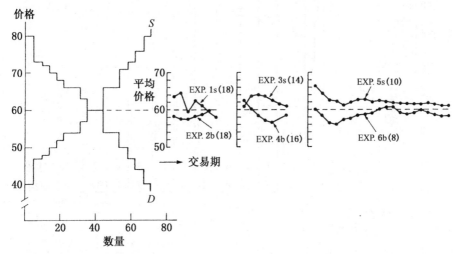

资料来源:F.Williams(1973)。

图 10.13　平均公示卖价和买价比较

普洛特和史密斯(Plott and Smith, 1978)进行了两个买价公示实验,其实验结果基本与威廉姆斯的一致。在普洛特—史密斯的实验中, 15 个交易期中有 14 个交易期的均价低于竞争均衡价格。但是,在这些实验的最后交易期中,观察到的均价与竞争均衡价格之间的偏差不多于 1—3 美分。在两个普洛特—史密斯实验中,所有交易期的效率均值为 95％。它不仅低于普洛特和史密斯(Plott and Smith, 1978)的两个效率接近 100％的买方口头出价实验,还低于典型的双向拍卖实验。

由此可见,公示定价制度有利于公示的那一方,且其效率不如双/单向口头拍卖。但是,在少数实验中,这些影响并不大。显然,在市场表现预测上,竞争模型要胜于卖方或买方垄断模型。根据公示定价制度的结果判断，我们建议只对竞争均衡理论进行轻微的修改。

如果公示价格制度有利于主动的一方，那么就有了以下这个问题。如果我们假设只有一位卖家，且该卖家有权保留产品来期望获得更高、更有利的价格，那么，在公布买价交易规则下，卖方的垄断能力是否会有所减弱？基于这个问题，史密斯（Smith，1981）做了三个单一卖方的实验。

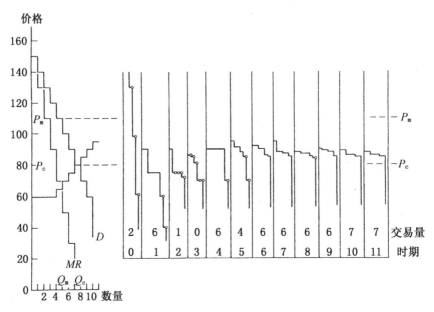

资料来源：根据 Smith(1980) 整理。

图 10.14　买方公示价格成为价格歧视垄断者

在图 10.14 左侧，我们可以看到需求、对应的边际收益（卖家）以及边际成本。实验中共有 5 位买家，每位都能够购买 2 单位商品。在这个实验中，第 0 期是"试验期"，不做实际交易，目的是让参与者能够了解交易流程。在每个交易期内，买价从最高到最低排列。因此，在 1 期，有一个买价在 0.90 美元，两个在 0.75 美元，另一个在 0.60 美元，还有一个在 0.40 美元。如果有两位买家出价 0.75 美元，且卖家接受该价格，那么卖方会向第一位买家提供 2 单位商品（先来后到），对于两位出价最低的买家，卖家拒绝提供任何商品。因此，在 1 期共产生了 6 个单位的交易。在 2 期，除了最高价（0.90 美元）外，卖方拒绝了其他所有的出价。在 3 期，买价有所上升，但不是很多，因此

卖方也全部拒绝了。之后买方又适当提高出价,卖家接受,并提供 6 单位的
商品。对于 5 期及再往后,我们注意到买价相当稳定,有一个轻微向下移动
的趋势。如预期,虽然供应量相较 2 期和 3 期有一个大的削减,但买价公示
规则对卖方形成了极大的限制。从图 10.14 中可以看到买价的分布在开始
的几个交易期后相对较窄,这是买价公示实验的普遍特征。可以推测,正因
为该制度的区别定价特点才会有这样的结果。那就是:如果每位买家知道
某位卖家会最先接受更高的出价,并因此要求买家支付该价格,那么该买家
一定会倾向于将出价定在略高于最低可接受的买价。这表明,如果买价公
示定价没有这一特点,那么买价会上升,形势将有利于卖家。

为了检验这一假设,曾有人做了实验,其中,首次实验如图 10.15 所示。
该实验中有 5 位买家和 5 位卖家,并沿用了与图 10.14 中相同的估值和成本
条件,另外在前 9 期还采用了买价公示这一区别定价制度。如图 10.15,前 9
期合约价格以点的形式标示。从 10 期开始,所有参与者将被告知:从 10 期
开始卖方看到公示买价之后会宣布买价下限,即低于下限的出价都不予接
受。然后,卖方将按顺序连续向出价较高者提供商品,这里被接受的价格即
是买价下限(图 10.15 中 10—19 期的点)。值得注意的是,如图 10.15,从 10
期开始,买价呈上升趋势,一直到 19 期和最后一期。

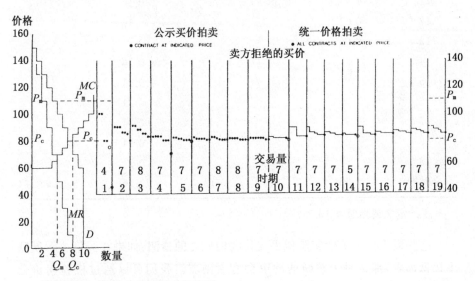

资料来源:根据 Smith(1980)整理。

图 10.15　买家公示价格成为价格歧视垄断者并在第 10 期后转为统一价格拍卖

表 10.5 中列出了 3 个买价公示实验(Smith，1981)中有效垄断下的各期指数。实验 2 中，卖方赢得了最佳末期利润，不过仍然只有垄断理想水平的 1/3 左右。实验 3 中的卖方在各个时期中都表现最佳，但有效性指数仅 0.12。对于这个卖方来说，在援用可接受的最低买价的统一价格规则后，该指标上升至 0.16。

表 10.5 公示价格垄断的效率[a]

时期	公 示 买 价				公示卖价
	1	2	3	3(统一价格)	1
1	−0.15	0.04	0.35		0.78
2	0.06	−0.59	0.40		1
3	0.13	−0.81	0.09		0.81
4	0.15	0.41	0.04		0.89
5	0.15	0.11	0.04		1
6	0.12	0.37	0.04		1
7	0.07	0.33	0.03		1
8	0.03	0.27	0.04		1
9	0.01	0.33	0.07		1
10	−0.01	0.36		0.10	1
11	0	0.33		0.16	1
12	0.01			0.16	
13	0.06			0	
14				0.16	
15				0.21	
16				0.21	
17				0.21	
18				0.21	
19				0.21	
全时期	0.05	0.10	0.12	0.16	0.95

注：[a] 定义请参照表 10.3。

这些买价公示垄断实验似乎支持我们原先的猜测：如果在买价公示制度下压低需求，那么对于垄断的约束会有所削弱。我们可以通过检验卖价公示定价制度下的垄断行为来测试这种推理是否有效。因为卖价公示定价对于卖方有利(Williams，1973)，所以该制度应该最有利于单个卖方垄断价格的达成。图 10.16 中显示了该实验的结果。在尝试 5 次卖价公示后,该实验中的卖方能够很容易就能发现 1.10 美元是利润最大化价格,之后从 5 期到 11 期卖方一直以该价格为公示卖价。如表 10.5 所示,该实验中的卖方实现了近乎"1"的垄断有效性。非常有趣的是,买方在面临固定价格("要么接受,要么放弃")时并没有尝试压低需求。但是,无论是在买价公示定价下还是在双向拍卖(10.1.3)下,买方一直在压低需求。将表 10.3 中双向拍卖的垄断有效性与表 10.5 中买价公示定价的垄断有效性进行比较之后,我们发现,相较于高度限制的买价公示定价制度,单个卖方在双向拍卖制度下的表现要更好。

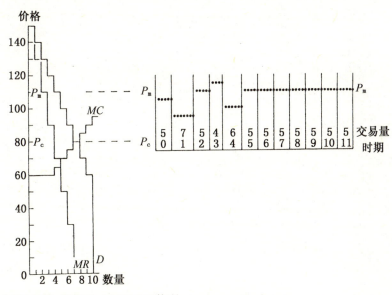

资料来源:根据 Smith(1980)整理。

图 10.16　垄断卖方公示卖价

注　释

① 在社会经济组织形成的过程中,该原则起到了一定的作用,这在人类不同文化中都可以看到。Kaplan 对于老鼠实验的描述使人联想到 Freuchen(1961,p.53)对于爱斯基摩人狩猎传统的描述,他们的猎物是危险的北极熊。"那个首先将长矛刺入北极熊身体的猎人可以得到上半身(兽皮),那是最好的部分,因为它包括了前腿的长鬣毛,这些鬣毛是女式皮靴绝好的镶

边材料。"这种对于产权体系的简单的有效界定（向我们）表明：更高效的团队协作中存在明显的个体激励。对于我们许多人来说，由于存在这种清晰而简单的产权体系，个人显然倾向于更高效的团队合谋。

② 因此，在注释 1 的爱斯基摩案例中，其他人可能把该传统理解为一种无私的"公平道德"，因为那些给北极熊第一击的狩猎者在分得特殊奖励之后，还要将剩下的部分与其他狩猎团队成员分享。

③ 参见 Kaplan(1964，pp.147—154)对于实验的不同类型以及他们的科学意义的富有启发性的讨论。

④ 根据 Marburg(1951，p.527)的说法："当大量的员工进行真实销售时，单价策略是否必要的。19 世纪 60 年代后期，该策略非常流行，虽然当时乡村普通商店仍会采用多种价格或议价体系。"

11

政治经济学中交易制度的实验研究方法

弗农·L.史密斯

经济学中的实验方法与地理、天文学中的实验方法具有同样的科学功能，即在可控制的实验条件下检验各种推论和正规理论，从中获得可靠的理论知识，然后以此去对自然观察结果进行补充和支持。因此，地理学家和天文学家先在实验室里论证那些操控物理现象的原理，然后运用这些科学原理来帮助指导和解释其领域里的发现。同样，实验经济学者也是先在实验环境中建立起关于市场与个体行为的理论，而不是在理论没得到验证之前，就假定它们能够解释经济领域的数据（或从中预测其特征）。值得注意的是，经济学经常运用抽象理论，而这些理论却很少经历过严格的检验。在过去的二十多年里，实验室方法的发展改变了既定的研究程序，经济理论家们不得不应对全新、复杂又陌生的规则的挑战，但同时，实验室方法要求经济学家（像地理和天文学家那样）对可能被别人重用或复制的数据承担直接责任，这也促成了一套严格的数据收集新标准。这种快速发展的研究方法已经开始改变经济学家对其科研任务的想法①，在本章中，我希望对其所具备的科研力量和影响广度进行积极评价。

11.1　交易制度和财富创造

从亚当·斯密（Adam Smith）的著作开始，政治经济学家一直假定现代经济的巨大生产力源于交易制度，该制度支持多元化的消费，从而使人力和物质资本变得专门化。斯密的伟大见地在于，他认为交易是能为参与的各方带来净收益的正和博弈，但个体参与人对这个财富创造过程并无察觉（看不见的手）[②]，这一非凡理论认为，个人在寻求各自利益（各人对此定义不同）的过程中，会通过交易的方式来合作，以求创造出远大于单独一个人能够产出的财富。

然而，什么可以让人相信斯密的理论在其现代形式下仍具备实证效力呢？我们知道，历史观察表明要创造更大的财富，都与交易制度的运用息息相关，但不管是怎样的观察数据，其说服力都比不上实验。

11.2　一个实验设计

图 11.1（A）中所示为实验设计的一个例子，其中包含的是对斯密理论的一个简单的现代处理方法：有 4 个买家（B1，…，B4），每人可以购买最多 4 单位的商品，假设随着商品的连续增加，每个买家存在边际价值递减效应，因此，买家 B1 买第 1 单位产品想支付的最高价格是 5.85 美元，第 2 单位是 5.20 美元，依次类推；假设每个人的情形各异，每个买家对商品的边际价值递减效应各不相同。在实验室中，我们为激励买家以尽可能低的价格买入商品，便告知他们每单位商品的指定边际价值和其实际市场售价之间的剩余可以兑成现金。因此，如果 B2 买 2 单位商品，其中 1 单位售价 5.20 美元，另一个是 5.10 美元，他将赚取 70 美分的现金收益。如果我们将所有 16 个指定价值从高到低排列，就会得到一条理论上的支付意愿（反需求）曲线［图 11.1（A）中的 D］。同样的，3 个卖家（S1，S2 和 S3）分别有各自的边际成本（此处为常量），分别代表不同卖家出售各自产出（5 单位）的最低售价，卖家 S1 边际供应成本最低，为每单位 4.95 美元；S2 次之，S3 是成本最高的卖家。为了鼓励实验卖家以尽可能高的价格出售商品，我们以现金兑现商品实际

支付售价和边际供应成本之间的差额，作为卖家的收益。因此，如果 S1 以
5.15 美元的价格出售 2 个单位的商品，他所获收益是 40 美分。如果我们从
低到高排列 15 个设定的边际成本，会得到理论上的愿意接受价格（反供给）
曲线 S。

　　这一实验设计清楚地说明了一种容易被经济主体们误解的交易特征，即
买卖双方的盈利相互依存（自愿交易则是互利共赢的），这是因为收益是当售
价低于买家支付意愿所产生的盈余，而卖家的盈利则是售价高于其出售意愿
的剩余。图 11.1（A）中总剩余（消费者与生产者剩余）处于需求曲线之下，供
应曲线之上，即两者的交集地带。这一剩余可以衡量现行交易制度所能创
造的最大社会经济福利，然而，有必要强调的是，实验的参与人对图 11.1 一
无所知，每个参与人只知道他自己的价值或成本。

　　只要一种交易制度能实现图 11.1 所示剩余，那它就是有效率的。也
就是说，在 10 单位最高价值的需求与 10 单位最低成本的供应之间，任意
匹配都能产生一个有效的交易集。但是，此类匹配最容易发生的条件是，市
场就是为了实现均衡市场出清价格及相对应的供需平衡贸易而设定的，在
图 11.1（A）中，就是在区间 $P_c =$ （5.05，5.10）之内的任何价格。

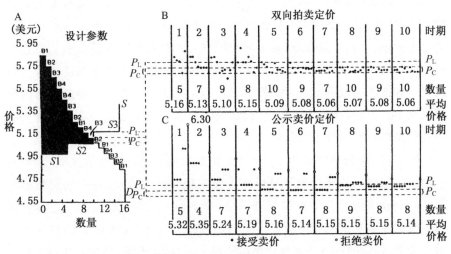

　　注：在图 11.1（B）中，5/6 的被试在第 10 期的平均要价在 P_c 区间内，在 11.1（C）
中，5/6 的被试在第 10 期的平均要价大于 P_c。

图 11.1　双向拍卖与公示卖价定价制度比较

11.3 双重拍卖定价制度

到目前为止,交易"环境"已在图 11.1(A)中得到说明,同时,交易中实现的环境也解释了如何从创造剩余的能力入手来评估交易制度。我们可能用什么样的交易制度来组织交易过程呢？这样的制度有很多种,在这里我们先给出两种已经被广泛研究的:双向口头竞价制度和公告式竞价制度。历史上,人们更偏向将双向口头竞价制度用于有组织的证券和商品交易,亚利桑那大学和印第安纳大学使用了这种拍卖方式的计算机版本,在这种实时交易制度下,任何买家可以输入 1 单位的买入指令,任何卖家也可以输入 1 单位的卖出指令,最优(高)的购买指令和最优(低)的卖出指令作为标准买入和卖出指令向所有交易者公示,其他的买入指令价从高到低排列,其他的卖出指令价从低到高依次排列。等待交易的买入和卖出指令是不公示的,它们代表"电子交易手册",与纽约证券交易所的经纪人手册相对应。卖家或买家可以随时撤销所提交的价格,但不能撤回已成为"立定"的买卖价格。任何一个出价(卖价)一旦高于(低于)现行立定出价(卖价),就可能成为新的立定出价(卖价)。因此,买家和卖家必须通过改变买卖差价以形成新的立定出价(卖价),一旦买方(卖方)接受了一个立定出价(卖价),我们就在此价格上达成一项有约束力的契约。由于在现实中参与人无法知晓买家的最高买价和卖家的最低卖价,因此通常在实验市场中每个人仅知道自己的价值或成本。但是,在整个过程中,设定的拍卖制度会不断向所有交易者告知公共信息(出价、卖价、成交价格)。

图 11.1(B)按顺序给出了 10 期交易的成交价格。每期持续 300 秒,每一期中各位被试的总价值和总成本不变。剔除学习效应,每一期交易都是图 11.1(A)市场的一个纯粹复制,在这个设计中,除了基于两个边际卖家 S1、S2 供给反应的竞争均衡价格集 $P_c = (5.05, 5.10)$,还有由 S3 决定的限价均衡 P_L,S3 的成本决定外部供给边界。一旦 S1 和 S2 试图合作将价格抬高到竞争价格之上,即价格达到 P_L,有利可图的 S3 就会进入市场,并对此起到限制作用,6 个此类实验设计中,除了其中 1 个使用了无经验被试,使市场价格稳定在稍低于 P_L 的价位,其余 5 个都稳定在 P_c 区间里。结论是,在双向拍卖中存在两个边际内卖家时,定价规则与限制价格上升的边际外部

供应相关性很小。

图 11.1（A）中，不同研究人员使用多个实验变量进行了数百次实验，这些实验证实了双向拍卖制度中的静态竞争均衡预测的稳健性（Smith，1982）。例如，在使用了中间商的情况下，一组参与人从同一市场的卖家手中买入货物，然后在另一个远距离的市场上转卖，并不会改变图 11.1（B）中的均衡趋势（Plott and Uhl，1981）。同样地，如果买家、卖家或两者都遵循有规律的交替周期或季节周期，且第三组参与人被给予了投机的权力（低价买入高价卖出），我们可以观察到价格向跨期竞争均衡收敛（Williams and Smith，1984）。有人发现后者可以延伸到买方需求随机变动的情形中（Plott and Agha，1983）。尽管静态均衡理论预测到了双向拍卖制度的这些经验主义倾向，但它却无益于我们理解很多实验研究中发现的各类动态收敛模式。比如图 11.1（B）中的情形，在双向拍卖交易中，当买方剩余超过卖方剩余时，价格从上方向中间收敛是一般性特征，反之，当卖方剩余超过买方时，价格是从下方开始往中间靠拢（Smith and Williams，1982），静态价格理论对这些经验规律性没作任何说明。同样，在设有价格上限的实验中，如果价格上限超过了 P_c，则无任何约束力，对静态均衡价格毫无影响，实际上只会使收敛减慢，且收敛路径是从下往上（Isaac and Plott，1981；Smith and Williams，1981）。另外，我们发现如果在市场稳定后取消价格上限，会有短暂的价格飙升，然后才回归到 P_c（Isaac and Plott，1981）。最后，模拟双向拍卖的动态过程（Wilson，1985）也许有助于我们更好地理解这些实验结果。

有人在另一组实验研究中研究了其他交易制度，他们的目的是确定制度（如果存在的话）从什么层面影响市场。图 11.1（C）中所描述的实验是对图 11.1（A）环境的复制，但不同的是，该实验的参与人在公告式竞价规则下进行交易（Smith，1976b；Plott，1986），按照这些规则，在每期实验里面，每个卖家选择一个"要么接受要么走人"的价格指令挂牌（展示在每个参与人的电脑屏幕上），买家排队按顺序进行购买。在这种制度下，价格会更高，收敛会更慢且更不稳定，比双向拍卖制度的效率更低［图 11.1（B，C）］。我们从图 11.1（C）可以看到，由于受到 S3 的供应成本的影响，市场价格趋于稳定在稍低于 P_L 的地方。在 6 个使用不同被试的试验中，其中 5 个的平均价格都在第 10 期超过了 P_c。

11.4　多边市场的双重拍卖

图 11.1(A)中,实验人员设定了每个买家对每个连续单位产品的最高出价意愿,但是,真实市场环境通常是由多个相互独立的市场组成的,我们在此例中可以看到这种独立性,例有两种互相替代的商品 X 和 Y,其中 X_i 和 Y_i 被定义在非负象限,代表买家 i 对每种商品的购买量,假设买家 A 偏向购买 $u^i(x_i, y_i)$,则它在 (x_i, y_i) 坐标轴中是递增的凹型曲线,该买家的预算约束是 $x_i P_x + y_i P_y \leqslant T_i$,其中 P_x 和 P_y 是商品价格,T_i 是其支出上限。经典理论[3]推出每个 i 的需求函数 $x_i = d_x^i(P_x, P_y)$, $y_i = d_y^i(P_x, P_y)$,综合其他假设,推出市场的需求曲线 $X = D_x(P_x, P_y) = \sum_i d_x^i$ 和 $Y = D_y(P_x, P_y) = \sum_i d_y^i$。 在实验室实验中,我们鼓励参与人展示其偏好 $u^i(x_i, y_i)$,并向参与人承诺如果 i 购买捆绑商品 (x_i, y_i),就将支付给他 $V^i(x_i, y_i)$ 美元,此时 V_i 是凹的递增函数。我们同时给予参与人固定的预算 T_i 代币(交易媒介)。只要被试根据某(无法观察到的)递增函数 $U_i(V^i)$ 对更多货币有严格偏好,那么 $u^i = U_i[V^i(x_i, y_i)]$ 就成为其"近似"偏好函数,我们就能利用 $V^i(x_i, y_i)$ 和货币禀赋 T_i 计算出需求函数。[4]这里有一点要强调一下,从特定的赢利函数 V^i 推导而来的个人的相依需求函数 d_x^i 和 d_y^i,并不能像图 11.1(A)中单一市场所表现的那样,决定企业的最高支付意愿限制。在双市场模型中,i 对每一连续单位 x 的需求价格 P_x 都不同,它取决于真实的 P_y 价格。因此,人们对任意商品的需求实际上与机会成本相关,也就是说,个人在一个市场的支付意愿取决于他/她在另一市场将有限的代币收入消费掉时所能取得的效用。这给斯密"看不见的手"带来了一项更为复杂的社会任务(Smith, 1776;1937)。

通过使用特定的可分边际成本函数 $S_x^j(P_x)$ 和 $S_y^j(P_y)$ 来添加卖家,并给定总的市场供应 $S_x(P_x) = \sum_j s_x^j$ 和 $S_y(P_y) = \sum_j s_y^j$,市场就构建完成了。在实验中,函数 $V^i(x_i, y_i)$ 或 $S_x^j(P_x)$ 和 $S_y^j(P_y)$ 以表格形式呈现给被试,表中是购买或出售单位商品的整数效用。市场出清价格 (P_x^c, P_y^c) 和出清交易量 (X^c, Y^c) 由均衡条件 $X^c = D_x(P_x^c, P_y^c) = S_x(P_x^c)$ 和 $Y^c = D_y(P_y^c, P_y^c) = S_y(P_y^c)$ 决定。每位被试仅有其自己的 V_i 或 S_y^j 的图表信

息。虽然曾有经典理论的某些版本做出过经济人具备完全信息这样不现实、无依据的假设，但在这里，被试对以上所提到的均衡价格一无所知。

图 11.2 展示了一个典型实验经济市场的所有成交价格，该市场包含有 6 个买家和 6 个卖家。由诱导偏好参数 $V = \delta(\alpha x^\rho + \beta y^\rho)^{1-\rho}$、代币禀赋及供应成本可推出均衡价格 $(P_x^c, P_y^c) = (8.10, 3.90)$ 和成交量 $(X^c, Y^c) = (12, 12)$。 这个实验中的价格收敛趋势和威廉姆斯等人（Willams et al., 1986）经过 15 个实验得到的结果类似。其最重要的特征是，需求理论在单个市场的强大预测力延伸到了有预算约束的相依双市场模型中。[⑤]实际上，被试用双向拍卖规则解了一组非线性联立方程，而他们自己并没意识到这是他们的行为导致的市场结果。

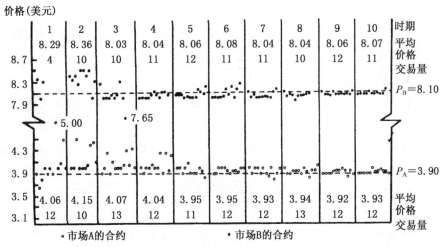

注：在 15 个实验里的 10 个实验中，两个市场在第 10 期的平均价格偏离竞争均衡价格的幅度小于 5 美分。

图 11.2　两个相互依存市场中的双向拍卖定价

11.5　股票市场交易的泡沫和崩盘

我们用实验方法检验了股票价格制定过程中的内在价值股利理论（Smith et al., 1988），该项研究的其中一个目标就是想弄清楚能否在实验室中观察到股票市场的泡沫和崩盘，如果能，则要描述出它们的跨期动态行为特征。在此实验环境中,实验人员向每位被试($n=9$ 或 12)发放一定量的现金和股票(比如在其中一个实验设计中,发放的现金和股票份额分别为 2.25 美元和 3 股、5.85 美元和 2 股、9.45 美元和 1 股),共有 15 个交易期,每期(采用双向拍卖交易原则)结束时,以美分为单位按投资人账户中持有的股份发放股利,该股利以某种分配方法计算而来,比如,等概率情况下,$\tilde{d}=(0, 8, 28, 60)$,可估算预期价值为 $E(\tilde{d})=(0+8+28+60)(1/4)=24$ 美分。投资人也会通过低买高卖(高买低卖)获得资本收益(损失)。这里要注意一点,在整个市场中,股权价值的增加都来自股利,所有投资人之间的净资本得益一定为 0。与股票价格相关的内在价值股利理论认为,股票的市场价格将向未来股利的预期折现值靠近。在本实验中,投资人被告知了股利结构的全部可能信息,而且他们也知道每一期实验中股票的预期累计股利价值。

如图 11.3 中的横向水平线所示,在前面的例子中,首次股利支付前,第 1 期的累计股利价值是 $15E(\tilde{d})=3.60$ 美元,第 2 期为 3.36 美元,第 3 期为 3.12 美元,以此类推,直到第 15 期的 24 美分。目前我们观察到,在 21 次实验中,有 13 次出现了如图 11.3 显示的价格泡沫和崩盘。这 21 次实验中有 4 次用的全是有经验的投资者(之前参与过至少 1 次实验),结果价格几乎都更快地收敛到了接近于内在价值股利理论预测的水平,并且最后随其下降。

接下来的价格调整假说描述了这类市场的动态特征:$\bar{P}_t - \bar{P}_{t-1} = -E(\tilde{d}) + \beta(B_{t-1} - O_{t-1})$,$\beta > 0$,其中 $\bar{P}_t - \bar{P}_{t-1}$ 是 $t-1$ 到 t 期平均价格的变动,B_{t-1} 是 $t-1$ 期内的购买指令数量,O_{t-1} 是卖出指令的数量。$B_{t-1} - O_{t-1}$ 表示滞后超额购买指令,提供了一个衡量股票过量需求的替代指标,而过量需求是从投资者内生的预期资本收益中产生出来的。假设的前提是,平均价格变化包含了股利内在价值的因素,$-E(\tilde{d})$,还有因滞后超额购买产生的资本收益预期而呈线性上升的滞后需求因素。图 11.3 显示了该实验对此方程的回归估计。在所有 13 个出现泡沫和崩盘的实验中,都得出估计值 $\hat{B} > 0$,其中 10 个得出的值显著大于 0。此外,其中只有 1 个实验的截距 $\hat{\alpha}$ 明显不同于 $-E(\tilde{d})$。因此,虽然内在价值股利理论完全不能作为平均价格的即时预测工具,但作为一个均衡概念,它不能被拒绝。

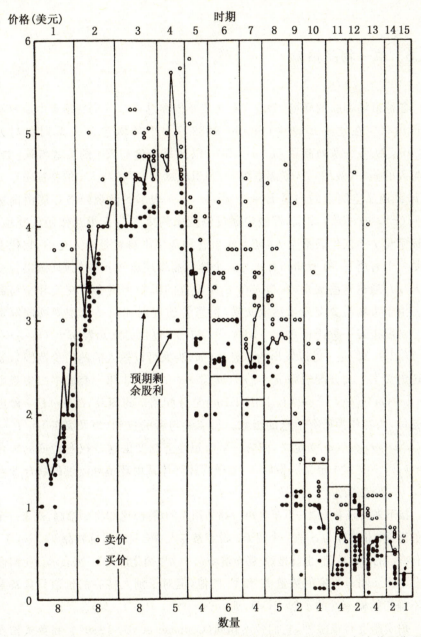

注:折线连接被接受的连续买价(卖价)以形成合约。阶梯函数意味着预期股利价值每期都会下降到预期的单期股利价值(24 美分)。基于超额买价,最小二乘预测方程预测的连续时期的平均价格变动为 $\bar{P}_t - \bar{P}_{t-1} = -0.12 + 0.063(B_{t-1} - O_{t-1})$。截距和斜率的标准误差分别为 0.16 和 0.016。

图 11.3 市场泡沫和市场崩溃下的价格

11.6 单一物品拍卖

各种市场实验的环境、制度和行为等不同概念在单一物品拍卖中最容易体现出来。在这一理论中(Smith, 1982),一个环境包含一系列参与人$\{1, \cdots, N\}$,一系列商品$\{1, \cdots, K\}$,以及每个参与人i的某些特征[如,参与人的偏好(效用)u^i,资源禀赋r^i,知识禀赋k^i]。参与人i的特征由定义在K维商品空间上的向量$E^i = (u^i, r^i, k^i)$表示。微观经济环境由向量$E = (E^1, \cdots, E^N)$定义,即假定通过制度来约束参与人相互作用的环境。上标字母i不仅代表参与人,还意味着各种环境本身就是个人化的,它代表的是一个有所喜、有所知和有所为的个体。制度明确了产权规则(做出行动的人权),通过这些规则,参与人在E所设置的限制和机会下交流和交易商品。由于市场需要交流来达成交易,信息管理规则和商品管理规则同等重要。制度指定一种语言$M = (M^1, \cdots, M^N)$,包含信息元素$m = (m^1, \cdots, m^N)$,其中M^i是i可以发出的信息集(如,买家可以输入的的出价范围),制度还定义了一套分配规则$a = [a^1(m), \cdots, a^N(m)]$和一套成本归集规则$c = [c^1(m), \cdots, c^N(m)]$,其中$a^i(m)$是分配给$i$的商品,$c^i(m)$是$i$做出的支付,两者各为所有信息的函数。每个参与者的权利(以及义务)由$I^i = (M^i, a^i(m), c^i(m))$定义,同时一个微观经济制度由这些权利特征的集合$I = (I^1, \cdots, I^N)$定义。最后,一个微观经济体系由环境和制度的联合$S = (E, I)$来定义。

接下来我们来考虑一下某种单一物品拍卖的情况,比如将一幅画,或者一个古董花瓶的拍卖作为S的一个例子。设定参与人各自针对目标物品$V_1, \cdots, V_N$持有特定的货币价值,也就是说,将向量(u^i, r^i)以简化形式V_i来表示。我们假定参与人i知道买家的数量N和V_i的值,但对于别人持有的价值只具备某些不确切的概率性的了解$P(V)$,即,$E = (V^i, P(V), N)$。

拍卖制度有很多种,它们各不相同(Coppiner et al., 1980)。在英式拍卖中(e),买入指令从低到高排列,直到拍卖者无法吸引到更高的出价,然后该商品按最后一个出价卖给该买家。在荷兰式拍卖(d)中,卖家首先提出一个高位价格,然后按固定差价不断降低报价,只要某一买家接受卖家的报价,市场即刻成交关闭,然后该物品按此价卖给他。在封闭式拍卖中,每个买家递交一份写好的报价标书，一般有两种形式：最常见的是第一价格拍卖（f），即按最高出价成交；另一种是第二价格拍卖（s），即出价最高者按第二高的出价成交。

在所有四种制度中，语言 M 是买方出价指令，其所有要素对所有买家都是一样的，且都为正数。如果参与人按购买指令作降序排列，那么 f 拍卖制度 $I_f = (I_f^1, \cdots, I_f^N)$ 是由规则 $I_f^1 = [a^1(m) = 1, c^1(m) = b_1]$ 和 $I_f^i = [a^i(m) = 0, c^1(m) = 0]$ 定义的，$i > 1$，其中 $m = (b_1, \cdots, b_N)$ 包含所有买方出价，就是说，参与人 1（最高出价者）按价格 b_1 成交，其他人则无交易行为（假定参与拍卖不需要付入场费）。相反，在 s 拍卖中，$I_s = (I_s^1, \cdots, I_s^N)$，其中 $I_s^1 = [a^1(m) = 1, c^1(m) = b_2]$，$I_s^i = [a^i(m) = 0, c^i(m) = 0]$，$i > 1$，也就是，参与人 1 以第二高的出价 b_2 拍得物品。

M 中参与人的选择行为促成了一个微观经济环境的形成。在对一种经济的静态描述中，参与人行为可以被定义为函数（或对应）$m^i = \beta(E^1/I)$，它把参与人的特征 i 作为选择 m^i 参考因素，并视制度 I 所赋予的权利而定。在已知每位参与人的行为的情况下，制度规则决定了实验结果 $h^i(m) = h^i(\beta(E^1/I), \cdots, \beta(E^N/I))$ 以及 $c^i(m)$。因此，参与人可选择信息，但却是制度（社会规则）来决定分配。一个关于参与人行为的理论从关于 $S = (E, I)$ 的假设中推出了一个特定的函数 β。在 s 拍卖中，按自己持有的价值出价是占优策略，即对所有的 i，$b_i = \beta(V_i/I_s) = V_i$，如果不改变支付价格，低于 V_i 的出价会增加输掉拍卖的风险，而高于 V_i 的出价则有使支付大于 V_i 的风险。预期的结果是，$b_1 = V_1$ 是中标价，且参与者 1 以价格 V_2 成交。同样，在英式拍卖中，参与者 1 会以等于或者高于 V_2 的出价打败参与者 2，并以此价格拍得商品。因此，理论证明英式拍卖和荷兰式拍卖是同构的制度。

对英式拍卖和第二价格拍卖的实验研究（其中，效用 V_i 是任意设定的，夺标者以 $V_1 - b_2$ 美元支付）表明，两种制度是大致相同的（Coppiner et al.，1980）。英式拍卖价格轻微高于 V_2，而第二高价格拍卖价格则略微低于 V_2。这是因为在英式拍卖中，离散性导致了竞价过度，而在第二价格拍卖中，并非所有人都觉得按持有价值出价有利可图。然而，在过去的一系列拍卖中，参与第二价格拍卖的许多被试都学会了这种占优策略。两种类型的拍卖都是高效率的——95%—97% 的物品被出价最高的人拍得。

在所有这些制度中，从技术上来讲，f 和 d 拍卖是最有趣的，因为每个参与者的最优策略取决于其他人随之做出的策略。维克瑞（Vickrey，1961）证明,在 f 拍卖中,如果每个参与者在 $P(V) = V$ 的环境下将预期剩余 $(V_i - b_i)$ 最大化(V_i 是由区间 $[0, 1]$ 上的线性分布函数推出),那么在 f 拍卖中,对环境 $E_i = (V_i, P(V) = V, N)$,每个参与者的出价函数 $b_i = \beta(V_i, P(V) = V, N/I_f) = (N-1)V_i/N$,是明显的非合作出价策略。这一策略构成了一个非合作均衡,即如果 $N-1$ 个参与人都使用这一策略,剩下的那个将获得最大预期盈利。要证明 f 和 d 拍卖是同构机制非常容易(Cox et al., 1982),因此,在 d 拍卖中,当参与人持续报价 b_i 低至 $(N-1)V_i/N$ 时,每个买家都应该做出接受的打算,这是因为实时的 d 拍卖是不传递信息的,也就是说,虽然每位 i 在每个时刻都知道还没有买家接受持续报价,但这不会成为改变 f 拍卖投标规则的诱因。

对 f 和 d 拍卖[环境 $E = (V_i, P(V) = V, N)$,其中 $N = 3, 4, 5, 6, 9$]的实验研究已经证实,d 拍卖的平均价格稍低于 f 拍卖的平均价格,但是两者的平均价格都太高了,与维克瑞的风险中性模型不符(Cox et al., 1982)。f 拍卖的最后结论催生了恒定的相对风险规避模型(CRRAM)(Cox et al., 1982;1988)。这一模型的基本假设是,参与人似乎都是为了最大化预期效用来出价,并且是按效用盈余函数 $u_i = (V_i - b_i)^r$ 来执行的,其中 r 在区间 $(0, 1]$ 里。由此可推出线性均衡报价函数 $b_i(V_i) = (N-1)V_i/(N-1+r_i) \geqslant (N-1)V_i/N$,它能够解释为什么绝大多数买家(92%)的出价高于风险中性报价。出价行为的一个令人惊讶的特征(被试对竞价理论一无所知)是,大多数买家的报价和他们随机分配到的价值保持高度线性一致。图 11.4 描述了参与人竞价行为的一个典型案例,并且,正如均衡报价函数预测的那样,当参与人数量增多时,他们的出价更高。在一组包含 33 位被试(他们回来参与了第二场实验)的样本中,只有 20% 的人表现出了明显不同于前一次的线性出价行为。同时我们也检验了实验的零假设,即同一个拍卖中 N 个竞争参与人以同样的线性竞价函数竞争,结果拒绝率为 60%,这支持了另外一个观点,即单个参与人出价时持有互不相同的风险态度 r_i。然而,与理论相反的是,约 22% 的被试的经验竞价函数在统计上显著相关。能够解释这一现象的修正理论是假设当 $V_i - b_i + w_i \geqslant 0$ 时 $u_i = (V_i - b_i + w_i)^r$,或是 $u_i = 0$。对任何一个 i 来说,若 $w_i < 0$,则意味着在每个参与人做出(非零)竞价之前,都有一定数量 $|w_i|$ 的潜在货币收入。当 $V_i \leqslant |w_i|$ 时,则参与人不出价。这样,线性回归会产生一个显著的负相关关系。对任何参与人 i 来说,若 $w_i > 0$,则假定他会将一个商品价值或赌博效用 $u_i = (w_i)^r$

与赢得拍卖关联起来,这样的参与人甚至可能会以高于分配价值 V_i 的出价去赢得拍卖,即使那样会导致负效用 $(V_i - b_i)$。就某种意义而言,这一理论的扩展是可检验的(尽管 w_i 根本观察不到):我们可以在试验中付给参与人一笔钱 $w_i' > 0(w_i' < 0)$,并且对最高出价者另付 $(V_i - b_i)$。扩展模型可以预测到比估计的竞价函数更高(更低)的平行移动,此类竞价研究的进展说明,研究项目在不断前进,而且实验检验和理论发展是相互促进的,都致力于增加理论的实证内容。

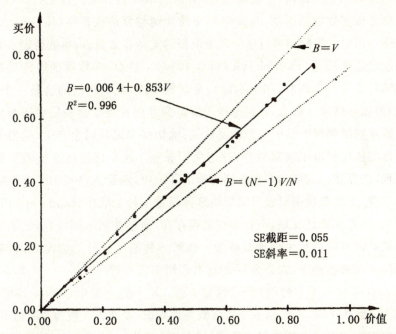

注:由两条射线 $[B = V$ 和 $B = (N-1)V/N$(风险中性出价方程)$]$ 围成的三角区内的出价 B 与被试的出价一致会随着真实价值线性变化,就像风险厌恶偏好与货币奖酬成对数线性关系一样。

图 11.4 存在 4 个买方的参与人竞价行为的典型案例

11.7 政治制度中的交易

诱导偏好理论推动了实验经济方法在政治行为研究中的创新延伸。此类延伸以如下实验观察为基础的:报酬函数 V^i 的参数可以为所有 i 的共同结果,比方说在有两种"公共物品"的情况下,所有参与人所得结果都是 (X_1, X_2) 时 $V^i(X_1, X_2)$ 的情况。这类延伸向我们揭示了一个事实,即交易制度可能就是一种传统的政治制度,也就是说,信息 m_i 其实是对该制度所产生的各种结果的投票表决。在一种制度下,如果没有对表决的顺序设定议程限制,那么由 N 位成员组成的委员会可能通过使用多数规则在同一层面上就结果 (X_1, X_2) 达成一致。于是,当偏好满足某种对称条件时,就可能达成一个明显的多数规则均衡 (X_1^*, X_2^*),该均衡的特征就是恒定地拒绝任何偏离它的提议,也就是说,所有试图偏离到其他位置 (X_1, X_2) 的提议都会被多数规则推翻,且此时的交易规则与罗伯茨秩序(Roberts Rules of Order)相似。实验结果对这一理论模型的支持非常显著,也就否定了其他多种政治选择理论(Fionrina and Plott, 1978)。然而,多数规则均衡只在特定的偏好条件下才成立,如果不能满足这些条件,我们得到的会是一个(不明确)的循环结果。那么,我们怎样才能得到那些在委员会表决中频繁出现的多数规则结果呢? 其中一个假设就是:确切结果之所以会产生,是因为某种议程的使用规范了决策程序,并避免了循环。这个假设已在试验中得到了体现,在存在(不存在)多数规则均衡的环境中,实验人员利用制度设定了一种议程,为多数规则对成对结果的选择规定了特定顺序(Levine and Plott, 1977)。另外实验还发现,不管均衡是否存在,通过使用不同议程,已选定的最终结果也可以有预见性地被改变。在第三种制度设计的情况是,在某次定期民意调查活动中,人数为 N 的选举团用多数票规则来从 $n(n= 2, 3)$ 位候选人中选出一人上台,整个过程在 (X_1, X_2) 面上发生(Plott, 1982b)。候选人人数为 2 时,实验结果支持多数规则均衡,候选人人数为 3 时则不然,此时出现了相对多数的情况。还有第四种制度设计,实验人员要求 N 位投票者在从 n 个提议时做出选择前,先说明他愿意为此支付多少,以及此提议通过时他想要得到多少补偿,各人一致愿意支付金额最高(为非负数)的那个提议将会胜出(Smith, 1977)。我们来看看表 11.1 中有 3 项提议和 6 个投票人的情况,每位投标者只知道自己的持有价值,而且请注意,在这里多数规则均衡不存在,P2 胜过了 P1,P3 胜了 P2,然后 P1 又以 4 比 2 胜过了 P3。不过 P2 和 P3 都在选举中得到了正的净收益,P2 则轻而易举地赢得了最大的净社会价值,而投票者 4 和 5 则从赢家那里得到了补偿。5 个实验中的 4 个对来自在校学生的被试使用了现金激励,并采用了之前的投票制度,在两组实验中最多有 10 次、3 组实验中最多有 6 次均达成了停止规则均衡

（每次实验都达成了一致同意）。

表 11.1　存在 3 个提议和 6 个投票人的案例　（单位：美元）

提议	投票人估价						总价
	1	2	3	4	5	6	
P1	5	−30	−30	25	25	0	−5
P2	60	5	5	−10	−10	55	105
P3	−20	45	45	0	0	−25	45

11.8　一个法律经济学实验

最后我来简短介绍一下议价行为的最新重要发现（Hoffman and Spitzer，1985b）。根据法律经济学的科斯理论（Coase，1960），如果各方可能互相侵害对方利益，但是又都具备协调能力的话，那么不管是哪一方有权实施侵害，他们都会通过议价来寻求有效的协定。实验结果支持这一理论推测。然而，在实验中，通过抛硬币获得合法权的控制人并不总是在议价中理性地尽量攫取剩余，与博弈论的理论预测相反，议价双方平分剩余，显示出一种道德上的"公平"。霍夫曼和斯皮策的假说认为，抛硬币的方法可能让参与人觉得财产权上的不对称并是不合法的。他们重复了实验过程，但使用了不同的实验设置，初始控制条件是让被试通过在实验前赢得滑雪比赛的方法获得控制权，这样，控制人就会意识到优势地位是自己赚来的，实验结果引人侧目：超过 2/3 的控制人充分发挥了个人理性攫取剩余，而在之前随机指定控制权的实验中，谁也没这么做。[6]

注　释

① 在本章报告的实验中，被试为在校大学生志愿者，他们每参与 1 次实验可得 3 美元，实验结束时，每位被试会收到一笔现金，这笔现金为他/她在实验中的累积盈利，在时长为 1—2 小时的实验中，每位被试的盈利平均为 15—20 美元，但在某些实验中，个人之间的收入差别较大，为 2—50 美元不等。关于最近的综合调查和实验经济学参考文献，见 Hoffman 和 Spitzer（1985b）。

② 据 Adam Smith(1776；1937，p.423)指出，每个人"都只在意自己的利益，他们被一只看不见的手牵引着，向一个并非他们所愿的结局前进"。

③ 假设每位参与人 i 都有动力调整自己的购买指令，以便解决这个问题：将受到预算限制的 $u^i(x_i, y_i)$ 最大化。标准的拉格朗日（Larrange）方法可以推算出替代条件 $u_x^i/u_y^i = P_x/P_y$ 的边际率，该值与预算限制（令 $T^i = 1$，使其标准化）一起生成文中所提到的需求函数。

④ 因为 $u_x^i/u_y^i = V_x^i/V_y^i = P_x/P_y$，若 $U_i' > 0$，需求函数可以单独从 V^i 算出来，而不需要用到特定的货币效用函数 U_i。

⑤ 因为选择调查提供了直接依据，该结果显得尤为显著。选择调查的结果显示，大多数人不会把放弃机会导致的隐含成本跟实际成本等同起来（见 Thaler，1980）。许多其他人的研究（见 Coursey et al.，1987）证实，市场环境中显示的行为与心理学选择实验中显示的行为是不同的，前者比后者更符合理性选择模型。

⑥ 本人在此向 J. Cox，J. Ledyard，G. Suchanek，J. Walker，以及 A. Williams 致谢，我与诸位共同完成了多次实验研究，并从中取得了本章中列出的阐述案例。同时本人也要向国家科学基金会致谢，感谢他们始于 1962 年至今对经济学实验研究的经济支持。

12

个体理性、市场理性与价值评估

彼得·克内兹　弗农·L.史密斯　阿林顿·W.威廉姆斯

在期望效用函数理论的直接实验检验中,被试需从其他各类博弈里做出选择,或对他们的博弈支付意愿(WTP)和/或接受意愿(WTA)进行判断。这些检验结果并不支持期望效用函数理论。与斯洛维克和利希滕斯坦(Slovic and Lichtenstein, 1983)在调查中发现的情况一样,这个调查结果在各种不同实验背景都非常一致,同时,对于货币激励、经验和其他可能引起被试反应和期望效用函数理论预期不相符的因素,为了明确他们的效应,斯洛维克和利希滕斯坦做了一些检验,发现这些调查结果还是稳健的。另一方面,有学者以市场决策期望效用函数理论(expected utility theory, EUT)模型为基础对个人行为与市场行为进行了实验研究,发现实验结果与该模型的预测高度一致(参考 Smith, 1982,其中的文献)。个体在市场环境中展现的偏好是否比实验中面对选择的回应显得更加"理性"(与 EUT 一致)呢?

一些实验设计的目的是为了了解被试对各种商品的支付意愿与接受意愿,研究结果发现,衡量个体价值的"出价"和"卖价"数值之间存在巨大的差距[参考尼奇(Knetsch)和辛顿(Sinden)于 1984 年的研究和引用;以下简写为 K-S]。理论上讲,WTP 与 WTA 之间的价值差别"应该"不大于"较小"的预期收入效应，但是在该实验中，WTA 的价值要比 WTP 的价值大一个数量级，由于这些实验谨慎地采用了真实的货币支付和现金补偿（请参见 K-S 的文献），而并非仅仅基于假设性的选择，所以经济学家不能以被试动力不足为由否定该研究结果的价值。

K-S（以及大部分的研究者）根据卡尼曼和特沃斯基（Kahneman and Tversky, 1982）的"框架效应"范式解释这些结果，在该范式中，相对于禀赋之外的财富，人们不那么愿意花费自己禀赋之内的财富。我们要强调的是，这种框架效应行为只有在狭义的 EUT 行为假设中才能被认为是"理性的"，而这种假设也许既无法准确预测个体选择也无法成为理想的行为导向。比如，区别对待禀赋中的财富可能有着重要的生存价值，并由此深刻影响决策者的行为。然而，在 K-S（p.508，脚注 3）的一次（或许很重要的）实验中，没有出现常见的 WTA-WTP 差异，且被试们在商务自助餐厅里为一顿午餐所付出的现金差别不大，在统计上也不显著。此例中，受访者选择了他们熟悉的市场对商品进行估价。

对于同一个主题，库西和舒策（Coursey and Schutze, 1987）首创了一项重要的研究。在该研究中，他们反复使用一系列维克瑞（Vickrey，第二价格密封拍卖）拍卖手段来确定 WTA 和 WTP 市场价，以此让实验者为他们不熟悉的商品估价，之后，通过将实验结果与理论预测的 WTA 和 WTP 结果相比较，他们发现：尽管第一轮维克瑞拍卖中个别出价出现巨大的 WTA-WTP 差异，但经过一系列拍卖后，最终的出价之间并没有发现此类差异。他们对此的解释是，市场学习经验会产生与"理性"经济模型相一致的结果。这些模型的目的是阐述市场行为理论，因此我们认为库西和舒策的研究就合适的背景提出了一系列基本问题，并在此背景下对经济学理论中可观察到的各种影响进行了检验。在此强调，我们并非否定卡尼曼和特沃斯基所说的框架效应的真实性，这种效应无论是在假设背景下还是在物质激励背景下均可以辨别出来，我们质疑的是在解释这项研究对市场理论的影响时他们所表现出的模棱两可的态度（Arrow, 1982）。根据这种解释，直接研究最终得出这样的结果：个人被试受到框架效应的影响，也就是说市场是无效率的。但我们认为这一解释是错误的（参考 Smith, 1985），原因有二：

1. 它混淆了基于 EUT 的个体理性与基于分配效率的市场理性。在需求行为给定的前提下，市场效率讲的是关于分配的问题，而 EUT 探讨的则是理性的需求行为，因此，EUT 的预测能力可能很糟糕。但在与 EUT 不一致的需求环境下,市场仍可能高效运作,而且,市场的基本特征是价格由边际消费者决定,因此即便存在非 EUT 理性的非边际消费者,也并不能推断市场价格是非 EUT 理性的。

2. 对框架效应的直接研究专注于个体问卷反应以及单次买卖决策的不一致性,此研究中个人没有机会参与到现有市场中。如果个人按这种经验来调整他们此后的观点和决策,那么框架效应研究中所使用的方法就不能反映出这部分变化效应。尽管这些研究与度量人们的偏好态度有关,但他们并没有为市场行为的推断提供任何依据。随着时间的推移,许多实验性的市场表现出某些学习效应,而其均衡行为明显不同于市场初期的行为。

本章中,我们通过两组实验解决两大研究难题,最终得出结果。这两大难题是:(1)假设存在某种证券将上市交易,其股利是随机的,但概率分布是已知的。如果我们就这种证券向被试询问 WTP 和 WTA 的相关问题,那么即便被试的回答与 EUT 不一致,是否这些回答能够帮助我们准确预测由同一批被试进行交易而生成的平均市场价格? 这里,"准确的"预测是指其预测结果至少和理性预期均衡(rational expectations equilibrium,REE)理论一致。(2)如果我们在几个连续交易期内进行重复交易,且每个交易期都发放 WTA-WTP 调查问卷,那么我们是否可以从被试的回答中观察到某种趋势?

12.1 实验设计及实验结果,系列 Ⅰ

第 1 组实验设计的目的不是为了研究 WTP 和 WTA,而是研究有效市场假说(或者理性预期均衡理论,REE)。这些实验以双向拍卖契约规则下的资产交易为背景,且资产价值来源于随机股利分布(欲了解更全面的讨论,请参阅 Smith et al.,1988)。在这些实验中,9 名(或 12 名)被试参与 15 个连续交易期,资产股利概率分布为公开信息,每个交易期末,所有股东都收到当期实现的股利。第 1 期,每股代表着 15 份可兑现的股利,第 2 期减少为 14 份,以此类推,最后一期只能享受一份股利。第 1 期,每个被试的初始禀赋由现金和证券组成,第 1 期每股的期望(股利)价值为 $3.60(15 期乘以每期的期望股利 $0.24),而在某些实验中该价值被设计为 $2.40,这是一种 REE 价格,它基于股票的"内在价值"(根据风险厌恶行为来调整的 REE 价格可能低于此股利价值,而根据风险偏好行为来调整的 REE 价格可能高于此股利价值)。15 期的实验结束后,每个被试的剩余财富等于其初始禀赋加上收到的所有股利再加上(或减去)从这 15 期股票交易中获得的净资本收益(或损失)。

完成了最初的 12 次实验后,在随后的 14 次实验(系列 I)中我们使用了 WTA-WTP 工具。在对每个被试完成了资产市场说明并告知被试其初始禀赋的股利结构之后,第一次交易开始之前,我们会询问被试以下两个问题:(1)如果你的现金和资产禀赋给定为 \$____现金(即营运资本)和____资产数量,那么为了卖出你存货中的 1 单位物品,你愿意在即将开始的交易中接受的最低价格是多少?(2)如果你的现金和资产禀赋给定为 \$____现金(即营运资金)和____资产数量,那么为了买入 1 单位物品,你愿意在即将开始的交易中接受的最高价格是多少?____

系列 I 中 14 次实验的结果如表 12.1 所示。其中呈现了买方剩余和卖方剩余、基于 WTA-WTP 调查的市场价格(P_w),以及第一期所有交易的实际平均交易价格($\bar{P}$)。价格 P_w 使供给与需求均等,供给是由低到高排列的 WTA 反馈;而需求是由高到低排列的 WTP 反馈。实验的结果总结如下:

1. 首先,我们要问,在没有采用 WTA-WTP 调查的 12 次实验与采用 WTA-WTP 调查的 14 次实验中,前几个系列的首期均价偏差 P_r(即 $P_r = \bar{P} - P_r$,与标准化 REE 价格的偏差,以 P_r 显示)是否不同。由于这两次样本的均差分别为 \$0.46 和 \$0.70,且这两者之间的差别在统计上是不显著的($t = 0.56$),可见 WTA-WTP 调查不会影响价格。

2. 买方剩余呈现超过卖方剩余的趋势,表明边际内极限出价之间的差异大于边际内极限卖价之间的差异。然而,这种差异并不显著 $[t(26) = 1.6]$。 由于 WTA 和 WTP 反映了对未来涨价和相应资本增益的预期,实验结果表明这种预期在不同的被试群体中差别很大。

3. 将 WTA-WTP 均衡价格的预测误差($P_w = \bar{P} - P_w$)与 REE 价格的预测误差($P_r = \bar{P} - P_r$)比较,我们拒绝原假设 $\sigma_r^2 = \sigma_w^2$,并认为 $\sigma_w^2 < \sigma_r^2$($F = 2.45$)。 因此,在预测平均交易价格的效果上,WTA-WTP 数据要优于影响广泛的内在股价价值理论或 REE 理论。

4. 在每次实验中,我们拥有每位被试提交的所有买卖价格数据,借此将实际出价与 WTP_i 比较,而将实际卖价与 WTA_i 比较,在考察了这些数据之后,我们发现最低卖价要比 WTA_i 低 14％,而最高的出价比 WTP_i 高 46％。我们推测买方更倾向于放弃 WTP,因为他们在第 1 期就预测到了涨价,由此试图获得资本增益。之后大部分的市场表现证实了这一预测的正确性(参考 Smith et al., 1988)。

表 12.1　市场理性:系列 I 结果

实验	卖方剩余∶买方剩余	WTA, WTP 价格, P_w	平均价格, $\overline{P}$
116	2.9∶11.1	1.47	1.53
117[a]	2.1∶8.8	1.00	1.74
118	4.4∶4.0	1.90	2.10
119[b]	0.5∶2.0	3.00	5.44
125[b]	2.4∶2.3	2.00	2.55
128[b]	3.1∶1.1	1.62	1.85
139[b]	0.6∶4.1	0.60	0.42
141[a]	4.3∶12.3	1.62	2.32
142[b]	5.2∶11.9	2.32	3.78
143[b]	8.1∶2.9	3.59	3.42
146[b]	1.4∶10.2	1.00	2.67
148[b]	6.1∶2.8	2.62	3.55
149[b]	3.8∶2.7	2.75	3.40
150[b]	2.5∶0.4	3.50	3.40

注:[a] 表示 $P_r = 2.40$,或者 $P_r = 3.60$。
[b] 表示被试是有经验的。

12.2　实验设计与实验结果,系列 II

在系列 I 的实验中,第 1 期需要对繁杂的复合博弈进行评估,另外,因为它是 15 个交易期中的第 1 期,此时得出的每个被试的预期信息可能会对整组实验起到至关重要的作用。一旦在前几轮交易发现可以判断其他人的行为时,对 WTA、WTP 态度明确的被试可能会仅仅因为股利信息、禀赋和自身想法而大幅转变态度。因此,3 次实验的系列 II 都由 4 个或 6 个单独的资产交易期组成,每个交易期开始的时候所有被试的禀赋都会被重置,由于跨期资本增益(并非在一期中发生的)的存在,这种"完全重复"的实验设计在所有第 1

期交易中都被用来控制其影响。在这些实验中,一个交易期结束后的单次抽奖为二元概率股利分布 $(p_1, d_1; p_2, d_2) = (1/2, \$0.50; 1/2, 2.00)$,其预期价值为 $\$1.25$。若令 $E =$(现金,股票)为禀赋向量,可将被试分为 3 类,$E_1 = (\$4.50, 1)$,$E_2 = (\$3.25, 2)$,$E_3 = (\$2.00, 3)$,每个类别中有 3 个被试,由此组成存在 9 个交易者的市场。因此,在一次实验中,每一个独立启动的交易期内,所有被试的禀赋期望价值均为 $\$5.75$,不考虑学习效应,我们可以认为每个交易期中都"完全复制"了二元博弈市场,在此背景下,我们也会在这里讨论第一部分中提到的两个问题。

系列 II 中 3 个实验由 16 个独立的单次市场组成,并且我们在每期开始之前都进行了 WTA-WTP 调查,实验结果呈现在表 12.2 中。我们的结论总结如下:

1. 系列 I 和 II 的实验中,WTA-WTP 价目表往往与 EUT 中的相应数据不一致。例如,在实验 133 的第 1 期,被试 3 和被试 7 的 WTP 大于等于可能的最高赢利($\$2$),不过这种特例并没有在后续实验中重复出现。虽然与 EUT 不一致,但第一期的市场出清价格($\$1.25$)可以认为是理性的。

2. 我们将表 12.1 和表 12.2 进行比较之后发现,系列 II(第 1 期)中的买方剩余和卖方剩余均比系列 I 中的相应部分要小,这符合以下预期:从复合博弈到独立单次博弈将同时减少个人价值的 WTA 和 WTP 估量的差异。如表 12.2 所示,除了 3 个交易期,其他所有交易期内卖方剩余都多于买方剩余。

3. 16 期中有 10 期存在以下情况:在 $\bar{P}$ 预测方面,P_w 比 P_r 更准确,然而,在每个试验中,如果对同一被试群体进行重复实验,那么样本就过小(只能支持 3 组独立的观察),无法进行有意义的检验。

4. 如果我们在每个交易期内将每个被试的 WTA_i 与实际卖价进行比较并将每个被试的 WTP_i 与实际出价进行比较,我们发现:对于 34% 的被试,最低卖价低于他们的 WTA_i;对于 47% 的被试,最高出价高于他们的 WTP_i。被试的最终选择背离其 WTA-WTP 这一现象表明 WTA-WTP 可能只是一次交易前的议价,而实际的交易结果经常与之背离。

5. 标准的(风险厌恶)理论认为:对于任何 i,WTA_i 将大于或等于 WTP_i。我们计算了各期 WTA-WTP 反馈中不满足该不等式的被试人,每一个系列 Ⅱ 实验中,连续交易期内不满足该不等式的被试人数如下:实验 129:0,0,0,0;实验 133:3,2,1,2,3,0;实验 137:5,2,1,0,2,1。通过这种合理性的衡量我们可以看到,重复调查产生的市场经验有助于减少 EUT 出现不一致反馈的次数,且多发生于第 2 期。

表 12.2 市场理性:系列 Ⅱ 结果

实验:时期	卖方剩余:买方剩余	WTA,WTP 价格,P_w	平均价格,$\bar{P}$
129:1	1.9:0.9	1.25	1.66
2	1.3:0.9	1.25	1.39
3	0.9:0.5	1.62	1.60
4	1.2:0.3	1.50	1.41
133:1	2.2:2.9	1.25	1.30
2	2.0:0.2	1.42	1.51
3	0.4:0.3	1.47	1.52
4	0.5:0.2	1.50	1.58
5	1.0:0.3	1.50	1.51
6	0.2:0.0	1.50	1.58
137:1	1.9:3.1	1.12	1.43
2	1.2:0.5	1.50	1.49
3	1.0:0.2	1.40	1.40
4	0.5:0.2	1.40	1.26
5	0.7:0.4	1.30	1.18
6	0.3:0.5	1.20	1.21

注:所有实验中 $P_r = 1.25$。

12.3 结论

上述实验可以证明以下结论:(1)WTA-WTP 调查本身对之后观察到的资产平均合约价格没有显著影响;(2)在系列 Ⅰ 中,从 WTA-WTP 数据可以看到,买方剩余和卖方剩余的差别不大;(3)被试报出的实际卖价经常低于他们的 WTA,而实际出价则经常高于他们的 WTP(14%—47% 的被试有这种情况),这证明了 L.J.萨维奇(L.J.Savage)的理论,即"诚实报价往往很难实现"（1962，p.165）；（4）虽然被试的实际行为往往与他们的 WTA-WTP 反馈不符，但均衡预测价格 P_w 比 REE 价格 P_r 更接近平均价格，因此 P_w 在预测观察到的平均合同价格时表现并不差；（5）在系列 II 中，随着时间的推移，被试违背风险厌恶理性预期（WTA ≥ WTP）的次数逐渐减少。

　　曾经有学者在重复购买环境中对于消费—闲暇选择行为进行了大量研究，研究对象有老鼠、猴子、鸽子和人类（Battalio et al.，1981，p.623），研究的结果相当稳定，与斯勒茨基—希克斯（Slutsky-Hicks）的最大化行为模型相一致。在对动物的研究中，没有专门设定认知计算选择，但若根据被试博弈或/和文字题中单次选择的反应对 EUT 进行检验，该设定其实已经隐含其中。我们不否认 EUT 在处理不确定条件下的行为决策时存在问题，但我们主张先在重复市场环境中进一步检验这些依据，然后再对 EUT 值得质疑的地方进行科学的判断。无论如何，EUT 的违反就意味着个体不作为和市场无效率这种说法，还并没有被证明是一个规范的判断性结论。而真正值得质疑的，是 EUT 理论试图规范化定义"理性"概念的做法。

13

存在沉没(进入)成本时的市场可竞争性研究

唐库西　R.马克·艾萨克　玛格丽特·卢克　弗农·L.史密斯

可竞争市场理论的核心是其提出的假设:企业进出市场是完全自由的;即使市场上只有一家生产性企业,市场呈现规模经济——传统的"自然垄断"成本结构——却不会出现垄断行为(Demsetz, 1968a; Bailey, 1980; Bailey and Panzar, 1980; Baumol and Willig, 1981; Baumol, 1982; Baumol et al., 1982)。也就是说,在没有其他的市场进入/退出限制时,规模经济本身并不构成一个有效的进入壁垒。库西等人(Coursey et al., 1983;下称 CIS)报告了一系列实验结果,在他们的实验中,两家公司都具有递减边际成本,并且产能相同,但一旦其中任何一家产能扩大,需求就会小于供给。他们这种实验市场环境进一步提供了可竞争市场假设中的"打了就跑"的零沉没成本条件(Baumol, 1982; Baumol et al., 1982)。在 CIS 实验中,这些结果被拿来与那些只有一个垄断企业的无竞争市场(即,潜在进入者面对无限沉没成本的市场)进行比较。CIS实验有力地支持了可竞争市场假设,即观察只有一个生产企业成本大幅降低时的近似竞争行为,其充分条件有:(a)沉没成本为零且(b)存在两个非合作的竞争企业,如此说来它们之间没有明确的非价格沟通,也就无从合谋以限制供给。此外,必不可少的一点是(c)该生产企业的市场上至少存在一个具有同样成本结构的竞争企业。根据观察结果：当有两个竞争企业时，竞争现象比较明显；但当只有一个无竞争的卖方时，垄断迹象会比较明显。

在这里报告这项研究，是为了拓宽 CIS 研究范围，进而探究沉没成本既不为零也不会无限大的竞争市场的竞争规则。相关的几位合作者推测，沉没成本可能会削弱竞争市场规则的作用，同时，CIS 研究已经证实，从行为方面来看，在潜在进入者的沉没成本无限大的极端案例中，竞争规则的确失效了。

在 13.1 中，我们进一步探讨作为进入壁垒的沉没成本的概念；在 13.2 中，我们将阐述实验设计及其理论依据，同时提出若干假设；13.3 是对公开竞价交易制度的简要描述；13.4 讨论将程序化买家与主观买家的不同反应作为实验设置变量的应用；13.5 是实验结果和解读；13.6 总结实验发现，并提出总体结论。

13.1　沉没成本、推测变量、进入壁垒

在列举有关市场绩效理论的假设时，需要对结构假设和行为假设做出区分。前者包括了生产或者可行成本技术的特征，以及限制生产企业潜在数量的市场因素与其他因素，还有协商交易合同的正式或非正式规则（贸易制度）；后者则包括了卖方的风险态度及企业间的预期（推测变量）等特性。用实验方法来检验一个理论时，首先应该做好实验设计，使市场结构状况在实验室尽可能真实地再现，如果有证据证明该理论为"伪命题"，那么该理论的某些行为假设可能也会站不住脚；如果实验证明该理论并非伪命题，那么很自然，接下来要做的就是通过改变结构变量继续探索该结果的可靠性。

在之前报告的关于可竞争市场假设的检验中，理论上的结构假设（无成本的进入与退出）与具有自然垄断成本结构及两个竞争企业的市场完全契合。关于卖方预期的行为假设有两个作用：它们完善了可竞争市场假设，同时它们对备择假设的构建留有余地。可竞争市场指出，结构条件支持鲍莫尔提出的所谓"打了就跑"式进入，也就是说，在只要一家现有企业把价格定在能产生正利润的水平，即便可以推测到这种情况只是暂时的，还是会吸引外来者进入市场。CIS 的文章提出了不同方案（基于不同推测变量），预测到了不同结果（竞争最后生存下的公司公然支持卡特尔式定价和毫无阻碍的

垄断行为），该方案所得数据证伪了备择假设，同时证明可竞争市场假设成立。

因为 CIS 在理论支持下找到了支持可竞争市场假设的依据，所以目前的研究都转而探寻潜在的可证伪性的边界，我们专门探索了沉没成本对之前那种具有两家竞争企业的实验设置的影响。

我们将用到名词"沉没成本"，在一定程度上与鲍莫尔和维利希（Baumol and Willig，1981）使用的定义保持一致。①沉没成本的意义在于，它是被试做出进入市场的决策后产生的固定机会成本（也就是说，如果决策是不进入，那就没有沉没成本）。这个概念不同于固定成本，固定成本跟业务决策无关，未沉没的固定成本（例如，航空公司的固定成本在所有航线中都能用到）跟进入任何市场的决策没有关系，所以，沉没成本可能是进入某个市场的障碍，但一旦进入，它们不会影响沉没投资存在期间的收益。

假设有一个市场，具备自然垄断成本结构，但进入和退出的成本都为零。可竞争市场假设认为，即使市场只有一家企业，这家企业也没有垄断力量。那么在完全相同的条件下，如果企业必须承担正沉没进入成本，又会怎样呢？有几个学者曾在其相关论文中提出过相同或类似的问题，贝利和潘萨尔（Bailey and Panzar，1980，p.128）提出"困难（即进入的潜在障碍）来自沉没成本的存在，而非规模经济"。鲍莫尔和维利希提供了两种推测：首先，他们认为，承担沉没成本可能导致进入障碍："对潜在进入者而言，进入市场就有失去不可恢复进入成本的风险，而这种风险会因为已有企业的报复性战略或手段（或假想的威胁）而增加"（1981，p.418）；其次，他们在一个脚注里提到，潜在进入者基于各自不同的预期，需要投入沉没成本来克服其他的进入障碍："他们故意承担了大量的沉没成本……从而使得现存企业更难打跑他"（Baumol and Willig，1981，p.419）。施瓦茨和雷诺兹（Schwartz and Reynolds，1983，p.489）指出，"一旦我们偏离了完美竞争的严格的假设，哪怕是轻微的偏离，定价和进入决策都将取决于公司间互动的性质"。这一类关于沉没成本如何影响可竞争市场的推导，推动了之后一系列的新实验。

13.2 实验设计，假设以及研究策略

总需求和边际成本表（与 CIS 中使用的相同）如图 13.1，单位边际成本和

价值是根据第 10 个产品的平均可变成本[AVC(10)]的偏差衡量的。表 13.1 提供了一个实验设计的参数总结。

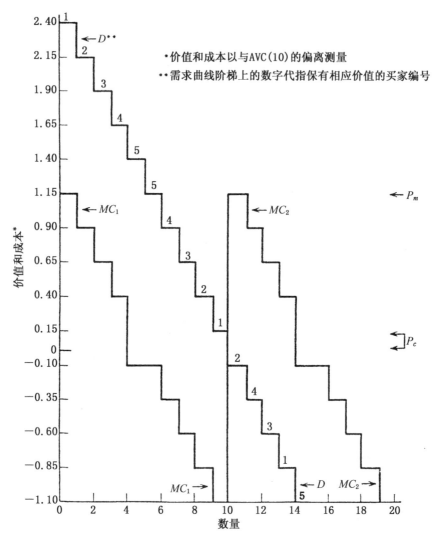

注：＊ 价值和成本以与 AVC(10) 的偏离测量。
＊＊ 需求曲线阶梯上的数字代指保有相应价值的买家编号。

图 13.1　市场参数

沉没成本是通过要求企业购买进入许可证来实现的,有了许可证才有定价权。许可证每份 2 元,购买 1 份可在 5 个连续的实验周期内有效使用。根

表 13.1　市场可竞争性研究实验设计参数总结

参　数　描　述	价　值
买家数量	5
卖家数量	2
卖家许可证价格 K	\$2.00
卖家许可证有效期 s	5 期
垄断价格(标准化)^a = P_m	\$1.15
垄断数量 = Q_m	6
竞争性价格(标准化)^b	$[0.04, 0.15]$
竞争性数量	10
价格为 P_m,交易量为 Q_m 时每期卖方准租金	4.00
价格为 P_m,交易量为 Q_m 时每期卖方准租金,低于 1/5 许可成本	
卖家营运资本禀赋^c	15.00
价格为 P_m,交易量为 Q_m 时	3.75
$P = 0.04$, $Q = 10$ 时每期卖家准租金	0.40
$P = 0.04$, $Q = 10$ 时每期卖家准租金,低于 1/5 许可成本	
$P = 0.04$, $Q = 10$ 时买家剩余	12.35

注:^{a} 这实际上是两个收益相同的垄断价格中较低的那个,另一个是 1.40 美元。

　　^{b} 竞争性价格的下限可以作为能产生 $Q = 10$,并支付可变成本和 1/5 许可成本的最低价格。如果不需要支付许可证成本,$P_c \in [0, 0.15]$。

　　^{c} 这个现金禀赋是无条件分配给每个卖家。它用来支付许可证和买卖中的损失。但如果卖家选择不购买许可,他可以保留这个禀赋。

据鲍莫尔和维利希(Baumol and Willig, 1981)的定义,每家准备购买许可证的公司都面对同样的情形:长达 5 个实验周期的短期规划期(s)和金额为 2 美元的沉没进入成本(K)。这样确定 K 和 s 的值是基于以下理由:根据以往经验,在两个小时内,人们可以争取到最多 25 个实验市场周期的公开竞价交易。^{②} 此前的研究(Smith, 1962,以及 Isaac et al., 1985,仅仅是众多例子中的两个)已经表明,经济代理人在重复决策中可能表现出"收敛"的行为。因此,s 应该足够小,小到可以让参与者在考虑到沉没成本的情况下,仍有若干次机会来评估自己的进入—退出决策。此外,s 又不能太小,太小的话进入决策就会阻碍决策人参与多周期竞争市场的活动,可能对现存企业的安全带来潜在的威胁(见前面的引证,Baumol and Willig, 1981, p.419)。

　　同样地,K 值的选择也有比较宽的区间。实际上,CIS 测验了 K 的两个极值,零和正无穷大,正如可竞争市场假设所指,零沉没成本与所有周期内的免费定价权一致。另一个极点代表了只存在一个实际的或者潜在的卖方（根据实验者规定）的市场。我们尝试选择一个能提供更多有效检验的 K 值范围，在这个意义上，许多竞争假设将会看上去更加合理并在观测上不同。当 K 值非常低（1 或 2 分）或者非常高（对进入者来说，远大于在 5 个周期内可得到的垄断利益总和）时，这些实验检验的假设与 CIS 的几乎没有区别。当进入成本为 2 美元时，我们观测到了以下特性：

1. 如果一个公司达到理论上的垄断价格和数量，它的收益可在一个周期内覆盖沉没成本。

2. 不存在竞争价格 $P_c \in [0.04, 0.15)$，使得卖家可以在 1 个周期内收回沉没成本。

3. 存在支持竞争数量的各种价格，使得沉没成本在第 2、3、4 或 5 个周期内能够收回。最小的值是 $AVC(10) + 0.04$。

4. 存在不同的价格，超过 AVC 并且支持竞争数量，但卖家仍无法弥补沉没成本，即使他或她在 5 个周期内卖了所有 10 单位竞争性货品。

因为文献强调"现存者"与"进入者"是不同的，所以可以在实验设计中对卖家进行以下区分。通过每次实验之前的投币游戏，卖家根据正反面成为 A 类或 B 类卖家（投掷硬币的输家成为赢家没有选择的类型）。卖家 A 是现存者，实验一开始就被要求购买 1—5 期和 6—10 期的卖家许可证，现存者在 1—5 周期内是受保护的垄断者，卖家 B 在 1—5 周期内可以观察市场价格，和他/她自己的成本技术函数，然后，从第 6 期开始被允许通过购买许可证获得在市场竞争的权利。卖家 A 从第 11 周期开始可以通过购买新的许可证继续参与市场竞争。

为了防止参与者因为购买进入许可证受到财富效应的影响而做出不同行为（相对于 CIS），实验者在最开始的卖家"营运资本"配给上增加了 10 美元（在 25 周期实验中允许花费的最大金额），这样总额从 5 美元增加到了 15 美元。

在这个设计里面，我们印证了 6 种情况，都是我们预先假设在第 5 期以后（当市场变得具有竞争性时）会出现的情形：

1. 自然垄断。市场状态接近于垄断水平，只有一家企业，且能够满足所有的需求。这可以通过两个途径来实现：(1) 现存企业成功地威胁到进入者，通过阻止其他企业进入或者驱逐其退出；(2) 进入者承担了沉没成本并通过降低价格驱逐现存企业。

2. 默契合谋。两个企业同时进入市场，并且价格维持在一个非竞争水平。

3. 可竞争市场假设。两个企业都进入市场,并且价格是维持在或接近于一个具有竞争性的范围。

4. 限制定价(可竞争市场假设)。现存者或进入者退出市场,但是没退出的生产企业持续把价格定在具有竞争性的水平,从而打击了进入。我们认为这个假设可算作是作为可竞争市场假设的一个子案例,因为限制定价的出现事实上是市场可竞争的直接结果。也就是说,不管如何,与可竞争市场假设不同的是它要求有一个企业做出退出的决定。对比传统的限制价格类文献,这种行为模式不是通过有意限制进入来实现的,而是市场竞争过程的结果。

5. 不稳定价格(垄断或可竞争市场假设)。现存者或进入者退出市场,没有退出的生产企业通过提高价格到垄断水平在短期内获得正利润。价格的提高展示了一个盈利机会,最后吸引了其他企业进入,如果价格随后下降,其中一家企业可能再次退出,进而又是价格的提高,因此导致了不稳定或循环往复的行为模式。在一个有限的实验市场,实验可能以垄断或竞争的结果结束,这样不稳定价格假设可能就包含了垄断和竞争性结果两种子案例。

6. 市场崩溃。两家企业都退出并且置身局外,从而可能保住资本直至能够承受进入成本。

通过讨论(a)在开始沉没成本实验之前我们相关的实验知识和(b)我们对最开始的6个沉没成本实验研究策略,可能有助于理解我们在可竞争市场研究中所采用的方法。从CIS实验结果可知,零沉没成本($K=0$)是可竞争市场假设的有力支持,同时,垄断结果的强有力的支持条件是:市场上只有一家企业,并且绝对不可能受到第二家企业的竞争($K=\infty$)。据此我们推测,K在区间$[0,\infty]$必定存在(至少一个)有限值,且在此处可以观察到从竞争情况到非竞争情况的转换。在设计实验研究的程序时有一件事情很重要,那就是考虑有可能出现的替代结果,评估它们的意义并且制定一套合适的研究战略。就目前的情况来看,理论指导我们应关注K的值在定性方面有其重要性,但却没有告诉我们怎样去选择这个值。我们的研究计划以$K=2$美元开始,这是一个具有之前提到的特征的"合理"值。我们推测可竞争市场结果可能相对来讲比较脆弱,因此沉没成本($K=2$美元)可能产生主要为非竞争性的结果,支持备择假设1和(或)2。在那种情况下,我们就会在（$K < 2$美元）的情况下另外组织一些实验，求出支持可竞争市场假设的 K 值；或者，我们也可以认为可竞争市场结果可能是相对稳健的，那么 $K = 2$ 美元时我们可能会继续观察到趋同的可竞争性结果，支持假设 3。这样，我们的研究计划将进一步组织 $K > 2$ 美元的实验，并以此来探索可竞争性的边界。第三个可能性是，当 $K = 2$ 美元时，我们可以观察到混合型结果，既有可能支持假设 5，又有可能分布于其他假设中。最后这类结果将说明当沉没成本 $K = 2$ 美元时，可竞争性变弱了，不过它的弱化是相对"连续"的，而不是在 $K = [0, \infty]$ 的区间里跳跃分布。特别是当结果分布于几个假设中时，可竞争性弱化的同时，非结构变量对结果的影响面也变大了（之前曾在 Schwartz and Reynolds 的引证中被提及，1983）。因此预期的个体差异可能不再被无成本进入所掩盖，因为第三类实验很好地展示了我们的结果（见 13.5），我们决定不再花费资源去进一步检验 K 对这种繁杂结果的影响（被试每个实验的平均报酬超过 150 美元），而是去探讨这样的内部问题：$K = 2$ 美元时我们所得的结果究竟是代表了买方的策略行为还是卖方的期望（见 13.4）。也就是说，倘若 $K = 2$ 美元跟 $K = 0$ 和 $K = \infty$ 有明显不同的实验设置，我们想知道，这个结果是否与买方市场行为的某个潜在重要因素互相影响。

13.3 PLATO 公开竞价程序

大多数零售市场是在所谓的"公开竞价"机制下组织起来的（Plott and Smith，1978）。按我们对这个机制的定义，每个卖方自行提供一个"要么接受，要么走人"的价格，此时交货数量在卖方产量限制下由买方自行选择。这些公开价格会经常或不经常地、定期或不定期地改变或更新，但是有一个重要特点，那就是任何情况下该价格都不接受还价。

这里报道的实验是由乔纳森·凯查姆（Jonathan Ketcham）为 PLATO 电脑系统设计的公开竞价机制程序（详见 Ketcham et al.，1984）。这个程序让实验中的买家和卖家分别坐在 PLATO 系统的终端，在最大为 25 个"市场日"或定价期内进行交易。每位被试的屏幕将显示他/她的交易记录单，上面列出了每个时期内最多 5 个单位可供买卖的货品。对与每单元货品，买家（卖家）有一个边际估价（成本），代表对他/她来说买（卖）该单元货品的估价

(成本)。这些受控的、严格私密的单位估价(成本)引致出个人市场和总体市场,以及理论上的供给和需求数量表(Smith, 1976a, 1982)。也就是说在实验中,买家(卖家)赚取的现金报酬等于边际价值(出售价格)与购买价格(边际成本)之间的差额。如果没有惩罚机制,销售额就是张空头支票,没有卖出去(或没有购买的)货品就不包含在货物清单里面,因此,分配的边际估价和成本带来了更为明确的供给状态。

在每个周期开始的时候要求卖方在电脑键盘上输入一个报价,该报价只在卖家的电脑上显示,接着要求卖家在该报价的基础上报出一个可供交易的货品数量,卖家能提供的最大数量与最后一单位产品的数量相对应,且该单位产品的成本不大于报价。其能提供的最小数量对应于第一单位产品的数量,该单位产品成本不大于报价(然而,卖家被要求至少提供1单位产品,卖家不能只报价不出货)。这个步骤允许单个引致边际成本下降、不变或者上升。如果像后面的实验所报告的那样,卖家面对下降的边际成本,那么这些最大或最小数量限制可以保护他/她的选择不遭受损失,但如果价格低于第一单位产品的边际成本,那么销售第一单位单品就会蒙受损失,且如果从交易周期内的整体利润来看,接下来销售产品的利润也弥补不了这个损失。[③]因为对于卖家来说计算所有报价能产生的利润非常耗时耗力,尤其是在成本下降的情况下,所以PLATO总是会告诉卖家售出所有产品的潜在利润(亏损),当卖家对已选的价格和产品数量都满意时,他/她就点击屏幕上的"报价按钮",该操作将把卖家的报价投入到市场,而且不能撤销,在点击"报价按钮"前,卖家可以根据需要改变价格和数量,只有在所有卖家都按键以后,他们才能看到彼此的报价。

买家面前的屏幕上有"价格按钮"用来接受各个卖家的出价和货品。在所有卖家都确认了报价后,所有卖家的价格都会在买家的接受区显示出来。然后PLATO随机安排买家的购买排序,然后通知第一位买家开始购买产品,买家被选定之后,可以从任意卖家那里购买产品,如果买家想从某个卖家那里购买一单位产品,只需选定对应该卖家的框框,然后在键盘上按下"确认"键,重复这个顺序,第二单位的产品也将成交,以此类推。一位买家可以在其购买力允许的范围内从一个或多个卖家处购买产品。但是,买家不能购买价格高于其边际估价的产品,也不能向已售完所有产品的卖家继续购买。在卖方售完最后一单位产品后,在买方这边的屏幕上其价格信息将被更换为"已售完";在第一个买家完成购买后,随机确定的第二个买家就可以开始购买，以此类推，最后一个买家完成这个购买过程后则交易周期结束。

所有参与人之前都参加过 PLATO 竞价交易机制的其他实验，虽然分组不同，市场设计也不一样，总的来说他们在这次实验里都算是"有经验的"了。不管有没有用电脑来组织市场，临时找来的被试都会对实验规则或运行机制产生严重误解（CIS, 1983；Isaac et al., 1985），但我们很确定，在我们报告的实验中，没有任何证据证明有这种问题存在。

不管卖家是否购买了进入许可证，物理环境和电脑交流环境都没有什么不同。这会减少购买或不购买许可证的外来激励，选择不购买进入许可证的卖家可以在电脑终端观望市场的进程，因为这是一个公开竞价市场，在市场向买家开放之后，不论是否持有进入许可证，卖家在电脑终端承担的责任是同样被动的。

这里要强调一点：买家和卖家拥有的信息是有限的，所有分配到单个买家（卖家）的单位价值（成本）都是严格保密的，只有被试自己和实验者知道。买家能看到所有的卖家报价，但看不到可供购买的商品数量。在后面报告的实验中，卖家能看到彼此的报价（在彼此价格都已经"锁定"交易周期开始之后），但在 PLATO 电脑程序里面，这些信息是被控制的。最终，买家（卖家）只知道他们自己的购买（销售）情况及利润。

13.4　买家的角色

我们报告了 12 个实验的结果，在前 6 个实验（70，79，82，87，96 和 97）中[④]买家的角色完全和 CIS（使用了之前报告过的电脑程序）报告的一样。与 CIS 实验相比，这 6 个实验被认为是对沉没成本效果的最直接的检验。

在完成这六个实验后，我们没有观察到标准自然垄断结果。因此产生了问题，是否可以把这个结果归因于买家的策略行为（比如隐瞒需求额度）呢？可竞争市场理论一个隐含假设是买方披露需求，通过对数据的研究，我们发现买方抑制需求的几率非常小（约 1.24%），这几乎与 CIS 可竞争双头垄断市场的低水平（1.16%）完全相同，同时远小于 CIS 垄断实验（9.14%）。这样看来，买家隐瞒需求的几率这么低，不太可能对卖方行为产生影响，但是有两种可能性也许会让人重新考虑这种想法：（1）如果策略上适宜（例如当价格升高时),隐瞒需求的低几率对人们行为的影响可能不均衡;(2)若买家在价格较高时抑制需求,卖家对此也会有所预期,并因此影响他/她的行为。因此,我们做了另外 6 个实验,在实验中需求是完全明朗的,并且卖方了解需求水平,在这 6 个实验中(113—116,118 和 119),随着电脑程序自动提供明朗的需求,买家的决策模式被编入 PLATO 系统,然后计算机就可以生成应对行为,同时,买家会在现有价格水平下购买所有对他们来说有利可图的商品,这个信息也会传达给卖家,因此就算卖家仍预期买家有可能隐藏需求,也没必要为此改变自己的行为。

13.5 结果和解释

表 13.2 对 CIS 的 4 个垄断实验、6 个可竞争市场实验和为本章内容设计的 12 个沉没成本实验的实验结果进行了分类,每个实验中的定价行为的分类取决于观测到的行为支持 6 个假设(在 13.2 讨论过)中的哪一个,每个实验也按相关周期内由支配卖家价格(较低的卖方价格)衡量的定价现象进行分类,我们说的相关周期指的是 CIS 实验中的 18 期和沉没成本实验的 23 期。因为在前 5 个实验周期的沉没成本实验中,现存企业的市场并未受到竞争,23 期是第 18 个可竞争市场周期,因此也与 CIS 实验的 18 期有可比性。在恰当的时候,我们可以将相关周期内每个可替换假设的价格预期以强弱两种形式区分开来。于是,根据自然垄断假设,只有一个企业能留下来;较强的那个假设所预测的价格更接近于垄断价格而不是可竞争价格集,$P \geqslant (P_c^* + P_m)/2$。[⑤]默契合谋假设也可以用这种强和弱的形式来理解,除非在市场中两种形式都保持活跃。同样,较强形式的可竞争市场假设所预测的价格在竞争均衡集内,$P \in [0, P_c^*]$,然而弱形式的预测价格更接近于竞争性的而非垄断价格集合,$P \leqslant (P_c^* + P_m)/2$。请注意,关于理论假设的这些不同解释并不互相排斥,能满足较强形式的可竞争市场假设的结果,必然也符合弱形式的假设,但反过来则不成立。尽管在相关周期内观测到的结果要么是弱竞争性的,要么是强竞争性的,但不稳定价格假设指的是贯穿整个实验的定价行为模式,因此也是支持可竞争市场假设的。实际上,据我们观察,假设 3 和 5 的结果之间唯一的不同是前者显示出了很强的(基本上唯一的)向竞争水平的收敛。

表 13.2　市场可竞争性实验不同假设和设置下的实验结果分类（括号中是实验编号）

实 验 假 设	实验买家做出购买决定			程序化买家显示需求 $K = \$2.00^b$
	$K = +\infty^a$ (CIS)	$K = 0^a$ (CIS)	$K = \$2.00^b$	
(1) 自然垄断				
强 $\hat{P} \geq P_m$	2 (36, 46)	0	0	0
弱 $\hat{P} \geq \dfrac{P_c^* + P_m}{2}$	4 (35, 36, 46)	0	0	0
(2) 默契合谋				
垄断：$\hat{P} \geq \dfrac{P_c^* + P_m}{2}$	N.A.	0	0	0
强竞争（可竞争性市场假设）：$\hat{P} \leq P_c^*$	N.A.	0	0	1 (116)
弱竞争（可竞争性市场假设）：$\hat{P} \leq \dfrac{P_c^* + P_m}{2}$	N.A.	0	0	2 (116, 119)
(3) 可竞争性市场假设				
强 $\hat{P} \leq P_c^*$	0	4 (45, 47, 51, 42)	2 (96, 97)	2 (113, 115)

（续表）

实验 假 设	实验买家做出购买决定			程序化买家 显示需求 $K = \$2.00^b$
	$K = +\infty^a$ (CIS)	$K = 0^a$ (CIS)	$K = \$2.00^b$	
弱 $\hat{P} \leq \dfrac{P_c^* + P_m}{2}$	0	6 (37, 45, 47, 48, 51, 52)	3 (70, 96, 97)	2 (113, 115)
(4) 定价限制(可竞争性市场假设)	N.A.	0	1 (82)	0
(5) 不稳定价格假设				
垄断: $\hat{P} \geq \dfrac{P_c^* + P_m}{2}$	N.A.	0	0	0
强竞争(可竞争性市场假设): $\hat{P} \leq P_c^*$	N.A.	0	2 (79, 87)	1 (118)
弱竞争(可竞争性市场假设): $\dfrac{P_c^* + P_m}{2} \leq \hat{P} \leq$	N.A.	0	2 (79, 87)	2 (114, 118)
(6) 市场崩溃	N.A.	0	0	0

注: ^a $\hat{P}$ = 第 18 期的时价。

^b $\hat{P}$ = 第 23 期的时价(第 18 期市场是可竞争性的)。

表 13.3 总结了所有 22 个实验的可竞争市场假设的二项检验的结果。在这些检验中,零假设相当于一个简单的随机模型,在这个模型中价格从最低竞争价格到最高垄断价格(0—$1.40)范围内均匀分布。因此,可竞争市场假设的强形式假定 $0 \leqslant P \leqslant P_c^* = \$0.15$,当可能性为 $\theta_0 = 0.15/1.40 = 0.107$(例如:可竞争市场的主要区域是包含在可行性价格范围[0,140]中的子区间[0,0.15])时成立;可竞争市场假设的弱形式预测 $0 \leqslant P \leqslant (P_c^* + P_m)/2 = \$0.65$,在零假设下可能性为 $\theta_0 = 0.65/1.40 = 0.464$ 时成立。在可竞争市场假设的这两种情形下,表 13.3 报告了对零假设 $\theta = \theta_0$ 的检验(一直到垄断价格为止的所有可行价格都有可能),与可竞争市场假设 $\theta > \theta_0$ 相对(可竞争市场假设的价格范围比简单模型预测的更有可能发生),这里 θ 为所有观测结果都会支持可竞争市场假设的二项式概率。

表 13.3 结构性实验设置下,可竞争性市场假设的二项检验

假设形式	非竞争性市场,进入成本无穷大			竞争性市场,进入成本 = 0			可竞争性市场,进入成本 = $2		
	x	n	α	x	n	α	x	n	α
可竞争性市场强假设 $\hat{P} \leqslant P_c^*$ $\theta_0 = 0.107$	0	4	1.00	4	6	0.0016	6	12	0.0008
可竞争性市场弱假设 $\hat{P} < \dfrac{P_c^* + P_m}{2}$ $\theta_0 = 0.464$	0	4	1.00	6	6	0.01	12	12	0.0001

注:θ_0 = 基于标准化价格均匀分布在 0—$1.4 的假设下的零二项式概率。竞争性市场假设为 $\theta > \theta_0$,对应的零假设为 $\theta = \theta_0$。
$\hat{P}$ = 第 23 期的时价。
P_c^* = 最高竞争性价格(0.15 美元)。
P_m = 最低垄断价格(1.15 美元)。
x = 支持现有版本可竞争性市场假设的实验数量。
n = 实验总数量。
α = x 的,或者当真实概率为 θ 时支持可竞争性市场假设的更多实验的二项式概率。

从表 13.3 可以看到,当市场只有一家企业,且没有任何竞争者出现时,两种可竞争市场假设都不成立。因此,如果零成本或有限正进入成本的实验支持可竞争市场假设的话,那这个结果将归因于免费进入的惩戒功能。

表 13.3 同时还表明了当市场存在两个竞争企业时,就会出现对零假设强有力的否定。不管进入成本为 0 还是 2 美元,全部 18 个可竞争市场实验都支持了"弱"一点的可竞争市场假设。在这 18 个试验中,可竞争市场假设弱形式比强形式得到了较强的支持,这表明了单单就结构方面而言(规模经济,进入成本水平以及两个潜在的供应商)并不足以产生确切的竞争性结果。动态或预期因素对价格的提高有一定的影响,但带来的价格增长很小,相比于我们研究过其进入条件的"自然垄断"理论来说,可竞争市场假设在本质上是正确的。[⑥]

在表 13.2 将实验结果分类的基础上,我们提供如下定性观察。

观察报告 1:沉没成本的存在,一定范围内其在最高竞争均衡价格范畴允许正的净利润,并不会阻碍市场进入。在这 12 个新试验中,B 卖家在第 6 周期时进入市场。在第 13 个案例中,一个卖家退出之后又有机会重新进入,事实上卖家在所有情形里面都重新进入了。

观察报告 2:有证据表明沉没成本导致了竞争性原则在某种程度上的减弱,绝大多数情况下这种减弱是暂时性的。因此,在 12 个实验中的 6 个实验里面,都出现了价格"飙升",对应了临时的暗中串通或者一家企业的退出,在 CIS 实验中由于是零成本进入的,因此都没有观察到这些。这些现象通过实验 79 和实验 119 的价格曲线图在图 13.2 (b, d)中有阐释。[⑦]

观察报告 3:表 13.4 所列的数据显示,相对于市场效率的估量,实验中观测到的数量更接近竞争预测。之所以会产生这种差异,是因为两家企业重复购买了许可证,从而造成了效率损失,沉没成本的重复是存在正的进入成本时要完成竞争规则所需的部分成本。

观察报告 4:12 个新的沉没成本实验不支持表 13.2 中 6 个假设中的任何一个,这些实验的简要情况如下:

实验 70,96,97,113 和 115(可竞争市场理论假设)。在这些实验中,两个卖家在大多数交易周期内在市场上竞争。实际上,价格及数量的收敛模式与零进入成本的 CIS 6 个实验变得很难区分,这个现象在实验 96 的图示中有阐释。见图 13.2(a)。

实验 79,87,114 和 118(不稳定价格)。每个实验中,在几个周期的持续低价格后一个卖家退出市场,剩下的卖家就把价格提高到接近甚至高于垄断价格的水平,每当发生这种情况,离开市场的那个卖家就又重新进入市场,进而价格又开始下降,这种模式在实验 79 里有阐释。见图 13.2(b)。

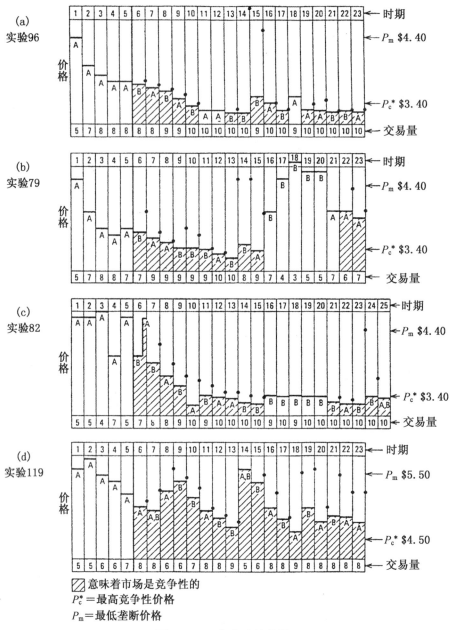

图 13.2　4 个实验的数据

表 13.4　222 个可竞争时期的交易数量和效率

结　果	绩效指标	
	交易量	效　率
更接近垄断预测	69(31.1%)	124(55.9%)
垄断预测与竞争性预测相近	52(23.4%)	4(1.8%)
更接近竞争性预测	101(45.5%)	94(42.3%)
总数	222(100%)	222(100%)
处于或低于垄断预测	27(12.2%)	43(19.4%)
高于垄断预测	195(87.8%)	179(80.6%)
总数	222(100%)	222(100%)

　　实验 82(限制价格)。如在实验 79,87 和 114 里所见,存在一系列竞争时期,其间价格处于或接近竞争性价格范围。卖家 A 缺席了 5 个周期,在此期间市场内的其他卖家的定价并没有超出竞争性价格范围(虽然价格已经高到该范围内的最大值,而且卖家 B 也已获得正盈利)。这种情况就是"限制价格",阐释详见图 13.2(c),它代表了市场只有一家企业时的竞争性案例。

　　实验 116 和 119(默契合谋)。在这些实验中,两个卖家自第 5 周期后开始竞争市场,但价格并没有如 CIS 实验中所呈现的朝竞争性价格范围下降。在每个实验中,两个卖家能够合作,从而一次或多次提高价格,但这些合作是暂时的,其产生的价格也不稳定。最后,价格还是会接近竞争价格而不是垄断价格[见图 13.2(d)]。这种行为和试图达到"默契合谋"是一致的,即使它并不能支持合谋会成功的假设。因为这种行为不是由零进入成本的 CIS 实验观察到的,所以似乎可以推测,进入成本可能在一定程度上对暂时的默契合谋阶段起到了"推动"作用。

　　观察报告 5:我们对某些假设没有观察到支持依据,市场从未出现崩溃,也没发现规模经济和中等水平沉没成本一起构成永久有效的能维持垄断的进入壁垒。在 222 个潜在的可竞争周期,观察到的市场价格更接近于可竞争性范围而不是在 144(64.86%)个周期内的理论性垄断价格(见表 13.4)。

　　观察报告 6:我们没有观察到持续的自然垄断结果,看起来这个结果不是由 5 个买家的策略行为所致,当我们转换到(6 组)实验的第 2 组时,卖家知道买家的反应按照程序应该是被动的简单最大化行为,但我们观测到的结果仍无改变。不过,我们确实观察到了更多试图达成"隐性卡特尔"的部分成功的尝试(在第 2 组实验中有两次,而在第 1 组中没有)。这表明了当程式化的简单最大化反应取代自然人成为买家时,实验中的竞争减弱,形式发生了质的改变,第 18—23 期实验中对平均价格差异的比较显示,被试为自然人买家时平均价格低了 9 美分,但这个价格差异并不显著($t = 1.072$,基于逐期价格独立的假设;当把各个实验作为独立观察过程时,$t = 0.506$)。因此,在表 13.3 中,这两组实验被放在一起来做二项式检验,在统计意义上并不显著的小差异可能是以下这三个因素的结果:(i)随机(被试)样本错误;(ii)1.24% 隐藏需求的影响;和(iii)卖方对买方可能抑制需求的预期,即使这样的可能性小。

13.6　总结

　　根据第 18 期竞争市场的市场价格可以看到,进入成本会减弱对强形式可竞争市场假设的支持。因此,当进入成本 $K(0) = 0$ 时,据 CIS 报告,6 个实验中有 4 个支持强形式的可竞争市场假设。当 $K(5) = \$2$ 时,我们发现 12 个实验中有 6 个支持强的可竞争市场假设。此外,根据这个估计,进入成本对弱形式的可竞争市场假设并无影响:CIS 发现,进入成本为 0 时,6 个实验全部支持弱形式的可竞争市场假设,我们也发现,当 $K(5) = \$2$ 时,12 个实验也全部支持弱形式的可竞争市场假设。但是,通过 CIS 实验中对任一相关周期的市场价格进行比较,并没发现竞争过程的变动,而这个变动又可能是新实验产生的观测结果中最引人注目的方面。在零进入成本的 CIS 实验中,虽然就其价格向竞争范围收敛的速度而言,每个单独的实验都是不相同的,但价格收敛路径在所有 6 个实验中却都是单一的。我们发现在本章报告的 12 个实验中,进入成本从长期来看对市场表现有显著影响,其中只有 5 个实验重现了 CIS 实验中的强收敛特性。其余 7 个实验,虽然在最后支持了弱形式的可竞争市场假设,但也出现了支持不稳定价格假设,限制价格假设和临时默契合谋假设的行为模式。我们认为,重要的是,在这 12 个“试验”中,没有一个结果是支持自然垄断、默契合谋(除其过度形式之外),或市场崩溃假设的,因此,市场可竞争性的约束力量是持续显著的,虽然进入成本削弱了这种力量,随着时间推进,产生了一个广泛多样而相互影响的动态模式。

这些实验结果对我们思考产业组织行为的相关发展和假设检验也可能有所启示。对于那些想当然地预期我们会以单一的正确产业组织"模式"结尾的人，这些结果多少会令他们感到惊讶。还有，对卖方行为的所有预测都是建立在不同的行为假设基础上的，而这些假设又因经济决策者的特性而异。有时（如零进入成本情况），就风险偏好推测变量、预期以及其他个体特性而言，实验结果是相当可靠的，但是我们要明白，不同的市场结构必然也会产生不同结果。

熟悉传统产业组织研究的读者可能会注意到，本次探讨中，在定义市场表现时，对"结构"和"组织"的区分跟从前相似，如果市场"结构"表示可观察到的环境变量如买方和卖方的数量、进入成本是否存在以及规模经济是否出现，那么这些结果就很有意思了。市场结构的某些因素会影响市场，比如加入进入成本后市场动态就会发生变化。同时，市场结构的其他形式却无关紧要（如规模经济），但就算是那些会影响市场的因素，也不一定能起决定性作用。这就给那些希望产业组织研究只关注市场结构与表现的简化形式的人带来了麻烦，因为这种简化形式忽略了诸如预期形成之类的问题，虽然我们不能直接观测到诸如预期或推测变量这些概念，但是我们能在结构固定的情况下（进入成本为正，利润增加），在不同双头垄断竞争实验中看到结果的变化，从而可以推断：代理人特性存在剩余效应。产业组织的知识型难题则是要对"预期"这类行为概念做出站得住脚的解释，这样才好假设此类概念能在既定市场结构下导致实验结果的变化，并对之进行直接检验。

注 释

① 定义：以 $C(q, s)$ 为短期成本函数，在未来 s 时段内市场输出率为每期 q 个单位，若 $C(q, s) = K(s) + G(q, s)$，且 $G(0, s) = 0$，则 $K(s)$ 是进入该市场 s 时段内的沉没成本。

② 被试大致知道实验最长可以进行多久，但不清楚最后一期什么时候发生。

③ 因此，在图 13.1 中，卖家的出价为 $P = 0.45$ 美元时，他能出售的产品数量最小为 3 个单位，最大为 10 个单位。在这个价位上，卖家要卖出至少 7 单位单品才能有正利润。

④ 本文所报告的可竞争市场实验并不是连续性的，而是在其中穿插了一些其他研究里面的各种公开竞价实验。在本报告中我们沿用了公开竞价实验原来的顺序号，所以第 70 号实验是 PLATO 公开竞价实验的第 70 号，但却是

我们的可竞争市场实验的第 1 号。这样，在回应读者的问题或要求时我们就可以轻而易举地找到实验数据。

⑤ P_c^* 是竞争均衡价格范围内的最高价格，P_m 是两个垄断价格中较低的那一个。

⑥ 联邦贸易委员会的 Dan Alger 曾看过本章内容的初稿，并在表 13.3 的基础上提出了一个贝叶斯报告。令 θ 呈均匀先验分布（beta 分布类型的一种），因为 beta 和二项似然分布是天然共轭，则 v 的后验分布是 beta。Alger 用我们的数据为每种处理方法算出了后验概率 $P_r(\theta > 0.5)$，以及两种不同形式的可竞争市场假设如下：

假设	$k = +\infty$	$k = 0$	$k = \$2$
强 CMH	0.031	0.77	0.50
弱 CMH	0.031	0.992	0.999

因为我们假设对可竞争市场假设的支持是极小可能先验的（所有可行的价格都有同等可能），对应贝叶斯报告中使用的非扩散贝塔先验，所以 Alger 的报告对比我们对表 13.3 中的强 CMH 检验要保守得多。

⑦ 图 13.2 的每张表刻画了实验各交易期的交易价格和交易量。卖家的销售量按厂商类型进行了分类：A 来自现存者，B 来自潜在进入者。纵轴价格轴上的黑色圆圈代表每期没有交易成功的卖家的出价。回想之前的发现市场可竞争性只有从第 6 期才开始，而在接下来各期也不一定会保持可竞争性。我们为卖家双方都是进入者的价格长条柱上加了阴影。图 13.2 中的所有 18 个实验的数据均可以根据读者需要给予提供。

14

竞争价格边界理论:收敛成本,期望成本,交易成本

弗农·L.史密斯 阿林顿·W.威廉姆斯

"边界实验与某些市场法则有着明显的关联,包含调查求证以确定法则的范围和适用情况,尤其是针对某些极端情况"(Kaplan,1964,p.150)。在本章报告的几个实验室实验里面,我们调研了供求法则在双边拍卖市场适用的三个不同边界。根据该竞争市场行为"法则"预测,竞争价格会在卖家的供给数量(与价格正相关)和买家的需求数量(与价格负相关)相等时达成,需求等于供给时出现的任何价格都被认为是竞争均衡(CE)价格,相对应的交易量则称为竞争均衡交易量。我们在实验中选用了特定的设计参数来求证以下几个研究问题:

1. 在买家数量为 b、卖家数量为 s 的交易中,s 最小为多少时,供求法则对市场结果的预测会变得无效?

2. 在市场中,当供求法则预测到全部收益只能归于交易的其中一方(要么买家,要么卖家)时,实际的合同价格是否会向供求法则预测的价格收敛?对于无收益的一方而言,补偿最小为多少时才能使他们参与交易?

3. 在市场中,如果任一可行价格同时也是一个均衡价格(在供求组合的异常的盒状图中可见,图形中下区域的所有价格上供需数量都是相等的),合同价格会不会在其中一个均衡点稳定下来? 如果不会,合同价格是在一个稳定的分布中有规律地来回移动,还是毫无规律地上下浮动?

14.1 实验过程

以下所有的市场报告中使用的基本合同制度都是 PLATO 计算机化双向拍卖机制,该机制的有关细节见威廉姆斯(Williams,1980)及史密斯和威廉姆斯(Smith and Williams,1983)。该交易过程被称为双向交易,是因为买卖双方都可以参与市场报价过程,在参与一种商品的报价过程时,他们只需要在键盘上输入他们想要的价格(买家出价或卖家要价),然后触摸屏幕上的一个盒状按键就完成了。任何卖家或买家都可以通过屏幕上的"接受"键随意接受另一方的价格,如果接受者在 5 秒之内按下屏幕上的"确认"键,那么一份有约束力的合同就形成了,合同确认之后,该交易将会分别记录在买卖双方的私人交易清单中。所有的出价(bids)、要价(offers),以及随后的合同都是公开信息(就是说,这些记录会出现在所有被试的显示屏上)。

我们用"价值诱导理论"来定义实验市场的供求结构(关于价值诱导方法,详见 Smith,1976a,1982,或 Plott,1982a,1986)。就交易的每单位产品而言,买家的盈利来源于合同价格与"转售价值"(由实验人员设定)的差价,卖家盈利则来源于合同价格与"生产成本"(由实验人员设定)的差额。因此,转售价值就代表了买家愿意为一单位产品支付的最高价格,而生产成本代表了卖家愿意接受的最低价格。这里的很多实验报告中,每笔交易都收取小笔的佣金(0.05 美元或 0.1 美元)来诱导边际单位(盈利为 0)交易。收取佣金是为了在交易终止时补偿被试进行交易时所产生的最低交易费用(身体和心理的付出),因此它不能抵消由此带来的损失(比如在买家以略高于转售价值的价格交易时,或卖家以略低于生产成本的价格交易时)。事实上,如果买家(卖家)的出价(要价)高于(低于)每单位产品的转售价格(成本价格),电脑就会发出警告信息,如果买家(卖家)没有阅读此信息并确认忽

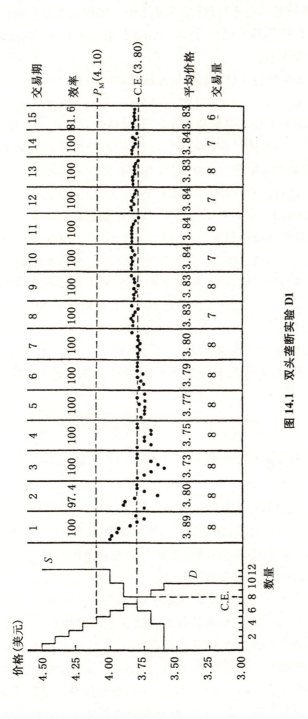

图 14.1 双头垄断实验 D1

略此信息，电脑就不会允许他们接受该价格。实验人员分配给被试的购买值和成本值是严格的私密信息，这就意味着只有买家或卖家自己才清楚自己的购买值或成本值。

将所有买家的转售价格由高到低排列，可得到市场的"诱导需求排列"，而将所有卖家的生产成本从低到高排列，可形成市场的"诱导供给排列"。这些阶梯函数的交集就是竞争均衡（CE）价格及对应的交易量。例如，我们从图 14.1 左侧的数据可以看到，供给排列和需求排列的交集出现在价格为 ＄3.80，交易量为 8 单位货品时（假设边际单位已交易成功）。

这里报告的每一个市场试验都涵盖了一系列连续的交易周期，每一个交易周期耗时 360 秒（有时是 300 秒）。被试都是来自亚利桑那大学和印第安纳大学的本科生和硕士研究生，大部分实验都用了"有经验"的被试，就是说他们此前至少参与过 1 次 PLATO 双向交易实验，尽管此前的实验运用了完全不同的市场参数。到达 PLATO 实验室时，每位被试因为遵守约定而获得 3 美元（早期的一部分实验只付 2 美元），然后被随机分配到一个电脑终端，双边交易项目的负责人把电脑终端随机设置为买家或卖家状态，并向各方提供实验说明，他们在终止实验后进行数据的存储，以供稍后的回顾与分析。实验结束时，实验人员将私下向每位被试支付他们在实验中的现金盈利。

14.2　实验结果：双头垄断（Duopoly）与独占垄断（Monopoly）

大量证据表明，在买卖双方人数均只有 4 人时，双向交易市场将迅速向竞争均衡（CE）价格收敛，假如我们将买方数量维持在 4 人以上的水平，而将卖家数量减少至 2 人（双头垄断）甚至 1 人（独占垄断），那么卖家数量为多少时，市场无法达到竞争均衡（CE）呢？

表 14.1 列举了 4 个双头垄断实验和 5 个独占垄断实验的一部分基本设计数据。图 14.1—14.9 左侧的数据是这 9 个试验中诱导价值（D）和成本（S）的排列，以及由此产生的竞争均衡（CE）价格与交易量。独占垄断者的利润最大化价格由一条虚线表示，每个数据右方都用 P_M 标了出来（P_M 对应的是双头垄断实验中两个卖家利润最大化时的价格）。图 14.5—14.9 的数据来自 5 个独占垄断实验，同样，这些数据也列出了用来定义 P_M 的边际收

入(MR)排列。为了将利润最大化,独占垄断者必须卖掉所有 Q_M 单位产品,只要它们边际销售收入(MR)要大于边际生产成本(就是说边际利润为正),同时要价应该等于需求排列的第 Q_M 销售量对应的价格。注意,这里有一点很重要:为了计算出这种独占垄断的最佳单一价格,卖方必须能够了解市场需求曲线,并能够老练地分析如何运用这些信息来确定 P_M。这种情形不大可能发生,因为垄断者无从得知由买家掌控的需求排列。更具有现实意义的是,双向拍卖市场中的垄断者能否通过长期以来的市场分析,获得与以固定价格 P_M 卖出 Q_M 单位货品相等或者相近水平的利润,以固定价格 P_M 卖出。

表 14.1 双头垄断和独占垄断实验的设计参数

实　　验	买家数量	每次交易佣金	竞争均衡下买家的每期利润	竞争均衡下卖家的每期利润	价格为 P_M 时卖方的每期利润
D1	5	\$0.05	\$2.80	\$1.00 (每位卖家 \$0.50)	\$2.40 (每位卖家 \$1.20)
D2x	6	\$0	\$2.80	\$1.90 (每位卖家 \$0.95)	\$3.30 (每位卖家 \$1.65)
D3x, D4x	10	\$0.10	\$5.60	\$2.20 (每位卖家 \$1.10)	\$4.90 (每位卖家 \$2.45)
M1x, M2x, M3x, M4xs, M5x	5	\$0.10	\$2.80	\$1.10	\$2.45

注:实验编号后缀 x 表示所有被试都是有经验的;实验编号后缀 xs 指仅卖方是有经验的;利润计算不考虑交易佣金;实验 D2x 的竞争均衡利润通过竞争均衡价格的中点计算而来。

位于图形中诱导 S 与诱导 D 排列右侧的表格,显示了在每一个连续交易周期中按成交额大小排列的合同价格。同时,表格也显示了每个交易期中用来总结市场表现的三个描述性统计数据:平均合同价格、交易数量以及市场效率。效率是指交易实验中被试以竞争均衡(CE)价格进行交易时理论收益与实际收益的百分比。效率达到 100% 的情况,只有在转售价格大于竞争价格的所有货品和生产成本小于竞争价格的所有货品都完成了交易的时候才会发生(正如供需规则预测的那样)。

从图 14.1 的数据可见,双头垄断实验 D1 使用了无经验的被试(5 个买家,2个卖家),在第5至第15个交易期内,平均价格在围绕竞争均衡价格4美分的范围内波动。合同价格从来没有接近过垄断最优价格 $4.10(在前两个实验之后),除了两个交易期外,其余交易期的效率都为100%。双头垄断实验D2x使用了有经验的被试,从图14.2的数据中可以看到,除了前两个交易期,其他交易期的价格都在竞争均衡范围的中间点上下6美分的地方(3.20—3.30美元)浮动。除了4个交易期之外,其他所有交易期的效率均保持在95%以上。请注意,实验D2x的交易量和效率(15个交易期内交易量为106单位)都轻微的低于D1(15个交易期内交易量为114单位)。我们的推测是,造成这个差异的原因是因为D1中采取了5美分的佣金制度,而D2x没有。

在双头垄断实验D3x和D4x中,我们将买家的数量增加至10人,将竞争均衡交易量增加至16个单位。在这两个试验中,24个实验者全部都是有经验的被试,同时,每交易1单位商品,买卖双方都将得到0.10美元的佣金。在D3x实验中(见图14.3),两个卖方能够在前4个交易期内将价格维持在高于竞争均衡价格的水平,到了第5—13个交易期,价格似乎趋于稳定在竞争均衡价格,或处于稍低一点的水平。除第1个交易期之外,交易量为15或16单位的情况下效率维持在97%或以上。从某种程度上来说,D4x的卖方在将价格维持在高于CE价格表现得更加成功,但在7个交易期之后,平均价格下降至CE价格上下5美分的范围之内,从第2—12交易期(交易量为13—16个单位),其效率维持在97%或以上。

我们的双头垄断实验的结果表明,当卖方数量减少到两家,而且它们具备同等(或大致同等)条件时,供求法则对市场价格将收敛到CE价格的预测就站不住脚了。在这4个实验中,合同价格并不等同于供求法则预测的CE价格,但是相对于预测的联合利润最大化(垄断)价格来说,它与CE价格还是要相近得多。我们必须马上注明的是,要想建立一种市场行为的经验法则,仅靠4个实验的结果是远远不够的,要想建立起一种法则,我们需要做更多的双头垄断实验,而且需要使用不同的受试人群和市场参数。

暂且认定存在2个卖家的双向拍卖市场还是向CE收敛的,接下来在只有1个卖家的一组实验中,我们来关注"最大数量边界"(ultimate numbers boundary)的问题。图14.5—14.9中的结果来自5个独占垄断实验(每个实验有5个买家和唯一的1个卖家),我们可以看到,除了实验M4xs,所有实验都使用了有经验的被试。而在M4xs中,卖家是有经验的,但买家全都没有经验。实验人员特意按以下两个标准挑选了实验中的卖家:(1)经历过之前

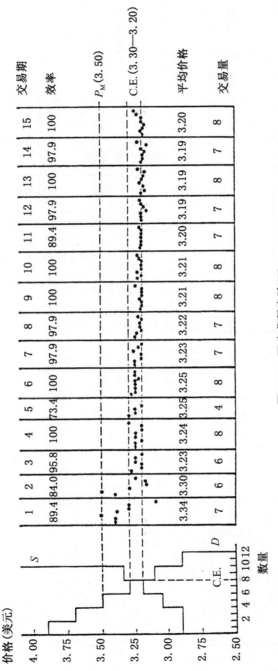

图 14.2　双头垄断实验 D2x

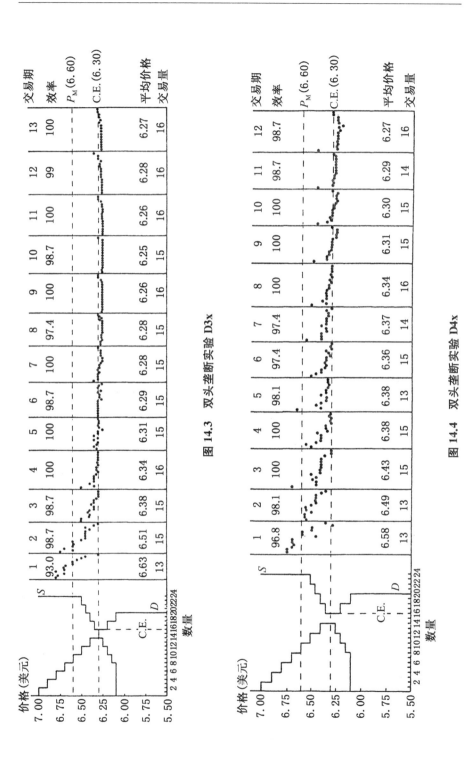

图 14.3　双头垄断实验 D3x

图 14.4　双头垄断实验 D4x

的若干次实验(2)有坚定的利己主义倾向。

实验 M1x(图 14.5)的卖家在第一个交易期内很好地扮演了垄断者的角色。她的前 4 个合同价格只比独占垄断利润最大化价格(P_M)4.10 美元低了 5 美分。然后她依次降低了价格,以吸引那些持有价值较低的买家参与交易。第 1 交易期的效率为 100%,CE 交易量为 8 个单位。在此,卖方通过"价格歧视"(price discrimination)的能力,对竞争均衡利润进行了重新分配以增加自己的收益。不过,在之后的几个交易期内,她没能实现类似的交易模式。因为她在第 1 个交易期使用的价格歧视手段"扰乱了市场"(spoiled the market),结果到了第 2 交易期,买家会拖延时间,想等价格降到接近上一期最后 4 个合同中的较低价格时再进行交易。此后卖家走的是下坡路,她在第 9 至 13 交易期都是以 CE 价格成交。不管怎样,除了第 5 个交易期,所有交易期的市场效率几乎都是 100%。

在 M2x(图 14.6)中出现了一种更强势的交易模式。在该实验市场中,卖家在第 1 到 5 交易期能够将价格维持在接近垄断均衡(P_M)的水平,其中在第 3、5、6 交易期内他使用了价格歧视手段,产生了高效率。在第 7 和第 8 交易期,价格歧视又一次导致买方为了等待较低价格而拖延时间,但这一次卖家拒绝退让,因此第 7 交易期的成交量仅为 1 单位,第 8 交易期也只有 2 单位。到了第 9 交易期,买家退让了,结果的差异很大,是 100% 有效的交易模式。在第 10 交易期,买家又一次拒绝高价交易,而卖家拒绝妥协,结果交易量仅有 1 单位。在剩下的第 11 至第 15 交易期中,市场效率维持在 88% 以上,而平均交易价格维持在高于 CE 价格 15 美分的水平。

在实验 M3x(见图 14.7)中,卖家在第 1 到 5 个交易期能够将价格维持在 CE 价格以上,交易量为 6 个单位。在第 6 个交易期,买家率先控制了需求以等待降价,卖家妥协,第一份合同以低于 CE 的价格实现,然后卖家又重新以更高价格供给商品,买家继续隐瞒需求,结果只有 5 笔交易达成,该交易期的市场效率只有 51%。在第 7 及第 8 交易期,卖家实行软化政策,价格逐渐下降,最后低于 CE 价格。在第 9 个交易期,垄断者似乎改变了策略,他将供给价格控制在或者略低于垄断均衡价格 P_M,直至交易期的后期。第 10 至 15 交易期的交易价格在 CE 价格和垄断均衡价格 P_M 之间,其中第 14 和 15 交易期的平均价格向 CE 价格下降。

在实验 M4xs(见图 14.8)中,第 1 交易期的初始交易价格高于垄断均衡价格 P_M,然后降低到 CE 价格,且交易量为 7 个单位,效率为 100%。在第

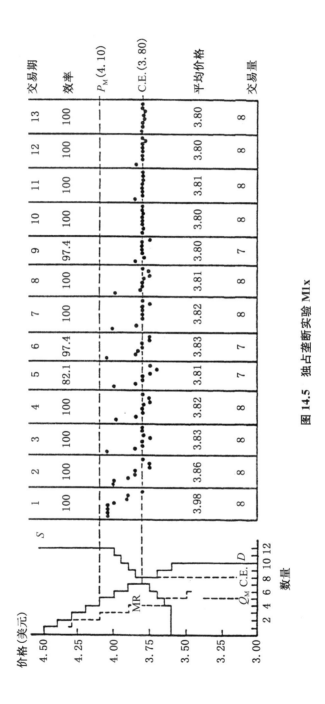

图 14.5 独占垄断实验 M1x

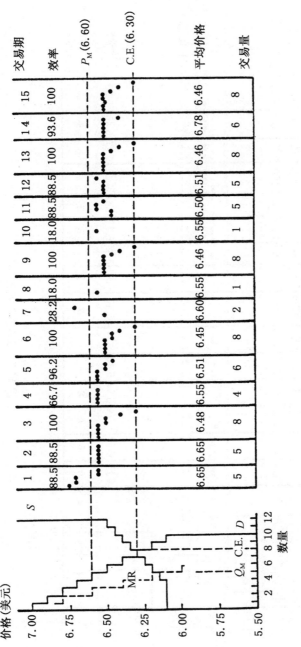

图 14.6 独占垄断实验 M2x

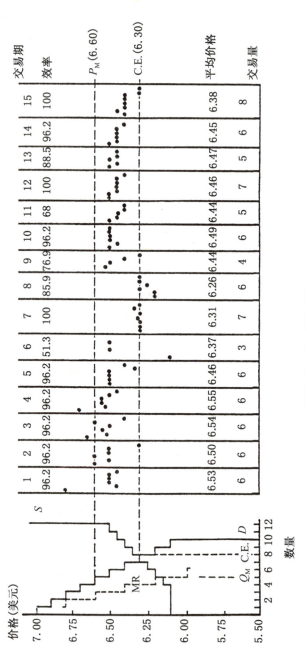

图 14.7 独占垄断实验 M3x

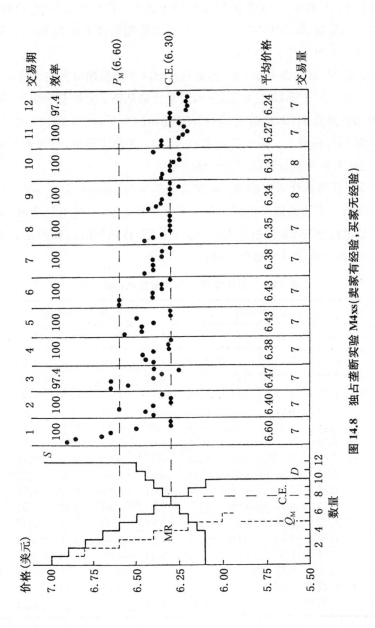

图 14.8　独占垄断实验 M4xs（卖家有经验，买家无经验）

2—9 交易期，交易价格在垄断均衡价格 P_M 和 CE 价格之间浮动。和实验 M1x 一样，垄断者没能很好地维持价格歧视模式，第 12 交易期的平均价格最终由高于 CE 价格 0.13 美元的水平跌至低于 CE 价格 0.06 美元的水平。除了两个交易期（效率为 97.4%）外，所有交易期的效率均为 100%，每个交易期的交易量为 7 或 8 个单位。

在实验 M5x（见图 14.9）中，卖家只在前四个交易期将价格维持在 CE 价格之上。到了第 9 至 13 交易期，平均交易价格从第 1 交易期中高于 CE 价格 0.24 美元跌至低于 CE 价格 0.08—0.10 美元的水平，其中第 10—13 交易期的效率为 96% 或以上。因此可以总结，在 5 个垄断实验中，有 3 个的交易价格收敛于 CE 价格或是稍低于此价格的水平。

这 5 个计算机化双向拍卖垄断实验的结果与（Smith，1981）报告的 3 个口头双向拍卖实验的结果相似。有一部分垄断卖家，不过不是全部，成功地将交易价格控制在 CE 价格之上，与远高于 CE 价格同时出现的是买方频繁隐瞒需求，而且市场效率的损失也很大。

表 14.2　双头垄断和独占垄断的垄断效率

交易期	双头垄断实验				独占垄断实验				
	D1	D2x	D3x	D4x	M1x	M2x	M3x	M4xs	M5x
1	0.49	0.41	1.46	1.32	1.04	1.19	1.00	1.56	1.01
2	−0.03	0.01	1.13	0.90	0.38	0.81	0.86	0.52	0.84
3	−0.43	−0.16	0.42	0.71	0.19	1.11	1.01	0.86	0.39
4	−0.29	−0.07	0.22	0.45	0.10	0.52	1.06	0.42	0.16
5	−0.17	−0.46	0.03	0.39	0.04	0.93	0.65	0.69	−0.08
6	−0.08	0	−0.06	0.31	0.17	0.89	−0.22	0.67	−0.16
7	0.02	−0.15	−0.09	0.38	0.15	−0.07	0.03	0.41	−0.35
8	0.17	−0.19	−0.21	0.24	0.07	−0.48	−0.22	0.25	−0.37
9	0.15	−0.24	−0.24	0.06	−0.01	0.93	0.19	0.21	−0.44
10	0.22	−0.22	−0.26	0	−0.01	−0.48	0.81	0.07	−0.48
11	0.23	−0.27	−0.23	−0.04	0.04	0.63	0.40	−0.18	−0.50
12	0.20	−0.32	−0.16	−0.20	0.03	0.70	0.81	−0.31	−0.49
13	0.16	−0.31	−0.18		−0.01	0.93	0.52		−0.44
14	0.18	−0.32				0.78	0.63		
15	0.07	−0.26				0.92	0.48		
平均	0.06	−0.017	0.14	0.38	0.017	0.62	0.53	0.43	−0.07

表 14.2 用以下的垄断效率指数（在本部分第 10 章中有介绍过）总结了之前几个独占垄断实验及双头垄断实验中卖方的表现：

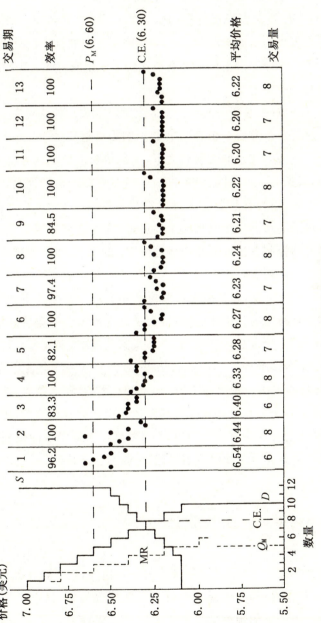

图 14.9 独占垄断实验 M5x

$$M = (\pi - \pi_c)/(\pi_m - \pi_c)$$

π 表示卖家在某些交易期内的利润（不包括佣金收入），π_c 和 π_m 分别表示卖家在 CE 价格下以及垄断最优价格（P_M, Q_M）下的卖方利润。请注意，当卖家的利润等于竞争均衡的情况时，$M = 0$；当卖方利润高于（低于）竞争均衡的情况时，$M > 0(< 0)$；当单一垄断最优价格实现时，$M = 1$；当歧视性垄断利润实现时，$M > 1$。

基本上，任何双头垄断者或独占垄断者都不能成功地获得完全垄断利润（虽然 M3x 的卖方在最后 3 个交易期的影响力高过 75%）。基于以上实验结果，我们可以总结，在双向交易制度下，竞争均衡模型可以为真实市场（卖家只有 2 个，买家有 4 个或以上）提供一个相对可靠的市场预测。当卖方数量减少到 1 个时，因为有些垄断者可以将交易价格控制在 CE 价格以上，所以竞争均衡模型的预测能力就减弱了。但是，在双边交易规则下，垄断者都不能将交易价格控制在接近垄断均衡价格 P_M 的水平，也不能赚取完全的单一价格最优垄断利润。

这里有一点很重要，在其他交易制度和不同的信息条件下，我们就不能假设以上结果是稳健的。比如，如果将交易制度改为公开竞价环境下的"要么买，要么走人"定价方法，或向卖家公布买家的需求，又或者允许卖家之间交流［形成一个合谋卡特尔（conspiratorial cartel）］，这些都会显著增加垄断者获取垄断利润的能力。史密斯（Smith, 1981）和艾萨克等人（Isaac et al., 1984）分别进行过公开竞价垄断实验和双边拍卖卖方合谋实验，他们的研究都表明，公开竞价交易制度和卖方交流行为都会导致竞争均衡模型更频繁地失效。关于公开竞价制度的更多讨论，请参考普洛特（Plott, 1986）。

14.3　实验结果：Swastika 设计

双边拍卖中的竞争均衡收敛特征有另一种边界，它与诱导市场供需排列相互关联，看起来很怪异，如果不仅仅是反常情况的话，这很容易让人觉得竞争均衡对市场结果的预测效果非常差劲。这里就有这样一个例子，我们称之为"swastika design"（万字卍设计），图 14.10 的左侧显示了相关数据，该设计可以由以下的市场供（D）求（S）条件来描述：

$$D = \bar{D} \text{ 若 } P \leqslant P_d \qquad D = 0 \text{ 若 } P > P_d \qquad (14.1)$$

$$S = \bar{S} \text{ 若 } P \geqslant P_s \qquad S = 0 \text{ 若 } P < P_s \qquad (14.2)$$

在这里,D,S,P_d 和 P_s 均为正的常量,就是说,共有 D 单位产品及其诱导价值 P_d 被分配给了买家,共有 S 单位产品及其诱导成本 P_s 被分配给了卖家。为了达成交易,我们必须使 $P_d > P_s$。当 $\bar{D} \neq \bar{S}$ 时,没有确定的市场出清的 CE 价格(那要求市场的供给与需求相等),因为此时供给数量与需求数量是不相等的常量,而不是传统上认为的价格的递增函数或递减函数。不过,竞争均衡价格理论还是预测市场均衡点就是在供给曲线和需求曲线的交点。因此,当 $\bar{D} > \bar{S}$ 时,我们得到一个 CE 价格 P_d 和 CE 交易量 $\bar{S}$,同时在所有可行价格下存在超额需求 $(\bar{D} - \bar{S})$。在这种情况下,因为买家的诱导价值 P_d 同时也是竞争均衡预测价格,所以按照供求法则的预测,交易形成的所有收益将由卖家获得。当 $\bar{S} > \bar{D}$ 时,P_s 成为我们的 CE 价格,CE 交易量为 $\bar{D}$,并且在所有可行价格下存在超额供给 $(\bar{S} - \bar{D})$,此时所有收益将归买家所有。明显地,这样的市场将竞争均衡模型推向了一个"收益不均等"边界。

这里报告的 swastika 实验由 4 个买家和 4 个卖家组成,基准参数 $\bar{D}$ 和 $\bar{S}$ 分别为 $P_d - P_s = 1.10$ 美元。在第一种情况(A)下,我们可以看到 $D_A = 11$,$S_A = 16$,对应的 CE 交易量为 11 个单位,CE 价格为 P_s。在第二种情况(B)下,$D_B = 16$,$S_B = 11$,得出的 CE 交易量为 11 个单位,CE 价格为 P_d。跟之前报告的双头垄断和垄断试验一样,所有的价值和成本分配都是严格的私密信息,而且被试之间不允许有任何交流,商品数量尽可能地在买卖双方之间进行均匀分布。例如,当 $D = 16$ 时,4 个买家的潜在交易量都是 4 个单位;当 $D = 11$ 时,3 个买家的潜在交易量为 3 个单位,剩下那个买家的潜在交易量只有 2 个单位。

图 14.10 左侧显示了 $P_d = 5.50$ 美元,$P_s = 4.40$ 时 A 和 B 两种环境下的数据。环境 A(B)会使每期交易在竞争均衡上所有 12.10 美元的交易溢价都归于买家(卖家)。此外,每位买家和卖家在前 6 个 swastika 实验中(S1x—S6x)都会因每一笔交易收到 0.10 美元佣金,这是为了最低限度地激励在 P_d 上买入,在 P_s 上卖出,从而使方程(14.1)和(14.2)中的价格与交易量条件更站得住脚。因此,在 CE 价格 4.40 美元上(见图 14.10 中的环境 A),卖家每个交易期只得到 0.10 美元的佣金收入,而买家则赚到所有的溢价 $P_d - P_s = 1.10$ 美元以及佣金 0.10 美元。请注意,只要当 11 单位商品全部交易成功

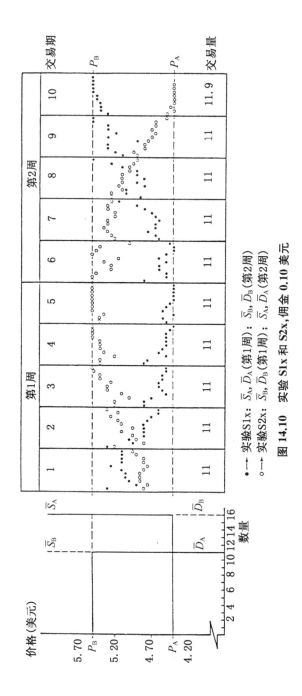

图 14.10　实验 S1x 和 S2x, 佣金 0.10 美元

● —→　实验S1x: $\bar{S}_A$, $\bar{D}_A$ (第1周)；$\bar{S}_B$, $\bar{D}_B$ (第2周)
○ —→　实验S2x: $\bar{S}_B$, $\bar{D}_B$ (第1周)；$\bar{S}_A$, $\bar{D}_A$ (第2周)

时，效率就能达到 100%（不论每期交易的真实协议合同价格将这 1.10 美元在买卖双方之间做出了怎样的分配）。

这个供需设计带来的极端收益不均状况，我们有理由推测，如果不对其进行严格抑制，那么它将严重妨碍市场向竞争均衡预测水平收敛。不过，早期的口头（非计算机化的）双边交易实验案例也使用了这个供需设计，他们的市场向竞争均衡收敛的速度还是相当快的（Smith，1965）。我们在这里报告的是一系列使用了 swastika 设计的计算机化双边交易案例。在实验 S1x、S3x、S5x 中，有 5 个交易期（第 1—5 期＝第 1 周）在 A 环境下进行，另有 5 个交易期（第 6—10 期＝第 2 周）是在 B 环境下进行的。每一个实验都雇用了一群不同的"有经验"被试，在实验过程中，为了模糊 CE 价格，三种实验配对分别与特定的初始值 P_d 和 P_s（保持 $P_d - P_s = 1.10$）相对应。另外，每组人员采用了一种略微不同的规则来控制基本双边拍卖交易过程中报价的进程。（见 Smith and Williams，1983，关于 PLATO 双边拍卖的其他出价规则的讨论。因为看起来 swastika 设计下的市场行为不受出价规则差异的影响，本章不把这个问题作为重点来讨论。）

这里有一件重要的事，我们应该注意到，在第 5 和第 6 交易期内，$\bar{D}$ 和 $\bar{S}$ 的变动非常微妙。参与人在其私人信息记录卡上收到的诱导价值/成本（numeric-induced value/cost）相同，但潜在的市场交易量有微小差异。我们的假设是这样的：即使在第 1 周内市场向竞争均衡收敛了，但市场环境的微妙变化加上竞争均衡可能向可行价格集的反方向运动，都可能会阻碍第 2 周的竞争均衡收敛。

我们还报告了两个不付佣金的 swastika 实验，这些实验（没有佣金，且在第 5 期后市场条件没有变化）的目的是估计 PLATO 双边拍卖交易中能够诱导被试进行交易（交易成本）的最低利润水平。没有佣金时，如果合同价格稳定在 P 水平（在 A 环境中高于 P_s，在 B 环境中低于 P_d），那么 P 和 CE 价格的差值就可以用来估量主观交易成本的大小。如果实验 S1x 至 S6x 的价格向 CE 收敛，除非"无经验"被试显示出比"有经验"被试更高的交易成本，否则我们就可以预期 S7 和 S8 会收敛至离 CE 价格 0.10 美元的范围之内，鉴于计算机化双边拍卖交易本身的复杂性，这个可能性是非常显著的，特别是在前面的交易期里，当那些"无经验"被试还在学习怎样才能变得更老练的时候。

图 14.10—14.12 右侧的数据依次显示了 3 对 swastika 实验（交易佣金为

0.10 美元)的合同价格。请注意，虽然 $P_d - P_s$ 的值一直稳定在 1.10 美元，具体的 P_d 和 P_s 值在 3 对实验中还是有差异的。在第 1 周与第 2 周的所有 6 个实验中，价格都很明显地向 CE 收敛，第 1 周的价格一般起始于可行价格集的中部，然后开始向 CE 价格移动，收敛速度在不同的被试之间有所相同，但总的来说，在第 4 或第 5 交易期之后，所有的市场都会明显向 CE 靠近。

在第 6 交易期里，由环境 A 向环境 B 转换时有一个"交易量变化"，随后，第 1 周实验里形成的价格预期马上就显出其功效了。不过，虽然整个市场的根本方向是向 CE 靠拢，但实验 S3x，S4x 和 S6x 在第 6 期中的价格变化微乎其微。市场环境的微妙变化好像创造出了一个纯粹的预期均衡，即原来的 CE 价格(old CE price)，这种根深蒂固的预期在实验 S1x，S5x 的第 6 期以及实验 S4x 的第 7 期里面表现得很明显：在最初的合同达成之后，市场价格有偏离"新"CE 的趋势。

在给定交易期中，当所有 11 单位产品都被交易完之后依然存在价格竞争(出价或要价)，而以上市场的 CE 收敛过程似乎与此时的价格竞争所显示出来的信息有很大关系。拥有 5 单位剩余产品的那些参与人(环境 A 中为卖家，环境 B 中为买家)为了完成更多交易，会倾向于大肆降低要价(环境 A)或者抬高出价(环境 B)，而那些已经把所有 11 单位产品都交易完了的市场参与人就只能保持"沉默"(他们不能输入或接受任何报价)，在这种情况下，交易期尾声时的竞争经常会带来完全不符合 CE 的价格(比如，在环境 A 中卖方要价降到 P_s，在环境 B 中，买方出价升到 P_d)。有趣的是，参与人通常不能马上意识到这类市场信息的价值，交易期的先期合同价格因为受到这种疯狂竞争影响，往往会明显高于(环境 A)或低于(环境 B)上一期的最终报价。从第 8—10 交易期的合同价格可以看到，被试最后调整了自己的预期，然后价格会快速向着新的 CE 靠近。

图 14.13 显示的是 swastika 实验 S7(环境 A)与 S8(环境 B)的一系列合同价格，这两个实验没有使用佣金，而且在第 5 交易期后市场环境保持不变，另外它们使用的都是"无经验"被试。实验 S7(完成 6 个交易期后因电脑死机而终止)最后 4 个交易期(第 3—6 期)产生的平均合同价格处于离 CE 价格 10 美分的范围之内，实验 S8 收敛至 CE 的速度好像比 S7 要慢，但其最后 4 期(第 10—13 期)的合同价格也在离 CE 价格 10 美分的范围以内。

我们在这一节报告的 8 个实验的结果表明，就 swastika 市场设计中包含的"收益不对等边界"而言，双边拍卖交易中 CE 收敛特性是稳健的，而且，不

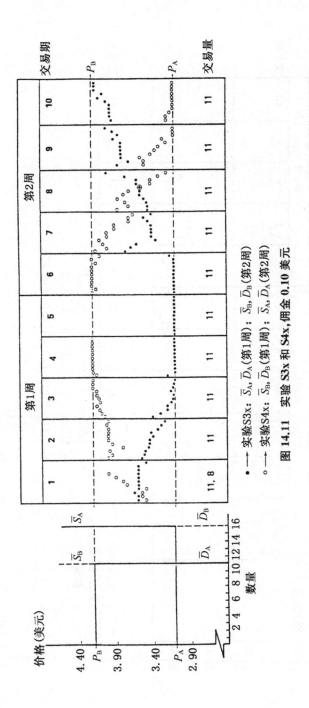

— ● — 实验S3x: $\bar{S}_A$, $\bar{D}_A$(第1周); $\bar{S}_B$, $\bar{D}_B$(第2周)

— ○ — 实验S4x: $\bar{S}_B$, $\bar{D}_B$(第1周); $\bar{S}_A$, $\bar{D}_A$(第2周)

图14.11 实验S3x和S4x,佣金0.10美元

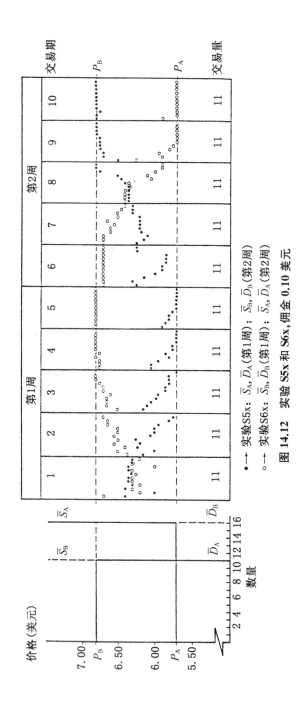

● → 实验S5x：$\bar{S}_A$，$\bar{D}_A$（第1周）；$\bar{S}_B$，$\bar{D}_B$（第2周）

○ → 实验S6x：$\bar{S}_B$，$\bar{D}_B$（第1周）；$\bar{S}_A$，$\bar{D}_A$（第2周）

图14.12 实验 S5x 和 S6x，佣金 0.10 美元

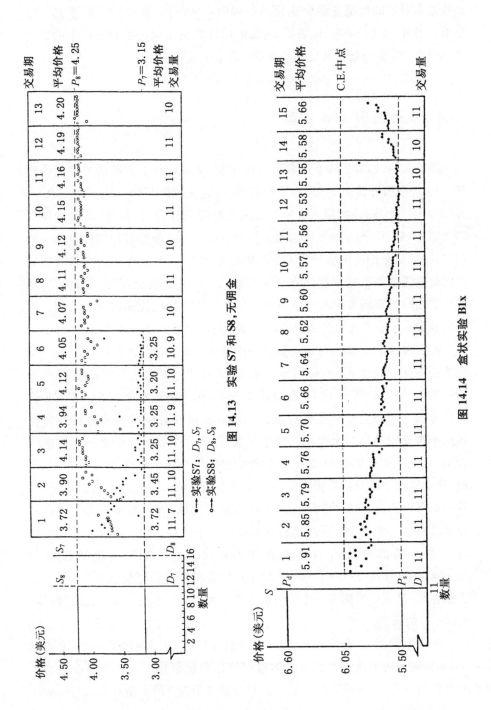

图 14.13 实验 S7 和 S8,无佣金

● = 实验S7: D_7, S_7
○ = 实验S8: D_8, S_8

图 14.14 盒状实验 B1x

论收益不对等的情况是偏向买家还是偏向卖家,这一基本结果似乎都不受影响。另外,实验 S7 与 S8 表明,对我们的计算机化双边拍卖环境中的这类被试而言,10 美分就是其交易费用的上限。

14.4　实验结果:Box 实验

接下来,我们要报告 5 个双边交易实验,买家与每个实验的买家卖家数量均为 4,市场设置由方程(14.1)和(14.2)定义,其中 $\bar{S} = \bar{D} = 11$, $P_s =$ \$5.50, $P_d =$ \$6.60,供求排列与之相互对应,我们把它叫做“盒状设计”,图 14.14—14.18 的左侧数据描述了这种设计。与之前所有的实验设计一致的是,向被试分配的价值及成本是严格的私密信息,而且在双边交易规则规定的信息流之外不允许被试有任何交流,这 5 个“盒状设计”的复制实验都采用了相同的市场参数和交易规则。每个市场的被试群体都完全不同。除去实验 B3,其他实验的被试之前都参加过双边交易实验。

我们对这个设计的兴趣起源于一个事实:只要向被试支付最少等于交易费用的交易佣金,那么可行价格集合[P_d, P_s]中的任一价格都可以成为一个市场出清 CE 价格,从传统模式来看,供求法则对怎样从一组 CE 价格中选出一个特定价格也没有既定标准。如果没有任何超额需求或超额供给来推动价格向某个市场出清水平靠近,那我们就可以做出一个简单的推测:某个先期合同价格会按买方和卖方的相对议价优势而继续存在,同时,这个初始合同价格将影响之后所有的市场价格。在被试同质的情况下,我们就可以预测,初始合同会在 CE 中点附近达成,那么买家与卖家各自的总体收益将大致相等。下面我们就此提出一个假设(H1),同时还有 3 个描述此类市场的一般行为的备择假设(H2,H3,H4)。[盒状设计与 Edgeworth(1981;1932,p.46)的不可分割市场设计有相似之处:主仆双方人数相等,且规定只能有一个仆人服务于一个主人。也可参考 Stigler(1957, pp.8—9)的研究。]

H1:强稳定性。合同价格将稳定于闭区间[P_d, P_s]内的某一个 CE 价格上,而该闭区间的范围取决于具体被试群体的议价特征。这个假设隐含了一个行为均衡,该均衡可以生成一系列方差几乎为 0 的价格组合,比如 swastika 实验 S3x、S4x 和 S6x 中出现的情况。我们对这个假设的理解是:它是符合理性预期均衡的，在此，被试会就"可接受的"合同价格达成一致预期，买家（或卖家）不愿意接受高于（或低于）该价格的任何协商，即，此时的合同价格及预期是受到买卖双方支持的。

H2：低稳定性。合同价格将在$[P_d, P_s]$区间内达成某种稳定均衡分布。该假设隐含了一个不一样的行为均衡，此时的平均合同价格仅仅取决于每一期实验的随机样本差异，而这种差异又取决于具体被试群体的议价特征。我们对这个假设的理解是：它符合较弱形式的理性预期均衡，在此，共同预期是某个平均价格，同时实验中观测到的合同价格围绕这个平均价格轻微地随机波动，波动幅度又因被试交易成本和动态议价策略的差异而不同。

H3：有序浮动。合同价格将呈现出"有序浮动"的状态，就是说，它既不会是稳定均衡分布的状态，也不会在实验周期内及周期之间无序波动。这个假设意味着交易期之间的价格差异相对较小，而且都围绕平均价格分布，呈现出交易期之间的某种价格趋势，或是循环。

H4：无序不稳定状态。合同价格在$[P_d, P_s]$内无序波动，在交易期之间几乎没有稳定性可言。

图 14.14 中是盒状实验 B1x 的合同价格序列。该市场支持 H3（有序浮动），平均合同价格在长达 15 个交易期的实验中没有表现出稳定趋势。在第 11 期中，价格稳定向 P_s（5.50 美元）下移，在第 12 期中，当 11 单位产品以第 11 期的价格完成交易后，卖家开始保留最后的供给，并输入了高于最近合同价格很多的要价，他们拒绝退让，结果，在实验的最后一刻，还有需求的买家妥协了，接受了"高"价。同样的情形在第 13 期里面也发生了（只有轻微不同），卖家的这种行为扭转了价格向下移动的预期。在随后的第 14 期和第 15 期里面，其他卖家也开始固守高的报价，结果买家妥协，合同价格快速飙升。

图 14.15 中是实验 B2x 相关数据，我们可以看到，价格在前 6 个交易期一直在向上移动，最后刚好处于 P_d（6.60 美元）的下方，然后又向下移动了一点点。在该实验的第 10 个交易期之后，我们把分配给每个被试的价值和成本降低了 2.50 美元，然后从第 11 期开始重新开始实验，在实验之前，我们预测这样的措施可能会将价格锁定在 P_d（目前为 4.10 美元）上，因为新的可行价格集的这个新上限刚好低于前期所有交易期的价格水平。然而与我们的推测相反，被试好像仅仅根据新分配的价值和成本"重新调整"（rescaled）

了他们的价格预期。除了第 11 期的价格差异变大之外，第 15 期也出现了平均价格下降的情形。因此，实验 B2x 是显著支持 H3 的。

图 14.16 和 14.17 分别显示了实验 B3（使用"无经验"被试）和 B4x 的合同价格序列，基本上来说它们是支持 H2 的（弱稳定性）。实验 B3（见图 14.16）中第 8—12 期中的价格分布似乎稳定在 6.13 美元左右，而实验 B4x（见图 14.17）第 8—15 期的价格分布似乎也是大致稳定的，但不同的是，实验 B3 的价格稳定在 CE 的中点附近，而 B4x 则是稳定在非常接近 P_s 的价格范围之内。虽然 B4x 的价格系列方差更大而且向 P_s 收敛的速度更快，但平均价格向着 P_s 的最初移动形态很像是实验 B1x 的，与 B1x 不同的是，B4x 的价格在 P_s 附近触底之后并没有开始回升。

实验 B5x（见图 14.18）是唯一一个足够稳定并且被认为是支持 H1（强稳定性）的盒状设计实验，其平均合同价格在最后 9 个交易期（6—14）中都是 6.18 美元，且每个合同价格之间几乎没有差异。虽然价格从来都不是个恒定值，但第 6—14 期形成的 97 个合同中，还是有 93 个的价格分别是 6.17 美元或 6.18 美元（其余 4 个分别是 6.19 美元和 6.20 美元），而且，第 2—14 期的所有价格都在 6.15 美元到 6.20 美元之间。

因此这 5 个盒状设计实验交叉支持 H3（有序浮动）、H2（弱稳定性）及 H1（强稳定性），至于哪个假设能够最恰当地描述某个特定市场，似乎是由被试群体本身具有的议价特征来决定的，我们在试验中没有发现支持 H4（无序不稳定状态），也没有完全符合 H1（强稳定性）的极端状况（要求交易期之间的价格系列的方差为 0）。另外，因为任何初始合同价格也就是一个 CE，以此为基础可以推测价格会即时稳定下来，但实际上我们在实验中并没有观察到这一点。然而，尽管盒状实验减弱了传统市场中（存在唯一的 CE）超额供给与超额需求对价格稳定的影响，我们观测到的交易情形还是非常有序和规整的。让人相当惊讶的是，在 5 个实验的其中 2 个（2 个都使用了"有经验"被试）里面，买家能够一直将价格压到 P_s 的水平，却没有一个实验的价格能达到 P_d 水平，这与史密斯和威廉姆斯（Smith and Williams，1982）报告的实验数据一致，说明该被试群体内部的议价优势可能存在轻微的不对称情况。"卖家弱势"现象被认为是起因于我们的文化环境，因为大部分被试此前在零售市场中（公开竞价交易市场）都是作为买方存在的。盒状设计好像放大了这种不对称性（如果存在的话）对价格及收益分布的影响。

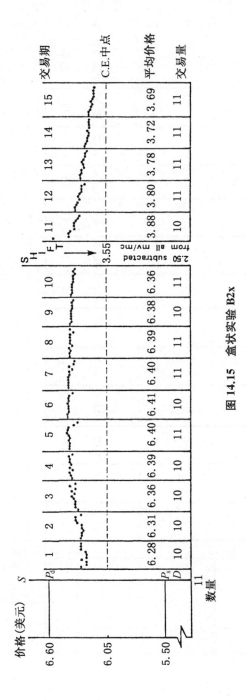

图 14.15 盒状实验 B2x

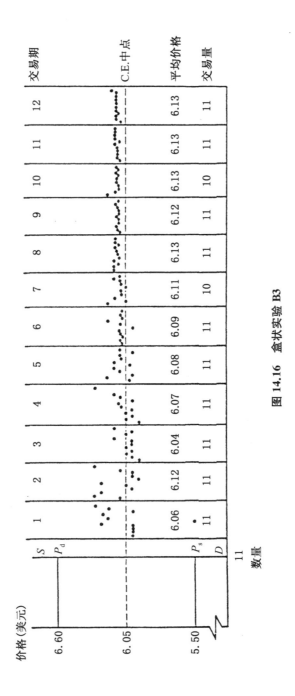

图 14.16　盒状实验 B3

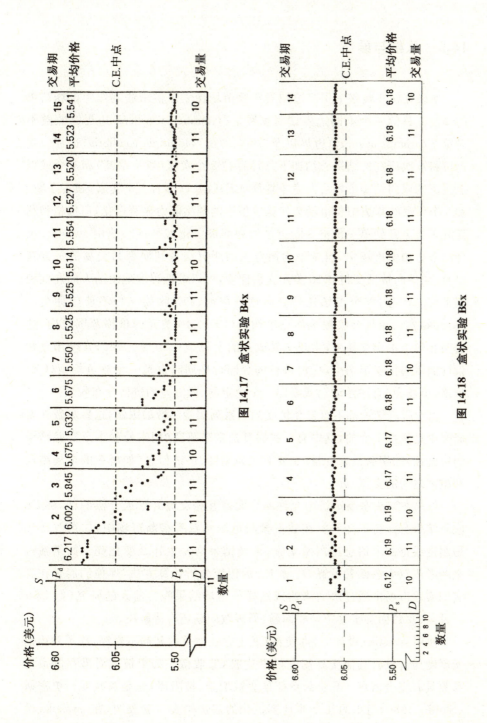

图 14.17 盒状实验 B4x

图 14.18 盒状实验 B5x

14.5　总结与展望

本研究在实验室中用双边拍卖实验市场探索了供求法则作为市场结果的预测工具的三个不同边界:"卖家数量"(number of sellers)边界、"收益不对等"(earnings inequity)边界以及"多重均衡"(multiple equilibria)边界。我们可将本次研究的结果总结如下:(1)存在 2 个卖家(双头垄断)和 4 个或以上买家的双向拍卖市场会向竞争均衡(CE)收敛;(2)有 1 个卖家(独占垄断)和 5 个买家的双边拍卖市场会使竞争模型的预测能力显著退化,但价格和利润并不会上升到单一价格垄断市场的利润最大化水平;(3)使用 swastika 设计的双边拍卖市场中,当竞争均衡点上的所有交易利润都归交易的一方获得时,如果向被试支付 0.10 美元交易佣金,可以最低程度地激励人们在 0 利润下交易产品,整个市场还是会向竞争均衡(CE)收敛;(4)不使用佣金的 swastika 实验市场会收敛至离竞争均衡(CE)0.10 美元的价格范围之内,这表明在双边拍卖交易中,主观交易成本的上限是 0.10 美元;(5)在使用盒状设计的双边拍卖市场中,任何可行的合同价格同时也是一个竞争均衡(CE)价格,市场会"有序浮动",或者向一个稳定的、低方差的价格分布收敛。

以上所有结论都不可避免地受到一系列实验参数的限制,这些参数在本研究中是保持不变的,其中有一些明显是未来研究(用来检验本章实验结果的稳健性)的实验设置变量,主要有交易制度、被试信息(如潜在的市场结构和被试之间的交流)等。

如果在双头垄断市场中允许两个卖家互相交流并形成合谋的话,那 CE 收敛结果会保持不变吗?在独占垄断市场和双头垄断市场中,如果改变交易制度或将需求信息透露给卖家,市场结果会发生什么变化呢?如果独占垄断者或双头垄断者了解 Q_m 和 P_m 的传统分析计算方法,那他们能否在真实的实验市场中通过协商来达成这样的市场结果呢?前人的研究(如 Isaac et al.,1984)回答了其中一些问题,但多数问题还有待解决。

使用 swastika 设计时,即使在 CE 上存在严重的利润不对等,除了双边拍卖制度还有没有其他交易制度可以达成 CE 收敛?如果被试对潜在的市场参数具有完全信息,CE 收敛特征是会被增强、被阻碍,还是被减弱?史密斯(Smith,1980)组织的几个非计算机化的双边拍卖实验表明,在 swastika 设计中,被试得到的信息越多,CE 收敛受到的阻碍会越大,这说明诸如"公平"和复合跨期策略之类的微妙因素可能会随着参与人和信息集的增加而显露出来。

议价优势或行为不稳定都是存在微妙的不对称情况的,它可能是特定的交易制度、信息环境、报酬结构或被试群体导致的结果,如果实验人员想对这种不对称进行实证检验并有意将其增强,那么盒状设计是很有应用潜力的。另外,如果想要建立一个正式模型来解释盒状设计中的经验规律(empirical regularities)或稳健特征,就需要理解预期构成(expectation formation)和交易动态(trading dynamics),而这两样都是利用市场供需曲线来预测稳定均衡的传统方法所没有做到的。

实验市场中的场外交易、市场崩溃以及买卖价差

约瑟夫·坎贝尔　肖恩·拉马斯特　弗农·L.史密斯　马克·范伯宁

这项研究起源于作者与各期货市场交易所官员的一系列会晤,我们意在找出一次常规的交易操作中的一个或多个问题,而这些问题是可以用实验方法去检验的。我们希望在这些从业人员的详细审查与协助下能够界定一组我们认为可以通过实验室实验研究的问题。首先,我们讨论了一些内容广泛的问题,其中包括"场外"交易的问题,我们一致认为从场外交易开始研究比较好,其最终也成为了研究的焦点,我们选择这个问题的原因如下:

1. 所有期货和股票交易所都有规定禁止交易所会员参与未经授权的场外交易。[①]因此,该问题是证券业圈内人士普遍感兴趣的,并且,基于从实验室实验获取的结果,我们可以检验此种规定是否有根据。

2. 据我们所知,尽管违反这些规定的期货市场交易所会员会受到处罚,场外交易仍有发生。这表明存在的内生激励机制强大到足以克服那些旨在阻止此类交易行为的处罚措施。

3. 交易所的官员们并不准确地知道交易发生的频率与个别违规的具体情况。因为场外交易作为一种主要的违

规行为,是遭禁止的,也是容易受到处罚的,因此这种交易通常是秘密的,这使我们不能收集到场外交易的系统现场数据。从本质上讲,实验依据是观察场外交易唯一可靠的途径。

4. 场外交易表明了一种研究问题目前还没有在已发表的实验经济学的文献中得到关注:如果一个人自愿选择放弃在一个有组织的市场中进行交易,而去选择与另一个人进行双边议价的形式进行交易,那我们就有了一个在两种交易制度之间内生性选择的例子。

5. 最后,我们认为能够开发出一系列实验步骤和方法,通过实验方法去研究场外交易问题。

15.1 相关文献综述

要准确理解场外私下交易是否能够被普遍接受,需要认识到证券以及期货交易涉及以下三个不同的市场:证券市场、交易商服务市场(参见Schwartz,1988,pp.427—428,对这两个市场的讨论),以及交易所服务市场。早在1975年之前,证券交易委员会就支持行业卡特尔制定最低的佣金。这个价格固定机制从一定程度上保证了限制场外交易规则的可行性。1975年的证券法修正案中有两处重要的变化:一是消除在证券交易中所有不合理的竞争约束,二是要发展一个全国性的市场体系。第一项修改的结果是取消了固定佣金。这使得交易商服务更具有竞争性,并大幅降低了佣金率。而对于建设全国性市场体系的命令则导致了能够联系国家与地区间交易的市场间贸易系统的建立;现在我们同时也拥有场外交易的自动报价与交易系统。这些都增强了交易服务市场的竞争性(见 Hamilton,1987,1988关于纽约股票交易所挂牌证券在地区交易所的交易研究;Garbade and Silber,1979也做过研究)。

这些变化增强了交易商的竞争力和市场的一体化,但也留下了尚未解决的问题:应该给场外交易制定一个固定的交易场所吗?施瓦茨(Schwartz,1988,p.498)认为:"……场外交易的限制似乎有些道理……"因为交易者从固定的合约中获利(较低的买卖价差,以及具有价格效率)。但是由于"公共利益"的问题,对个人的激励方案或许和这种固定的合同不能同时共存。我们明确地解释如下:那些在交易所上市的合约只有满足以下两种条件之一的情况下才是成功的交易单据：第一，就到达程度而言，合约能够容许之前无法获得的代理商的交易行为（例如，标准普尔的期货指数）；第二，就获取的途径而言，合约要以较高的交易成本才可在分割市场上获得（比如，最早的股票场外交易市场上的卖方和买方选择权）。但是，交易所在列出一份新的合约的同时，也为感兴趣的投资者提供了一个聚集的中心，使场外交易的搜寻成本达到最低，并且可以利用所获得的具有竞争性的价格信息降低谈判成本。因此，建立在买卖价差基础上的场外交易对某些交易者来说也许是有成本效率的，而这些交易者通过声誉或大单交易的频率而互相了解。

但是为什么场外交易应该取得市场运作的资格？科恩（Cohen et al.，1985）使用交易排队的理论模型显示，与双向拍卖中遵循价格优先的订单合并相比，市场崩溃将产生更大的买卖价差并且增强了价格波动。当违反时间优先原则时，这些研究者采用模拟方法也得到了相似的结果。我们的电脑交易系统在时间优先原则下严格执行在买入（或卖出）之间的价格优先原则。在我们的实验中，当交易双方共同协商进行场外双边交易时，时间优先和价格优先原则都将被违反。在票据交换所的制度下，门德尔松（Mendelson，1987）表明市场破坏（市场崩溃）在增加了交易者面对的价格波动同时，将减少交易的预期数量和预期收益。虽然我们的市场持续性运作，但这些预测也得到了我们所做的实验结果的定性支持。

15.2 设计依据和动机

我们的研究问题并没有在项目一开始就全部提出来，通过做一系列的实验，加上实验与实验之间空出时间与交易所官员进行的反馈讨论，我们的问题发生变化，逐渐变得清晰起来。经过初步讨论后，我们设计了一个旨在提供明确的外生性交易费用差别的实验，该实验在这两者之间展开，即：场内单物件电脑化双竞价交易和场外私下双方大单交易。基准1实验作为我们第一个显示出大家预期的实验（表15.1中1），即通过采用受奖励激励的被试，实验将会出现在两种不同交易制度下产生的先验预期的交易崩溃。这个实验提供了一种工具，它使我们在下一轮的讨论中把焦点转移到交易官员所猜想的驱动场外交易的因素上来。在此次和随后的讨论中出现了大量的问题。难道场外交易只能在没有明确的交易成本节约以及没有大宗交易

表 15.1　场外交易实验的实验设计

实验编号	市场规模	场外交易	每期价格 P_e	价值/成本分配	交易期数
基准实验（交易成本）：					
1	6 买家 6 卖家	6 单位大宗交易	恒定	恒定	15
基准实验 2：					
2，3，4	5 买家 5 卖家	无	恒定	随机	15
7，8	5 买家 5 卖家	无	随机	随机	15
设置实验					
5x	5 买家 5 卖家	单个商品交易	恒定	随机	15
6x	5 买家 5 卖家	单个商品交易	随机	随机	15
9x，10x	5 买家 5 卖家	3 单位大宗商品交易	随机	随机	14
11xx	5 买家 5 卖家	3 单位大宗商品交易	随机	随机	15

的市场中才能被观察到？场外交易相对于场内交易发生的次数是多少？随着时间推移，场外交易会随着经验的增长持续存在吗？此处的关键在于创造一种环境，在这种环境下，进行场外交易的决定完全出于内生因素，不受外生因素的激励。场外交易的范围与持续性是否受到能够增加买卖差价（自然产生的）的实验设置的影响？最后一个问题是来源于交易官员的猜想，他们认为场外交易可能受买卖差价中的买卖双方共同收益的推动。如果在单物品交易的弱激励市场中场外交易可以得以观察，那么，当允许大宗交易时，场外交易的次数是否会增加？[②]这些问题导致了在表 15.1 中列出的5 个新的基准 2 实验和 5 个处理实验的设计和执行。跟在实验数目后面的 x代表使用已经有过一次相关实验经验的对象（例如，5x），而 xx 则指使用有过两次经验的对象；另外的对象都是没有经验的。基准实验中有 3 个（2—4），静态供求平衡在 15 次交易过程中没有发生改变；另两个实验（实验 7，8）所应用的环境中，均衡在 15 次交易过程中会被随机改变。在这些实验

中，没有提供场外交易的机会。我们的目的在于检测我们的猜想，即在静止环境中自然产生的买卖差价比在随机环境中产生的买卖差价要更小一些。目的就是为了证实我们已经建立起独立于发生场外交易的情况的两种拥有不同的内生性买卖差价的环境。这为与随后的"处理"实验进行对比提供了基准控制，在"处理"实验中，受试将有机会进行双边场外交易。在处理实验中，我们将会考虑以下问题：(1)是否会进行场外交易？(2)场外交易发生的概率是否在随机环境中比在静态的供给和需求环境中发生的概率高？(3)在随机环境中，场外交易发生大宗交易的概率是否大于发生单个交易的概率？

因为我们的实验结果对这些问题提供的答案一般都是肯定的，在我们最后一个实验(11xx)中，我们收集数据来回答这个问题：场外交易发生时的价格是否在交易执行时已事先嵌入在买卖差价中呢？如果答案是肯定的，那就是有确凿的证据证明场外交易发生的动机就是来分割由买卖差价衡量的收益。

15.3 实验设计和交易机制

15.3.1 实验设计

在每个实验市场的每个阶段，我们都使用标准的现金回报程序去诱导可控的供给和需求表(见 Smith，1976a)。我们的设计中使用的需求表见图15.1；实验员知道这些列表，但被试并不知情。实验 2—11xx(表 15.1)，显示的是诱导需求与供给，它们通过与一组具有竞争力的均衡价格中心的偏差来衡量并在图 15.1(b)中体现出来。共有 5 对买家和卖家。其中 3 个买家(B_i，B_k，B_n)每人有能力买进 6 单位，而另外两个买家(B_j，B_m)在每个单独交易阶段只可买进 3 单位。相对应的，3 个卖家(S_i，S_k，S_n)可以卖出 6 单位而另外两个卖家(S_j，S_m)最多只能卖出 3 单位。在实验中，任意买家(卖家)被试在 3 周中每周的最开始(5 天为一个交易阶段)都被随机分配了进入位置(i，j，k，m，n)。买家的收益是由其在实验中购买每件物品的设定价值与市场购买价格之间的差价决定的。在图 15.1(b)中，如果均衡价格是 3.00 美元，则 B_i 有 6 个价值 3.40 美元的物品。如果有一件物品是以 3.05 美元买入的，那 B_i 在此物品上的收益即为 3.40 美元 — 3.05 美元 = 0.35 美元。所以，B_i 有一种明确的最多为每件物品支付 3.40 美元的意愿。在实验的最后，15 期的累积买入收益将以现金形式支付给买家。因此，每个买家的动机就是以尽可能低的价格买入，但这样会增加交易的不确定性，所以他们必须在低价带来的收益与不确定性之间做出权衡，卖家的收益则是从卖出的每件物品的销售价格中减去指定成本。若卖家 S_k 以每件物品 3.05 美元的价格卖给前一个例子中的买家 B_i，那卖家的收益为 3.05 美元 — 2.80 美元 = 0.25 美元。在实验中，10 个实验者可能获得的最大收益只不过是位于供给与需求一览表中间的那部分，如图 15.1(a，b)所示"交易收益"中，因为此图测量了通过市场交易可获得的最大总收益。市场效率则从在任意交易时期的实际总收益与图 15.1(b)中实现的最大收益的比率得以体现。即有且只有 18 个物品的交易，且买家 B_n 和卖家 S_n 不做交易时，市场效率才是 100% 的。

在实验 6x—11xx(表 15.1)中，被试不仅被设定为在一周 5 个工作日的交易时间里完成图 15.1(b)中的步骤，同时每个交易期给所有的买家价值和卖家成本添加了一个随机的恒量（正的或负的）。因此，这些实验的每个交易期，竞争均衡价格都会随机地发生改变。与实验(2—5x)仅随机设定实验步骤相比，这个操作将导致价格的上升和交易的不确定性。

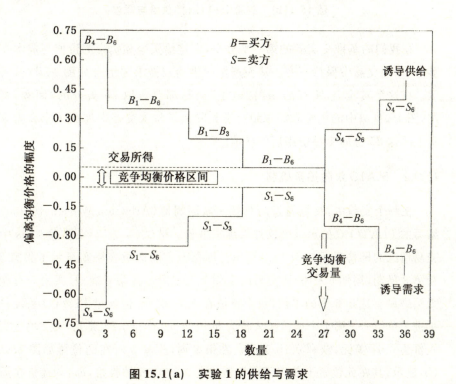

图 15.1(a)　实验 1 的供给与需求

301

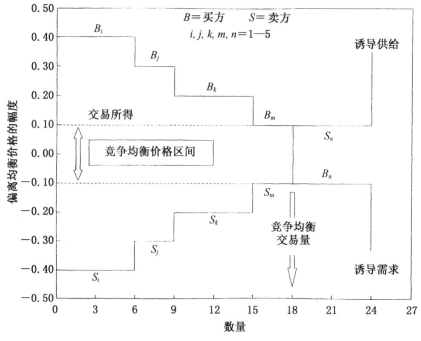

图 15.1(b)　实验 2—11xx 的供给与需求

在我们的基准 1 实验的第一部分中，设定给买家和卖家的价值与成本在整个 15 期交易中保持不变。从而产生的供给与需求的组合如图 15.1(a)所示。在这个实验中，所有的场内"电子"交易都要收取 25 美分的"佣金"费用，图 15.1(a)中的供给和需求组合则是除去了每次交易中加在买家和卖家身上的这 25 分的交易费用后的净值。[③]

15.3.2　PLATO 双向拍卖机制

在每个实验中，交易通过阿林顿·威廉姆斯（Arlington Williams，1980）编写的 PLATO 双拍卖电脑软件系统来进行。被试（买家 5）在实验 11xx 中交易情况的屏幕显示如图 15.2 所示。屏幕上方的面板表格则显示了买家 5 在第 2 星期（周期 6—10）所交易的全部个人记录。在第 6 周期，买家 5 有能力买进最多达到 6 个的单位，每个价值在 6.83 美元，但通过 PLATO 系统只买进 2 单位——第 1 个单位买入价为 6.60 美元，获利 0.23 美元，第 2 单位买入价为 6.67 美元，获利 0.16 美元。在第 2 周，买家 5 所在的位置如图 15.1(b)显示，其在此位置上获得了比均衡价高 0.20 美元的收益，即：均衡价在周

第 2 周	交易期（列）				
买家 5 的交易记录	6	7	8	9	10
第 1 单位转售价值	6.83	4.43			
第 1 单位购买价格	6.60				
利润	0.23				
第 2 单位转售价值	6.83	4.43			
第 2 单位购买价格	6.67				
利润	0.16				
第 3 单位转售价值	6.83	4.43			
第 3 单位购买价格					
利润					
第 4 单位转售价值	6.83	4.43			
第 4 单位购买价格					
利润					
第 5 单位转售价值	6.83	4.43			
第 5 单位购买价格					
利润					
第 6 单位转售价值	6.83	4.43			
第 6 单位购买价格					
利润					
各期总利润	0.39				

买家出价＄4.12　　　　卖家要价＄4.43

开始出价	＞＄		接受要价		确认交易

合约：4.45，4.44，4.42，4.35，4.36，4.28

正在进行第 7 期交易。剩余时间：28

图 15.2　PLATO 实验中买家屏幕显示图

期 6 为 6.63 美元,在周期 7 为 4.23 美元。在记录表格下显示出有效出价
(或要价),这对所有被试都是公开的。所有的交易者都可即时看到有买家
出价 4.12 美元,而有卖家要价 4.43 美元。任何一个买家都可自由通过按下
标有"接受要价"字样的按钮来接受标价;然后,他/她有 5 秒钟的时间去确
认是否真的按下"确定交易"的按钮。同样,卖家也可通过按"接受出价"并
进行确认。最终的合约对双方都有约束力,至此 1 件物品的拍卖完成。若在
"电子记录"无出价和要价的存储,PLATO 系统随后等待从"场内"发出的新
一轮的出价和要价。被试可在左边的矩形区域输入新的出价(或要价)。假
设买家 5 要新出价 4.35 美元,他随即用键盘打出数字并确认它显示在(私下
里)箭头指向标有 $ 符号的右侧。按下"输入出价"的按钮,与箭头紧挨的数
字,就会在序列中消失并之后又公开出现,即新的有效出价会取代之前的
4.12 美元的出价。[④]

我们想强调的是在 PLATO 系统中出价、要价和要价的接受进行得很
快。这期间没有像在下面即将介绍的场外交易程序中出现因协商而导致的
延迟。所有的交易者都自主控制其账户;没有交易商也没有专家经营别人
的账户。在实验中的任意时间存在买卖差价,完全是自然的内生事件。实
验员对买卖差价没有直接的控制;只有可能通过介绍诱导需求和供给的不
确定来进行间接控制。

在按钮下方的屏幕底部,按时间顺序列出了最后几份合约(最高可达 8
份)。在合约所处的水平线下方,提醒被试周期 7 正在进行过程中,所剩的
时间是 28 秒。在这里报告的实验中,每周期的时间长 240 秒。

15.3.3 场外双边议价

在浏览完 PLATO 系统所有关于场外交易实验的用法之后,被试将收到
一小本附加说明,并由实验员朗读告知其内容。在每一期,被试可以在
PLATO 市场或者场外市场交易各自屏幕上显示的物品。买家和卖家穿插
而坐,这样每个买家(或卖家)的旁边都有一个可与之进行场外交易的卖家
(或买家)。每个买家(卖家)将会分到出价(要价)标签以便在标签上书写出
价(要价)。如果一个买家(卖家)希望提交场外交易出价(要价),他可持标
签对着他/她想提交出价(要价)的卖家(买家)。四个实验员中的一位随后
会把标签放到合适的被试面前,被试将会对其进行"接受"或"拒绝"的标注。
然后标签会立即返还给提交者。场外交易内容和收益将会由每个被试在分

发到的表格中进行手动记录。

座位的安排和随机的参数决定潜在的场外交易伙伴。在这些实验中,我们没有试图去撮合交易量大的买家和卖家(例如,6件物品)。在场外大宗交易的实验中,被试可以在场外一次交易3个单位的物品。这意味着只有3个单位交易份额的被试选择场外交易时可一次用完他们的份额;其他人可以选择场内和场外各交易3个单位,或在场内(或场外)交易全部6个单位。

需要指出的是场外交易不可避免地要比电子交易花费更多的时间,这会抑制场外交易,虽然对大宗交易来说影响不大。但这在自然市场中和我们的实验市场一样都是真实存在的。我们的程序试图使场外交易所需要的机械(不是协商)努力最小化,因为我们不想让这些交易过度地受到人为的机械因素的影响。⑤

15.4 实验结果

15.4.1 进行场外交易以减少交易成本

如果场外进行大宗交易可以节约交易成本,这会为选择双边场外交易代替电子交易提供外部动机。表15.1(a)显示了在实验1中,12个被试被随机分配到正常化的价值/成本的位置。每个被试有权交易6个单位。在PLATO交易中,每次交易,0.25美元的手续费会自动从买方或买方的收益中扣除。除掉手续费,正常的竞争均衡价格的区间是(-0.05,0.05),相应的交易额为27个单位的产品。

所有的被试被告知这样的补充条款:在第5期后一部分买家和卖家将有权选择以0.80美元的固定手续费在PLATO外进行6个单位的大宗交易。因此如果一个被试在PLATO市场上每期交易6个单位,他的交易费用将会是1.50美元,而如果这6个单位在场外交易的话,交易费用为0.80美元。在每期交易前(周期5之后),可允许3个买家和3个卖家通过实验者互相交换大宗场外交易合约提议。如果提议被采纳,买卖双方将会以一个标准的合约价格交易所有的6个单位,而这一价格是由这一期的平均PLATO价格决定的。⑥

图15.3显示了每期的平均价、PLATO和场外交易量以及总体的市场效率。平均的PLATO价格总是在竞争区间内,总交易量(PLATO和场外交易

一共)总是维持在 3 单位的均衡水平之内。在周期 7—15，所有被试可选择场外交易时表现亦如此。我们的预测是进行 18 单位的场外交易，以及 9 单位的 PLATO 交易。在第 6 期，有 1 个买家没有接受场外交易的提议，因此场外只有 12 单位的交易量。因为均衡价格在前 6 期中均有所下降，那这个买家有理由预期，通过场内交易，他可能以低于适用于场外交易的标准平均合约价成交。在 6 期后，PLATO 价格基本稳定并维持在竞争区间内，尽管有 2/3 的交易量是在场外完成的。虽然 60％的交易是在场外进行的，但却并未观察到市场效率有所下降，这就足以证明双拍卖机制在静止环境中产生竞争性结果的稳健性。这在数年来被数以百计的实验所证明(见 Smith，1976b，1982；Williams，1980)。引入后期标准合同来对场外交易定价，控制了场外交易和电子交易间的相互干扰。当我们放松这项管制并在供给需求环境中引入更加不确定的因素，正如以下实验所报告的那样，我们将会发现市场效率的降低。

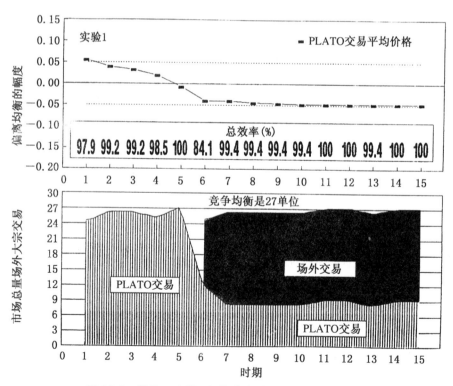

图 15.3　基准 1 实验：交易成本降低的场外大宗交易

15.4.2　确立无场外交易条件下的基准环境的性能特征

我们接下来研究的是两种不同环境中的性能特征,这两种环境的外部诱导需求和供给不确定性的程度是不相同的。在实验 2—4 中,竞争均衡价格和数量在所有周期均是稳定的,而在实验 7 和 8 中,竞争均衡价格水平每期会随机变动。我们的先验预测是第二种情况比第一种将对价格产生更强的波动。我们也预测若存在买卖价差,第二种情况的差额将会比第一种情况下的要大一些。第二种预测的度量问题在于合约可能并且经常是在没有确定买卖价差,或者在这个价差有机会缩小前订立的。因此,一个买价可能在卖价确定前被键入并被接受。图 15.4 提供了基准 2 实验中每期的均价,并且概括了那些有两组实验各期的平均周期交易量和效率。[⑦]

表 15.2 列出了所有 PLATO 交易合同时期的平均交易量、平均价格差、价格方差、价格均方误差(方差相对于预期均衡而言),以及买卖价差平均数和中位数。对于场外交易合约同样列出了以上数据(除了价差)。最后,将

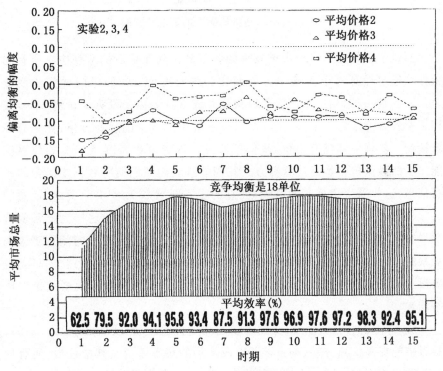

图 15.4(a)　恒定均衡下的基准 2 实验

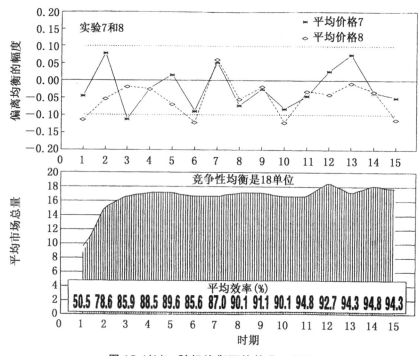

图 15.4(b)　随机均衡下的基准 2 实验

总交易量中场外交易量和市场效率的各百分比列在最后的两列中。所有的数据均通过计算每个实验中的周期和合约而得出。我们以两种方法度量"价差"。第一种,当一个出价得以接受并成立合约但是没有要价键入时,我们把有效要价定为 9.99 美元,PLATO 系统可能接受的最高价格;如果有买家接受了要价但却没有出价,我们把有效要价定为 0.01 美元,PLATO 系统能接受的最低价格。通过这种方式我们能够利用我们所有数据中涵盖的所有信息;这只需一个最弱的假设:任意的卖方愿意以 9.99 美元卖出,任意的买家均愿意以 0.01 美元买入。在所有的实验设置条件下,这样为异常值情况界定价差会导致一些大的不稳定的观察结果。为了不过分的侧重于这些观察结果,我们使用中位数作为中心趋势的衡量标准。第二,当合约订立时既没有出价也没有要价,我们将这种情况除去并从其余的观察结果中取平均数。

从表 15.2 中可以看出,比较不变的和随机的环境(实验 2—4 和 7—8),后者更能提高价格方差,均方误差以及平均的买卖差价及其中位数,所有均受两种因素影响。进一步的比较将在 15.4.6 小节中呈现。

表 15.2　场外交易实验结果总结

实　验	PLATO交易						场外交易				总交易	
	每期平均交易量	平均价格^a	价格方差	平均价格误差^b	平均买卖价差	中位买卖价差	每期平均交易量	平均价格^a	价格方差	均方误差^b	场外交易量占比	交易效率
基准1:												
1(第1—5期)	25.6	0.03	0.0014	0.0022	0.11	0.05	—	—	—	—	—	0.99
1(第6—10期)	8.8	−0.05	0.0000	0.0021	0.01	0.01	17.40	−0.05	0.0000	0.0021	0.66	0.98
基准2:												
恒定均衡												
2	16.9	−0.10	0.0023	0.0125	0.25	0.14	—	—	—	—	—	0.94
3	16.1	−0.09	0.0035	0.0109	0.16	0.10	—	—	—	—	—	0.89
4	16.7	−0.05	0.0056	0.0077	0.13	0.10	—	—	—	—	—	0.92
随机均衡												
7	15.9	−0.02	0.0169	0.0173	0.36	0.24	—	—	—	—	—	0.86
8	16.8	−0.05	0.0154	0.0176	0.28	0.18	—	—	—	—	—	0.89
场外交易:												
单个商品交易:												
恒定均衡:												
5x	15.5	−0.05	0.0021	0.0042	0.05	0.02	1.73	−0.03	0.0023	0.0029	0.10	0.97

(续表)

实验	PLATO交易						场外交易				总交易	
	每期平均交易量	平均价格a	价格方差	平均价格误差b	平均买卖价差	中位买卖价差	每期平均交易量	平均价格a	价格方差	均方误差b	场外交易量占比	交易效率
随机均衡:												
6x	14.8	−0.02	0.004 8	0.005 1	0.13	0.06	2.47	−0.01	0.005 9	0.005 9	0.14	0.96
大宗商品交易:												
9x	11.6	−0.04	0.006 3	0.007 7	0.12	0.09	4.50	−0.05	0.005 2	0.007 2	0.28	0.91
10x	13.9	0.01	0.002 3	0.002 3	0.09	0.05	3.64	0.01	0.005 3	0.007 2	0.21	0.98
11xx	9.3	0.02	0.008 7	0.009 1	0.13	0.10	7.00	0.05	0.007 2	0.009 3	0.43	0.90

注:a 平均价格由价格对竞争均衡价格的偏离计算而来:

$$\bar{P} = \frac{1}{Q}\sum_{i=1}^{Q}(P_i - P_{CE})$$

其中 Q 为交易总量,P_i 为交易价格,P_{CE} 为竞争均衡价格集的中值。

b 均方误差是交易价格偏离竞争均衡价格的方差

$$MSE = \frac{1}{Q}\sum_{i=1}^{Q}(P_i - P_{CE})^2$$

15.4.3　当存在单个产品交易时时是否会发生场外交易？

　　这些结果令我们感到满意的是我们已经成功地建立了两种买卖价差不同的环境。回顾一下，这件事的重要性在于事实上我们并不能对自然发生的买卖差价施加直接的控制。假定有两种买卖价差层面不同的环境，我们会问：我们要观察场外交易吗？我们将会在能独立产生更大买卖价差的环境中观察到更多的场外交易吗？

　　在两个问题中，我们把场外交易限制在单个单位的情况，以判定场外交易发生的最弱动机。我们对场外交易是否会在这些环境中发生保持怀疑。我们的怀疑产生于这样的事实：当一个交易者选择场外交易时，他或她将会用交易机会较少的市场替换交易机会较多的市场。任何场外出价（或要价）总是能够更快地进入 PLATO，并展现于人数更多的潜在接受者面前。这项行为的缺点可能就是可以通过向所有人宣传以让步的价格进行交易而"破坏"市场。在场外出价（要价）既保留了隐私又没有放弃回场内的选择。

　　图 15.5 显示了实验 5x 和 6x 中场外和 PLATO 市场中的周期平均价格

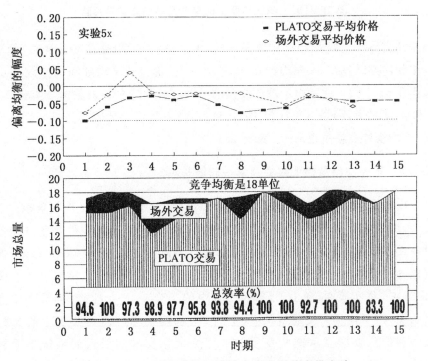

图 15.5(a)　恒定均衡下的单个商品场外交易实验

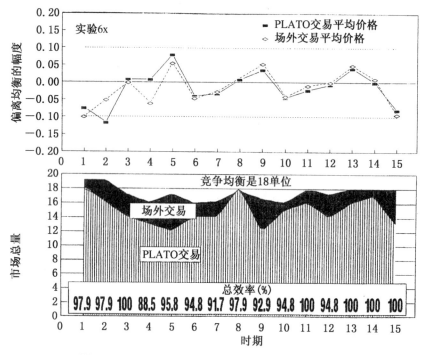

图 15.5(b) 随机均衡下的单个商品场外交易实验

误差和交易量。如表 15.2 中所显示的，无论是 PLATO 还是场外合约，价格方差和均方误差在 6x 中均比在 5x 中大一些；价差的平均数和中位数在 6x 也比在 5x 中大。注意由于被试经验的不同，5x 和 6x 的价差数据与实验 2—4 和 7—8 的并不可比（见注释 10）。最后，随着从稳定环境到随机环境的变化，平均场外交易量也从 1.7 涨到 2.5。

15.4.4 场外交易量随大宗交易量一起增长吗？

我们确定了一点：场外交易会在单个单位交易的微弱内生性刺激条件下发生，然后就开始复制大宗交易下的随机均衡环境。假设条件是场外交易量在大宗交易的环境下会增长。我们进行了两种复制过程（9x 和 10x），像实验 6 一样，把已经有过一次经验的被试分成不同的小组。结果显示在图 15.6 中。将实验 9x 和 10x 同表 15.2 中的实验 6x 进行比较，随着大宗交易的引入，平均场外交易量从 6x 中的 2.5 涨到 9x 的 4.5 和 10x 中的 3.6。波动和价差数据显示这些变量并非因为大宗交易的引入而系统地受到影响。

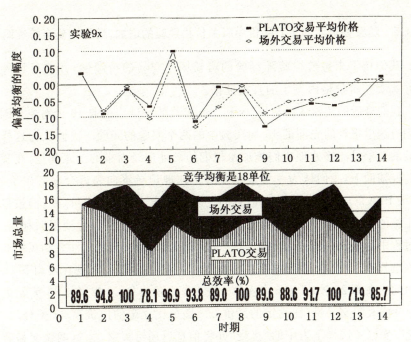

图 15.6(a)　随机均衡下的大宗商品场外交易实验

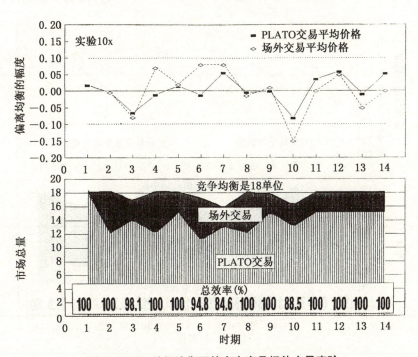

图 15.6(b)　随机均衡下的大宗商品场外交易实验

15.4.5 随着在长期的买卖差价中有关价格经验的增加,场外交易会持续吗?

我们接下来想要检验随经验的增长场外交易的持续性,并获得场外交易在买卖差价价格内发生的直接证据。

我们最后的实验从参与了 9x 和 10x 实验的被试中选取 10 个对象。因此他们有这里报告的先前的 15 期实验中的两个实验的经验。我们认为这样有经验的对象是能够处理我们施加给他们的额外记录需求的。尤其是,在我们的监控辅助下,我们认为一个被试能够迅速地记录下向邻近交易者出价(要价)的 PLATO 时间,而接收此信息的交易者也能够记录下出价(要价)被接受或拒绝的 PLATO 时间。事实上,这项额外的程序性任务进行地很顺利,在这一过程中几乎没有明显的干预。这一过程在图 15.2 中可见。注意到买家 5 正面临选择 4.12—4.43 美元之间的一个数作为立定的买卖价,现在还剩下 28 秒的时间。在第 28 秒,买家 5 向卖家 4 发出了一份出价,希望以 4.35 美元买进 3 个单位大宗交易量(比立定的要价低 8 美分比立定的出价高 23 美分)。在 20 秒,卖家 4 选择了表中的“接受”并将信息返还给买家 5。这两位交易者及时地做成了 3 个单位的交易,并还剩下 20 秒的时间为另外的交易做准备。

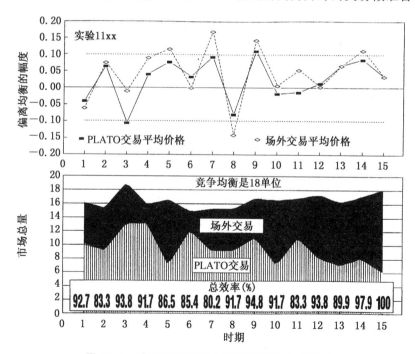

图 15.7 随机均衡下的大宗商品场外交易实验

从图 15.7 和表 15.2,比较实验 11xx 同 9x 和 10x,我们注意到了场外交易量的大幅度增长,买卖价差的增长和场内场外价格偏差的方差和均方误差的增长。因此随着经验累积,场外交易并不只是持续,而且在增长。在实验 11xx 中,场外交易也随时间增长(图 15.7),因为被试也在重复的交易周期中变得更有经验。

表 15.3 揭示了以下内容:(1)被接受的场外交易提议的优势在其被提交和接受时价格是在买卖差价内部的;(2)被接受的提议数量,被拒绝的提议数量以及平均买卖价差均在 3 周实验过程中趋向于增加;(3)被拒绝的提议更有可能是位于平均价差之外,但要注意到被拒绝的提议数量远高于被接受的提议数量。

表 15.3　实验 11xx 中场外交易与 PLATO 交易买卖价差的比较[a]

时　　　期	N	平均买卖价差	提议提交数量			平均买卖价差	提议响应数量[b]		
			内	外	未定		内	外	未定
被接受的提议:									
1—5	10	0.166	7	2	1	0.195	6	3	1
6—10	10	0.186	9	1	0	0.138	7	3	0
11—15	5	0.329	14	0	1	0.239	14	0	1
小计	35	0.241	30	3	2	0.197	27	6	2
被拒绝的提议:									
1—5	145	0.237	55	77	13	0.259	57	71	17
6—10	138	0.291	63	64	11	0.259	57	68	13
11—15	140	0.323	80	54	6	0.307	73	56	11
小计	423	0.284	198	195	30	0.275	187	195	41
所有提议:									
1—5	155	0.232	62	79	14	0.254	63	74	18
6—10	148	0.283	72	65	11	0.250	64	71	13
11—15	155	0.324	94	54	7	0.301	87	56	12
总计	458	0.280	228	198	32	0.269	214	201	43

注:[a] 价差指 PLATO 买价与卖价之间的差额。
[b] 内和外指价格处在内部交易买卖价差范围内和外的场外交易数量,未定指场外交易期间没有立定的买卖。在第 5 期场外交易期间,没有立定的 PLATO 交易,但合约价格低于立定出价,这种交易被记为买卖价差之外的交易。

15.4.6 假设的回归检验

对基准实验和设置实验使用独立的虚拟回归变量，并通过对 10 个实验的观察数据，我们将对之前在讨论中提出的问题进行最小二乘法（OLS）估计和假设检验。最小二乘法，估计了实验设置对价格方差、价差、每期的平均价差、效率以及场外交易量占比的边际效应，具体结果可以参见表15.4 上方。在每个例子中，将因变量对虚拟变量 C（在稳定的竞争均衡环境中 = 1；否则 = 0）和 R（随机 CE 环境中 = 1；否则 = 0）进行回归，场外交易设置变量为 OSC（单个交易的稳定 CE 环境中 = 1；否则 = 0），OSR（单个交易的随机 CE 环境 = 1；否则 = 0），OBX1（有过一次交易经验的大宗交易 = 1；否则 = 0），OBX2（有过两次交易经验的大宗交易情况 = 1；否则 = 0）。

表 15.4 下方，我们可以看到回归系数先验排序的联合检验的 Bonferroni t 值和非参数 Mann-Whitney U 统计量。[8] 例如，在基准实验中，假设是相对 C 而言，R 的中位价差更大且效率更低；即在 R 的环境下，预期会产生更大的价差，而交易的收益更低。因此，零假设是 C 的中位价差回归系数大于 R 的系数。在此次比较中，Bonferroni t 值为（−4.06），负号表明 R 的系数（0.27）超过了 C 的系数（0.15）。这被非参数的 Mann-Whitney U 检验再次证明。比较单个场外交易的随机（OSR）与稳定（OSC）环境，差价系数显示出与预测相符的秩序，并且在 U 检验中二者的差异是显著的。[9] 相比之下，大宗交易（OBX1）和单个交易（OSR）之间的价差并无显著差异；有过一次经验（OBX1）和有过两次经验（OBX2）的交易者间亦无大的差异。当我们将实验设置方法由 C 转到 OBX2 时，效率系数是单调下降的；如预期所示，使用 Mann-Whitney 的 U 检验的两两比较是显著的，所有使用 Bonferroni 的 t 值检验都是不显著的。最后，在表 15.4 的右上角，我们注意到场外交易百分数系数，如预料之中那样，是随着连续的场外交易的实验设置而上升的。表的右下角显示了相对单个交易，大宗交易显著提高了场外交易量，并且经验的影响也将更进一步极大地增加场外交易量。最后，在表 15.4 的左上角，相对于随机环境，稳定环境中的价格方差有可预测的指向性和显著性，如表 15.4 的左下角所示。

表 15.4 场外交易实验的设置效应和配对对比较的 *OLS* 估计结果

自变量	PLATO交易				总交易
	价格方差[a]	买卖价差[b]	中位买卖价差[a]	场外交易量占比[a]	市场效率[a]
C	0.003	0.180	0.150	—	0.914
	(0.000 9)	(0.011 1)	(0.018 8)		(0.013 4)
R	0.014	0.316	0.270	—	0.875
	(0.001 1)	(0.013 5)	(0.023 0)		(0.016 5)
OSC	0.001	0.053	0.044	0.101	0.966
	(0.001 6)	(0.019 4)	(0.032 5)	(0.027 7)	(0.023 3)
OSR	0.002	0.130	0.081	0.144	0.965
	(0.001 6)	(0.020 3)	(0.032 5)	(0.027 7)	(0.023 3)
OBX1	0.002	0.101	0.072	0.242	0.943
	(0.001 2)	(0.015 7)	(0.023 8)	(0.020 3)	(0.017 0)
OBX2	0.005	0.126	0.119	0.426	0.904
	(0.001 6)	(0.025 6)	(0.032 5)	(0.027 7)	(0.023 3)
R^2	0.380	0.080	0.271	0.543	0.109
N	148	2,083	148	73	148
C vs. R^c					
H_0	$C \geqslant R$	$C \geqslant R$	$C \geqslant R$	$R \geqslant C$	$R \geqslant C$
t	−7.57[0.000]	−7.80[0.000]	−4.06[0.000]		1.82[0.281]
U	−5.96[0.000]	−12.0[0.000]	−4.01[0.000]		2.39[0.034]

（续表）

自变量	PLATO 交易				总交易
	价格方差[a]	买卖价差[b]	中位买卖价差[a]	场外交易量占比[a]	市场效率[a]
OSC vs. OSR[c]					
H_0	OSC ≥ OSR	OSC ≥ OSR	OSC ≥ OSR	OSC ≥ OSR	OSC ≥ OSR
t	−0.44[0.499]	−2.71[0.499]	−0.82[0.499]	−1.10[0.411]	0.03[0.499]
U	−2.234[0.038]	−6.40[0.038]	−2.38[0.038]	−1.31[0.287]	0.17[0.499]
OSR vs. OBX1[c]					
H_0	OSR ≥ OBX1	OSR ≥ OBX1	OSR ≥ OBX1	OSR ≥ OBX1	OSR ≥ OBX1
t	0.33[0.505]	1.13[0.999]	0.23[0.504]	−2.85[0.008]	0.75[0.499]
U	−0.03[0.499]	−1.11[0.499]	0.14[0.499]	−2.93[0.002]	−0.04[0.501]
OBX1 vs. OBX2[c]					
H_0	OBX1 ≥ OBX2	OBX1 ≥ OBX2	OBX1 ≥ OBX2	OBX1 ≥ OBX2	OBX1 ≥ OBX2
t	−1.49[0.276]	−0.83[0.499]	−1.17[0.487]	−5.37[0.000]	1.34[0.368]
U	−1.96[0.100]	−2.95[0.006]	−2.12[0.069]	−3.95[0.000]	2.19[0.057]

注：圆括号内是标准误差；方括号内为 Bonferroni p 值。H_0：零假设为左边变量的系数不小于右边变量的系数（如，对价格方差来说，$C \geq R$）。

a 每个实验的每期的一个观察值。

b 每个 PLATO 交易中的一个观察值。估计系数为该实验设置的平均值。买卖价差是 PLATO 买卖价格的差。在 2 189 个 PLATO 交易中，有 106 个是发生在没有立定出价或者立定要价的情况下。

c t 是由 OLS 估计结果和计算来的。U 是配对秩和计算来的 Maan-Whitney z 变量。

15.5 建议和结论

在本章中,我们最初的目标是研究场外交易这种现象可能发生的动机因素。我们从一个最简单最透明的环境开始,而这种环境可以诱导交易者离开有组织的交易而参与到双边的私下交易中:此环境中的利率结构使得场外大宗交易的交易成本低于场内单个单位的交易成本。这个环境同 1975 年前美国的金融市场相仿,那时最低佣金并没有恰当地反映大宗交易的成本,这恰恰支持了"第三方"的场外交易。在实验 1 中,在周期 5 后可允许进行场外交易,在周期 7—15,我们观察到了预期的场外交易数量(18)。从这个实验可以清晰地看到,向所有(或大部分)交易者提供一个场外交易成本的优惠会促成一种市场失灵,最终场内交易如此薄弱以至于不能再提供一个竞争性的价格信息去促成场外双边议价。这个实验阐述了最重要的原则是如果市场要避免崩溃,场内交易的经纪佣金同场外交易的直接协商成本相比一定要有竞争性。

实验 1 的环境是静止的诱导供给和需求水平的环境,给每个交易者设定的供给和需求价格是不变的和有限的。在这种重复的静止市场里,自然产生的买卖价差收敛于可能的最小的 1 美分的价差。事实上,在交易时期 6—10,观察到的中位数价差也只有 1 美分(表 15.2)。它接着指出,如果我们研究交易者以买卖价差内的价格采取场外交易的动机,那么创造一种环境,在这种环境中,自然产生的买卖价差收敛于一个比较大的水平,这是至关重要的。我们推测在下面的供给/需求环境中会出现这两种情形:(1)买家(卖家)的设定价值(成本)是一再地随机重复的;(2)所有的价值和成本重复添加(或减去)一个随机的常量以影响供给和需求的随机变动。我们用情形 1 在 3 个实验(2—4)中验证我们的推测,产生了一个稳定的均衡竞争价格,用情形 1 和 2 做的两个实验(7—8),产生了一个随机的均衡竞争价格。在稳定的环境中,仅随机对交易者进行价值—成本的重新安排,我们可以观察到一个比实验 1 更大的买卖价差:与实验 1 的 6—10 期的 1 美分价差比较,实验 2—4 的中位价差为 10—14 美分。在情形 1 和 2 下,加入了随机变动的竞争均衡价格,中位价差在实验 7 和 8 中将分别扩大到 24 和 18 美分(表 15.2)。

这些发现,即使它们只是补充了本章前面的目标,对模拟双向拍卖交易机制下的买卖价差也有重要的影响。传统的买卖价差理论有两种:(1)买卖价差是交易商和专家提供直接服务所付出的交易成本(见 Demsetz,1968b);(2)有买卖价差是因为有比专家的信息更灵通的交易者存在(见 Copeland and Galai,1983;Glosten and Milgrom,1985)。我们必须认识到这些模型为一个积极的买卖价差的存在提供充分但不是必要的条件。之所以说它们不必要,可以从以下两种情况下看出,一是数以百计的实验性双拍卖市场,二是我们报告的基准 2 实验,其中积极的买卖价差在持续;但是这些是主要市场,没有中间交易商和专家,并且交易费用也是微不足道的。在许多此类实验中,所有的个人有着相同(虽然不确定)的关于所交易的有价证券的价值信息(见 Smith et al.,1988)。但仍能观察到买卖价差。第三个理论是基于建立"限制订单执行的可能性不会产生一体化,因为订单的价格被设定在无限接近于对应的市场报价"(Cohen et al.,1981,p.300)。在这个理论中,我们通过增加环境中的不确定性来引致更大的买卖价差的成功,这归因于我们改变了限制订单执行的可能性。

我们下一步的研究允许场外交易使用稳定的和随机的供需调换,单个交易和大宗交易都作为设置变量(在电子和场外交易中均无明确的交易成本)。比较随机环境和静态环境中的场外单个交易实验,我们发现前者比后者场外交易发生的几率更大(表 15.2),但这种不同在统计上并不显著(表 15.4)。我们认为随机环境中的场外交易的增多,是因为这样一种事实,即买卖价差在随机环境比在静态环境中要大。但这无法得到证明,因为我们没有收集到在实验 5x—10x 的价差中场外交易发生程度的数据。

对比场外单个交易和大宗交易的实验(两者都在随机的环境下进行),我们可以观察到大宗交易时场外大宗交易比单个交易发生得多(表 15.2),并且其差异很明显(表 15.4)。这种现象出现的原因直截了当:在我们的实验环境中,3 个单位大宗交易的场外交易的主观成本同单个单位交易的成本(写出价和要价的成本,决定给哪两个邻近交易者的成本,传送报价的成本)相同。因此,一个基本的交易费用参数预测了大宗交易将比单个单位交易时产生更多的场外交易。

在我们最后的实验 11xx 中,我们使用了有两次经验的被试并在每一个双边场外大宗交易提议做出,或被拒绝和接受时记录其有效的买卖价差。在这个实验中,35 个场外交易中的 27 个(3 单位大宗交易),或者说 77% 在接受时其价差是在买卖价差内的。这结果支持:这些交易的最初动机是为了分割现行买卖价差下的固有收益这一假设,即使可能存在大宗交易的优势,例如执行的不确定性减少,价格在价差以外等。进一步,比较有两次经验的交易者和只有一次经验的交易者进行的场外交易,我们发现场外交易随经验增长有显著提升(表 15.2 和 15.4)。因此,这个现象并不是由于交易者经验不足的臆造结果。我们认为,这是因为,有了经验,交易者会在两个市场间转换的更为纯熟并且用更少的努力去处理场外交易需要的协商。

最后,通过观察诱导场外交易增多的各种实验设置,我们观察到市场效率有单调递减的趋势(表 15.4)。这证明了场外交易在社会层面上是不可预期的假设。[在对"邻近的"设置方式进行成对比较后,我们发现这一递减并不显著,这一事实(表 15.4)缓和了这个结论,虽然这个结果会随着样本规模的扩大而改变。]但是这个研究的结论可以最好地理解为并不支持当存在场外交易时市场会退化的观点。因此,场外交易与其说是从交易中获得最大收益的社会目标的问题,不如说是交易公司的交易量输给了能够自由驾驭交易所所提供的公共价格信息的双边交易者的问题。

注　释

① 例如,芝加哥商品交易所第 520 条规定(1985)指出:"所有交易所内发生的未来交割的商品交易只能在规定的交易时间与特定的交易场所内的交易平台上进行交易……任何违反规则的会员都将受到强烈谴责。"

② 当然,大宗交易可以在所有交易所执行,一般要遵守禁止全部或全无出价的规定(见芝加哥商品交易所,1985,第 523 条和纽约股票交易所,1987, pp. 2061—2062)。当然,此种约束不会适用于违法规则的场外议价中。具有讽刺意味的是,那些禁止所有或全无出价的规定可能为违反反对场外交易的规则提供诱因。

③ 在基准 1 实验[图 15.1(a)]的静态环境中,买卖价差收敛到极低水平。为了测试本研究的关键假设,我们需要为后面的实验进行设计,使在这些实验中的买卖价差将比我们之前在实验 1 中观察到的收敛于更大的水平上。这使我们除了介绍随机的供给需求环境,还要扩大竞争均衡价格[参见图 15.1(a, b)]。

④ 请注意 PLATO 机制使用了许多纽约证券交易所的交易规则。正如我们在这个例子中看到的,一次有效出价(或要价)需一项改善规则的约束,即:任何新的出价必须高于当前的有效出价,任何新的要价必须低于现在的有效要价(见 NYSE,1987,规则 70,71 条)。所有不在有效买卖价差范围内的出价和

要价都被存储于按照价格优先原则排列的序列或"电子簿"中;如有相同的再按时间优先原则排列。出价和要价一经确认不可撤销[见 NYSE, 1987, 规则 72(e)],但那些在序列中的价格则可由出价者随时取消。有效出价(或要价)是公开的,但序列中的价格并不公开(见 NYSE, 1987, 规则 115)。

⑤ 一个裁判提出了以下一些实质性问题:"是否有人试图去观察市场的大小对场外交易的影响是怎样?如果 PLATO 市场比较小(例如,交易间隔延长),是否就更有可能进行场外交易?"因为第一个问题的答案是否定的,所以我们无法得到回答第二个问题的实证数据。但我们实验设计背后的一个假设是市场交易量会影响场外交易。因此实验 2—11xx 均控制在使用以每期 18 单位的均衡交易量的供给和需求上。因为每期持续 240 秒,所以理论上对所有实验来说,每个合同之间的平均时间是 13.3 秒。我们可以通过增加图 15.1(b) 中 2,3 等每个引致价格限制步骤的长度这种可控的方式来研究这个因素,这将会在相同数量中提升交易量并且一定比例上减少交易间的平均时间。

⑥ "标准合同",即平均价格,是实验者强制制定的,代表那些可能在非交易时间在大宗交易者间产生的非正式合同。初步讨论后,我们将实验 1 改进为试点,我们试图通过与交易员的对话去证明场外交易发生的一系列动机和我们的实验方法的潜在结果校准他们的想法。它也为实验者在新领域的研究提供了试点经验。一旦我们知道如何为配套市场改变过程,我们将使"标准合同"这种观念消失,并允许所有的场外交易者自由协商。

⑦ 注意观察在两种实验设置方法下均价在后半段的走势。假设均价高于或等于 0 时将在 0.01 的置信水平上被拒绝[$t(14) = -32.3$ 常量,-5.98 随机]。这之前,有人注意到在双拍卖机制中的买家有能力从盈余中提取一份更大的份额(见 Smith and Williams, 1982)。虽然事先猜想了解释(被试作为买家可能比作为卖家更有经验),但真正的原因是未知的。之后在 IV.C 和 IV.E 部分报告的经验交流会上显示出买家的经验并没有先前认为那么多。在基线实验中,均衡交易量交易了 24 次,但只有 6 次的效率是 100%。100% 效率的充分必要条件是所有的边际内单位进行交易。相对低的价格允许了边际外单位的交易,导致了交易获得最大收益并不能完全实现。

⑧ 因为我们对同样一组数据的系数做出了多次比较,所以我们使用 Bonferroni t 检验(见 Miller, 1981)。在该应用中,我们报告了单位检验 t 值,因为原始的实验设计允许对系数不同的标记做出先验预期。

⑨ 对于 C、R 和 OSC、OSR 等系数的直接比较是没有意义的,因为后者使用的被试是有经验的,而前者使用被试是无经验的被试。我们只在控制经验变量后进行比较,因为我们期待经验可以减少价差和价格波动。

16

实验市场中的伯特兰—埃奇沃思竞争

杰米·布朗·克鲁泽　斯蒂芬·拉森迪

斯坦利·S.雷诺兹　弗农·L.史密斯

　　寡头市场成为大量理论和实验研究的首要对象。寡头市场定价模型为探索价格形成过程提供了机会,而这些是通过古诺定量模型做不到的。特别是,我们还可以探讨卖方定价行为的各种均衡及非均衡模型的结果。本章研究的是在存在4个卖方的实验环境下研究产能制约型卖方定价行为。我们主要观察在一段相对长的时间跨度(60个周期)内价格形成的模式,并检验了三种不同水平的总产能,以及三种不同层次的需求和对手成本信息给实验结果带来的影响。

　　在此之前,有些实验在公开竞价环境下研究了拥有定价权的卖方之间的竞争。公开竞价实验探讨了一系列问题:比如卖方数量变化所带来的影响,卖方掌握信息多少所产生的影响,被试经验的作用,卖方市场影响力的范围,市场交易制度的变化所带来的影响。凯查姆等人(Ketcham et al.,1984;下文简称 KSW)和普洛特(Plott,1982a),霍尔特(Holt,1989)的调查报告中探讨了许多此类公开竞价实验的结果、实验价格和数量结果用来和竞争均衡、共谋预测和古诺数量预测进行了比较。

　　定价竞争的理论分析开始于伯特兰(Bertrand)对拥有定

价权公司的双头垄断分析，随后埃奇沃思（Edgeworth，1925）将这一研究进行扩展，并引入了产能限制因素的影响。伯特兰—埃奇沃思（Bertrand-Edgeworth）（下文简称 BE）竞争是指拥有定价权、持续以边际成本生产直到产能受限并提供同类产品的公司之间的竞争。贝克姆（Beckham，1965），莱维坦和舒贝克（Levitan and Shubik，1972）对 BE 竞争的单期模型进行了博弈论分析。艾伦和黑尔维希（Allen and Hellwig，1986），达斯古帕塔和马斯金（Dsagupta and Maskin，1986），戴维森和德内克（Davidson and Deneckere，1986），奥斯本和皮切克（Osborne and Pitchik，1986），比韦斯（Vives，1986）用不同的方式拓展了静态的博弈论分析。这些分析的结果表明，在多数情况下，纯粹的价格策略均衡是不存在的，于是博弈论专家将混合策略均衡作为对 BE 竞争中价格形成的解释。布罗克和沙因克曼（Brock and Scheinkman，1985），贝努瓦和克里希纳（Benoit and Krishna，1987），戴维森和德内克（Davidson and Deneckere，1990）分析了 BE 竞争下的卖方反复互动。这些论文关注卖方数量和产能限制在共谋定价方案的执行过程中所起的作用。

之前的大多数公开竞价实验设计并不适于将其结果和 BE 竞争理论的全部预测结果进行比较。而且在这些实验中，纯策略纳什均衡不存在，混合价格策略均衡通常也没有计入其中。[①] 大多数此类实验所用的设计显示，混合策略均衡的数学计算是一项艰巨的任务。[②] 除此之外，先前的实验并没有把卖方掌握的过剩产能的影响作为一个实验变量。在产业组织文献中，过剩产能被认为是影响卖方能否进行暗中共谋定价的一个关键因素。

在本项研究中，我们报告了一系列实验的实验结果，这些实验的目的是：(1)获得 BE 竞争的基本特征；(2)允许博弈理论均衡被计算出来并作为数据比较的基础。这些实验允许我们评价可控实验环境下 BE 竞争理论的预测力。定价行为的竞争假说基于四个主要理论：完全竞争均衡定价（下文简称 CE）、埃奇沃思价格周期、混合策略纳什均衡定价（下文简称 NE）、共谋定价。我们报告这些实验的结果，旨在提供更多有关产能限制型定价行为的信息，同时了解哪些现有理论有助于我们理解定价行为。

16.1　实验背景

过去 25 年的一些实验研究已经检验了在不同制度环境下纯策略非合作

（纳什）均衡理论的预测作用。福雷克和西格尔（Fouraker and Siegel，1963）在他们关于议价行为的经典著作中首先进行了此类检验，其中引用的数据来源于 17 个实验。这些实验比较了三种制度下分别支持纳什均衡、竞争理论和垄断理论的实验依据：(i)价格领导制双边垄断，(ii)伯特兰定价制双头垄断和三头垄断和(iii)古诺（Cournot）定量模型中的双头垄断和三头垄断。我们着重关注(ii)，因为这是"公开竞价"环境下寡头定价的一个变异。③

在福雷克和西格尔的伯特兰价格调整实验中，每个寡头垄断者给出一个没有还价余地的价格（因为没有产能限制，所以 NE 相当于 CE），然后模拟出需求（在买方充分披露信息的情况下），设定低价的卖方得到整个市场，而绑定价格的卖方也分享这个市场。上述实验保持了信息的私密性，被试只知道自己的赢利安排而不知道对手的赢利安排，而在公开信息条件下，被试能知道所有参与者的赢利安排。在这些重复交易实验中，在信息私密的双头博弈和三头博弈的情况下，观测到明显的纯策略纳什（竞争）均衡；相比之下，在公开信息条件下，双头垄断博弈中观察到的纯策略纳什均衡减少，而三头垄断博弈则没有出现这种情况。所以，三头垄断最具备产生纳什（竞争）均衡的信息条件。

总的来说，福雷克和西格尔的公开竞价寡头垄断实验一般都非常支持"完全信息"条件，纯策略纳什均衡不仅会在公开赢利信息的环境下出现，在信息私密的环境下也会出现。这些实验结果表明，单次博弈模型中的完全信息纳什均衡还是可以为重复实验（市场周期）中提供有意义的预测，即使重复实验中的博弈参与人仅拥有私密信息。

在凯查姆等人（Ketcham et al.，1984）的研究中，将两种不同实验设计下的公开竞价制度和双边口头拍卖进行了比较。所有试验中的信息都是私密的——卖方只知道自己的成本清单，买方只知道自己的赎回价值。每个卖方在每个周期公布一个价格和愿意出售货物的最大数量。大多数的实验进行了 25 个市场周期的研究。在实验设计 I（4 个买家，4 个卖家）中，同福雷克和西格尔实验的结果一样，卖方标价向 CE（这个 CE 不是 NE）价格收敛；该设计并没有估算 NE。在实验设计 II（4 个买家，3 个卖家）中，纯策略 NE 存在并被估算出来。实验设计 II 中，卖方标价趋于偏离 CE 并向 NE 靠拢。

戴维斯等人（Davis et al.，1990）对一系列分别有两个卖家和 3 个卖家的公开竞价实验进行了汇报，其中买方由计算机模拟而成。他们设计此类实验的目的是调查静态市场力量的影响，当静态 NE 价格超过 CE 价格时，静态市场力量存在，卖方完全清楚买方的需求。实验进行到第 15 周期之后使用一个随机叫停规则，静态市场力量在有两个和 3 个卖家的实验中都会导致价格升高，对 3 个卖家实验的影响尤为显著。这些市场力量实验的结果基本上不支持混合策略静态 NE；两个卖家实验的中间价格有低于预测价值的倾向，而 3 个卖家实验的中间价格则有高于其预测价值的趋势。戴维斯等人在他们的每项实验中都找到了共谋定价的依据，但是，共谋的结果通常不完美，共谋价格低于垄断价格。

阿尔杰（Alger，1987）也进行了一系列分别有 2 个和 3 个卖家的公开竞价实验，买方也是模拟的。大多数实验中信息都是私密的——被试（卖方）知道自己的成本却不知道对手的成本和需求。阿尔杰的研究重点是在实验数据中找到行为均衡，直到观察到符合均衡的可操作型定义（本质上是这样一种条件：数个市场周期内价格均保持稳定）的市场结果，实验才会终止。这项终止原则使一部分实验进行了很多个周期（如 120 个周期），大多数之前的公开竞价实验有固定的最大周期（如 20 周期）。阿尔杰发现按时间绘制的市场价格图形呈 U 形，通常价格在初期下降，在后期上升，最后稳定在 CE 价格水平之上，非均衡价格与均衡价格之间存在显著差距。

阿尔杰长时间的实验结果与施特克尔（Stoecker，1980），弗里德曼和霍格特（Friedman and Hoggatt，1980）对经验丰富的被试进行的双头垄断实验结果相似。典型的实验结果并未向 CE 收敛，且观测到的价格更接近于古诺定量价格或联合利润最大化价格。[4]

16.2　实验设计、程序及预测

被试每 4 人为一组，分别参与了一个多期公开竞价实验。这 4 个卖家具有相同的平均生产成本和产能限制，且在实验的所有市场周期中都不变，总需求由计算机模拟的多个买方构成。

实验被分成了 5 个实验单元（或组），这个划分主要基于两个实验设置变量：被试所掌握的信息数量，以及卖方的总产能。表 16.1 中将这种搭配解释为"交叉设计"。

表 16.1 伯特兰—埃奇沃思实验设计^a

		产能水平		
		低 $K = 145$	中 $K = 185$	高 $K = 225$
信息条件	私密的		MRI1 MRI2 MRE1 MRE2 600	
	混合的	LMI1 LMI2 LME1 LME2 1 000	MMI1 MMI2 MME1^b MME2 600	HMI1 HMI2 HME1 HME2 400
	公开的		MUI1 MUI2 MUE1 MUE2 600	

注：$n = 4$ 个卖家，$K =$ 每个卖家的产能，AC $=$ 每 1 单位产出 5 比索，直到产出达到 K，$m = 100$ 位虚拟买家，$D(p) = \sum_{j=1}^{m} d_j(p) = 5\,094 p^{-1.15} =$ 市场需求。

^{a} 每个实验都从 4 个维度设计。第 1 个维度是生产能力集（低、中、高），第 2 个维度是信息条件（私密的、混合的、公开的），第 3 个维度是被试的经验水平（无经验的，有经验的），第 4 个维度是实验的编码。

^{b} 美元与比索的汇率列在每个实验设置的盒子的底部。实验 MME1 使用的汇率是 1 美元兑 400 比索。

实验中的信息条件分三种情况。在信息私密的情况下，被试（卖家）被告知自己的平均成本和产能，但并不清楚对手的成本和产能，也不知道市场需求；在混合信息条件下，被试知道所有卖方的成本和产能但不知道市场需求；在公开信息实验中，被试知道所有卖方的成本和产能信息以及市场总需求。

实验中的卖家总产能也分三个级别，在低产能实验中，每个卖家有 145 个单位的产能；在中等产能实验中，每个卖家有 185 个单位的产能；在高产能实验中，每个卖家有 225 个单位的产能。涉及高产能实验的目的是让竞争均衡（价格等于不变平均成本，AC）条件下有明显的产能过剩，如图 16.1

所示。在中低产能实验中，竞争价格高于 AC，卖方在竞争均衡（见图 16.1）中完全释放了其产能。

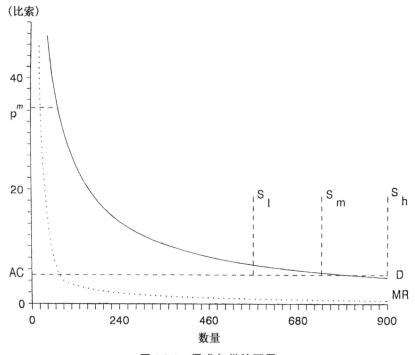

图 16.1　需求与供给配置

被试是从亚利桑那大学的经济学和商学本科生中招募的，如果准时来参加实验，每个被试可以得到 3 美元。被试被告知实验可能要持续近 2 个小时，通常一项实验花费的时间是 1 小时 15 分。

表 16.1 中的实验有 5 组，每组包含 4 个实验，其中每组的 2 个实验由毫无经验的被试参加，另 2 个实验则由有经验的被试完成，有经验的被试是指之前参加过我们设计的 1 个或多个公开竞价实验的人。⑤

表 16.1 概括了实验设计和市场参数，价格、成本、利润都以实验"比索"计价，每个实验单元都列示了实验名称和实验中使用的兑换率。

所有实验的买家都是相同的，即很多由计算机模拟的买家（$m = 100$）。每个买家都遵循如实披露需求的购买原则，每一位个体买家的反需求函数以如下形式表示：

$$P_j = \alpha_j q_j^{-1/\eta} \quad (j = 1, \cdots, 100) \tag{16.1}$$

根据反映模拟买家收入分配的对数正态分布来设置参数 α_j,共设置 100 个 α_j 参数用于所有实验,个人需求总和使市场需求的自身价格弹性保持不变,

$$D(p) = \theta p^{-\eta} \quad \eta = 1.15 \quad \theta = \sum_{j=1}^{100} \alpha_j^{\eta} = 5\,094.0 \tag{16.2}$$

买家的次序在每个市场周期的开始被随机决定,排在前面的买家会选择价格最低的卖方,如果这个卖家的产能足以以标价满足所有买家需求,则买家从这个卖家处完成所有购买;如果 $D(p_i) > K_i$(卖家 i 提供最低价格 p_i,产能为 K_i),一些买家就必须在价格第二低的卖方处购买,如果价格第二低的卖家的产能不能满足剩余的买方,那么排在更后面的买家就会去价格第三低的卖家处购买,以此类推。

如果买家是分散的,那么卖家 i 的销售量将会是 x_i(见 Allen and Hellwig, 1986),

$$x_i = \min\left[K_i, \max\left(0, \left(1 - \sum_{p_j < p_i} \frac{K_j}{D(p_j)}\right) D(p_i) \frac{K_i}{\sum_{p_s = p_i} K_s}\right)\right] \tag{16.3}$$

如下排队方案定量了问价格为 p_i 的卖家去购买的买家的比例,

$$\left[1 - \sum_{p_j < p_i} K_j / D(p_j)\right]$$

例如,假设 $p_1 < p_2 < p_3 < p_4$ 和 $K_1 < D(p_1)$,那么买家中有 $[1 - K_1/D(p_1)]$ 会在卖家 2 那购买。

在我们的实验中,卖家 i 的销售量可以从式(16.3)的 x_i 中分离出来,因为我们只允许分散的销售单位,而买家不是分散的。但是,式(16.3)给出了十分接近真实销售量的值,因为许多产能单位都是在市场中交易的,且 100 个买家的每一位都代表了总需求的一部分。[6]

实验共进行了 60 个市场周期[7],在实验过程中被试并不知道具体的周期数。我们之所以会比大部分公开竞价实验进行了更多实验周期,主要有两个原因:第一,我们希望有足够的周期为个体卖方构建价格频数分布,并在分布上做统计检验;第二,阿尔杰(Alger, 1987)的研究表明,在一些实验中,前 20 或 25 周期的标价不能代表更长周期实验的结果。我们并不会采取基于均衡的一些可操作型定义的终止规则,在我们的实验环境中稳定价格

也不是必需的条件(下文 16.2.2 和 16.2.3 对埃奇沃思周期和混合策略进行了讨论)。

每个被试(卖家)在每一个市场周期里做出一个决策:即决定给出怎样的价格。之前大多数公开竞价实验中,卖家没有选择最大销售量。产能限制(由实验者设置)起到了限制交易数量的作用。价格公布之后,买家完成购买,然后每个卖家就可以观测到该周期内公布的所有价格,还可以看到自己的销售量和利润,以及市场销售总量。除此之外,之前 7 个周期里面公布的历史价格也会显示在每位被试的电脑屏幕上,卖家操作指南见附录 I。[8]

有几类理论预测也许可以解释我们实验中的卖家行为,接下来我们将探讨这些预测的实际操作方案。

16.2.1 竞争性定价

竞争理论预测每个卖家会制定一个市场出清价格 p^c。高、中和低产能实验的市场出清价格分别为 5、5.35 和 6.62 比索。在中低产能实验中,卖家的竞争性定价可以为其带来正利润,而在高产能实验中,卖家获得零利润。在任何实验环境中,制定竞争价格并非对其他卖家进行竞争性定价的最好回应。从我们的实验里面可以看到,CE 并不是一个稳态 NE,因为在一个单独的周期里,对卖家而言,竞争性定价不会带来双边最优反应,正如霍尔特(Holt,1989)所定义的那样,我们实验中的卖家拥有静态的市场力量。

在有些实验设计中,公开竞价实验的价格在上述时期内逐渐向 p^c 收敛,凯查姆(Ketcham et al.,1984)的实验设计 I 的结果具备这一特征(重申一下,在他们的实验中 CE 不是 NE)。[9] 这种收敛模式仅仅只在三四个卖家身上出现。人们通常认为竞争模型的信息是有限的或不完整的,竞争中的卖家知道自己的 AC 和产能,但不必知道其他市场参与者的赢利信息,因此,正如我们私密信息和混合信息实验中所发现的一样,竞争性定价大多出现于被试掌握有限信息的情况下。

16.2.2 埃奇沃思价格周期

埃奇沃思(Edgeworth,1925)首次建立了受产能制约的定价企业的双头垄断模型,并对其进了分析。[10] 他检验了一个多周期模型,在这个模型中,每个卖方预期对手会保持上期价格,他们在此预期的基础上制定当期价格。

埃奇沃思预测在某些情况下,随着时间的推移会出现价格循环,如果卖家以高价开始(例如,接近于垄断水平),那么每个卖家最初都有以低于对手价格出售的动机,但是存在一个临界价格,如果对手价格低于该临界价格,那么更高的价格(买家被随机排序时的垄断价格)比低价出售更有利可图,而在双方都提高价格之后,降低价格的行为又会发生,因此,市场价格呈现周期性变化。

埃奇沃思的双头垄断理论轻而易举地延伸到了我们的四卖家环境中。该理论预测,在多卖家条件下,基于对手都会保持上期实际价格的预期,每个卖家都会制定一个最优价格。我们运用这种"天真的价格预期"来为4个卖家做埃奇沃思价格预测,该预测适用于实验第一个周期后的各个周期。由于埃奇沃思周期理论是个非均衡理论,基于这一理论的预测会前后矛盾或者不合理,卖家总会发现其价格预期和对手的实际出价不一致,尽管存在这一问题,艾萨克和史密斯(Isaac and Smith, 1985, p.339)的公开竞价双头垄断实验报告中还是出现了支持埃奇沃思价格周期的依据。

16.2.3 价格的混合策略纳什均衡

有人可能会把埃奇沃思的周期模式看作价格纯策略 NE(单周期,完全信息博弈)不存在的证据。就我们研究的实验环境来说,价格纯策略 NE 是不存在的。卖家总产能超过了垄断产出,但在多水平产能实验中,仍低于可以带来边际成本定价伯特兰结果所需的产能。

在附录 II,我们开发了一种计算程序,为对称的四卖家博弈找到对称混合策略 NE。这一程序适用于每种产能水平的参数。图 16.2 列出了 3 种产能水平的混合策略 NE 累积分布函数。在所有情况下,混合策略均衡的价格下限保持在相应竞争价格的 1 比索以内。同时,每种分布在较低边界时都非常陡,预计超过 80% 的价格变动在较低边界的 1 比索范围内。高、中和低产能环境下,混合策略 NE 的预测价格中值分别为 5.48,6.16 和 7.24。

混合策略 NE 由单次博弈模型推导而来。我们可以进行一系列单周期实验,招募几组不同的卖家作为被试,并从中收集数据来验证这一预测。例如,我们可以在众多被试中选择 4 个卖家组成一组并随时变换分组,使每个卖家在每一周期的对手都不同。我们的兴趣所在是另一个问题,在自然形成的市场中,寡头定价竞争通常指一组固定的卖家重复做出定价决定。我们想确认的是:在重复的实验环境下,若被试为一组固定的卖家,混合策略

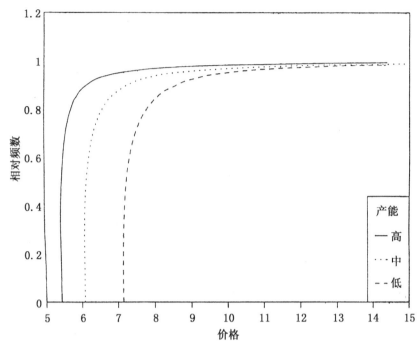

图 16.2 不同产能下的混合策略纳什均衡价格分布

NE能否提供有用的价格预测。显然,当实验包含一系列周期(比如我们的实验环境)时,NE混合策略对这种重复博弈的环境而言也是一种均衡(重复博弈环境可能会容许其他的纳什均衡——在探讨共谋定价时我们讨论过这个问题)。我们将对称 NE 混合定价策略理解为对卖家价格频率分布的预测。通过收集数个市场周期的数据,我们可以构建实验中卖家的价格频率分布,相比单次实验,重复博弈环境可以容纳更多的备择假设(埃奇沃思价格周期,共谋定价等)。

照字面解释,混合策略 NE 适用于单次博弈,在这种博弈中每个参与人掌握其他所有参与人的赢利信息。我们在三种信息条件下进行中等产能实验,这三种条件分别为:私密的、混合的和公开的。本章包含的实验数据表明,单次完全信息博弈 NE 可以为重复试验提供好的预测,在重复试验中被试掌握的盈利信息是有限的(如我们的私密和混合信息实验所证明)。

16.2.4 共谋定价

在我们的实验中,作为被试的卖家之间没有直接交流的机会,但是,他们可能会通过一些暗中合谋行为释放价格信号,以实现高价和高利润。每个实验中(见图16.1),一组卖家在垄断价格 $p^m = 38$ 比索时获得的总利润最高,可以选择需求和成本参数,使每个实验中竞争和垄断价格之间存在很大差距(从百分比来看)。这一实验设计有力地支持了混合策略 NE 价格,并有助于将埃奇沃思周期和混合策略 NE 预测区分开来。

我们的实验设计中引进了垄断价格下的大量的过剩产能。在垄断价格条件下,过剩产能占整个市场产能的 87%—91%,这意味着如果所有卖家设定的价格等于垄断价格,而有一个卖方在此基础上降价,那么这个卖家将获得 4 倍的销售量和利润。如果被试认为通过低于垄断价格出售能获取高额利润,并且实验会因此迅速结束,那么涉及垄断定价的共谋定价行为将不会发生。

共谋定价可能包含比垄断水平低的价格和利润,但是比不合作时要高。我们的被试要在很长的市场周期内进行互动,而且不知道实验何时停止。假设被试对实验将在当期实验之后结束的主观概率为 $1 - \delta$。重复博弈理论表明,如果实验继续下去的概率 δ 不会太小,那么作为重复博弈的非合作纳什均衡,多种共谋定价结果将会出现。例如,贝努瓦和克里希纳(Benoit and Krishna,1987)分析了卖家价格选择的重复博弈,其中卖家有固定的产能限制[11],他们认为其中一种均衡为静态完美均衡,在这种均衡中卖家在均衡路径上索取的价格是稳定的。这样的定价结果被认为是触发策略下的完美均衡,如果观测结果偏离了静态路径,这些触发策略就会回归到混合策略 NE 定价。如果静态价格要成为均衡结果,实验的连续概率 δ 一定要足够高,使卖家没有动机以低于静态价格的卖价作弊。

我们的实验中存在一个最小主观连续概率,只有达到了这个概率,静态定价环境(即能使每个卖方获得的利润高于相应混合策略 NE 利润的静态定价)下某种程度的共谋定价才会发生。这一最小概率随产能的不同而不同[12],低产能实验的 δ 必须高于 0.64,中产能实验的 δ 必须高于 0.56,而高产能实验的 δ 必须高于 0.48。这些 δ 值表明,被试不需要用高主观持续概率来维持一定水平的共谋定价。当所有卖家都制定垄断价格时,通过背叛能获取最高利润,因此,维持垄断定价的最小主观持续概率要更高,其数值如下:低产能环境下 $\delta > 0.85$,中产能环境下 $\delta > 0.81$,高产能环境下 $\delta > 0.78$。

之前,此类卖方频繁互动的定价实验会得出与共谋定价实验一致的结果,请回想一下阿尔杰(Alger,1987)的二卖家或三卖家实验就会发现这一点。但是，如果不允许卖家相互交流，那他们之间就很难通过协调实现共谋定价，在实际情况中，相比2个卖家或3个卖家而言，存在4个卖家时的协调问题要严重得多。

如果共谋定价真的发生，我们期望它涉及的定价模式要相对简单一点，例如所有卖家都保持统一价格或制定一些轮流定价计划（例如，两组卖方在不同周期内轮流做低价卖家）。原则上来讲，能达到共谋定价利润水平的复杂定价模式也是可行的，我们也许可以将其称为重复博弈的非合作NE，但是，如果卖家之间没有交流，不能判定共谋定价中的背叛行为，要协商出一个复杂的定价模式十分困难。

是否可能得出共谋价格，应取决于实验中对信息环境和产能水平的设置。在实验中提供更多有关需求和卖家成本的信息，有助于卖家协调定价过程，提高共谋定价成功的可能性。因此，共谋定价假说预测，随着我们的信息条件由私密向混合、公开迈进，平均市场价格将会上升。

产能水平可能也会影响（默契）共谋协议的稳定性。一般认为过剩产能会对共谋协议产生不利影响，这种观点的论据为，由于稍微降低一点价格就可以极大地增加销售量，那些具备过剩产能的企业将会有很强的作弊动机。

在对贝努瓦—克里希纳模型的分析报告中戴维森和德内克（Davidson and Deneckere, 1990）提出了另一个观点，他们认为我们还应思考过剩产能是如何影响卖家的反作弊能力的。高产能条件下的确会出现更多通过降价获得短期利益的行为，但同时竞争对手也会随之采取有效的反击，从而使作弊的卖家蒙受更大的长期损失。因此，产能水平越高，共谋定价成功的可能性就越大。在我们的实验设计中，支持将垄断定价作为完美均衡的条件就来源于这一论点。为了维持垄断定价，产能水平较低时，所需的最小主观连续概率就越高。

16.3 实验结果

表16.2列出了20个实验的价格总数据（平均数、中位数、接近平均数的样本方差及趋势）。[13]我们分三个时间段（初期、中期和后期）进行数据统计，涵盖了每个实验的所有周期。从汇总统计和原始价格数据中，我们可以得出两个主要结论。

1. 在所有实验的前 20—25 周期,价格均呈现下行趋势。在每个实验的前 20 周期,卖家平均价格呈负增长趋势,这个结果和之前公开竞价实验(见 Ketcham et al.,1984)的定价数据大致相同。但是在初期降价即将结束时,价格并没有达到竞争价格水平。在其中 6 个实验(LME1,LMI2,HME2,MRI1,MRE2 和 MUI1)中,这一价格下行趋势一直持续,值得注意的是,在判断价格是否会继续下跌时,被试的经验并没有起到作用。在这 6 个被确认有价格下行趋势的实验中,3 个实验的被试没有经验,其他 3 个实验的被试有经验。

2. 大多数实验发现,从实验中期开始,有两个或更多卖家造成了价格的上下波动,每组实验的中间 3 个或最后 3 个实验中,价格的样本方差相对较高。在几个实验中,这样的价格波动一直持续到了实验的最后,就是说,价格不一定一直保持稳定。

表 16.2 伯特兰—埃奇沃思实验价格数据统计

实　验	时　　期	平均价格	中位价格	样本方差	总增长率
MRI1	1—60	8.64	8.12	36.35	−2.5
	1—20	10.53	9.11	103.64	−6.2
	21—40	8.26	8.13	0.17	−0.7
	41—60	7.12	7.05	0.06	−0.7
MRI2	1—60	9.45	7.25	46.01	−2.1
	1—20	13.96	9.75	107.41	−6.1
	21—40	7.46	7.35	0.47	0.4
	41—60	6.94	6.88	0.29	−0.8
MRE1	1—60	7.15	6.78	9.92	0.5
	1—20	7.58	6.96	19.50	−0.5
	21—40	6.67	6.03	4.72	0.8
	41—60	7.20	6.68	5.36	1.2
MRE2	1—60	7.82	7.53	8.53	−2.1
	1—20	8.98	8.07	22.32	−5.6
	21—40	7.33	7.18	1.00	−0.5
	41—60	7.13	7.19	0.38	−0.4
LMI1	1—60	10.89	8.25	125.07	−0.9
	1—20	9.07	8.57	1.85	−2.3
	21—40	13.79	8.00	255.08	5.9
	41—60	9.80	8.00	180.37	−6.3

（续表）

实　验	时　期	平均价格	中位价格	样本方差	总增长率
LMI2	1—60	8.13	8.15	0.18	－0.2
	1—20	8.29	8.35	0.47	－0.1
	21—40	8.17	8.16	0.01	－0.1
	41—60	7.94	7.96	0.02	－0.3
LME1	1—60	7.59	6.98	36.26	－2.4
	1—20	9.01	7.73	106.57	－6.9
	21—40	6.99	6.98	0.03	－0.3
	41—60	6.76	6.75	0.05	－0.1
LME2	1—60	8.23	7.89	2.16	－0.7
	1—20	8.42	8.22	1.00	－2.0
	21—40	8.36	7.82	3.46	0.0
	41—60	7.91	7.70	1.93	－0.1
MMI1	1—54	7.78	6.99	41.19	2.4
	1—20	6.79	6.50	0.54	－1.3
	21—40	7.06	6.80	0.43	0.8
	41—54	10.22	8.51	151.32	9.2
MMI2	1—60	9.32	6.75	149.45	2.4
	1—20	7.30	6.99	1.31	－1.6
	21—40	6.73	6.54	0.57	－0.5
	41—60	13.93	6.75	417.82	9.2
MME1	1—60	6.95	6.10	37.69	－2.6
	1—20	7.75	6.15	110.33	－8.1
	21—40	6.45	6.10	1.00	1.2
	41—60	6.63	6.10	1.70	－1.2
MME2	1—60	7.40	7.00	1.13	－0.7
	1—20	7.68	7.20	1.72	－2.1
	21—40	7.30	7.10	0.74	－0.3
	41—60	7.23	6.90	0.85	0.1
HMI1	1—60	7.30	5.89	80.21	－0.6
	1—20	6.64	6.22	2.00	－2.6
	21—40	8.65	5.68	236.23	－0.2
	41—60	6.61	5.69	1.67	0.9
HMI2	1—60	8.10	6.87	40.38	－2.6
	1—20	9.39	7.49	76.96	－7.3
	21—40	6.65	6.62	0.21	－1.2
	41—60	8.28	5.99	41.16	0.6

（续表）

实　验	时　期	平均价格	中位价格	样本方差	总增长率
HME1	1—60	7.28	5.89	48.06	−4.6
	1—20	7.93	6.25	115.58	−4.4
	21—40	6.29	5.68	12.02	4.5
	41—60	7.61	6.00	16.27	−4.5
HME2	1—60	6.51	5.35	39.31	−2.9
	1—20	8.69	7.13	111.26	−7.8
	21—40	5.55	5.30	0.30	−1.2
	41—60	5.28	5.33	0.12	0.0
MUI1	1—60	12.39	9.78	60.46	−2.6
	1—20	18.32	17.75	118.98	−6.2
	21—40	9.91	9.44	7.37	−0.6
	41—60	8.95	8.27	2.84	−0.3
MUI2	1—60	10.13	6.92	157.21	−1.5
	1—20	10.62	7.13	102.83	−5.2
	21—40	10.74	6.82	215.07	−0.3
	41—60	9.02	6.92	155.87	0.1
MUE1	1—60	7.21	6.75	36.61	−0.7
	1—20	7.14	6.84	1.18	−2.3
	21—40	6.81	6.75	0.09	−0.2
	41—60	7.67	6.50	109.28	0.3
MUE2	1—60	7.56	6.75	50.37	1.5
	1—20	7.75	6.58	109.09	−0.1
	21—40	6.92	6.55	1.65	0.2
	41—60	8.04	6.86	40.97	4.3

　　卖方产能的影响如图 16.3 所示，从图中可以看出所有混合信息实验中高中低产能真实价格的累积分布，和我们预期的一样，较低产能实验的价格分布位于较高产能实验价格分布的右侧。

　　我们运用方差分析法（ANOVA）研究了所有外生条件对价格的影响，用普通最小二乘法（OLS）回归统计 ANOVA 数据，并将价格作为因变量并指定一些虚拟变量来反映实验设置条件。我们对 20 个实验的第 1 个交易周期后的所有价格数据进行了回归分析。3 个产能虚拟变量在产能设置中持续存在，两种信息条件下存在虚拟变量，即私密和公开信息条件，我们去掉了混合信息条件。通过分析数据，我们发现，被试的无经验对实验有影响，这

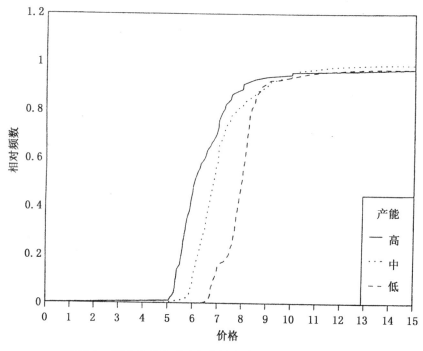

图 16.3　混合信息条件(卖家的成本和产能是公开信息，但需求是私密信息)实验下的累积价格分布

些影响与产能和信息条件相互作用。我们为无经验的被试设定 5 个虚拟变量，使被试的无经验与 5 个可能的产能水平和信息条件相互作用。这些虚拟变量被列为 INEXP，后面接两个字母，第 1 个字母表示产能水平(L，M 或 H)，第 2 个字母表示信息条件(M，R 和 U)，我们省略了有经验被试这一类。PERINV 是一个解释变量，等于交易周期的倒数。

ANOVA 回归分析结果如表 16.3 所示。[14] 有关 PERINV 的正系数和重要系数与我们之前的观察结果一致，在所有 20 个实验的前几个周期中，价格都呈下行趋势，产能虚拟变量的所有系数都具有统计显著性，在 1% 的水平时，认为这 3 个系数相等的假设会被拒绝，而备择假设获得支持，即它们是规则排列的，从而使较高产能与较低系数相关联。

私密信息条件的系数为正，但不具有统计显著性，这表明私密信息实验的价格比混合信息实验的价格要高一些，但并没有高太多。与混合信息条件相比，公开信息使价格平均提高了 0.44 比索，但这种效果也不具有统计显著性。

表 16.3

变　　量	系数估计（统计量）
低产能	7.220
	(24.15)
中产能	6.472
	(21.65)
高产能	6.155
	(20.59)
私密信息	0.436
	(1.06)
公开信息	0.441
	(1.07)
INEXP-LM	1.817
	(4.42)
INEXP-MM	1.644
	(3.95)
INEXP-HM	0.873
	(2.12)
INEXP-MR	1.371
	(3.34)
INEXP-MU	3.586
	(8.72)
PERINV	7.308
	(6.53)

4 696 个观察值；调整 $R^2 = 0.630$

注：回归基于第 2 期开始的数据。

　　5 个被试的无经验虚拟变量的系数都为正，这表明和无经验被试参与的实验相比，有经验被试参与的实验价格较低，参与公开竞价实验的经验并没有使被试达到更高的价格，所有无经验的系数都显著大于 0（在 5% 的水平）。

　　我们也检查了数据中是否存在实验专属效应（或群组效应）。指定的回归方程中包括了表 16.3 中的所有自变量以及一组代表单独实验的虚拟变量。假设这些实验专属虚拟变量的系数均为 0，为了验证这一假设我们做了 F 测试。该假说在 1% 的显著水平被拒绝，这表明数据中存在群组效应。我们还对价格数据做了一个 ANOVA 回归分析，使用其中一个实验的前 5 个周期的平均价格作为附加解释变量，群组效应开始于某一平均价格，我们想确认是否可以在该平均价格的基础上解释群组效应。在这种情况下群组效应减弱，但仍然存在，且 F 测试在 1‰ 的水平具有统计显著性。

我们接下来要检验的是价格形成的竞争假说对数据的解释如何，竞争模型充其量只能提供对价格数据的不完整解释。在其中两个实验（LME1 和 HME2）中，价格由高到低收敛至竞争均衡价格处，而在其他 18 个实验中，价格保持在竞争价格上方。

假设卖方预期竞争对手将维持上一周期的价格，然后通过计算得到卖家的利润最大化价格，这就是埃奇沃思价格预测。通过这一方法，在每个实验的第 1 周期后，我们就可以计算出每个卖家的预估埃奇沃思价格。为了弄清实际价格调整至预估埃奇沃思价格的幅度，我们首先为每个卖家建立了线性方程，方程的因变量是当期价格减去前期价格，自变量是当期预估埃奇沃思价格减去前期真实价格及该自变量的滞后值。预估方程包括完全并立即调整至预估埃奇沃思价格和部分、0 调整至预估埃奇沃思价格（针对某些系数）这两种情形，然后，我们对系数进行了显著性检验，这些系数描述了调整预估埃奇沃思价格的特征，预估方程及显著性检验结果汇总如表 16.4 所示。

表 16.4 中的第 1 个测试检验了卖家价格调整的两个解释变量的显著性。对 80 个卖家中的 63 个来说，解释变量（以当前和滞后的预估埃奇沃思价格为基础）对真实价格调整是有显著影响的（在 0.05 的水平）。第 2 个测试的原假设是：卖家立即将实际价格完全调整至预估埃奇沃思价格。80 个卖家中有 70 个拒绝了这一原假设。

第 3 个测试的原假设是第 1 个调整系数为 0，80 个卖家中的有 55 个拒绝了这一假设，他们支持系数为正的单侧对立假设。多数被试拒绝了第 2 个测试的假设，这表明很少有卖家会立即将他们的价格完全调整至预估埃奇沃思价格。第 3 个测试中，为了响应当前周期价格被调整至埃奇沃思价格的预期，多数被试对其价格做了部分调整。第 4 个测试的原假设是滞后预估调整的系数为 0，80 个被试中只有 12 个拒绝了这一假设。也就是说，之前滞后的预估埃奇沃思调整对多数被试的当期价格调整并没有显著影响。

我们也检验了表 16.4 中的埃奇沃思调整方程，表中包括所有被试的合并样本。预估系数（见表 16.4）显示了对预估埃奇沃思价格的反应，该价格是所有试验周期中所有被试价格的平均值，结果与特定被试的回归方程所得到的部分调整的观点一致。比较典型的被试可能会对其价格进行调整，

表 16.4 埃奇沃思价格预估方程及 OLS 回归结果

估计方程
$$P_{it} - P_{i, t-1} = \beta_0 + \beta_1(P_{it}^E - P_{i, t-1}) + \beta_2(P_{i, t-1}^E - P_{i, t-2})^a$$

控制个体的回归结果：零假设	可以在 0.05 水平上拒绝原假设所需的被试人数（总人数为 80）
(1) $\beta_1 = \beta_2 = 0$	63
(2) $\beta_0 = 0$；$\beta_1 = 1$；$\beta_2 = 0$	70
(3) $\beta_1 = 0^b$	55
(4) $\beta_2 = 0^b$	12

综合所有被试观察值的系数估计^c	
β_0	-0.572
	(0.112)
β_1	0.291
	(0.010)
β_2	-0.174
	(0.010)

Adj. $R^2 = 0.158$；4 616 个观察值

注：^{a} P_{it} 为卖家 i 在 t 时期的要价。P_{it}^E 是基于对手 $t-1$ 期的价格预测的 i 在 t 期的埃奇沃思价格。

^{b} 备择假设是：系数为正。

^{c} 圆括号里是标准误。

幅度相当于预估埃奇沃思价格和当前价格之差的 29%，当预估 β_2 是负值，因而预估埃奇沃思价格保持不变时，那么被试调整价格的幅度会有所降低。

我们将混合策略 NE 预测解释为：每个周期内每个卖家的价格来自一个一般分布 ϕ^*，就是说预测价格是独立的、恒等分布的随机变量。我们在每个实验中都采用向量自回归来检验这样一个假设：每个实验周期的平均价格和上一周期的价格无关，其中对 4 卖家的当前周期价格使用 VAR(2) 规范作为因变量向量，并将 1 次和 2 次滞后价格向量作为自变量。VARs 的结果表明，实际价格不是恒等分布的随机独立变量的体现。通过对每个实验进行 F 检验，我们拒绝了本周期的平均价格和上一周期的价格无关（即滞后价格的确有助于 VAR 对每个实验的解释）的假设。[15] 我们也研究了这种关联的失效是否是因为当期价格只取决于自己的滞后价格，或同时取决于自己的滞后价格和对手的滞后价格。通过卡方检验，我们拒绝了每个实验的当期价格只依赖于自己的滞后价格（在 0.05 水平）的假设，对手的滞后价格有助于 VAR 对每个实验的解释，这与埃奇沃思回归分析结果一致，在分析中我们发现，大多数被试会基于对手的滞后价格，将其价格至少向预估埃奇沃思价格做出部分调整。

VARs 结果表明，实际价格并不符合混合策略 NE 分布的逐期价格关联，实际价格在某种程度上取决于此前的价格，这是静态 NE 理论不能解释的。但是，我们仍然感兴趣的是：混合策略 NE 分布是否抓住了总体价格数据的定性特征。图 16.2 的（对称）混合策略 NE 分布和图 16.3 的价格频率分布的对比表明，总体价格频率和混合策略 NE 分布有一些相同点。[16] 在大部分实验中，价格多数处于一个区间内，最低的比 p^c 高出 1 个比索，最高时比 p^c 高 3—4 个比索，这个价格区间是混合策略 NE 分布出现最大概率权重的地方，但是，价格数据的总体频率分布倾向于在对应混合策略 NE 分布的右边，这表明真实价格可能会高于预估混合策略 NE 价格。

实验结果很明显和垄断定价不一致，表 16.2 中的概要统计显示，所有实验的平均价和中位价比 38.3 比索的垄断价格要低得多，鉴于卖家选择垄断价格时存在高额过剩产能，这个结果也不算太出人意料。

实验结果好像为一种共谋定价提供了依据，这种共谋定价行为产生的价格和利润高于非合作水平，低于垄断水平。在 20 个实验的 17 个里面，后 20 个周期的中位价高于非合作 NE 中位价（见表 16.2）。表 16.5 是利润比较结果，表 16.5 所列的每一种实验设置情况下，每个卖方的平均利润都高于相应的非合作静态 NE 利润，如果我们关注每个实验的后半段，我们会发现 20 个实验中有 18 个的情况是这样：所有卖家的平均利润都高出非合作静态 NE 利润。

产能水平对价格的影响与过剩产能如何影响共谋定价的一般观点相符。我们通过 ANOVA 回归分析发现，较高的产能与较低的价格相联系（见图 16.3）。这与戴维森和德内克（Davidson and Deneckere，1990）的预测不一致，他们预测更高的过剩产能会提高共谋定价的可能性，这一预测取决于卖家是否有能力找到使共同利润最大化的价格，并通过惩罚定价低的卖家来维持这一价格水平。在我们的实验中，卖家偶尔制定高价，但不存在所有卖家维持垄断定价的情况。

共谋定价理论预测，卖家掌握更多信息后会提高价格，不过 ANOVA 分析并不支持这一论点。在公开信息实验中价格是高一些，但并不比混合信息实验的价格高很多。

表 16.5　伯特兰—埃奇沃思实验利润比较

	私密信息中产能	混合信息低产能	混合信息中产能	混合信息高产能	公开信息中产能
卖家的基准利润：					
竞争均衡	65.2	234.2	65.2	0.0	65.2
预期混合策略纳什均衡	199.8	310.3	199.8	97.2	199.8
垄断定价	640.9	640.9	640.9	640.9	640.9
卖家的实际平均利润[a]：					
无经验的被试	332.7	366.0	265.0	207.4	362.6
有经验的被试	312.9	316.4	236.6	157.6	263.7
所有被试	322.8	341.2	250.8	182.3	313.1

注：[a] 每位卖家每期的平均利润（比索）。实际支付给被试的是以实验开始前确定的汇率换算成的美元。

虽然本章所述的有关价格和利润的数据在某些方面是支持共谋定价假说的，但反过来看，共谋定价理论却不能很好地解释这些数据。共谋定价行为基于这样一个观点：卖家认识到了出高价时彼此的相互依存和共同利益，这一认识使每个卖家都避免降价，因为降价行为会导致对手进一步降价，只有在惩罚"作弊者"的时候卖家才会使用降价手段。

没有证据能证明卖家在实验中会持续出高价（即高于非合作中位价）。虽然在一些实验中，所有 4 个卖家在交易期间的确制定了高价，但随后就出现了连续几轮的降价，此外，也没有证据表明卖家可以通过简单的轮流定价计划来获得高利润。

在一些实验中，卖家通过制定高价向对手释放信号，例如，卖家 3 在实验中期制定以下价格序列 LMI1：{25，50，75，50，50，50}，这一价格序列给了对手提价的信号，其中的后 5 个价格远高于卖家 3 的短视最优反应价格，那么卖家 3 降价的同时就放弃了盈利。但是，卖家 3 的信号没能使全组卖家持续保持高价，虽然有一个卖家在这个序列中将价格提高到 50 比索，但其他卖家只是将部分价格提高到这个水平，并且在后面几个周期没有维持住，所有价格都降到了 9 比索以下。

利润高于非合作基准利润的现象可能是由非均衡调整导致的，而不是共谋定价的结果。为了解释这个观点，我们在表 16.4 中列出了调整至预估埃奇沃思价格的估计方程，假设 4 个卖家根据这一方程来制定价格。我们为每个卖家的价格调整选择参数值 $\beta_0 = -0.572$，$\beta_1 = 0.291$，$\beta_2 = -0.174$，以及标准偏差为 3 比索的误差项（这些参数值是基于合并样本估算得来的）。在中等产能条件下，我们做一个 60 周期的价格调整模拟实验，设定每个卖家的初始价等于边际成本。在模拟实验的每个周期，每个卖家的平均利润为 529.1 比索，远高于非合作基准利润的 199.8 比索。[17]该实验并不能准确描述每个卖家的行为，其目的是解释卖家根据对手前期价格做出的短视部分价格调整是如何使利润远高于非合作模式利润的。被试的经验成为了不利于共谋定价假说的间接依据，ANOVA 分析结果表明，缺乏经验的被试的价格比有经验的被试高。在定价时，之前没有定价经验的被试难以通过共谋定价实现高价。如果成功的共谋定价是已观察到的价格和利润的基础，那么我们可以预期，相比没有经验的被试，有经验的被试能获得更高的价格和利润，而且他们更加懂得高价的优势，也更了解怎样才能达成默契合谋。[18]

16.4　总结和结论

伯特兰—埃奇沃思模型描述了一群有定价权的受到产能制约的卖家之间的竞争，为了找出 BE 竞争的本质特征，我们设计了 20 个实验，并通过实验评估了 BE 竞争 4 个不同理论的预测力：竞争均衡定价、埃奇沃思价格周期、混合策略纳什均衡价格及共谋定价。实验结果表明，这 4 个理论均有助于我们解释某些数据，但是，没有一个理论能与实验数据完全吻合。

在每个实验的前 20 个周期，卖家平均价格都随时间的推移而降低，但其中 2 个实验的价格没有随时间推移向 CE 收敛。

我们观察到的定价行为并不符合我们对埃奇沃思周期理论的解释，80 个卖家中有 70 个拒绝了完全调整至埃奇沃思预测价格的假设。不过，大部分被试都没有拒绝部分调整至埃奇沃思预测价格的假设。另外，很多实验中都出现了埃奇沃思周期理论所预测的价格上下波动。

定价策略与混合策略 NE 分布不一致，我们观察到的定价违反了跨期独立，且有超过预测混合策略 NE 价格的趋势，总数据的价格离差的定性特征与混合策略 NE 预测的离差相似；大多数价格位于 CE 价格之上的一个较小区间内，"尾巴"向垄断价格延伸。

我们观察到的价格和利润水平与共谋定价一致，每个实验的中位价和平均利润在对应的（静态）混合策略 NE 预测之上，但在个别实验中，我们观察到的定价模式不太支持共谋定价行为的假说。没有证据表明所有卖家在实验中会维持高价,也没有证据表明卖家为了达到共谋定价而采用简单的轮流定价计划。不管一组卖家何时达成高价,随之而来的将是一轮价格的下跌。

我们探讨的 4 个理论中,没有一个能为实验价格数据提供一个全面的解释,这说明我们需要一种新的理论来解释所观察到的多种定价模式。我们观察到的定价结果似乎和某些非均衡的价格调整过程一致,在 4 个理论中,埃奇沃思周期理论假设了一个非均衡调整过程,它是唯一预测数据中会出现时间依赖性和价格周期的理论。我们进行了回归分析,发现几乎没有被试会完全将其价格调整到埃奇沃思价格,但大多数被试会利用预期埃奇沃思价格变化的正分数来调整价格。

改良的埃奇沃思周期理论应该可以为我们提供一个良好的非均衡价格形成模型。可能将被证实有效的改良手段较多,包括改变被试对对手价格的预期的规范参数,增加价格惯性或向最优价格的部分调整,增加价格选择或"噪声"价格调整的"实验"。

附录 I　给受试者的实验指导——PLATO 电脑系统

本实验研究的是市场决策问题,实验所需资金由一项专门的研究基金提供,如果你在试验中能仔细斟酌并做出有效决策,那么你就有可能挣得一笔可观的奖金,我们会在实验结束后以现金形式支付给你。

从现在开始,实验所涉及的金额将以"PLATO 比索"来计算,实验结束后,你可以用从实验中挣到的比索换取现金,每 1 000 比索可以换得 1 美元,请注意,你在试验中挣到的比索越多,你能得到的现金金额就越大。在实验过程中,你的累积财富会以比索的形式即时显示出来。

按"下一步"继续

为了便于实验的开展以及实验后的盈利分配,请在箭头处填上你的姓名,然后按"下一步"键继续。(如果输入错误,按"消除"一次可消掉一个字,按"编辑"键可消除全部输入内容。)

Stephen Rassenti

Stephen Rassenti,你是本次试验中的 4 号卖家。

按"下一步"继续

我们在接下来的实验里安排了很多期小实验，卖家在每一期实验中可以生产并出售一种虚构产品，然后买家可能会选择购买。

本实验中的买家是由计算机模拟的，在每一期实验中，这些或富有或贫穷的虚拟买家会以随机的顺序排队，然后按照顺序，买家将以价格和存货量为依据来选择购买。也就是说，当轮到一个买家时，他/她会选择有存货的卖家并以最低价格购买。

按"下一步"键继续

虽然卖家可以任意选择出售价格，但他们向买家供应产品的生产设施只有一个，而且是与他人共有的。作为卖家，生产和卖出产品都会产生成本，你的生产成本取决于买家向你购买产品的数量。你在整个实验中的生产成本是 5 比索/单位产品，而在每期实验中你的最大产量是 145 单位。

每期实验的步骤如下：

1. 提交你的出售价格（可以使用小数点，如 16.61 比索）；

2. 向买家显示卖方提交的价格；

3. 买家轮流购买产品；

4. 你的 PLATO 记录会显示如下内容：

    a. 你卖出的产品数量；

    b. 你的收入、成本及盈利；

    c. 你的累积财富；

    d. 其他所有卖家的价格；

    e. 市场成交总量。

5. 下一期实验开始。

我们还有一位受试者没有完成，请耐心等待！

P25	P26	P27	P28	P29	P30	P31	卖 家　　1
145	145	145	145	145	145	145	$k =$ 产量
8.21	8.17	8.18	8.16	8.16	8.17		$p =$ 单价
15	145	17	145	145	145		$u =$ 销售量
123	1 185	138	1 183	1 183	1 185		$r =$ 收入
75	725	85	725	725	725		$pc =$ 售出产品的成本
48	460	54	458	458	460		当期利润
8 447	8 907	8 961	9 419	9 877	10 337		财富

（续表）

							其他卖家
145	145	145	145	145	145	145	产量(2)
8.20	8.19	8.17	8.16	8.20	8.17		单价(2)
145	145	145	145	145	145	145	产量(3)
8.18	8.17	8.16	8.16	8.15	8.16		单价(3)
145	145	145	145	145	145	145	产量(4)
8.19	8.18	8.17	8.25	8.25	8.20		单价(4)
450	448	452	453	449	452		交易总数

请填写你在第 31 期试验的单位产品价格

附录 II 计算对称 4 卖方博弈的混合策略

令 $\pi(p; \phi)$ 为卖家的预期盈利,且卖家出价为 p,其他 3 位竞争者使用混合策略累积分布函数 ϕ。ϕ 的支撑集为 $[p^0, p^m]$,其中 $p^0 \cdot p^c$。

$$\pi(p; \phi) = (p - c)\min\{K, D(p)\}(1 - \phi(p))^3 + 3(p - c)[1 - \phi(p)]^2 \times$$
$$\int_{p^0}^{p} \min\left\{K, \max\left[0, D(p)\left(1 - \frac{K}{D(q)}\right)\right]\right\}\phi'(q)dq + 3(p - c)[1 - \phi(p)] \times$$
$$\int_{p^0}^{p}\int_{p^0}^{p} \min\left\{K, \max\left[0, D(p)\left(1 - \frac{K}{D(q)} - \frac{K}{d(r)}\right)\right]\right\}\phi'(q)dq\phi'(r)dr +$$
$$(p - c)\int_{p^0}^{p}\int_{p^0}^{p}\int_{p^0}^{p} \max\left\{0, D(p)\left(1 - \frac{K}{D(q)} - \frac{K}{D(r)} - \frac{K}{D(s)}\right)\right\} \times$$
$$\phi'(q)dq\phi'(r)dr\phi'(s)ds \tag{A1}$$

预期盈利为 4 项总和:第 1 项是当 p 为最低价时的卖家盈利乘以另 3 位卖家都提出较高价的概率;第 2 项是 p 为第 2 低价格时卖家的预期盈利,注意,当最低价格 $q < p$ 时,分式 $[1 - K/D(q)]$ 表示分配到该卖家手里的买方比例;第 3 项是 p 为第 3 低价格时的卖家预期盈利;第 4 项是 p 为最高价格时的卖家预期盈利。

方程(A1)也可以写成如下形式:

$$\pi(p; \phi) = (p - c)\min\{K, D(p)\}(1 - \phi(p))^3 + 3(p - c)[1 - \phi(p)]^2 \times$$
$$\int_{p^0}^{p} \min\left\{K, \max\left[0, D(p)\left(1 - \frac{K}{D(q)}\right)\right]\right\}\phi'(q)dq + 3(p - c)[1 - \phi(p)] \times$$

$$\int_{p^0}^{p}\int_{p^0}^{p}\min\left\{K,\ \max\left[0,\ D(p)\left(1-\frac{K}{D(q)}-\frac{K}{d(r)}\right)\right]\right\}\phi'(q)\,\mathrm{d}q\phi'(r)\,\mathrm{d}r +$$

$$(p-c)\int_{p^0}^{p}\int_{p^0}^{p}\int_{p^0}^{p}\max\left\{0,\ D(p)\left(1-\frac{K}{D(q)}-\frac{K}{D(r)}-\frac{K}{D(s)}\right)\right\}\times$$

$$\phi'(q)\,\mathrm{d}q\phi'(r)\,\mathrm{d}r\phi'(s)\,\mathrm{d}s \tag{A2}$$

如果 ϕ 是一个纳什均衡策略,那么 π 对于所有 $[p^0,\ p^m]$ 中的 p 来说恒定。令 p_3 为 $D(p_3)=3K$ 的隐含定义价格。若 $p^0 < p_3$,那么对 $p\varepsilon(p^0,\ p_3)$,方程(A2)可以重写为:

$$\frac{(p^0-c)K}{(p-c)D(p)}$$

$$= \frac{K}{D(p)}\{1-\phi(p)^3+3\phi(p)[1-\phi(p)]^2+3\phi(p)^2[1-\phi(p)]\}\times$$

$$\int_{p^0}^{p}\int_{p^0}^{p}\int_{p^0}^{p}\left(1-\frac{K}{D(q)}-\frac{K}{D(r)}-\frac{K}{D(s)}\right)\phi'(q)\,\mathrm{d}q\phi'(r)\,\mathrm{d}r\phi'(s)\,\mathrm{d}s \tag{A3}$$

(A2)中的固定盈利水平等于 $(p^0-c)K$。整合(A3)右边的表达式和重新排列各项后,对 $p\varepsilon(p^0,\ p_3)$ 我们得到如下方程:

$$\int_{p^0}^{p}\frac{\phi'(q)}{D(q)}\mathrm{d}p = \frac{\left(\dfrac{p-p^0}{p-c}\right)+\left(\dfrac{D(p)-K}{K}\right)\phi(p)^3}{3D(p)\phi(p)^2} \tag{A4}$$

现在(A4)的两边对 p 求微分,简化来自微分结果的表达式后,我们得到以下常微分方程(ODE):

$$\phi'(p) = \frac{\dfrac{(p^0-c)}{(p-c)^2}+\dfrac{D'(p)\phi(p)^3}{K}-\dfrac{D'(p)(p-p^0)}{D(p)(p-c)} - \left(\dfrac{D'(p)\phi(p)^3}{D(p)}\right)\left(\dfrac{D(p)-K}{K}\right)}{\phi(p)^2\left(4-\dfrac{D(p)}{K}\right)+\dfrac{2(p-p^0)}{\phi(p)(p-c)}} \tag{A5}$$

这个 ODE 定义了当 $p^0 < p_3$ 时,区间 $(p^0,\ p_3)$ 内的纳什均衡混合策略 f。

用剩余的价格支集对混合策略 ϕ 进行定义。(A2)对 p 微分且要保持 π 不变,有一个必要条件,即 ϕ 应符合其所有支集。[如果 ϕ 是分段微分,那么这个微分是可采纳的,但在一组零测度点上除外。(A2)右侧的其他关于 p 的函数是连续的,并可对 p 分段微分。]

$$- (p^0 - c)KZ(p) = [1 - \phi(p)]^3 Y'(p) - 3\phi'(p)[1 - \phi(p)]^2 Y(p) +$$

$$3\phi'(p)[1 - \phi(p)]^2 Z_2(p, p) + 3[1 - \phi(p)]^2 \int_{p^0}^{p} \frac{\partial Z_2(p, q)}{\partial p} \phi'(q) \mathrm{d}q -$$

$$6\phi'(p)[1 - \phi(p)] \times \int_{p^0}^{p} Z_2(p, q) \phi'(q) \mathrm{d}q -$$

$$3\phi'(p) \int_{p^0}^{p} \int_{p^0}^{p} Z_3(p, q, r) \phi'(q) \mathrm{d}q \phi'(r) \mathrm{d}r + 3[1 - \phi(p)] \times$$

$$\int_{p^0}^{p} \int_{p^0}^{p} \frac{\partial Z_3(p, q, r)}{\partial p} \phi'(q) \mathrm{d}q \phi'(r) \mathrm{d}r +$$

$$6\phi'(p)[1 - \phi(p)] \int_{p^0}^{p} Z_3(p, q, r) \phi'(q) \mathrm{d}q + 3\phi'(p) \times$$

$$\int_{p^0}^{p} \int_{p^0}^{p} Z_4(p, q, r) \phi'(q) \mathrm{d}q \phi'(r) \mathrm{d}r \qquad (A6)$$

其中 $Z(p) = [D(p) + (p - c)D'(p)]/[(p - c)D(p)]^2$

$Y(p) = \min\{1, K/D(p)\}$

$Z_2(p, q) = \min\{K/D(p), \max\{0, 1 - K/K(q)\}\}$

$Z_3(p, q, r) = \min\{K/D(p), \max\{0, 1 - K/D(q) - K/D(r)\}\}$

$Z_4(q, r, s) = \max\{0, 1 - K/D(q) - K/D(r) - K/D(s)\}$

一个均衡分布函数 $\phi(p)$ 必须满足积分微分方程(A6)和边界条件，$\phi(p^0) = 0$，$\phi(p^m) = 1$。

我们开发了一个计算程序，可以用来对对称纳什均衡混合策略函数 ϕ 进行数学逼近。第一，选择一个介于 p^c 和 p_3 之间的 p^0 值。第二，通过解(A5)的 ODE 在 $[p_3, p^m]$ 中求出 ϕ 的逼近值。第三，将 $[p_3, p^m]$ 分成很多个子区间，通过解(A6)求出每个子区间右边界的 $\phi'(p)$，而子区间右边界的 $\phi'(p)$ 的解提供了下一子区间 ϕ 的近似值，这种迭代过程一直重复，直到找到 $\phi(p^m)$ 值。若 $\phi(p^m)$ 等于 1，那么程序结束；若 $\phi(p^m)$ 小于 1，则选择一个更小的 p^0 值，重复以上的 1—3 步；若 $\phi(p^m)$ 大于 1，则选择一个更大的 p^0 值，重复以上的 1—3 步。

这一计算程序适用于我们实验设计的 3 种产能水平。在每种情况下，p^0 值的选择介于 p^c 和 p_3 之间，计算的 $\phi(p^3)$ 值超过每种容量水平的 80%。那就是说，超过 80% 的混合策略 cdf 用(A5)定义的 ODE 计算。

注 释

① Davis 等(1990)近期的一项实验研究除外。他们研究了竞价公告环境中卖方的市场力，并精确计算了实验设计中价格的混合策略 NE。

② Holt 和 Solis-Soberon(1993)探讨了在考虑层级需求和成本结构的实验中如何计算价格的混合策略 NE，以及随着媒介异质性和采取措施的不断增加，这些计算是如何变得更加复杂的。

③ Fouraker 和 Siegel 实验结果的详细讨论，见 Smith 等(1982, pp.64—65)。

④ 但 Alger(1987)，Davis 等(1990)，Stoecker(1980)，Friedmand 和 Hoggatt (1984)的实验模拟了充分披露需求行为，Ketcham 等(1984)的实验中所有的买方均为真人。Brown-Kruse(1991)的实验比较了真人和模拟买家的不同效果。由计算机模拟买家行为时，平均价格明显高于真人买家环境，表明实验报告中的共谋定价可能取决于模拟的充分披露行为。

⑤ 曾参加过混合或公开信息实验的被试将不会被选中参加信息共享度更低的实验。

⑥ 另一个可选的实验设计是直接采用销售函数(16.3)，不为每个买家指定需求。我们为每位买家指定需求，优点在于可以同时使用真人买家进行平行实验。

⑦ 除了 MMI1 之外，所有的实验均有 60 周期。由于计算机故障，MMI1 在第 54 周期后终止。

⑧ 附录 I 的实验说明包括被试在实验开始时看到的计算机屏幕状态，说明里所描述的生产设备为卖家所共享，方便进行平行实验，在此类实验中卖家共担一部分生产成本。而本研究中的卖家之间不共享成本和产能，也不存在相互依赖关系，被试也可以获得口头指导，并对实验说明提出疑问，口头指导包括买家随机排序的步骤。

⑨ 但是，此前的公开竞价定价实验和当前的实验有着显著差别。比如，KSW (1984)的设计 I 中，被试交易了一小部分离散商品，采用了一些真人买家，卖家不同使边际成本计划出现差异，这些实验最多有 25 个周期。

⑩ Maskin 和 Tirole(1988)对 Edgeworth 双头垄断模式进行了博弈论分析，假设存在一个交替选择框架，卖家隔一个周期定一次价。这一框架不能直接应用于我们的实验中。

⑪ Benoit 和 Krishna(1987)采用了盈余最大化买家分配，而我们的实验采用的是随机买家分配。因此，他们的实验结果不适用于我们的模式，包括他们有关静态价格的命题 4。他们还探讨了卖家对产能的投入问题。

⑫ 我们发现这个最小概率是这样的：第一，"不背版"的条件为 $\delta > (\bar{\pi}_d - \bar{\pi})/(\bar{\pi}_d - \pi^0)$，其中，$\bar{\pi}$ 为通过共谋定价的静态定价得出的每周期赢利，π_d^0 为通过背叛 $\bar{\pi}$ 获得的最大赢利，π^0 为混合策略 NE 的预期盈利；第二，找到

最小 δ 值,满足不背叛条件下 π^0 和某一公司垄断赢利占比之间的值 $\bar{\pi}$;第三,在第二步所有的 δ 值中找到最小主观概率 δ,注意第二步中所有 δ 值均存在相应的卖方平均共谋赢利及背叛赢利。

⑬ 可以向笔者索取所有 20 项实验结果的原始数据。

⑭ ANOVA 回归仅能解释观测到的一部分价格波动。从埃奇沃思周期理论提出的定价不稳定性及本实验采用的混合策略 NE 理论来看,这一发现在意料之中。

⑮ 我们也进行了 VAR(2)回归分析,采用的解释变量相当于逆向交易周期。我们通过这些回归分析测试对过去价格的依赖度,并考虑时间趋势的影响。我们拒绝了这一假说:某个周期的平均价格依赖于每项实验的滞后价格。

⑯ Kolmorogov-Smirnov(KS)测试了一系列观察结果来自某一连续累积分布函数的假说。这一测试采用从某些一半分布抽取的独立数据。VAR(2)测试表明独立数据假说被推翻。针对我们实验中被试价格来自混合 NE 分布的假说,我们还是进行了 KS 测试,所有的被试均拒绝了这一假说。

⑰ 根据初始价格及小幅调整参数的变化,这些平均利润结果具有说服力。

⑱ 我们在 ANOVA 分析结果中探讨了群组效应,在实验中观察到了众多定价方式。它们证明了数据中重复博弈效应的存在。重复博弈的无名氏定理指出,若被试的主观延续概率高,不同的定价方式可以被视为非合作均衡博弈。此类均衡博弈要求卖方理解对手的策略,偏离均衡博弈的参与人将受到一系列的惩罚,这些惩罚是均衡策略的组成部分。鉴于重复博弈效应可以解释数据的群组效应,我们认为实验中的不同非均衡调整有可能出现在群组效应之后。有关被试经验的实验结果驳斥了基于复杂均衡博弈的论点。

17

瓦尔拉斯均衡机制的实验检验

科琳娜·布朗夫曼　凯文·A.麦凯布　戴维·P.波特

斯蒂芬·拉森迪　弗农·L.史密斯

乔伊斯(Joyce,1984)公布的瓦尔拉斯均衡拍卖实验结果显示:瓦尔拉斯机制是稳定的,表现出强收敛性,并且产生平均高于97％的效率。[①]他还发现,当被试能够观察到部分订单流(超额需求)时,价格将趋于更低。他的实验由一个静态环境构成,并向被试提供单位产品供给和需求函数。我们在更一般性的环境(在这个环境中每位被试持有多单位产品)中评估了该结果的稳健性,然后系统地探究了关于各种订单流信息和信息限制规则对瓦尔拉斯机制表现的影响。

以下几点思考启发了我们的实验:

1. 当市场上既有买家又有卖家,每人拥有 1 单位商品可以进行买或卖,瓦尔拉斯均衡机制的唯一纳什均衡应该是支持竞争均衡结果的。此外,瓦尔拉斯均衡过程可以设计成占优策略均衡,它能使每个参与者显示购买力或成本(见 McAfee, 1992)。该设计对每个参与者的信息进行限制,特别有一点,如果按 t 时刻的报价,超额需求为正的(负的),那么在 t 时刻没有发出出售(购买)指令的任何卖家(买家)都不能在 $t+1$ 时刻发出指令。假如没有这个附加规则,将不会出现占优策略均衡结果,但即使有这个附加规则,当需求和供给是多单位时,占优策略的显示特征也不能保持,因为参与人在不完全退出市场的情况下也可能影响价格。当供给者和需求者有多个单位物品可供交易时,该理论对组成瓦尔拉斯均衡的市场设计或合理调价规则的指导意义甚微。

2. Noussair(1992)和乔伊斯(Joyce,1991)公布的结果也对乔伊斯关于稳健性的结论提出质疑。他指出,当多个单位被分配给每一位参与者时,英格兰式拍卖(给出完全订单流信息)和统一价格密封拍卖(没有给出订单流信息)之间的类同性不再保持。所以,有必要研究这种情形以及供给和需求信息在瓦尔拉斯拍卖表现中所起的作用。

3. 由于价格对公布的供给和需求敏感,瓦尔拉斯拍卖中的价格调整过程[②]一般会导致参与者隐藏其需求和供给信息的纳什均衡结果(见 Hurwicz,1972;Otani and Sicilian,1990)。我们的问题是,这些理论思考是否来源于实验观察,以及订单流信息的改变和对交易者信息的限制是否影响瓦尔拉斯均衡的配置。

17.1　与金融市场的相关性

瓦尔拉斯机制在理论上表现出了重要意义,而它在应用领域中的有效性却受到了质疑。例如,当纽约证券交易所(NYSE)开盘时,每一个证券股票交易经纪人一直会给出报价,直到他/她找到可以将电子系统上提交的匹配买卖订单成交量最大化的价格,而这些买卖订单数量也是由场内交易人基于股票经纪人给出的报价积极参与提交的。如果有超额需求(供给),并且如果股票交易经纪人不准备吸收这个差额,价格将会向上(向下)调整。每报出一个新价格,场内交易者就会调整他们的指令以反映其在该价格上的交易意愿。阿米胡德和门德尔松(Amihud and Mendelson,1991)与斯托尔和惠利(Stoll and Whaley,1990)通过实证证实了开盘价格的波动递增。该结果与本章发现瓦尔拉斯均衡机制不稳健的结论是一致的,而且也发现实验结果对策略性操控尤为敏感。因为不同规则会影响一种机制的表现,所以研究瓦尔拉斯机制的不同实施方法如何影响市场效率就很重要。均衡机制的实验检验与金融市场议题的关联性显而易见,大批买家和卖家交易同质商品的标准完全竞争模式在金融市场上貌似很常见，但实际上，他们之间有很大区别。

最重要的差异就是，机构交易者在其中的作用非常显著，不管就何种有价证券而言，他们的交易量相对来说都要大于平均的日交易量。"楼上市场"（各经纪行的代表们进行交易谈判的地方）促成了一部分成交，但是也有不少成交在白天的交易所里达成。为了减少市场力量和"扒头交易"对其交易成本的影响，机构们在出价、交易时机选择（对均衡实验来说最重要的）以及交易规模上采取了策略性行动。如果他们透露了交易计划，他们将需要支付为数不小的额外溢价（或以很大的折扣出售）。

这种策略性行动在 NYSE 开盘时表现得最为明显，当股票交易经纪人积极寻找开盘价格时，场内交易者出现在经纪人旁边，并向他们披露其所持有的部分订单。众所周知，开盘后的半个小时内，由于交易者试图买入或卖出不愿（或不能）以开盘价格交易的量，所以波动很大且交易频繁（见 Bronfman and Schwartz, 1992）。

在亚利桑那州证券交易所（AZX）每天一次的集合竞价运作中，将大户机构订单对价格的负面影响（negative own impact）最小化的需要已经显现出来。AZX 有供市场参与者观察证券价格及已提交订单总量的标准公开信息册（open book），同时也建立了不公开的保留信息册（reserve book）。保留信息册允许大户交易者们隐藏他们的部分订单，只有与其数量相近的对应订单出现时才对市场披露。

在期货市场上也出现了大量的响应程序，可以让交易者有效地"隐藏"他们的交易意愿。其中有一部分机制的运行效果优于同类机制。最重要的是，交易者数量在任何时候增加，少数人交易的问题都会存在，这是由于买卖平衡情况下允许大批成交量，而不对市场造成影响。如果一方显示交易意愿，而另一方能够影响交易价格，并在这一价格交易部分订单，另一方就会有动力隐藏交易意愿，然后很可能在当时或当天内慢慢渗透出剩余订单，并不影响交易价格。如果一个订单相对于平均日交易成交量来说很大，那么潜在的价格效应反映的则不是潜在的买卖条件（假设所有的交易者均参与市场，正如瓦尔拉斯实验均衡模型一样），而是短暂的市场流通性不足。所以如果市场要吸收这个订单，必须接受溢价（或折价）。

我们的实验设计只是试图复制现实中这些市场的一般条件，即存在大批量交易者参与一个围绕数量响应的拍卖，这些数量响应导致了价格调整。

在现实中，要控制供求条件以及提供给交易者的信息是不可能的，所以在价格发现过程中,也不可能存在用来研究拍卖规则作用的最小条件。使用货币激励的实验方法能让潜在供求条件被引导出来,从而使实验者获悉均衡时的价格和数量。在诱导的供求环境下,我们就能够评估价格机制(拍卖规则)的表现,比如通过分配的效率来衡量。此外,我们可以将被试的策略性隐藏行为与完全披露策略进行比较。我们的实验是完全计算机化的,这在区别对待私密与公开信息条件方面,能更好地进行控制,并对被试所接收到的信息进行限制。

在我们的实验中,每一个市场时期潜在的供求条件都是非静态的,这对检验瓦尔拉斯均衡机制的价格发现和数量分配效率造成了困难。对于不同程度的透明度(市场信息)③,瓦尔拉斯均衡过程具有不同表现,我们也提供了这一方面的证据。就瓦尔拉斯机制而言,这相当于提供了市场中现时买卖订单和潜在价格运动信息,此类信息能否促进或阻碍市场还不得而知。除了透明度问题,我们也对买卖价差限制规则的性质进行了研究,这些规则有可能促进有序价格的发现。

我们的研究结果显示,所有版本的计算机化的多单位瓦尔拉斯拍卖产生的价格与竞争均衡的预期是一致的,但涉及这些价格的策略性隐瞒行为(withholding)导致其效率比连续双向拍卖要低。在我们所检验的所有瓦尔拉斯拍卖设计中,效率最高的是提供完全订单流且没有买卖价差限制的实验设置方法。正如理论所预测,单位利润和参与者隐藏的交易数量之间有强相关性。最后,与乔伊斯发现的结果不同的是,我们发现买家与卖家之间没有明显的策略性行为差异。

17.2 实验环境和瓦尔拉斯拍卖设计

我们先讨论由乔伊斯(Joyce, 1984)进行瓦尔拉斯拍卖检验时建立的简单实验环境,然后描述我们实验的多单位非静态供求环境和如何使用计算机实现瓦尔拉斯拍卖过程。

17.2.1 基准实验

我们看看如下关于单个商品的 n 个买家和 n 个卖家所处的环境:每个买家拥有支付 1 单位离散商品的购买力,每个卖家只拥有以特定的成本向市场供给1单位离散商品的能力。在潜在市场参与者的购买力和成本既定的情况下，我们可以构造出一个供求排列（如图17.1所示），我们称之为环境E1。

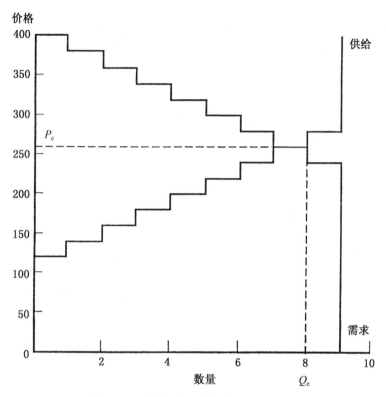

图17.1　实验环境 E1 下的需求和供给

在这个简单环境里，乔伊斯实施了一个特定的瓦尔拉斯拍卖（如下）：

1. 拍卖人选择了一个初始价格 $P_0 > 0$。

2. 或者(a)所有的参与者在同一个房间里，每一买家（卖家）通过举手向拍卖人示意他/她想要以公布的价格买（卖）1单位产品。〔但是只有拍卖人知道某个特定被试是一个买家还是卖家；也就是说，每个交易者的身份（买家或买家）是他的私密信息〕；或者(b)买家和卖家分别在不同的房间。（这样，在每一次重复实验过程中，买家能够观察到购买订单的数量，卖家能观察到出售订单的数量，并在每一次重复实验结束时推测对方的需求和供给。）

3. 如果某一价格条件下，需求1单位商品的买家数量与供给1单位商品的卖家数量相等，过程结束。

4. 如果在某一价格供求不平衡［例如，超额需求 $E(P)$ 非零］，则拍卖人根据如下公式更新价格：

$$\Delta P = \begin{cases} \$\,0.5E(P), 若\,|E(P)| > 1 \\ \$\,ZE(P), 若\,|E(P)| = 1 \end{cases}$$

其中 $Z < \$\,0.05$ 是由拍卖人决定的。

以上所有的情形，现时的买或卖的信息不受过去的信息限制（没有附加规则），而且价格调整规则是线性的。然而，对每一个参与者的信息施加一个严格限制：他或她只能提交 1 单位的需求和供给。

17.2.2 单位产品供需的纳什均衡策略

当每个人只拥有 1 单位的需求或供给时，"隐藏"是一个有风险的策略，因为假如市场出清，隐藏者将不能够达成盈利的交易。如果市场存在关于购买力和成本的全部信息，那么在这种不重复的过程中，纯策略纳什均衡一定是在 (Q_e, P_e)。这是因为任何一个不同于 (Q_e, P_e) 的结果，使用隐藏策略的人（不构成配置的一部分）转而采取显示策略的话会取得更好的效果。尤其是如图 17.1 中的排列所示，"显示行为"是一个纳什均衡，然而，假设市场环境如图 17.2 所示。那么，如果 $P_0 > \underline{P}$，纳什均衡是购买力高于 $\underline{P}$ 的一个（或多个）需求者不显示需求直到价格为 $\underline{P}$，然后所有卖家显示供给。类似的结果同样出现在 $P_0 > \overline{P}$ 的情形；成本低于 $\overline{P}$ 的卖家不显示供给直到价格为 $\overline{P}$。如果订单流信息是完全的，拍卖期间决定的实际价格将会被买家和卖家的相关议价能力所影响，而在某种程度上，初始价格 P_0 会影响任意一方控制结果的能力。但是，如果是单位需求和供给的情况，纳什均衡将是均衡"价格通道"里的唯一结果，而且所有有价值的单位都被交易。

如果关于供给和需求的信息不完全，虽然通过隐藏来影响价格能取得利润，但是个人参与者必须平衡交易亏损的可能性。在这种情况下，竞争性结果不一定是一个纳什均衡，因此供需信息不完全可能导致均衡低效率。在乔伊斯的研究中，平均效率超过 97%，按照 2(b) 的设置方法，价格明显低于使用 2(a) 设置方法的情况。这表明实际超额需求数量乃重要信息。

从这个例子中，我们可以看到瓦尔拉斯机制允许策略性控制，而且关于超额需求成分的信息对结果具有重要的决定作用。启发我们研究的问题是(1)哪一种规则产生的效率更高？(2)当存在大量机会可控制价格时，该机制表现得如何？（3）在非静态的环境中该机制表现如何？

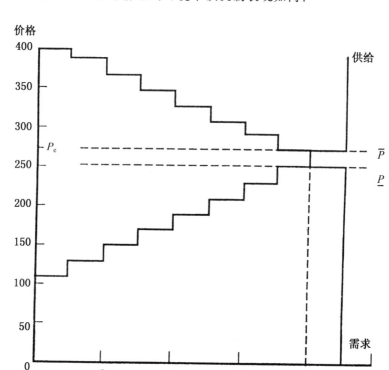

图 17.2 存在均衡价格区间（多个竞争均衡）环境下的供给和需求

17.2.3 多单位非静态供给和需求环境

我们的实验中有 5 个买家和 5 个卖家，基本的需求和供给配置如图 17.3 所示。总供给和需求排列是分段函数，每一段代表一个特定被试的购买力或成本。这些函数的每一段上只分配一个交易者。另外，在相同的段上各个参与者都拥有多单位供买或卖。如图 17.3 所示，有 3 个买家（B1，B3，B5）和 3 个卖家（S1，S3，S5）被赋予 6 单位，和 2 个买家（B2，B4）和 2 个卖家（S2，S4）被赋予 3 单位。所以市场上有 24 个可供买和卖的单位；其中，有 18 个是均衡价格通道（450，470）中的潜在可交易单位。

在实验中，随着期数的变化，买家始终是买家而卖家始终是卖家，尽管在每一期有两个重要的转变发生。第一，均衡价格在总需求和供给排列中平行等量位移变化。特别是在不同时期间，一个区间［100，490］中的随机常数被加到总需求和供给函数的每一段中（或从中减去）。在第 4 期，各段如图 17.3 所示。

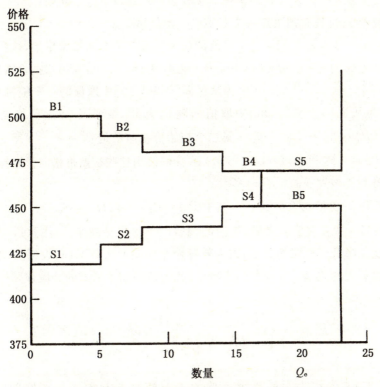

图 17.3　实验环境 2 下,存在供给和需求移动:图为第 4 期的情况

　　第二,在每一期中,买家被(随机旋转程序)分配到需求段(B1—B5)中的一段,而卖家被分配到供给段(S1—S5)中的一段,每一期他们被分配到一个新的段。例如,卖家 1 在第 4 期被赋予以 500 的价格转售多至 6 单位的权利,而在另一期他或她会发现自己被赋予 6 单位,却处于没有可交易单位的均衡价格通道中的段上,正如图 17.3 中的买家 5。非此即彼,他或她可能处于只有 3 单位的段上,正如买家 4。

　　这个我们称为 E2 的实验环境使我们能够评估瓦尔拉斯拍卖的表现,其中参与者拥有多单位且相关的竞争性在每一期都是可变的。这个环境在以前的实验研究中曾被使用过(见 Camabell et al.,1991,以及 McCabe et al.,1992,1995),它清楚并着重展示了价格发现的过程。从参与者的角度来说,由于每一期环境都在改变,所以依赖过去的市场经验将阻碍他们发现价格。

17.2.4　瓦尔拉斯拍卖设计及其计算机化执行过程

要实施这个瓦尔拉斯均衡拍卖实验必须规定以下 5 个规则：

规则 1：过程必须决定一个开始或初始价格 P_0。

对每一个实验我们从三个可能的向量中选择一个初始价格集，这些向量是这样定义的：令 $P^e = (P_1^e, \cdots, P_n^e)$ 为时期 $i = 1, \cdots, n$ 的均衡价格向量，对每一个 $i = 1, \cdots, n$，令 θ_i 为从区间 $[-50, 50]$ 中取值的一个随机变量，令 v_i 为从区间 $[-25, 25]$ 中取值的随机变量。第一个初始价格向量是 $P_0^1 = (P_1^e - \theta_1, \cdots, P_n^e - \theta_n)$；第二个初始价格向量是 $P_0^2 = -P_0^1$；第三个向量是 $P_0^3 = (P_1^e - v_1, \cdots, P_n^e - v_n)$。我们使用这些初始价格向量来探索开盘价格对价格发现的影响。

规则 2：价格调整函数 γ[④]，其中 $P_t = P_{t-1} + \gamma(D_{t-1}, S_{t-1})$。

在每 4 次重复实验之后，先前的调整因子 γ 将被减半。[⑤]注意这个分段调整规则降低了隐藏的收益，因为随着重复实验的次数增加，大幅度调整价格需要更大的差额。在我们的实验中，我们使用如下形式的分段规则：

$$P_t = P_{t-1} + \mathrm{rn}\left\{ 4\left[\frac{1}{2\left(1 + \left\| \dfrac{t}{4} \right\|\right)} \right] [D(P_{t-1}) - S(P_{t-1})] \right\}$$

其中，$\| y \|$ 表示小于或等于 y 的最大整数，t 是目前重复实验的时期，$\mathrm{rn}(y)$ 是最接近 y 的整数。例如，在第 11 次重复实验，公布的价格是 200，报告的超额需求是 10，下一期的价格将是 207。与乔伊斯实验不同的是，我们的实验是通过计算机控制实施的，所以没有人类拍卖人判别价格变化是否"合适"。

规则 3：乔伊斯(Joyce, 1984)和 Noussair(1992)都指出：将关于超额需求成分的信息提供给参与者对均衡过程结果会造成明显的影响。在我们的实验中我们考虑两个非此即彼的信息结构：最小信息和完全订单流信息。最小信息设置方法中，被试被告知(在他们的计算机屏幕上)现行重复实验的价格，和现行重复实验的调整因子，现行重复实验保持的秒数，还有完全的历史实验的价格记录和订单流差额记录。不过，他们不会被告知现行价格时的任何差额信息。

在第二个实验设置中，我们也给被试提供订单流信息。除了最小信息设置方法中提供的信息以外，还会告知被试在当前实验的价格下买卖订单的信息，以及基于现行差额信息下预测的下一个实验期内的价格。让参与者能够看到准确的买卖差额的实时成分信息，这样做可能会影响价格发现过程。订单流信息对效率的影响也取决于研究的潜在环境。在这个研究中，我们使用了一个随机环境来评估订单流信息对价格发现速度的影响。

规则 4：信息限制规定导致发送的信息有限。

作为历史响应函数，这个规则限制了原本在重复实验 t 时可以进行的潜在买卖指令。所有的复制实验中，在每个重复实验时期，参与者发送信息受到如下限制：(1)个体不能卖空或买空。这样，个体提供的单位不能大于他们拥有的最大量，或需求单位大于他们的正购买力。(2)指令一旦发到市场，无法取消。

在多次复制实验中，我们对被试信息加入了其他限制条件，其中有一条改进规则，要求愿意以 Y 价格购买 m 单位的买家要愿意在价格低于 Y 时购买至少 m 单位产品，相似的，一个愿意以 Z 价格卖 n 单位的卖家必须愿意在价格高于 Z 时卖出至少 n 单位。如果一个买家愿意以 325 的价格买入 2 单位，则不能表示以 290 的价格只购买 1 单位的意愿，加入这个规则的目的是为了限制操控和明显的误导性显示意愿。

这个规则并不能防止被试隐瞒信息，因此不能排除以下情况的发生：一个愿意以 325 的价格买 2 单位的被试在之后的时期显示他实际上愿意以 325 的价格买 3 单位；一个愿意以 340 的价格只卖 1 单位的卖家最终同意以 340 的价格卖出 4 单位。在让被试探索他们对市场的影响方面，这条规则具有足够的灵活性。我们称之为买卖价差改进规则。

规则 5：我们的试验使用的终止规则分为两种情况。第一，在一个重复实验期间，提交订单的剩余时间是内生的。当一个价格被公布时，计时器被设置为 15 秒，一旦有新订单数量提交就会将计时器重置为 15 秒。这个规则实现了一个"软关闭"程序。这个软关闭执行一致要求，使得谁也不能保证他或她自己是最后一个出价的人。第二种情况涉及市场关闭的准确时期，我们在 t^* 次试验关闭市场时期，此时 $P_{t^*} = P_{t^*-1}$ 或者 $E(P_{t^*}) = 0$。注意由于我们的价格调整规则，这个终止规则并不意味着 $E(P) = 0$。 因此，如果在 t^*，$E(P_{t^*}) \neq 0$，我们根据先到先得的原则配给。

17.3 实验设计

图 17.4 显示了被试面对的计算机屏幕，表格下方中间的方框里是订单流信息，在最小信息设置方法中，这个框中仅提供现行重复实验的价格信息（我们称之为被试屏幕上的潜在价格）。在所有的设置方法中，历史实验及价格差额被记录在表格下方左边的方框里，被试当前提交的数量（和现行价格可盈利的单位数量）被记录在表格下方右边的方框里。

单位		日　　　期			
		10	11	12	13
1	价值	400			
	价格				
	利润				
2	价值	350			
	价格				
	利润				
3	价值	200			
	价格				
	利润				
4	价值	100			

Iteration	D-S	P（BUY）	潜在价格	你当前的买入订单：
2	−2	385（1）	375	1 units
1	5	360（2）	调整系数： 2	盈利单位：1
			买入　　卖出 17　　　16	

**图 17.4　买方被试面对的计算机屏幕（上面的表）
和瓦尔拉斯机制下的市场状态变量**

表 17.1 概括了我们的实验设置和每个实验单元进行的实验数量，实验设计包括两个方面（改进规则和订单流信息），它们在各次试验中可能存在

也可能不存在,如被试有所要求,可提供实验说明。

表 17.1　瓦尔拉斯机制的实验设置

信息约束	信　息	
	最小的	订单流
No	4	5
Yes	3	3

注:我们所有的实验设置都是使用本部分介绍的分段线性价格调整规则。

17.4　实验结果

17.4.1　简单环境

为了检验瓦尔拉斯均衡机制的计算机化执行情况,我们使用图 17.5 所描述的 E1C 环境来进行两个实验,该环境类似于乔伊斯使用的 E1 环境,这两个复制实验过程能让我们核对实验程序,并对计算机化竞价和乔伊斯公布的口头拍卖结果进行比较。

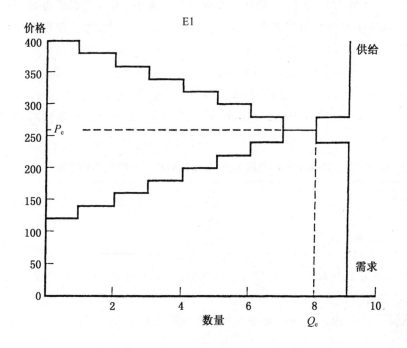

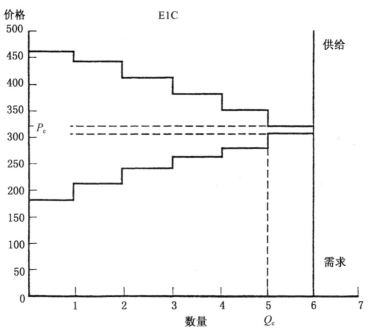

图 17.5　每人单个产品需求和供给的环境

在乔伊斯和我们的环境中，被试被赋予单位化的供给和需求，且竞争性均衡价格的区间为 20 美分，在图中，价格高于通道中点时，卖家所得剩余较多，价格低于中点时则买家剩余较多。在我们的实验中，该通道是根据被试的购买力和成本界定的，在乔伊斯的实验设计中则是通过每次交易向交易者提供 10 美分佣金被创造出来的。我们在两个实验中都会向被试支付极限价格和市场出清价格之间的差额（在乔伊斯实验中还加上佣金）。

表 17.2 显示的是在 E1 和 E1C 环境下，第 1—6 期和第 7＋期实验的平均效率（最大生产商百分比加上所产生的消费者剩余百分比）。

表 17.2　实验环境 E1C 和 E1F，瓦尔拉斯机制每期的平均效率

	E1C	E1
第 1—6 期	85.3	98.9
第 7 期以后	97.7	96.3

实验结果 1：比较 1—6 期和后期的试验，在 E1C 中，效率显著增加，但是在 E1 中没有显著变化。

依据：对于 E1C，t 统计量是 2.25，E1 是 −1.64。

我们也检验了乔伊斯的口头拍卖和我们的计算机化拍卖的效率差别,发现在第 7 期之后(7+)的实验没有差别。相对于口头实现的拍卖,计算机化设置呈现出较强的时期效应,这与威廉姆斯(Williams,1980)发现的结果一致:相对口头进行的连续投标报价交易系统而言,在计算机执行的环境中,向竞争均衡价格的收敛要更慢一些。

实验结果 2:E1 和 E1C 案例没有明显的效率差别。

依据:第 7 期以后的 t 统计量是 0.605。

在价格形成方面,计算机化和口头执行过程之间没有差别,价格处于均衡价格通道内,在中点附近(见图 17.6)。因此,这些数据符合 1 单位需求和供给的纳什竞争性均衡预期。

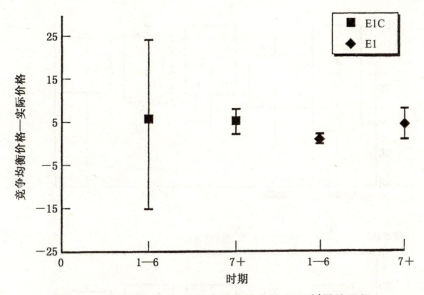

图 17.6　实验环境 E1 和 E1C 中价格的均值和 95％置信区间

实验结果 3:E1 和 E1C 在价格分布上没有明显差异。

依据:对于第 7 期以后,t 统计量是 1.83(p- 值 = 0.07)。

17.4.2　基准实验效应与设置实验效应效果

这章的剩余部分,我们使用以下缩略词来代表实验设计中的实验设置:FINI＝ 没有买卖差价改进规则的完全信息环境;NINI＝ 没有买卖价差改进规则的零信息环境;FII＝ 有买卖差价改进规则的完全信息环境;NII＝ 有买卖价差改进规则的零信息环境。

图 17.7 显示了 E2 环境中,瓦尔拉斯拍卖机制下,4 个不同实验设置变量的效率分布(箱形图)。箱形图显示中位数(点),四分位数(箱),第 10 和 90 百分位数(箱下或箱上的条形)。除了瓦尔拉斯实验设置,我们也报告了在 E2 环境中的 6 个基准双向拍卖(DA)实验结果,双向拍卖是指交易者提交买入和卖出报价的一个实时连续过程,其中买卖价差由标准的买卖改进规则决定,双向拍卖被广泛使用于市场实验研究,而且实现竞争性均衡结果的能力稳健。

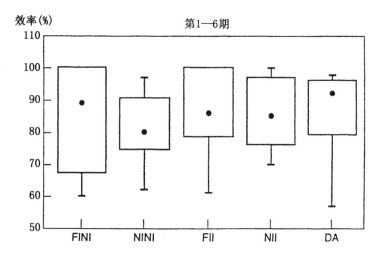

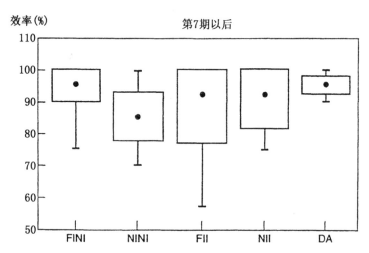

图 17.7 瓦尔拉斯设置实验和双向拍卖实验的效率分布(箱形图),黑点为中位数

注意双向拍卖的效率分布非常紧凑，而瓦尔拉斯实验设置的效率分布则比较分散。

实验结果 4：在表现方面，双向拍卖胜于我们检验过的所有瓦尔拉斯拍卖实验设计，而在瓦尔拉斯拍卖中表现最好的是使用 FINI 实验设置的拍卖。

依据：方差分析基于如下的虚拟变量回归：

$$Efficiency = \alpha_1 DA^* Periods(1-6) + \beta_1 FINI^* Periods(1-6) + \cdots + $$
$$\alpha_2 DA^* Periods(7+) + \beta_5 FINI^* Periods(7+) + \cdots + \varepsilon$$

表 17.3 显示了该回归的结果及相关统计量。

表 17.3　瓦尔拉斯设置实验的效率方差估计分析

自变量	估计系数	标准误
DA* Periods(1—6)	85.344	1.663
FINI* Periods(1—6)	83.000	1.358
NINI* Periods(1—6)	80.720	3.036
FII* Periods(1—6)	83.667	3.030
NII* Periods(1—6)	85.125	2.629
DA* Periods(7+)	94.619	1.358
FINI* Periods(7+)	91.718	2.062
NINI* Periods(7+)	84.031	2.526
FII* Periods(7+)	85.082	2.630
NII* Periods(7+)	88.147	2.209

实验结果 5：在后期的实验中每一种实验设置都使效率有所提高。

依据：表 17.3 报告的实验结果提供了进一步的依据。

实验结果 6：以下是第 7 期以后的效率排行，它们显示只有 FINI 实验设置能促成双向拍卖的效率：$DA \geqslant FINI \geqslant NII = FII = NINI$。

我们总结以下比较静态实验结果。

（1）如果没有买卖价差改进规则，完全信息环境有助于获得更有效率的配置。

（2）如果只提供最少信息，改进规则有助于获得更有效率的配置，不过效率未能达到 FINI 或 DA 的水平。

至于价格形成方面，图 17.8 显示了竞争均衡价格通道的相关价格分布。根据箱形图我们不难发现，每一个实验设置都能得出处于通道（−10，+10）区间的价格。然而，表 17.3 报告的低效率表明供给和需求匹配不对，这说明市场双方都存在明显的隐藏行为：如果任何一方通过隐藏以获得优势，另一方隐藏则是为了抵消对方的优势。

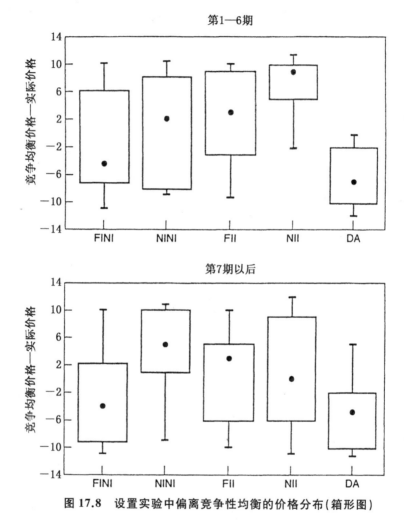

图 17.8　设置实验中偏离竞争性均衡的价格分布（箱形图）

为了验证初始价格 P_0 是否决定最终价格，我们推导了第 7＋时期内每一种实验设置的方程[⑥]，如下：

$$（显示价格 － 实际价格）＝ \alpha ＋ \beta（显示价格 － 初始价格）＋ \varepsilon$$

实验结果 7： 在任何实验设置下，初始价格都不能影响市场形成的最终价格。

依据：估计结果如下：

实验设置	a	标准误	b	标准误
FINI	−2.65	1.61	−0.025 6	0.057 8
NINI	3.69	1.45	−0.029 0	0.048 6
FII	−0.84	1.93	−0.056 0	0.086 0
NII	0.26	1.28	0.033 0	0.052 0

在研究个体行为之前,我们要思考实验重复次数与每一种实验设置的效率之间的关系。如果价格被接受,整个过程应该在两个重复实验内终止。无论是何种实验设置中,这种情况都很少发生,因此产生了大量的虚报。因为被试试图了解价格和确定交易期限,重复实验次数的增加可能引起策略性隐瞒的行为更频繁出现,最终导致效率降低。

实验结果 8：所有的瓦尔拉斯实验设置方法显示,用以匹配供给和需求所需要的重复实验次数对效率没有明显的影响。改良规则存在下,显著需要更多重复喊价实验来使市场出清。

依据:我们推导以下回归(对第 7＋期试验)

$$Efficiency = \alpha + \beta(Iterations) + \varepsilon$$

每一期的平均估计值如下：

实验设置	α	标准误	β	标准误	重复次数
FINI	96.9	3.97	−0.83	0.54	6.30
NINI	89.3	4.27	−0.89	0.52	6.77
FII	90.4	5.72	−0.56	0.50	8.57
NII	77.7	4.65	1.18	0.52	9.75

结果 8 反映了瓦尔拉斯拍卖中交易者面对的困难的策略性问题。当没有订单流信息,并且交易策略在后续重复实验中受到改进规则(NII)的限制时,放缓显示真实需求使被试能够评估相关的竞争,达到降低风险的目的。然而,这样的隐藏行为会妨碍市场出清,导致无效率。

17.4.3 个体行为

在我们的实验中,个体行为可分为以下三种类型：

1. 过度显示行为。可能在实验过程终止时导致边际利润损失的买入或卖出响应行为(例如,价格为 P_t 时,对每一迭代 t 和参与者 i 而言)：[7]

$$D_t^j(P_t) > d_t^i(P_t)$$

$$S_t^j(P_t) > s_t^i(P_t)$$

2. 隐藏行为。当前价格下，买入或卖出响应小于可盈利交易数量的情况：

$$D_t^j(P_t) < d_t^i(P_t)$$

$$S_t^j(P_t) < s_t^i(P_t)$$

3. 显示行为。当前价格下，显示所有可盈利的交易单位数量，而不含无利润单位数量的买入或卖出响应：

$$D_t^j(P_t) = d_t^i(P_t)$$

$$S_t^j(P_t) = s_t^i(P_t)$$

在每一种实验设置之下，小于 3% 的响应符合过度显示行为。第 7 期以后的实验中，符合过度显示行为的响应比例小于 1%。如果我们只关注当前价格下盈利为正的案例，由于我们施加了卖空限制，那么将不存在过度显示行为。这样，在正利润的条件下，表 17.4 显示了符合隐藏行为的百分比，它显示买家和卖家几乎在 1/3 的时间里都表现出隐藏行为，在 FII 设置中，则有超过 65% 的买家表现出隐藏行为。

请注意由于我们的改进规则，在后期的试验里面，一旦一个买家（卖家）显示了以某个特定价格买入（卖出）x 单位的意愿，根据要求他或她必须以更低（更高）价格买入（卖出）相同数量的单位；因此，在开始的时候采取隐藏策略是之后获得策略性谈判空间的唯一途径。由此可知，改进规则驱使交易者在处于优势地位时开始谈判，从而促进了隐藏行为。

表 17.4　瓦尔拉斯机制中，各交易方、实验设置和交易期隐藏的响应占比

实验设置	第 1—6 期		第 7 期以后	
	买　家	卖　家	买　家	卖　家
FINI	33	38	31	35
NINI	33	34	37	26
FII	37	33	66	38
NII	39	31	40	37

表 17.4 显示了隐藏行为的普遍性，确实，没有被试在实验的每一个迭代和时期都表现出显示行为。然而，如果我们只考虑某一次实验中某一个时

期的最终结果,我们就能对被试的隐藏行为分布进行研究。在第 7 期以后,由我们决定在某种实验设置下每个被试在某实验时期最后一个重复期中隐藏的单位总量,图 17.9 绘制了第 7 期以后最后一个重复期中买家和卖家隐藏单位的百分比。

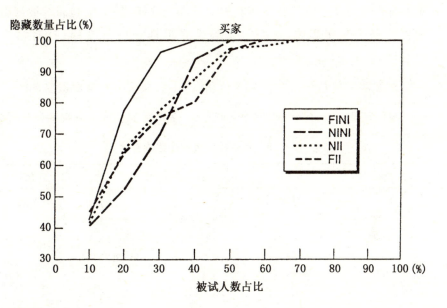

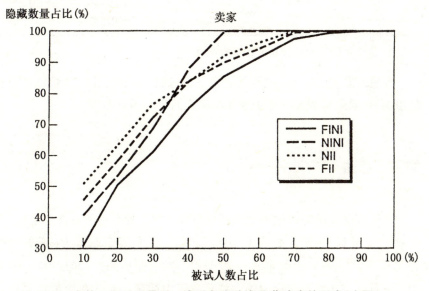

图 17.9　在第 7 期以后最后一次重复实验中隐藏响应的买家(上图)
和卖家(下图)百分比分布

实验结果9:在实验最后时期,将近半数买家和1/3的卖家采取了显示策略,总的来说,隐藏行为仅在部分参与者身上集中出现。

如果我们聚焦于隐藏的情形,到底是什么影响了隐藏的数量呢?理论表明,采取隐藏策略的原因是,隐藏单位获得的利润要高于以更低价格买入或更高价格卖出显示单位数量所获得的补偿。这样,每单位利润对被试隐藏的数量应该存在影响,对每一实验设置可推导以下方程(针对第7期以后):

$$\sharp \text{ 隐藏的单位} = \alpha + \beta(\text{每单位利润}) + \gamma(\text{买家 / 卖家虚拟变量}) + \varepsilon$$

我们预测 $\alpha > 0$,$\beta > 0$ 和 $\gamma = 0$。表17.5演示了这个方程的推导过程。

表17.5　瓦尔拉斯机制隐藏响应估计

实验设置	α	β	γ	R^2
FINI	−4.75	0.057	0.27	0.34
	(15)	(0.004 9)	(0.21)	
NINI	−4.29	0.052 0	0.30	0.28
	(16)	(0.005 7)	(0.23)	
NII	−4.14	0.030 1	0.05	0.18
	(0.17)	(0.004)	(0.24)	
FII	−4.36	0.056	−0.42	0.40
	(0.16)	(0.006)	(0.23)	

注:每个估计下面的圆括号中为标准误。

实验结果10:在所有实验设置之下,被试隐藏的数量明显受每单位利润的影响,在隐藏的程度方面买家和卖家之间没有明显差别。

17.5　总结

瓦尔拉斯机制的产生源于瓦尔拉斯对巴黎证券交易所运作的了解,以及他对一个可以协调一般均衡价格调整的价格调整机制的需要(1871;1954)。它的理论诉求是定义一个"虚拟"或者"假想操作"的过程,使参与人的分散信息在达成有约束力的合约前就集中起来。合约在均衡点之外达成时,会导致复杂的路径依赖过程,而上述特性能使人们较好地应对这些复杂情况,这无疑也解释了为什么对于它的动态及稳定性有如此广泛的理论研究。虽然我们已发现该机制的理论在多市场研究中还不稳定,但它在单一市场、证券以及其他市场的应用潜力仍值得进一步研究。

乔伊斯是第一个对该机制进行实证检验的人(奇怪的是它大约发生在瓦尔拉斯理论提出 100 年之后),并且发现:使用人类拍卖者时,该机制在单一单位商品/每人的环境中表现良好。我们的发现是,所有版本的计算机化多单位瓦尔拉斯拍卖的运行效率都比连续双向拍卖低,但在无买卖行为限制的完全信息环境下表现最好。因为直到最近,瓦尔拉斯机制仍然被巴黎证券交易所使用,而且它在伦敦黄金限价中的应用也有相当长的时间(Jarecki,1976),既然它的效率如此低,为何仍然经久不衰? 一个很大的可能性是它能在现场应用中起到作用,因为它使用了一个现场拍卖人,这个人类拍卖者相比计算机运算法则能更好地接收信息,也更灵活。计算机运算法则的出现大大减少了明显的操控行为,并能避免回溯(backtracking)或将它的影响最小化。若非如此,那么该机制能在现实应用中存活就是因为历史的或者其他与效率无关的原因了。

随着一般均衡理论重要性的降低和博弈论在研究中取得支配地位,商品和金融市场中普遍存在的其他拍卖机制不断出现并接受理论和实证检验。比较交替集合市场机制可以清楚地看到,口头出价机制例如维克瑞(Vickrey,1976)版本的多单位英格兰式拍卖表现与带有英式定时拍卖特点的单边收敛性有着极大的关系(McCabe et al.,1991)。这个结果在使用荷兰英式(DE)定时机制(McCabe et al.,1992)的双向拍卖中得到了有力的证实。在后者中,一个价格钟(price clock)从高价开始报价,买家报他们的需求数量(总共 Q_D),卖家报他们的供给数量(总共 $Q_S > Q_D$),当钟的价格下调,买家加进额外的需求量,于是 Q_D 增加,卖家供给减少于是 Q_S 减少,直到 $Q_S = Q_D$,Q_S 单位被卖给现行有效买家。在荷兰英式(DE)定时机制程序中,进场买家必须履约,退场卖家不能重新进入。如果存在实验重复次数过多,倒数第二次实验将受到约束,多余的一方将被限额配给,因此,DE 正如瓦尔拉斯调整过程,但是对退场/进场有着更严格的控制——好比瓦尔拉斯拍卖有着一个严厉的拍卖人,如果你喜欢的话。DE 有一个明显的缺点,就是如果在叫价期间有新的扰乱信息出现,已承诺的交易者是不能逃避的。

这些原理看起来很清晰,我们能够通过限制交易者的信息空间提高效率,防止个体行为策略。竞价具有外生性,参与人做出响应则受到退出/加入合约的约束,同时不允许回溯。要求同意在撤销买入或卖出报价时支付罚金,一方面鼓励了守约行为,同时也给退出者留下了空间。它有可能导致分配提前终止或市场"失败"。如果后面这种情况能使拍卖恰当地重启,而且不发布新的信息,倒也算是可取的。

对激励问题收费的方法被亚利桑那州证券交易所有效使用。AZX 对交易收取佣金,如果你撤销买入(卖出)报价就要支付一笔佣金,如果你重新出价也要支付佣金。AZX 是统一价格双向拍卖的集合市场,它实时公开显示买入卖出报价,目前该集合每天举行 1 次,每次持续 2 小时,而纽约交易所则在 1 小时内关闭。通过麦凯布等人(McCabe et al.,1993)以及本文中的研究验证发现,这个机制在随机环境中与连续双向拍卖一样有效。

我们对瓦尔拉斯机制的验证结果表明,在存在多单位需求和供给的环境中,该机制缺乏稳健性,而且在边际上缺乏深度,因此,隐藏行为对价格有直接影响。该验证过程倾向于生成一系列近似正确,并由拍卖双方策略性隐藏行为支持的价格信号。

注　释

① 效率的定义:理论上交易机制所实现的生产者和消费者剩余之和的百分比。
② 价格按超额需求的方向调整(如果供过于求则向下调整,供小于求则向上调整)。
③ 透明度的定义:披露的关于报价、交易价格以及交易数量的实时信息量。
④ 我们将 $D_t = [D_0(P_0), D_1(P_1), \cdots, D_t(P_t)]$, $S_t = [S_0(P_0), S_1(P_1), \cdots, S_t(P_t)]$ 定义为实验重复中价格至 P_t 和 D_t^i 时报告的总供给和总需求,S_t^i 为重复实验价格至 P_t 的个体供给和需求报告。我们用小写字母 d_t, s_t, d_t^i, s_t^i 代表真实需求和供给。
⑤ 我们将两个连续价格变化之间的时间定义为一个重复,并将两个连续配置之间的时间定义为一个时期。
⑥ 显示价格的定义:每一个市场参与者都接受的价格。
⑦ 请注意大写字母代表实际总供给和需求反应,小写字母代表真实需求和供给函数。

第四部分

实验室中的股票市场和泡沫

导　语

　　股市泡沫是实验研究中出现的比较稳健且争议较少的实验结果之一。正是因其稳健性,对其争议显得不确信、被克制,甚至有些羞于提及。在(Smith et al.,1988)最初的展示及探究之后,许多实验人员在实验室里复制了股市泡沫现象(研究及参考,见 Sunder,1995),其中也包括我们自己(参照该卷的 18 章;King et al.,1993;Porter and Smith,1995)。就像本书的合著者及我自己最初一样,新进的研究人员对这方面的研究也秉持怀疑的态度。看到其他人经受我们曾经受过的折磨(重新评估过程)是很有趣的。还有一些人通过拒绝接受观察结果从而避免重新评估,令人感到遗憾。因为这明显是个非均衡现象,没有实验结果比双向拍卖供需市场不能快速达到竞争均衡状态更令人费解了。在股票市场达到均衡状态比理论预期的需要更长时间。

　　实验环境是这样的:赋予 N 个(通常为 9—12 个)被试一定禀赋(现金和股份),并使所有人拥有相同的预期初始财富禀赋。设定有限的 T 个交易期,在每期结束后(交易时段数 T 为所有交易者所知),股利服从一个离散的随机分布,其参数也预先告知所有被试。我们会计算每期股利的期望值 $E(\tilde{d})$ 并告知所有被试,并在每个交易期结束时计算和公布每股的"持有价值"。后者是剩余股票的预期股利价值或剩余期数与每期预期股利的乘积。因而,被试了解在任意时刻交易股票的机会成本,也知道信息在所有被试中共享,每个交易时段,我们都会提醒被试:股票的基本价值以每期下降 $E(\tilde{d})$ 的速率从 $TE(\tilde{d})$ 降至 0。

此实验环境产生了以下典型的结果:

1. 无经验的被试(学生、公司经理,以及场外交易者)在第一个交易时段中倾向于以低于基本价值 $TE(\tilde{d})$ 的价格成交。在随后的交易时段中,基本价值递减,价格上升到高于基本价值的水平。这个价格泡沫在最后交易时段之前的某个时点破裂,同时价格急剧下降,并在第 T 期或其之前的几个时期逐渐接近基本价值。交易量很高,其中很大一部分是每期都在转手的股票。

2. 当参与过一次实验的被试进行第二次实验时,价格泡沫仍会出现,有时会出现得更快但破灭得更早,并且价格偏离基本价值的程度也比第一次小,交易量下降。

3. 当参与过两次实验的被试进行第三次实验时,价格更接近基本价值,交易量非常小。

4. 按照交易时段的顺序,逐期价格变化可用以下形式的回归方程解释(预测)

$$\bar{P}_{t+1} - \bar{P}_t = \alpha + \beta(B_t - O_t) + \varepsilon_t \tag{1}$$

P_t 是第 t 个交易期的平均(或收盘)价格,$B_t(O_t)$ 是在双向拍卖交易规则下第 t 期提交的买方出价数(卖方报价数)。ε_t 是随机误差,预估 β 是显著大于零,$\alpha < 0$ 且与 $-E(\tilde{d})$ 没有显著差异。那么每期价格的变化由以下三种因素共同影响:(a)领取股利后价格下降;(b)由内生的资产收益预期引发的超额需求推动价格上涨(下降),可用超额出价(卖价)进行衡量;(c)随机误差。

　　超额出价方程对价格变化的预测比被试的一致预测(所有被试对下期平均价格预测的平均值)更可靠。这种预测的可靠性可能就是金融市场里"扒头交易"的做法一直存在并取得成功的原因,因为在金融市场里大经纪公司能够监视公众委托的收入流,察觉到对某种证券的紧急超额需求,并在价格变化之前在他们的私人账户中事先进行交易。交易所专家所处的情形与之相似,但受规则约束,以防止他们自己进行"扒头交易"。

　　研究人员发现,超额出价的动态变化同样适用于外汇市场实验中出现的价格泡沫(Fisher and Kelly,1995),它可以为那些尚未达成竞争性均衡的供需市场提前预警价格变化。因此也就可以为所有根据连续双向拍卖交易规则组织起来的实验市场，提供动态调整（Plott，1995）。因为超额出价动态调整可用瓦尔拉斯均衡解释，瓦尔拉斯假设也因而被引申并推广到非瓦尔拉斯拍卖者组织的市场中。

　　价格泡沫并不只出现在实验室中。如本卷 18 章所述，它也会出现在像西班牙和伊比利亚基金这样的封闭基金中。我们还需注意伦肖（Renshaw，1988）的观点：他认为当被试第三次进行实验时，经验会有助于消除价格泡沫，这与经验对证券市场的影响有一个非常重要的相似处：上次市场价格崩盘过去的时间越久，越少的投资者记住价格泡沫和崩盘，而且有更多的较年轻的无经验投资者取代了较成熟的投资者。所以离上次崩盘时间越久，这次崩盘的后果就越严重。

　　持理性预期模型的金融和经济学家会私下甚至公开地告诉你价格泡沫不会发生，是实验中的"某些方面"出了问题，尽管所有这些特定的"某些方面"（比如被试是学生，或者在最初的 20—30 多个实验中缺乏卖空和保证金交易机制，等等）都已经经过实验检验，并证实这种预想不成立。还有些人说有限交易、股利价值递减的案例太特殊——我接受这个观点，理论确实不应局限于这么特殊的例子，虽然普洛特（私人信件）在股利价值递增的环境下也发现了价格泡沫。若你指出西班牙和伊比利亚封闭基金（和其他的"国家"基金）产生了巨大的价格泡沫，回应则是他们很少交易，你不能借入证券来进行卖空，因为风险太高——又一个特例。但是为什么人们不愿意贷出足够的股票进行卖空？而且，为什么该理论要求卖空？市面上有成千上万的证券不能进行卖空。

　　心理学家[包括理查德·塞勒（Richard Thaler）]喜欢价格泡沫，他们把价格泡沫看成是对理性预期的违背。然而理论家和心理学家都错误地认为理论预期被实验证伪了。理论家们不必沮丧，而心理学家也不要太高兴。

　　理性预期均衡若能达到就不会是瞬间的，人们无论从哪里开始达到最后的均衡都需要一个过程。在实验室里的价格泡沫中，或在西班牙和伊比利亚基金中，我们最终会看到收敛于均衡——人们只会吃惊为什么达到均衡需要这么长的时间。在实验室中我们观察到人们逐渐相信高于股利价值买入和/或低于股利价值卖出是赔钱的策略。在第一轮的实验中，许多敏锐的交易者发现这些策略有利可图，但他们的收益率会随时间推移逐渐消失。

　　在我们看来，实验为理性预期理论提供了一个动态学习指令。理性预期理论并不是定义一个经理人如何形成理性预期的过程。最开始约翰·纳什（John Nash）将"理性预期"这个术语定义为一种情形，在这种情形下经理人对某件事发生的概率形成共同信念，这个共同信念反过来又被最终事件的发生所证实。无论在实验市场或金融市场，提供共同的信息并不能确保共同预期（知识）。实验室内股票市场实验表明，通过共同的经验，即使没有共同预期的投资者，随着基本事件的实现，也形成了共同的预期。理性预期模型应该被看成是一个趋同结果模型而不是趋同过程模型。但这并不是说永远不会出现不趋同的情况（比如投资者变化），但那样的推测仍需在实验中阐明。

直至目前的实验，仍是"经验"最终抑制了价格产生泡沫的趋势。虽然除此之外还没有发现其他因素表现得这么成功，本辑的"图 18.8"向我们展示了一个期货市场在第 8 个交易期（处于 15 期交易实验的中点）也有不错的表现。这表明了如果有更多的期货市场（比如整个交易过程中每两三个交易期就出现一个），被试形成共同预期的实验过程将显著加快。

对于未来价格泡沫研究尤为重要的是由卡吉纳尔皮和埃门特劳特（Caginalp and Ermentrout，1990，1991）提出的微分方程组。该理论基于两类交易者之间的互动：基本交易者，他们根据基本价值与价格（价格与基本价值）之间的差异按比例买入（卖出）；趋势交易者，依靠有限记忆，价格上升时买入，价格下降时卖出。模型用参数反映了这两种交易者的组成，方程得出的结果反映了基本价值的数值，或大量起落的价格泡沫。

卡吉纳尔皮和别利诺维奇（Caginalp and Balenovich，1993a，b）会展示该模型如何描述和预测实验或证券市场中价格变动。当下的研究主要集中在对 Caginalp 模型在实验市场中预测价格变化的能力展开直接检验。

18

实验室中的股市泡沫

戴维·P.波特 弗农·L.史密斯

理性预期模型认为如果个人对资产的价值拥有共同的预期(或先验),并且该价值与资产的股利价值相等,那么若交易发生的话,将会以接近内在股利价值的价格达成(Tirole,1982)。图 18.1 列出了西班牙基金每周平均股价和相应的资产净值(NAV),数据与上述理论相悖。西班牙基金份额的价格在 1989 年 7 月—1990 年 8 月期间从低于资产净值开始到第 15 周上升到了为资产净值的 250% 的溢价,最后在第 61 周崩盘又回到了低于 NAV 的水平。对封闭基金的行为还有诸多争议,这对于资产定价的理性预期理论来说,仍是个难题(见 Lee et al.,1991)。

解释 NAV 偏离需借助于专门识别不同投资者类型及其预期的模型。我们并不卷入解释封闭基金价格行为的争论中,而是应该在经济学中借助实验方法,帮助我们在受控的基本价值环境下研究价格形成问题。在现实经济中,控制基本价值和投资者信息几乎不可能,因此,对于研究预期在股票市场估价中所扮演的角色这个问题,最小限度条件是无法定义的。史密斯等人(Smith et al.,1988;后简称为 SSW)报告了在一个资产市场实验中的研究结果:每个投资者拿到现金和证券份额构成的初始资产组合,然后给出其在 15 个交易期的股利范围。在第 t 个交易期之前，计算每一份额的预期股利价值［比如，$\$0.24(15-t+1)$］，并将其告知所有被试以消除任何产生误导的可能性。因此这种情形与图 18.1 中每天或每周向投资者报告净资产价值的股票基金类似。每个交易者都可以按照与大股票交易所类似的双向拍卖交易规则自由进行股份交易。在实验结束时，会将所得（股利＋初始现金＋资本利得－资本损失）以美元形式支付给交易者。

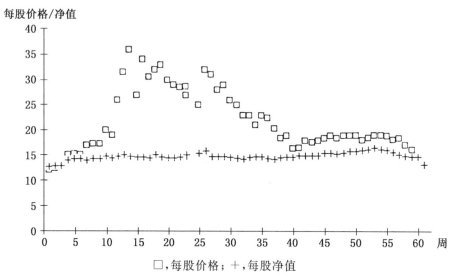

每股价格/净值

□，每股价格；＋，每股净值

图 18.1　股票价格和 NAV(资产净值)：西班牙基金 1989-6-30—1990-8-24

图 18.2 的数据展示了典型的资产市场实验研究结果：交易者无经验时，价格泡沫的产生和破灭是处于一般水准，然而，随着交易者经验的积累，这种情况会消失，也就是说，在资产市场实验中有过两次交易经验的交易者会在反映基本价值的价格上成交。图 18.2 将资产市场实验中无经验交易者和有经验交易者的平均成交价格和交易量进行了对比。数据点代表每期的平均成交价格，价格数据点边上的数据代表该期的成交量。

实验资产市场存在价格泡沫有两种可能的解释：交易者的预期形成和市场结构。实验数据表明，如果想预测价格上涨下跌的行为或者试图制定政策来减少资产市场波动性的话，则需要建立一个更动态的价格形成模型。最近提出的模型有两个，都可以在较广的价格波动范围内研究投资者的预期和价格形成。

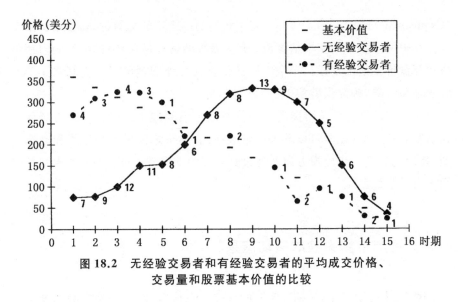

图 18.2 无经验交易者和有经验交易者的平均成交价格、交易量和股票基本价值的比较

戴和黄（Day and Huang，1990）的模型包含两类投资者：一类投资者根据证券的长期投资价值及对固定期间市场的高低点进行可能性评估的估值方程做出买卖决策（α-投资者）；另一类为更灵活的投资者（β-投机者），根据目前的市场基本面做决定。价格调整方程被定义为市场超额需求的函数，在该函数中做市商线性地调整存货和价格。具体为，α-投资者的需求方程由一个固定的参数 a 代表需求，其他两个参数代表资产价格高低点的支撑位；而 β-投资者的需求由参数 b 表示，参数 c 则表示价格依据超额需求进行调整的速度。这个模型可显示不规则牛/熊市和短期价格无序动荡时的动态特性。然而该模型在实验资产市场中的适用性比较受限，因为大部分重要参数（a，b，和 c）都是外源的并且不受潜在的市场变量和市场结构的影响。

Caginalp 和 Ermentrout（1990，1991）为投资者的行为设计了一个完全动态的机制，建立了常微分方程组。该模型假定在依赖基本价值成分 ζ_1 和依赖"情绪"成分 ζ_2 的投机者之间存在着动态互动。后者基于对历史价格的记忆（随时间减退），发现投资者有在价格上涨期买入和价格下跌期卖出的趋势。假定每单位资产为现金、股票、股票换现金的交易状态（提交卖单）或现金换股票的交易状态（提交买单），可以为这些变量建立一个股价变动的速率方程函数。该交易方程，及对投资者敏感成分（ζ_1，ζ_2）方程，通过处理可以得到一个动态方程组。该方程组可以从数学上求解出证券价格走势。

（Caginalp and Balenovich，1993a）利用我们的一个实验的数据，得到了价格变动方程中两个参数的基准估算值。有了参数的估计值，仅根据证券的内在价值和开盘价就能确定任何一个实验的价格线。他们预测了我们其中9个实验的最高价格，预测误差从1%—20%不等。

本章的目的在于总结资产市场价格泡沫实验的结果以及资产市场环境和制度对其影响（先验可以减少价格泡沫）。鉴于之前提到的结果和动态模型，我们针对进一步建模方向及通过具体实验探究Caginalp等人的模型稳健性提出了建议。

18.1 资产市场实验的实证结果

图18.3展示了SSW基准实验的构造。在该实验中，理论预测的价格紧随基本价值线变化。在这种情形下，无经验的交易者中产生了2—3倍于基本价值的大幅度价格泡沫。[①]另外，上涨期持续时间久（10—11期），成交额较大（15期中，总成交额是流通股的5到6倍）。几乎在所有情况下，到第15期时，价格都会跌回到基本价值。

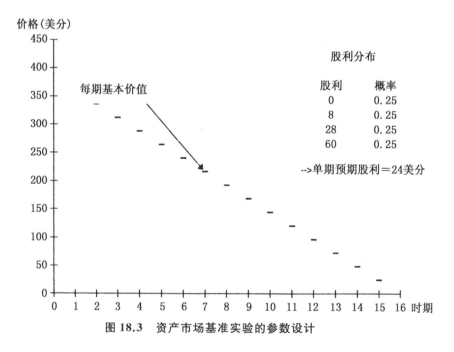

图18.3 资产市场基准实验的参数设计

　　表 18.1 列举了本章讨论的各种实验设置及其对价格泡沫可能会产生的影响。表 18.2 列举的是与基准实验对比，每种实验变量波动幅度、持续时间和成交额的平均值。（根据本章列举的结果我们建立了回归模型，模型参数的预估在附录 A 中给出。）

表 18.1　股票市场实验设置和假设

实验设置	描　述	假　设
基准实验	股利价值不断下跌（见图 18.3）	在基本价值处达到理性预期均衡
卖空	交易人有能力在 15 个交易期内轧平卖空	交易者可以借入标的并进行卖空操作
交保证金的买空	交易人获得可在 15 期内偿还的无息贷款	当股票价格低于股利价值时可以放杠杆买入
相等的投资组合禀赋	给予每个交易人相等数量的现金和股票	交易人无需通过市场平衡资产
经纪人佣金	股票买卖方每次交易支付 10 美分手续费	应该减少交易以缓解疲乏或者节省成本
知情内部人士	获知超额出价的经过特别训练的交易人	了解泡沫特性的专业交易人从事套利行为
确定性股利	证券每期提供一个已知的固定收益	基于股利风险规避的交易会被除去
期货交易	交易人会被给予一个中期债券（第 8 期）	期货合约应该为交易人提供机会了解中期股票期望价值
价格涨跌停制度	当期资产价格仅能在前期价格的基础改变一个固定的百分比	这个规则由专业顾问提出减轻股市泡沫和股市崩溃

　　根据表 18.2 给出的数值，我们为基准资产市场得出以下结论：

　　结果 1：内在股利（净资产）价值信息的公开并不足以引导产生共同的预期并使得交易以基本价值进行。

　　结果 2：在重复的实验中，经验尤其是群体共同经验和共同信息足以使交易在基本价值附近达成。

　　共同知识的博弈论假设，作为巧妙处理前博弈或重复博弈学习过程的显式建模的一种方法，被证实并不合理。有关股利价值的确定的共同信息并不意味着共同知识预期。

表18.2 股票市场实验设置下的股票平均价值（括号中为 p 值）

实验设置	无经验			有一次经验			有两次经验		
	价格波动幅度	泡沫持续时间	成交量	价格波动幅度	泡沫持续时间	成交量	价格波动幅度	泡沫持续时间	成交量
基准实验	1.21 $n=19$	9.23	5.79	0.75 (0.10) $n=4$	5.51 (0.19)	3.00 (0.00)	0.10 (0.00) $n=3$	3.00 (0.00)	1.60 (0.00)
卖空	1.61 (0.40) $n=4$	9.50 (0.30)	6.67 (0.49)	0.76 (0.48) $n=5$	5.80 (0.78)	4.19 (0.03)	0.40 (0.02) $n=3$	3.67 (0.69)	1.74 (0.27)
交保证金的买空	3.64 (0.00) $n=2$	8.00 (0.66)	5.48 (0.59)	1.15 (0.09) $n=1$	2.00 (0.21)	2.33 (0.58)			
相等的投资组合	1.87 (0.12) $n=4$	10.00 (0.44)	6.29 (0.84)						
经纪人佣金	0.73 (0.00) $n=2$	10.00 (0.44)	5.56 (0.67)	0.63 (0.62) $n=3$	4.00 (0.90)	4.92 (0.10)			
知情内部人士	0.63 (0.00) $n=2$	13.00 (0.00)	2.68 (0.00)	0.25 (0.04) $n=3$	6.00 (0.92)	4.05 (0.40)			
确定性股利	1.10 (0.98) $n=3$	11.00 (0.05)	8.84 (0.13)	0.52 (0.29) $n=3$	9.67 (0.24)	2.71 (0.51)			
期货交易	0.92 (0.11) $n=3$	10.00 (0.73)	6.85 (0.81)	0.60 (0.19) $n=2$	5.50 (0.60)	2.63 (0.50)			
价格涨跌停制度	2.51 (0.07) $n=2$	10.50 (0.46)	4.84 (0.01)	1.77 (0.05) $n=2$	5.50 (0.71)	2.22 (0.15)	0.70 (0.04) $n=2$	1.50 (0.17)	1.89 (0.79)

　　针对这些结论，一个自然而然的问题是这些价格泡沫是否与个体给出的价格预期系统相关。为了回答这个问题，在每个交易时段中 SSW 要求被试预测下一期的平均价值，所有期结束后，最佳预测者会有现金奖励。普遍（平均）的预测结果表明：(1)牛市获利的预期在这些实验中很早就出现；(2)平均值常常无法预测价格的大幅上升及价格的转折点；(3)平均值有高度的适应性(比如平均值的上升和价格的转折点只反映在滞后一期的预测中)。这些观察结果与专业预测者的预期是一致的(Zarnowitz, 1986)。

　　结果 3：被试有强烈的早期倾向去自发产生价格上涨预期；他们对价格的预期是适应性的，并且有普遍趋势会错过价格暴涨和价格转折点。

　　这些价格调整的动态可由瓦尔拉斯价格调整方程根据经验描述。该方程确保价格与对资产的超额需求同方向变动。即，$\mathrm{d}p/\mathrm{d}t = F[D(p) - S(p)]$ 其中 $F(0) = 0$ 且 $F' > 0$。下面的是普通最小二乘法(OLS)瓦尔拉斯超额需求模型(SSW, p.1142)

$$\bar{P}_{t+1} - \bar{P}_t = \alpha + \beta(B_t - O_t) + \varepsilon_t \tag{1}$$

其中 $\bar{P}_t$ 是 t 期的平均价格，α 为单期股利预期值的负数(随任何风险厌恶进行调整)，β 是调整的速度，B_{t-1} 是 $t-1$ 期提出的买方出价数，O_{t-1} 是 $t-1$ 期的卖方报价数。在这个模型中价格的变化来自三个方面：(1)对每期预期股利支出的风险调整，(2)自发资本获利(损失)预期引起了超额需求，从而引导起了上涨(下跌)，瓦尔拉斯用买方超额出价($B_t - O_t$)衡量该影响，(3)未解释的噪声影响 ε_t。R^2 值在 0.04 到 0.63 间变动。估算中的方差很大。

　　该模型对价格变化的解释及预测的效果比被试的预测要好，因为它常常能预期到价格转折点，它的一个理性预期预测为：一期预期股利 $\alpha = -24$，且 $\beta = 0$，所有实验结果和设置效应可在附录 B 中找到，附录 B 中的结果表明我们无法拒绝假设 $\alpha = -24$ 和 $\beta > 0$，另外，经验会引起资本获利预期系数 β 显著下降。然而，该模型的 R^2 值远低于 1，对大部分价格变化问题无法进行解释。

　　实验结果显示了经验对价格泡沫的抑制作用，伦肖(Renshaw, 1988)从而认为价格泡沫和崩盘的严重程度取决于交易者应对极端市场价格变化的经验，他研究了标准普尔指数较大的几次下跌与它们之间间隔时间长短的关系，用崩盘间的时间间隔作为投资者无经验的代理变量，对表示指数下降程度的变量 Y 和距离上次下跌的时间间隔 X 进行最小二乘回归得到估计

结果:

$$Y = 5.5 + 0.90X \qquad R^2 = 0.98$$
$$(t = 15.1)$$

距离上次崩盘的时间越久新一轮崩盘就越严重。

SSW 建立的基准市场忽视了许多现实存在的制度因素。因为其中的一些因素能对价格泡沫产生较好的抑制作用,在最近两项研究开展的数个实验中,这些因素起到了推动作用:

(1)金等人(King et al.,1993)报告了引入包括卖空、保证金买空、经纪人佣金、知情内部人士、相等的投资组合禀赋和涨跌幅限制等机制的实验;(2)波特和史密斯(Porter and Smith,1995;后简称 PS)进行了新的实验考察期货市场和确定股利对价格泡沫的影响。表 18.1 列出了这些结构变化、相关的数据及预测的这些实验设置对市场的影响。其他人认为这些结构变化可以作为对 SSW 报告的价格泡沫的一种解释。

回想在基准实验中,每位交易者被赋予不同的初始投资组合。第一期交易的一个共同特点就是买家往往是禀赋份额较低的交易者,而卖家往往是禀赋份额较高的交易者。这表明风险厌恶的交易者可能通过市场获得更均衡的投资组合。如果流动性偏好能解释初始价格的低迷而反过来它又导致价格上升的预期的话,那么使得不同被试间初始交易禀赋相等就能够抑制泡沫产生。

结果 4:针对无经验交易者的 4 个实验中的观测结果并没有显示出相等禀赋对价格泡沫特点的显著影响。

如果价格预期的风险厌恶(股利不确定导致)使共同预期产生了差异,那么消除这种不确定因素就能降低泡沫的严重性。波特和史密斯的实验却显示了不同结果(见图 18.4)。

结果 5:如果设每期的股利都与一期的预期股利相等,使得资产的股利流是确定的,价格泡沫仍会出现,与股利不确定的情形没有显著差异。

在表 18.2 中我们注意到股利为确定值时,价格泡沫的持续时间显著增加了,而附录 B 中瓦尔拉斯调整方程的结果表明确定的股利对资本收益预期系数 β 无显著影响。

结果 4 和结果 5 旨在改变基准实验的内在诱导价格参数而不改变市场结构,实际股票市场有保证金制度,交易者可以充当市场交易双方任意角色。用空头交易来卖出,或用借入资金来操作买入。

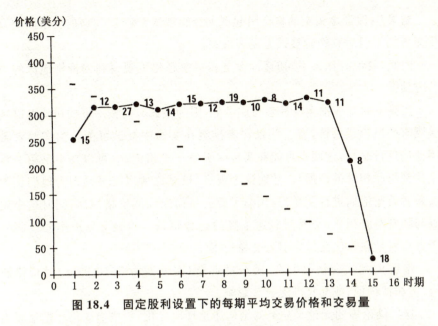

图 18.4　固定股利设置下的每期平均交易价格和交易量

这样,少数几个交易者反周期的预期就能抵消其他人热情高涨的预期。这些观点对以下假设给出了一种解释:允许被试卖空和保证金买入就可以抑制价格泡沫。

结果 6:卖空机制不能显著减少价格的波动程度和持续时间,但使得交易量显著增加;图 18.5 就是一例。

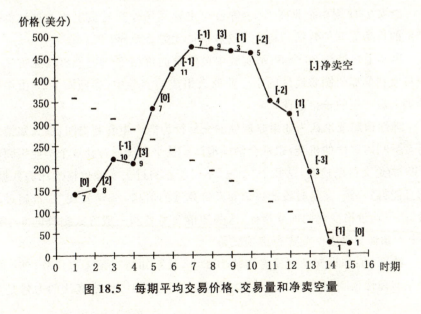

图 18.5　每期平均交易价格、交易量和净卖空量

结果 7:保证金买空的机会引起了无经验被试($p < 0.01$)的价格波动幅度显著加大但对有经验被试无显著影响。

因此,要说有什么不同的话,卖空和买空恶化了观察到的价格泡沫的一些方面。

实验中的双向拍卖交易参与成本低,因为被试只需按一下按钮就可以接受既有的出价或要价,有一些批评者推测在实验中被试可能认为实验者希望他们进行交易,这两点可能在实验中引发了价格泡沫(可以在本书第 2 章中找到与此相悖的证据)。然而这个观点(被试之所以交易是因为他们认为实验者希望他们进行交易)只预测了交易量而未预测价格泡沫;同时这个观点与随着经验积累,交易量急速下降的趋势不符。检验交易成本假设的一个方法就是在每次交易中引入交易费用。

结果 8:每次交易收取 20 美分的佣金(买卖双方各 10 美分)对价格波幅、泡沫持续期,或交易额无显著影响。

这些结论表明无论是显著的结构还是环境变化,价格泡沫仍然是很顽固的。预期形成的内生过程能轻而易举地避免这些一阶变化的影响。在具有关于资产价值的共同信息的情况下,对象并未形成共同预期。这样的观察结果提出了这样的一个问题:价格泡沫是否对被试群体敏感。大多数实验是在亚利桑那大学和印第安纳大学开展的,志愿者为学生。[②] 使用专业交易人员和商业经理是否能消除关于他人行为理性的不确定性?

结果 9:使用小企业商人、中等公司主管和场外交易员组成的被试群体产生的价格泡沫的特征与初次交易者群体无显著差异。

事实上在最初 26 个 SSW 实验中最严重的价格泡沫记录出现在被试由来自亚利桑那州图森地区的小企业商人组成的实验中(参照图 18.6 由中层管理人员产生的价格泡沫)。

理性预期理论认为如果非理性的交易行为能产生套利空间,那么知情交易者会利用这样的机会,也就会消除泡沫。这个假设通过让 3 个毕业生阅读 SSW 的论文得以检验,这几个"专家"不仅能看到过去实验价格泡沫的数据,而且能得到每一交易时段的买价和卖价数量的信息,SSW 发现"买价超过卖价"是平均价格变化的前导指标,这些知情交易者和一般方式招募的 6 个或 9 个不知情交易者一起进行市场交易。

结果 10:如果知情交易者有能力卖空,且不知情交易者有经验,那么结果是与理性预测相符的。当不知情交易者无经验时,价格泡沫的力量是如

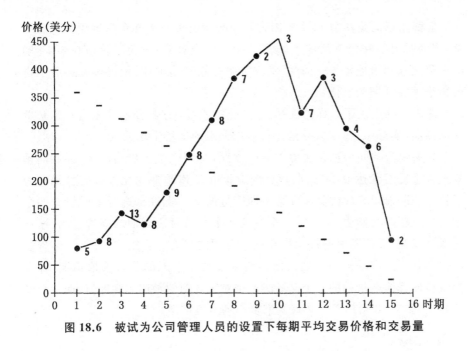

图 18.6 被试为公司管理人员的设置下每期平均交易价格和交易量

此的强烈以至于"专家"交易者都陷入购买大潮中;第 11 期时,他们达到了最大的抛售量(包括卖空量)。

当不知情交易者无经验时,知情交易者也无法消除价格泡沫,详见图 18.7。

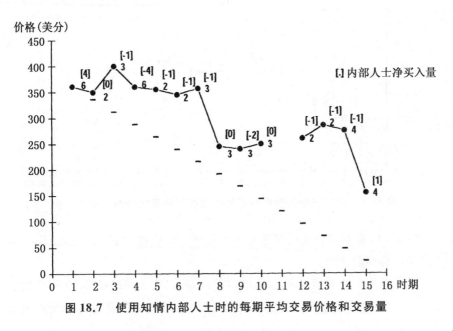

图 18.7 使用知情内部人士时的每期平均交易价格和交易量

值得注意的是在图 18.7 中因为卖空必须由买入来补仓以避免支付违约金，当面对无经验交易者时，"专家"交易者卖空补仓，避免了价格在第 15 期时跌落到股利价值水平。因此，卖空机制抑制价格泡沫，使得价格最后不再收敛于理性预期的价值。

期货合约提供了这样的机制：每位交易者可以了解所有交易者对未来事件的预期，实际上，每个人总是先行运作未来的现货市场的。

如果因为共同信息无法形成共同预期，从而产生了价格泡沫，但共同预期经由重复经验达成，那么期货合约应该有加速预期同化过程的作用。为了检验该假设，PS 对在期货市场中训练过的同一批被试进行了两组共四个实验。在新的实验中，引入了一个在第 8 个交易时段到期的期货合约，而交易者可以在 1—8 期中进行现货和期货合约的买卖。在第 8 期后，只有现货市场活跃。该市场机制可能会使得交易者关注中期的股票价值预期，并可提供被试群体在最初的 7 个交易时段中对第 8 期的预期的观测值（期货合同价格）。图 18.8 给出了一个该类期货市场实验结果。

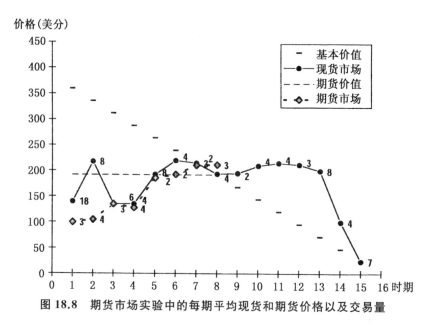

图 18.8　期货市场实验中的每期平均现货和期货价格以及交易量

结果 11：期货市场通过加速交易者形成一致预期抑制了价格泡沫，但并不能彻底将其消除。

附录 B 给出的是有关瓦尔拉斯价格调整方程（1）的 ANOVA 模型的估计，并给出期货市场及确定股利实验的实验效果。结果清楚地表明期货市场对资本收益的预期有显著的抑制作用。另外,以往经验结合期货市场能显著地减少资本利得调整系数 β。

在 1987 年 10 月 19 日世界性的股票市场崩盘后,各个研究机构普遍建议在美国证券交易所中实施限制价格变动的政策。金等人(King et al.,1993)报告了实施了涨跌停制度的 6 个实验,涨(跌)停板限值为正(负)两倍于单期的预期股利价值。

结果 12:限制价格变动措施不仅没有消除价格泡沫,反而使泡沫现象更显著了。

金等人推测在价格限制下泡沫现象会更严重因为交易者会察觉到下跌风险变小了,这就诱使他们追随价格不断上涨、时间也更长的价格泡沫。当然,股市崩盘时,价格受到下跌限制。但此时不再会出现购买者。市场每期都按价格限制下降,但崩盘时每期交易量均为 0(以图 18.9 为例)。

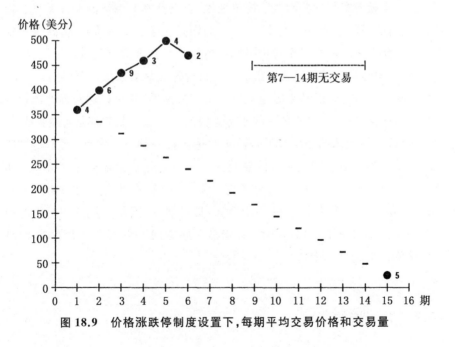

图 18.9　价格涨跌停制度设置下,每期平均交易价格和交易量

18.2　总结

在实验股票市场中股票存在确切的预期基本(股利)价值,这是共同的

信息，但相对于基本价值，实验股票市场产生了严重的价格泡沫。经验的积累减弱了泡沫现象；当同样的被试重复进行第三次实验时，交易在基本价值附近达成。因此，共同信息不足以引发共同的理性预期。但最后在静态环境下，参与者通过积累经验最终会形成共同的预期。如果我们假设距离上次股票市场崩盘的时间比较久，交易者越"无经验"，由此得到的实验结果得到了一项研究的证实。该研究表明标准普尔指数下跌的严重性与它距离上次崩盘的时间长短之间的相关系数达到98%。

我们对实验数据进行更详细的分析之后发现，根据交易者价格预期测出的市场上升预期出现得很早。交易者总是无法预期价格的突升及转折。一个更准确的预测平均价格变化的指标是滞后的超额出价：上一期的买方出价数减去上期的卖方出价数。

基准实验一直受到批评，因为它忽略了几个可能会解决价格泡沫的因素。新一代的实验考察了这些因素。简单地说，卖空机制对泡沫的特征无显著影响；买空机制不能缓和价格泡沫，甚至会加剧无经验被试的价格泡沫；为增加交易成本而引入的佣金费用对价格泡沫的特征无显著影响；被试换成由小商人、中型公司经理和场外股票交易员对价格泡沫无显著影响；用研究过 SSW，并可获知每个交易时段结束时超额出价量的交易者，是可以达到理性预期均衡的。但前提条件是：知情交易者可以卖空，而不知情交易者都是有经验的。

最后，价格泡沫的产生似乎是由于对他人行为的不确定性，而不是对股利的不确定性。因为引入确定的股利并没有显著影响价格泡沫的特征。期货市场允许未来现货市场的交易提前发生，这样就使形成共同预期的过程加速了，从而有助于减少（但并不能消除）价格泡沫；限制价格变动的措施使得价格泡沫更严重了，因为它明显让交易者感觉到下降风险减少了，从而导致价格泡沫更剧烈也更持久。

18.3 进一步的实验

我们要怎样在实验室中定义一个环境进行一组全新的实验来验证卡吉纳尔皮和埃门特劳特（Caginalp 和 Ermentrout，1990，1991）（以及 Caginalp and Balenovich，1993b)提出的股票市场价格变动的微分方程模型？该模型需要对基准实验进行校正。在新的实验中模型的预测都根据如下两个条件：(1)实验特定的股利结构；(2)实验的初始交易价格水平。因此我们建议以下的实验验证方案。

1. 进行一个新的基准实验系列(股利结构不确定)。这些实验旨在确定模型的参数包括抽样误差特性(4 个实验)。

2. 采用与第 1 步相同的股利结构进行 4 个新的实验。在这些实验的第 1 个交易时段引入涨跌停板，涨跌停板为偏离某个初始价格水平 P_0 正负 10 美分。既定的价格水平 P_0 在前两个实验中设一个值，在后两个实验中再设一个值。每个实验的第 1 个交易时段结束后，放开涨跌停板限制，让价格比照模型的预测自由波动。

3. 在第 3 步的 4 个实验中，股利分配是第 1 步实验中的 2 倍。在每个实验的初始交易时段中采用与第 2 步相同的涨跌停板制度。

关于基准校正实验，我们在第 2 和第 3 步中给出了一些控制条件，定义了 4 个独特的预测路径，用来评估这个模型的预测能力。

附录 A　对股票市场实验中的波动幅度、持续时间及成交量等估计量的方差分析

以下结果是在几个看起来不相关的回归估计(波动幅度、持续时间和成交量的虚拟变量联立方程)的基础上得出来的。

方程 1

因变量	价格波动幅度
有效值：72	缺失值：0
总体平方和：45.948 4	自由度：61
残差平方和：17.808 1	标准误：0.515 6
	对数似然函数值：−53.584 8

实验设置	系数	标准误	t 统计值	p 值
卖空	−0.048 1	0.170 8	−0.281 6	0.779 1
确定性股利	0.062 6	0.253 0	0.247 2	0.805 5
期货	−0.679 6	0.380 0	−1.788 4	0.078 2
价格涨跌停制度	0.884 3	0.245 2	3.607 2	0.000 6

（续表）

实验设置	系数	标准误	t 统计值	p 值
相等的禀赋	0.507 3	0.282 4	1.796 0	0.077 0
内部人士	−0.564 6	0.255 9	−2.206 6	0.030 8
交易费用	−0.343 4	0.262 8	−1.306 6	0.195 8
交保证金的买空	0.837 5	0.250 5	3.343 8	0.001 3
无经验	1.360 2	0.115 4	11.784 9	0.000 0
一次经验	0.788 9	0.162 4	4.856 8	0.000 0
两次经验	0.168 0	0.226 7	0.741 0	0.461 3

方程 2

因变量　　　　　　　　　　泡沫持续时间

有效值:72　　　　　　　　　缺失值:0

总体平方和:1 034.000　　　　自由度:61

残差平方和:482.775 7　　　　标准误:2.684 3

　　　　　　　　　　　　　　对数似然函数值:−187.230 7

实验设置	系数	标准误	t 统计值	p 值
卖空	0.923 5	0.889 5	1.038 2	0.302 9
确定性股利	2.789 6	1.317 5	2.117 4	0.037 9
期货	−0.310 7	1.978 5	−0.157 1	0.875 7
价格涨跌停制度	0.119 6	1.276 4	0.093 7	0.925 6
相等的禀赋	0.758 3	1.470 6	0.515 6	0.607 8
内部人士	1.265 9	1.332 1	0.950 3	0.345 4
交易费用	0.620 0	1.368 5	0.453 0	0.652 0
交保证金的买空	0.496 7	1.304 2	0.380 8	0.704 5
无经验	9.241 7	0.601 0	15.377 9	0.000 0
一次经验	5.472 2	0.845 7	6.470 6	0.000 0
两次经验	2.427 2	1.180 2	2.056 7	0.043 6

方程 3

因变量　　　　　　　　　　成交量

有效值:72　　　　　　　　　缺失值:0

总体平方和:568.128 4　　　　自由度:61

残差平方和:209.294 6　　　　标准误:1.767 4

　　　　　　　　　　　　　　对数似然函数值:−153.380 4

实验设置	系数	标准误	t 统计值	p 值
卖空	1.551 4	0.585 7	0.648 8	0.010 1
确定性股利	−0.739 5	0.867 5	−0.852 5	0.396 9
期货	−2.766 6	1.302 7	−2.123 7	0.037 4
价格涨跌停制度	−0.156 1	0.840 4	−0.185 8	0.853 2
相等的禀赋	1.058 4	0.968 3	1.093 1	0.278 3
内部人士	−1.087 9	0.877 1	−1.240 3	0.219 2
交易费用	−0.391 1	0.901 1	−0.434 0	0.665 6
交保证金的买空	−0.147 0	0.858 7	−0.171 2	0.864 6
无经验	5.229 1	0.395 7	13.215 0	0.000 0
一次经验	2.612 4	0.556 8	4.691 6	0.000 0
两次经验	1.576 9	0.777 0	2.029 3	0.046 4

附录 B 瓦尔拉斯价格调整中的估计量的方差分析

本附录中估计的模型如下：

$$P_t - P_{t-1} = \alpha + \omega \cdot X + \delta \cdot C + \phi \cdot F + \gamma \cdot Fx + \eta \cdot S +$$
$$\lambda \cdot L + \beta \cdot (B_{t-1} - O_{t-1}) + \rho \cdot [X \cdot (B_{t-1} - O_{t-1})] +$$
$$\mu \cdot [C \cdot (B_{t-1} - O_{t-1})] + v[Cx \cdot (B_{t-1} - Q_{t-1})] +$$
$$\theta \cdot [F \cdot (B_{t-1} - O_{t-1})] + v \cdot Fx \cdot [(B_{t-1} - O_{t-1})] +$$
$$\zeta \cdot [S \cdot (B_{t-1} - O_{t-1})] + \tau \cdot [L \cdot (B_{t-1} - Q_{t-1})] + \varepsilon$$

其中：P 是平均合同价格；

　　　B 是（买方）出价的数量；

　　　O 是（卖方）要价的数量；

　　　X 是有经验基准实验；

　　　C 是某种股利实验设置虚拟变量；

　　　Cx 是有经验的参与人的某些股利实验设置虚拟变量；

　　　F 是期货市场设置虚拟变量；

　　　Fx 是有经验的参与人的期货市场设置虚拟变量；

　　　S 是转换设置虚拟变量；

　　　L 是 LAN 市场设置虚拟变量。

因变量:Δ 股票市场设置下的平均合同价格

有经验的股票市场	系数	标准误	t 统计值
α	0.127 3	0.069 7	$-1.824\ 9$
有经验的基准实验	$-0.011\ 8$	0.094 2	$-0.124\ 9$
股票市场	0.005 6	0.118 5	0.047 7
有经验的股票市场	$-0.008\ 2$	0.122 9	$-0.067\ 4$
期货市场	$-0.051\ 2$	0.129 9	$-0.394\ 4$
有经验的期货市场	$-0.018\ 8$	0.151 2	$-0.124\ 6$
转换设置	0.006 5	0.163 1	0.039 9
LAN 市场设置	0.004 1	0.030 5	0.135 7
β	0.032 9	0.005 0	6.592 3
有经验的基准实验	$-0.007\ 1$	0.003 6	$-1.972\ 2$
股票市场	$-0.013\ 6$	0.009 1	$-1.498\ 1$
有经验的股票市场	$-0.014\ 6$	0.009 3	$-1.557\ 7$
期货市场	$-0.023\ 7$	0.006 2	$-3.788\ 2$
有经验的期货市场	$-0.027\ 8$	0.009 5	$-2.907\ 2$
转换设置	$-0.031\ 2$	0.013 5	$-2.301\ 2$
LAN 市场设置	$-0.002\ 1$	0.094 6	$-0.021\ 1$

注:观察值:364。
R^2:0.257 1。
SSR:0.011 3。
SER:0.578 2。
D-W:2.067 9。

注　释

① "幅度"为合同价格和基本价值之间最大偏离值和最小偏离值之间的差值。
然后用全部 15 期的预期股利值对该差值进行标准化。
② 我们在加州理工学院展开的两个实验和在沃顿商学院展开的三个实验中观
察到了在无经验的学生交易者中产生的价格泡沫。

参考文献

Adolphs, R., D. Tanel, H. Damasio, and A. Damasio. 1994. "Impaired Recognition of Emotion in Facial Expressions Following Bilateral Damage to the Human Amygdala." *Nature* 372:669–72.

Alger, D. 1987. "Laboratory Tests of Equilibrium Predictions with Disequilibrium Price Data." *Review of Economic Studies* 54:105–45.

Allen, B., and M. Hellwig. 1986. "Bertrand-Edgeworth Oligopoly in Large Markets." *Review of Economic Studies* 53:175–204.

Allen, V. 1965. "Situational Factors in Conformity." In Leodard Berkowitz, ed., *Advances in Experimental Social Psychology*, Vol. 2. New York: Academic Press.

Allman, J., and L. Brothers. 1994. "Faces, Fear and the Amygdala." *Nature* 372:613–14.

Amihud, Y., and H. Mendelson. 1991. "Volatility, Efficiency and Trading: Evidence from the Japanese Stock Market." *The Journal of Finance* 46:1765–89.

Arrow, K. J. 1982. "Risk Perception in Psychology and Economics." *Economic Inquiry* 20:1–9.

——— 1987. "Rationality of Self and Others in an Economic System." In R. M. Hogarth and M. W. Reder, eds., *Rational Choice: The Contrast between Economics and Psychology*. Chicago: Univ. Chicago Press.

Aumann, R. J. 1987. "Game Theory." In J. Eatwell, M. Milgate, and P. Neuman, eds., *The New Palgrave*, Vol. 2. London: Macmillan.

Axelrod, R. 1984. *The Evolution of Cooperation*. New York: Basic Books.

Axelrod, R., and W. D. Hamilton. 1981. "The Evolution of Cooperation." *Science* 211:1390–6.

Bailey, E. E. 1980. "Contestability and the Design of Regulatory and Antitrust Policy." Mimeo, September 11.

Bailey, E. E., and J. C. Panzar. 1980. "The Contestability of Airline Markets during the Transition to Deregulation." Mimeo, May 6.

Ball, S., and C. Eckel. 1995. "Status and Discrimination in Ultimatum Games: Stars on Thars." Department of Economics, Virginia Tech.

Ball, S., C. Eckel, P. Grossman, and W. Zame. 1996. "Status in Markets." Department of Economics, Virginia Tech.

Baron-Cohen, S. 1995. "Mindblindness: An Essay on Autism and Theory of Mind." Cambridge, MA: MIT Press.

Battalio, R., L. Green, and J. Kagel. 1981. "Income-Leisure Tradeoffs of Animal Workers." *American Economic Review* 71:621–32.

Baumol, W. J. 1982. "Contestable Markets: An Uprising in the Theory of Industry Structures." *American Economic Review* 72:1–15.

Baumol, W. J., and R. D. Willig. 1981. "Fixed Costs, Sunk Costs, Entry Barriers, and Sustainability of Markets." *Quarterly Journal of Economics* 96:405–31.

Baumol, W. J., J. C. Panzar, and R. D. Willig. 1982. *Contestable Markets and the Theory of Industry Structure*. New York: Harcourt-Brace-Jovanovich.

Becker, G. M., M. H. DeGroot, and J. Marschak. 1964. "Measuring Utility by a Single Response Sequential Method." *Behavioral Science* 9:226–32.

Beckman, M. 1965. "Edgeworth-Bertrand Duopoly Revisited." In R. Henn, ed., *Operations Research Verfahren III*. Meisenhein: Verlag Anton Hain.

Benoit, J., and V. Krishna. 1987. "Dynamic Duopoly: Prices and Quantities." *Review of Economic Studies* 54:23–36.

Berg, J. E., and J. W. Dickhaut. 1990. "Preference Reversals: Incentives Do Matter." Univ. Chicago.

Berg, J., J. Dickhaut, and K. McCabe. 1995. "Trust, Reciprocity, and Social History." *Games and Economic Behavior* 10:122–42.

Binger, B., E. Hoffman, and G. Libecap. 1991. "Experimental Methods to Advance Historical Investigation: An Examination of Cartel Compliance by Large and Small Firms." In J. Mokyr, ed., *The Vital One: Essays in Honor of Jonathan R. T. Hughes*. Greenwich, CT: JAI Press.

Binmore, K., J. Swierzbinski, S. Hsu, and C. Proulx. 1992. "Focal Points and Bargaining." Univ. Michigan, mimeo. Forthcoming in the *International Journal of Game Theory*.

Binswanger, H. P. 1980. "Attitudes Toward Risk: Experimental Measurement in Rural India." *American Journal of Agricultural Economics* 62:395–407.

———. 1981. "Attitudes Toward Risk: Theoretical Implications of an Experiment in Rural India." *Economic Journal* 91:867–90.

Blank, R. M. 1991. "The Effects of Double-Blind versus Single-Blind Reviewing: Experimental Evidence from the *American Economic Review*." *American Economic Review* 81(5):1041–67.

Blume, L. E., and D. Easley. 1982. "Learning to Be Rational." *Journal of Economic Theory* 26:340–51.

Bolton, G. E. 1991. "A Comparative Model of Bargaining: Theory and Evidence." *American Economic Review* 81:1096–136.

Bolton, G. E., E. Kator, and R. Zwick. 1993. "Dictator Game Giving: Rules of Fairness versus Random Acts of Kindness." Working Paper, University of Pittsburgh.

Bray, M. M. 1982. "Learning, Estimation and the Stability of Rational Expectations." *Journal of Economic Theory* 26:318–39.

Brewer, M. B., and W. D. Crano. 1994. *Social Psychology*. St. Paul, MN: West Publishing Co.

Brock, W., and J. Scheinkman. 1985. "Price Setting Supergames with Capacity Constraints." *Review of Economic Studies* 52:371–82.

Bronfman, C., and R. Schwartz. 1992. "Price Discovery Noise." Working Paper no. S-92-29, Stern School of Business, New York Univ.

Brown, R. W. 1973. *A First Language: The Early Stages.* Cambridge, MA: Harvard Univ. Press.

Brown-Kruse, J. 1991. "Contestability in the Presence of an Alternative Market: An Experimental Investigation." *RAND Journal of Economics* 22:136–47.

Bull, C., A. Schotter, and K. Weigelt. 1987. "Tournaments and Piece Rates: An Experimental Study." *Journal of Political Economy* 95:1–33.

Burnell, S. J., L. Evans, and S. Yao. 1992. "The Ultimatum Game: Optimal Strategies in the Presence of Rivalry." Preprint, Economics Department, Victoria Univ. Wellington, New Zealand.

Burnham, T., K. McCabe, and V. Smith. 1998. "Friend-or-Foe Priming in an Extensive Form Trust Game." To appear *Journal of Economic Behavior and Organization.*

Burrows P., and G. Loomes. 1989. "The Impact of Fairness on Bargaining." Manuscript in preparation.

Caginalp, G., and D. Balenovich. 1994. "Market Oscillations Induced by the Competition between Value-Based and Trend-Based Investment Strategies." Applied Mathematical Finance 1:129–164.

1993. "Mathematical Models for the Psychology of Oscillations in Financial Markets." Mimeo, Univ. Pittsburgh, Pittsburgh, PA.

Caginalp, G., and G. B. Ermentrout. 1990. "A Kinetic Thermodynamic Approach to the Psychology of Fluctuations in Financial Markets." *Applied Mathematics Letters* 4:17–19.

1991. "Numerical Studies of Differential Equations Related to Theoretical Financial Markets." *Applied Mathematics Letters* 4:35–8.

Calfee, R. C. 1970. "Effects of Payoff on Detection in a Symmetric Auditory Detection Task." *Perceptual and Motor Skills* 31:895–901.

Camerer, C. F. 1987. "Do Biases in Probability Judgment Matter in Markets? Experimental Evidence." *American Economic Review* 77:981–97.

Camerer, C., and K. Weigelt. 1988. "Experimental Tests of a Sequential Equilibrium Reputation Model." *Econometrica* 56:1–36.

Campbell, J., S. LaMaster, V. Smith, and M. Van Boening. 1991. "Off-floor Trading, Disintegration and the Bid-Ask Spread in Experimental Markets." *The Journal of Business*, 64:495–522.

Carmichael, H. L., and W. B. MacLeod. 1995. "Gift Giving and the Evolution of Cooperation." Mimeo, Queens Univ. and Boston College.

Carter, J., and M. Irons. 1991. "Are Economists Different and If So Why?" *Journal of Economic Perspectives* 5:171–7.

Cason, T. N., and A. W. Williams. 1990. "Competitive Equilibrium Convergence in a Posted-Offer Market with Extreme Earnings Inequities." *Journal of Economic Behavior and Organization* 14:331–52.

Cech, P.-A. 1988. "Removal of Regulatory Barriers to Entry." Department of Economics Discussion Paper 88–17, Univ. Arizona.

Chamberlin, E. 1948. "An Experimental Imperfect Market." *Journal of Political Economy* 61:95–108.

Chicago Mercantile Exchange. 1985. *Consolidated Rules*. Chicago: Chicago Mercantile Exchange.

Chu, Y.-P., and R.-L. Chu. 1990. "The Subsidence of Preference Reversals in Simplified and Marketlike Experimental Settings: A Note." *American Economic Review* 80:902–11.

Coase, R. 1960. "The Problem of Social Cost." *Journal of Law and Economics* 3:1–44.

Cohen, K., R. Conroy, and S. Maier. 1985. "Order Flow and the Quality of the Market." In Y. Amihud, T. Ho, and R. Schwartz, eds., *Market Making and the Changing Structure of the Securities Industry*. Lexington, MA: Lexington.

Cohen, K., S. Maier, R. Schwartz, and D. Whitcomb. 1981. "Transaction Costs, Order Placement Strategy, and Existence of the Bidders Spread." *Journal of Political Economy* 89:287–305.

Coleman, J. S. 1987. "Psychological Structure and Social Structure in Economic Models." In R. M. Hogarth and M. W. Reder, eds., *Rational Choice: The Contrast between Economics and Psychology*. Chicago: Univ. Chicago Press.

———. 1990. *Foundations of Social Theory*. Cambridge, MA: Harvard University Press.

Conlisk, J. 1988. "Optimization Cost." *Journal of Economic Behavior and Organization* 9/10:213–28.

Copeland, T. E., and D. Galai. 1983. "Information Effect on the Bid-Ask Spread." *Journal of Finance* 38:1457–69.

Coppinger, V., V. Smith, and J. Titus. 1980. "Incentives and Behavior in English, Dutch and Sealed-Bid Auctions." *Economic Inquiry* 18:1–22.

Cosmides, L. 1985. "The Logic of Social Exchange: Has Natural Selection Shaped How Humans Reason? Studies With the Wason Selection Task." *Cognition* 31:187–276.

Cosmides, L., and J. Tooby. 1987. "From Evolution to Behavior: Evolutionary Psychology as the Missing Link." In J. Dupre, ed., *The Latest and the Best: Essays on Evolution and Optimality*. Cambridge, MA: The MIT Press.

———. 1989. "Evolutionary Psychology and the Generation of Culture, Part II." *Ethology and Sociobiology* 10:51–97.

———. 1991. "Are Humans Good Intuitive Statisticians After All?" Department of Psychology, Univ. California, Santa Barbara.

———. 1992. "Cognitive Adaptations for Social Exchanges." In J. H. Barkow, L. Cosmides, and J. Tooby, eds., *The Adapted Mind: Evolutionary Psychology and the Generation of Culture*. New York: Oxford Univ. Press.

Coursey, D., J. Hovis, and W. Schutze. 1987. "On the Supposed Disparity Between Willingness-To-Accept and Willingness-To-Pay Measures of Value." *Quarterly Journal of Economics* 102:679–90.

Coursey, D., R. M. Isaac, and V. L. Smith. 1983. "Natural Monopoly and Contested Markets: Some Experimental Results." *Journal of Law and Economics* 27:91–113.

Cox, J., and D. Grether. 1996. "The Preference Reversal Phenomenon: Response Mode, Markets and Incentives." *Economic Theory* 7:381–405.

Cox, J., B. Roberson, and V. L. Smith. 1982. "Theory and Behavior of Single Object Auctions." In V. L. Smith, ed., *Research in Experimental Economics*, Vol. 2. Greenwich, CT: JAI Press.

Cox, J., V. L. Smith, and J. Walker. 1988. "Theory and Individual Behavior of First Price Auctions," *Journal of Risk and Uncertainty* 1:61–99.

Dasgupta, P., and E. Maskin. 1986. "The Existence of Equilibrium in Discontinuous Economic Games: Theory and Applications." *Review of Economic Studies* 53:1–26.

Davidson, C., and R. Deneckere. 1986. "Long-Run Competition in Capacity, Short-Run Competition in Price and the Cournot Model." *RAND Journal of Economics* 17:404–15.

——— 1990. "Excess Capacity and Collusion." *International Economic Review* 31:521–41.

Davis, D. D., and C. A. Holt. 1993. *Experimental Economics*. Princeton, NJ: Princeton Univ. Press.

Davis, D., C. Holt, and A. Villamil. 1990. "Supra-Competitive Prices and Market Power in Posted-Offer Experiments." Mimeo, Univ. Virginia.

Dawes, R. M. 1988. *Rational Choice in an Uncertain World*. New York: Harcourt-Brace-Jonanovich.

Day, R. H., and T. Groves. 1975. *Adaptive Economic Models*. New York: Academic Press.

Day, R., and W. Huang. 1990. "Bulls, Bears and Market Sheep." *Journal of Economic Behavior and Organization* 14:299–331.

Demsetz, H. 1968a. "Why Regulate Utilities?" *Journal of Law and Economics* 11:55–65.

——— 1968b. "The Cost of Transacting." *Quarterly Journal of Economics* 82:33–53.

Drago, R., and J. S. Heywood. 1989. "Tournaments, Piece Rates, and the Shape of the Payoff Function." *Journal of Political Economy*, 97:992–8.

Eckel, C. C., and P. Grossman. 1996a. "The Relative Price of Fairness: Gender Differences in a Punishment Game." *Journal of Economic Behavior and Organization* 30:143–58.

——— 1996b. "Altruism in Anonymous Dictator Games." *Games and Economic Behavior* 16(2):181–91.

Edgeworth, F. Y. 1925. "The Pure Theory of Monopoly." In F. Y. Edgeworth, ed., *Papers Relating to Political Economy*, Vol. 1. New York: Burt Franklin.

——— 1932. *Mathematical Psychics*, 1881. London School Reprints of Scarce Works in Economics.

Edwards, W. 1961. "Probability Learning in 1000 Trials." *Journal of Experimental Psychology* 62:385–94.

Einhorn, H. J., and R. M. Hogarth. 1987. "Decision Making Under Ambiguity." In R. M. Hogarth and M. W. Reder, eds., *Rational Choice: The Contrast between Economics and Psychology*. Chicago: Univ. Chicago Press.

Epps, T. W., and K. J. Singleton. 1986. "An Omnibus Test for the Two Sample Problems Using the Empirical Characteristic Function." *Journal of Statistical Computer Simulation* 26:177–203.

Fehr, E., G. Kirchsteiger, and A. Riedl. 1993. "Does Fairness Prevent Market Clearing? An Experimental Investigation." *Quarterly Journal of Economics* 108:437–59.

Fiorina, M. P., and C. R. Plott. 1978. "Committee Decisions Under Majority Rule." *American Political Science Review*, 72:575–98.

Fisher, E., and F. Kelly. 1995. "Experimental Foreign Exchange Markets." Department of Economics, Ohio State Univ., February 24.

Forsythe, R., J. L. Horowitz, N. E. Savin, and M. Sefton. 1994. "Replicability, Fairness and Pay in Experiments with Simple Bargaining Games." *Games and Economic Behavior* 6(3):347–69.

Forsythe, R., F. Nelson, G. Newman, and J. Wright. 1991. "The Iowa Presidential Stock Market: A Field Experiment." In R. M. Isaac, ed., *Research in Experimental Economics*, Vol. 4. Greenwich, CT: JAI Press.

——— 1992. "Anatomy of an Experimental Political Stock Market." *American Economic Review* 82:1142–61.

Forsythe, R., T. Palfrey, and C. Plott. 1982. "Asset Valuation in an Experimental Market." *Econometrica* 50:537–67.

Fouraker, L., and S. Siegel. 1963. *Bargaining Behavior*. New York: McGraw Hill Book Co.

Franciosi, R., P. Kujal, R. Michelitsch, V. Smith, and G. Deng. 1994. "Fairness: Effect on Temporary and Equilibrium Prices in Posted Offer Markets." *Economic Journal* 105:938–50.

Freuchen, P. 1961. *Book of the Eskimos*. Cleveland: World Publishing.

Friedman, D. 1999. "How Trading Institutions Affect Financial Market Performance: Some Laboratory Evidence." Economic Inquiry 31:410–435.

Friedman, J., and A. Hoggatt. 1980. *An Experiment in Noncooperative Oligopoly. Research in Experimental Economics*, Vol. 1. Greenwich, CT: JAI Press.

Fudenberg, D., and J. Tirole. 1993. *Game Theory*. Cambridge, MA: The MIT Press.

Garbade, K., and W. Silber. 1979. "Dominant and Satellite Markets: A Study of Dually-Traded Securities." *Review of Economics and Statistics* 61:455–60.

Gigerenzer, G. 1996. "Rationality: Why Social Context Matters." In P. B. Baltes and U. M. Standinger, eds., *Interactive Minds*. Cambridge: Cambridge Univ. Press.

Glosten, L. R., and P. R. Milgrom. 1985. "Bid, Ask and Transaction Prices in a Specialist Market with Heterogeneously Informed Traders." *Journal of Financial Economics* 14:71–99.

Goodman, B., M. Saltzman, W. Edwards, and D. H. Krantz. 1979. "Prediction of Bids for Two-Outcome Gambles in a Casino Setting." *Organizational Behavior and Human Performance* 24:382–99.

Gordon, H. S. 1954. "The Economic Theory of a Common-property Resource: The Fishery." *Journal of Political Economy* 62:124–42.

Grether, D. M. 1981. "Financial Incentive Effects and Individual Decision

Making." Social Science Working Paper No. 401, California Institute of Technology.

Grether, D., and C. Plott. 1979. "Economic Theory of Choice and the Preference Reversal Phenomenon." *American Economic Review* 69:623–38.

Guth, W., and R. Tietz. 1986. "Auctioning Ultimatum Bargaining Positions." in R. W. Scholz, ed., *Issues in West German Decision Research*. Frankfurt: Lang.

Guth, W., R. Schmittberger, and B. Schwarze. 1982. "An Experimental Analysis of Ultimatum Bargaining." *Journal of Economic Behavior and Organization* 3:367–88.

Halgren, E. 1992. "Emotional Neurophysiology of the Amygdala Within the Context of Human Cognition." In J. Aggleton, ed., *The Amygdala*. New York: Wiley-Liss.

Hamilton, J. 1987. "Off-Board Trading of NYSE-Listed Stocks: The Effects of Deregulation and the National Market System." *Journal of Finance* 42:1331–45.

———. 1988. "Electronic Market Linkages and the Distribution of Order Flow: The Case of Off-Board Trading of NYSE-Listed Stocks." Symposium on Information Technology and Securities Markets Under Stress, Graduate School of Business Administration, New York Univ., May 16–17.

Hanson, N. R. 1969. *Perception and Discovery*, San Francisco: Freeman, Cooper and Co.

Harlow, W. V., and K. Brown. 1990. "Understanding and Assessing Financial Risk Tolerance: A Biological Perspective." *Financial Analysts Journal* 46:50–62.

Harrison, G. 1989. "Theory and Misbehavior in First Price Auctions." *American Economic Review* 79:749–62.

Harrison, G., and K. McCabe. 1992. "Testing Noncooperative Bargaining Theory in Experiments." In R. M. Isaac, ed., *Research in Experimental Economics*, Vol. 5, pp. 137–69. Greenwich, CT: JAI Press.

Harrison G., and M. McKee. 1985. "Experimental Evaluation of the Coase Theorem." *Journal of Law and Economics* 28:653–70.

Hawkes, K. 1992. "Sharing and Collective Auction." In E. A. Smith and B. Winterhalder, eds., *Ecology, Evolution, and Human Behavior*. New York: Aldine de Gruyter.

———. 1993. "Why Hunter-Gatherers Work, An Ancient Version of the Problem of Public Goods." *Current Anthropology* 34:341–61.

Heiner, R. A. 1986. "Uncertainty, Signal Detection Experiments, and Modeling Behavior." In R. Langlois, ed., The New Institutional Economics, pp. 59–115. New York: Cambridge Univ. Press.

Herrnstein, R. J., G. Loewenstein, D. Prelec, and W. Vaughn, Jr. 1991. "Utility Maximization and Melioration: Internalities in Individual Choice." Department of Psychology, Harvard Univ., Draft, 1 April.

Hey, J., and D. Di Cagno. 1990. "Circles and Triangles: An Experimental Estimation of Indifference Lines in the Marschak-Machina Triangle." *Journal of Behavioral Decision Making* 3(4):279–306.

Hoffman, E., and M. Spitzer. 1982. "The Coase Theorem: Some Experimental Tests." *Journal of Law and Economics* 25:73–98.

1985a. "Experimental Law and Economics." *Columbia Law Review* 85:991–1036.

1985b. "Entitlements, Rights, and Fairness: An Experimental Examination of Subject's Concepts of Distributive Justice." *Journal of Legal Studies* 14:259–97.

Hoffman, E., K. McCabe, K. Shachat, and V. Smith. 1994. "Preferences, Property Rights and Anonymity in Bargaining Games." *Games and Economic Behavior* 7(3):346–80.

Hoffman, E., K. McCabe, and V. Smith. 1996a. "On Expectations and the Monetary Stakes in Ultimatum Games." *International Journal of Game Theory* 25(3):289–301.

1996b. "Reciprocity: The Behavioral Foundation of Socio-Economic Games." In W. Albers and W. Guth, eds., *Understanding Strategic Interaction: Essays in Honor of Reinhard Selten*. Berlin: Springer-Verlag.

1996c. "Social Distance and Other-regarding Behavior in Dictator Games." *American Economic Review* 86:653–60.

1996d. "Trust, Punishment, and Assurance: Experiments on the Evolution of Cooperation." Economic Science Association Annual Meeting, October.

Hogarth, R. M., and M. W. Reder, eds. 1987. *Rational Choice: The Contrast between Economics and Psychology*. Chicago: Univ. Chicago Press.

Hoggatt, A. 1959. "An Experimental Business Game." *Behavioral Science* 4:192–203.

Holt, C. 1989. "The Exercise of Market Power in Laboratory Experiments." *Journal of Law and Economics* 32:S107–30.

Holt, C., and F. Solis-Soberon. 1993. "The Calculation of Equilibrium Mixed Strategies in Posted-Offer Auctions." In R. M. Isaac, ed., *Research in Experimental Economics*, Vol. 5. Greenwich, CT: JAI Press.

Homans, G. C. 1967. *The Nature of Social Sciences*. New York: Harcourt, Brace and World.

Hughes, J. R. T. 1982. "The Great Strike at Nushagak Station, 1951: Institutional Gridlock." *Journal of Economic History* 42:1–20.

Hurwicz, L. 1960. "Optimality and Informational Efficiency in Resource Allocation Processes." In K. J. Arrow, S. Karlin, and P. Suppes, eds., *Mathematical Methods in the Social Sciences*. Stanford, CA: Stanford Univ. Press.

1972. "On Informational Decentralized Systems." In C. B. McGuire and R. Radner, eds., *Decisions and Organization*. Amsterdam: North Holland.

Isaac, G. L. 1978. "The Food-sharing Behavior of Protohuman Hominoids." *Scientific American* 238:90–108.

Isaac, R., and C. Plott. 1981. "Price Controls and the Behavior of Auction Markets." *American Economic Review* 71:448–59.

Isaac, R. M., and V. L. Smith. 1985. "In Search of Predatory Pricing." *Journal of Political Economy* 93:320–45.

Isaac, R. M., and J. M. Walker. 1988a. "Group Size Effects in Public Goods Provision: The Voluntary Contributions Mechanism." *Quarterly Journal of Economics* 103:79–200.

1988b. "Communication and Free-Riding Behavior: The Voluntary Contributions Mechanism." *Economic Inquiry* 26:585–608.

1991. "Costly Communication: An Experiment in a Nested Public Goods Problem." In T. Palfrey, ed., *Contemporary Laboratory Research in Political Economy*. Ann Arbor: Univ. Michigan Press.

Isaac, R. M., K. F. McCue, and C. R. Plott. 1985. "Public Goods Provision in an Experimental Environment." *Journal of Public Economics* 26:51–74.

Isaac, R. M., V. Ramey, and A. W. Williams. 1984. "The Effects of Market Organization on Conspiracies in Restraint of Trade," *Journal of Economic Behavior and Organization* 85:191–222.

Isaac, R. M., D. Schmitz, and J. M. Walker. 1989. "The Assurance Problem in a Laboratory Market." *Public Choice* 62:217–36.

Isaac, R. M., J. M. Walker, and S. H. Thomas. 1984. "Divergent Evidence on Free Riding: An Experimental Examination of Possible Explanations." *Public Choice* 43:113–49.

Isaac, R. M., J. M. Walker, and A. W. Williams. 1991. "Group Size and the Voluntary Provision of Public Goods: Experimental Evidence Utilizing Large Groups." Working Paper, Indiana Univ.

Jamal, K., and S. Sunder. 1991. "Money vs. Gaming: Effects of Salient Monetary Payments in Double Oral Auctions." *Organizational Behavior and Human Decision Processes* 49(1):151–66.

Jarecki, H. G. 1976. "Bullion Dealing, Commodity Exchange Trading and the London Gold Fixing: Three Forms of Commodity Auctions." In Y. Amihud, ed., *Bidding and Auctions for Procurement and Allocation*. New York: New York Univ. Press.

Jenness, D. 1957. *Dawn in Arctic Alaska*. Chicago: Univ. Chicago Press.

Joyce, P. 1984. "The Walrasian *Tâtonnement* Mechanism and Information." *RAND Journal of Economics* 15:416–25.

1991. "Differential Behavior in Walrasian Auctions." Mimeo, Department of Economics, Michigan Technological Univ.

Kachelmeier, S. J., and M. Shehata. 1991. "Examining Risk Preferences Under High Monetary Incentives: Experimental Evidence from the People's Republic of China." Draft, Graduate School of Business, Univ. of Texas at Austin.

Kachelmeier, S., S. Limberg, and M. Schadewald. 1991a. "A Laboratory Market Examination of the Consumer Price Response to Information About Producers' Costs and Profits." *The Accounting Review* 66(4):694–717.

1991b. "Fairness in Markets: A Laboratory Investigation." *Journal of Economic Psychology* 12:447–64.

Kahneman, D., and A. Tversky. 1979. "Prospect Theory: An Analysis of Decision under Risk." *Econometrica* 47:263–91.

1982. "The Psychology of Preferences." *Scientific American* 246:160–73.

1996. "On the Reality of Cognitive Illusions: A Reply to Gigerenzer's Critique." Department of Psychology, Princeton Univ.

Kahneman, D., J. Knetsch, and R. Thaler. 1986. "Fairness as a Constraint on Profit Seeking: Entitlements in the Market." *American Economic Review*

76:728–41. Reprinted in R. Thaler, ed., *Quasi Rational Economics*, pp. 199–219. New York: Russell Sage Foundation, 1991.

1987. "Fairness and the Assumptions of Economics." In R. M. Hogarth and M. W. Reder, eds., *Rational Choice: The Contrast between Economics and Psychology*. Chicago: Univ. Chicago Press.

1990. "Experimental Tests of the Endowment Effect and The Coase Theorem." *Journal of Political Economy* 98:1325–48. Reprinted in R. Thaler, ed., *Quasi Rational Economics*, pp. 167–88. New York: Russell Sage Foundation.

Kalai, E., and E. Lehrer. 1993. "Rational Learning Leads to Nash Equilibrium." *Econometrica* 61:1019–45.

Kaplan, A. 1964. *The Conduct of Inquiry*. New York: Chandler Publishing Co.

Kaplan, H., and K. Hill. 1985a. "Hunting Ability and Reproductive Success Among Male Ache Foragers: Preliminary Results." *Current Anthropology* 26:131–3.

1985b. "Food Sharing Among Ache Foragers: Tests of Explanatory Hypotheses." *Current Anthropology* 26:233–45.

Ketcham, J., V. Smith, and A. Williams. 1984. "A Comparison of Posted Offer and Double Auction Pricing Institutions." *Review of Economic Studies* 51:595–614.

King, R. R., V. L. Smith, A. Williams, and M. Van Boening. 1993. "The Robustness of Bubbles and Crashes in Experimental Stock Markets." In I. Prigogine, R. H. Day, and P. Chen, eds., *Nonlinear Dynamics and Evolutionary Economics*. Oxford: Oxford Univ. Press.

Knetsch, J. L., and J. A. Sinden. 1984. "Willingness to Pay and Compensation Demanded: Experimental Evidence of an Unexpected Disparity in Measures of Value." *Quarterly Journal of Economics* 99:507–21.

Kormendi, R. C., and C. R. Plott. 1982. "Committee Decisions Under Alternative Procedural Rules: An Experimental Study Applying New Non-monetary Methods of Payment." *Journal of Economic Behavior and Organization* 3:175–95.

Kreps, D. 1990a. *Game Theory and Economic Modelling*. Oxford: Clarendon.

Kreps, D. M. 1990b. *A Course in Microeconomic Theory*. Princeton, NJ: Princeton Univ. Press.

Kreps, D., P. Milgrom, J. Roberts, and R. Wilson. 1982. "Rational Cooperation in the Finitely Repeated Prisoners' Dilemma." *Journal of Economic Theory* 27:245–52.

Kroll, Y., H. Levy, and A. Rapoport. 1988. "Experimental Tests of the Separation Theorem and the Capital Asset Pricing Model." *American Economic Review* 78:500–19.

Kruskal, W. A. 1957. "Historical Notes on the Wilcoxon Unpaired Two-Sample Test." *Journal of the American Statistical Association* 52:356–60.

Lee, C., A. Scheilfer, and D. Thaler. 1991. "Investor Sentiment and the Closed-End Fund Puzzle." *Journal of Finance* 46:75–109.

Leffler, G. L., and L. C. Farwell. 1963. *The Stock Market*, 3rd. ed. New York: The Ronald Press.

Levine, M., and C. Plott. 1977. "Agenda Influence and its Implications." *Virginia Law Review* 61:561.

Levitan, R., and M. Shubik. 1972. "Price Duopoly and Capacity Constraints." *International Economic Review* 13:111–22.

Lichtenstein, S., and P. Slovic. 1971. "Reversals of Preference Between Bids and Choices in Gambling Decisions." *Journal of Experimental Psychology* 89:46–55.

Lohr, S. 1992. "Lessons from a Hurricane: It Pays Not to Gouge." *New York Times*, September 22.

Lucas, R. E., Jr. 1987. "Adaptive Behavior and Economic Theory." In R. M. Hogarth and M. W. Reder, eds., *Rational Choice: The Contrast between Economics and Psychology*. Chicago: Univ. Chicago Press.

Marburg, T. 1951. "Domestic Trade and Marketing," In H. Williamson, ed., *Growth of the American Economy*, pp. 511–33. Englewood Cliffs, NJ: Prentice-Hall.

Marr, D. 1982. *Vision*. San Francisco: Freeman.

Maskin, E., and J. Tirole. 1988. "A Theory of Dynamic Oligopoly II: Price Competition, Kinked Demand Curves, and Edgeworth Cycles." *Econometrica* 56:571–600.

McAfee, P. 1992. "A Dominant Strategy Double Auction." *Journal of Economic Theory* 56:434–50.

McCabe, K. 1989. "Fiat Money as a Store of Value in an Experimental Market." *Journal of Economic Behavior and Organization* 12(2):215–31.

McCabe, K. A., S. J. Rassenti, and V. L. Smith. 1991. "Testing Vickrey's and Other Simultaneous Versions of the English Auction." In R. M. Isaac, ed., *Research in Experimental Economics*, Vol. 4. Greenwich, CT: JAI Press.

1992. "Designing Call Auction Institutions: Is Double Dutch Best?" *Economic Journal* 102:9–23.

1993. "Designing a Uniform Price Double Auction: An Experimental Evaluation." In D. Friedman and J. Rust, eds., *The Double Auction Market Institutions, Theories, and Evidence*. Reading, MA: Addison-Wesley.

1995. "Institutional Design for Electronic Trading." In R. Schwartz, ed., *Global Equity Markets*. Chicago: Irwin.

1996. "Game Theory and Reciprocity in Some Extensive Form Experimental Games." *Proceedings National Academy of Science* 93:13421–8.

1998. "Reciprocity, Trust and Payoff Privacy in Extensive Form Bargaining." *Games and Economic Behavior* 24:10–24.

McCabe, K., V. Smith, and M. LePore. 1998. "Intentionality Signaling: Why Game Form Matters." Economic Science Laboratory, Univ. Arizona, March.

McClelland, G., M. McKee, W. Schulze, E. Beckett, and J. Irwin. 1991. "Task Transparency versus Payoff Dominance in Mechanism Design: An Analysis of the BDM." Laboratory for Economics and Psychology, Univ. Colorado, June.

McCloskey, D. 1985. "The Loss Function Has Been Mislaid: The Rhetoric of Significance Tests." *American Economic Review* 75:201–5.

McElroy, M. B. 1987. "Additive General Error Models for Production Cost and Derived Demand or Share Systems." *Journal of Political Economy* 95:737–57.

McKelvey, R. D., and T. R. Palfrey. 1992. "An Experimental Study of the Centipede Game." Econometrica 60:803–836.

Mendelson, H. 1987. "Consolidation, Fragmentation, and Market Performance." *Journal of Financial and Quantitative Analysis* 22:189–207.

Messick, S., and A. H. Brayfield. 1964. *Decision and Choice.* New York: McGraw-Hill.

Miller, R. G., Jr. 1981. *Simultaneous Statistical Inference*, 2d ed. New York: Springer-Verlag.

Miller, R., C. R. Plott, and V. L. Smith. 1977. "Intertemporal Competitive Equilibrium: An Empirical Study of Speculation." *Quarterly Journal of Economics* 91:599–624.

Nelson, R. R., and S. G. Winter. 1982. *An Evolutionary Theory of Economic Change.* Cambridge, MA: Harvard Univ. Press.

New York Stock Exchange. 1987. *Constitution and Rules.* Chicago: Commerce Clearing House.

North, D. 1990. Institutions, *Institutional Change and Economic Performance.* Cambridge: Cambridge Univ. Press.

Noussair, C. 1992. "A Theoretical and Experimental Examination of Auctions in Multi-unit Demand Environments," Ph.D. dissertation, California Institute of Technology.

Ochs, J., and A. E. Roth. 1989. "An Experimental Study of Sequential Bargaining." *American Economic Review* 79:355–84.

Okun, A. 1981. *Prices and Quantities: A Macroeconomic Analysis.* Washington, DC: The Brookings Institution.

Osborne, M., and C. Pitchik. 1986. "Price Competition in a Capacity-Constrained Duopoly." *Journal of Economic Theory* 38:238–60.

Otani, Y., and J. Sicilian. 1990. "Limit Properties of Equilibrium Allocations of Walrasian Strategic Games." *Journal of Economic Theory* 51:295–312.

Pinker, S. 1994. *The Language Instinct.* New York: William Morrow and Co.

Plott, C. R. 1982a. "Industrial Organization Theory and Experimental Economics." *Journal of Economic Literature* 20:1485–527.

——— 1982b. "A Comparative Analysis of Direct Democracy, Two Candidate and Three Candidate Elections in an Experimental Environment." Social Science Working Paper 457, California Institute of Technology, Pasadena.

——— 1986. "Laboratory Experiments in Economics: The Implications of Posted-Price Institutions," *Science* 232:732–8.

——— 1987. "Rational Choice in Experimental Markets." In R. M. Hogarth and M. W. Reder, eds., *Rational Choice: The Contrast between Economics and Psychology.* Chicago: Chicago Univ. Press.

——— 1988. "Research on Pricing in a Gas Transportation Network." Technical Report No. 88-2. Washington, DC: Federal Energy Regulatory Commission, Office of Economic Policy, July.

——— 1995. "Properties of Disequilibrium Adjustment in Double Auction Markets."

Mimeograph, Division of Humanities and Social Sciences, California Institute of Technology, December.

Plott, C. R., and G. Agha. 1983. "Intertemporal Speculation with a Random Demand in an Experimental Market." In R. Tietz, eds., *Aspiration Levels in Bargaining and Economic Decision Making.* Berlin: Springer-Verlag.

Plott, C. R., and V. L. Smith. 1978. "An Experimental Examination of Two Exchange Institutions." *Review of Economic Studies* 45:133–53.

Plott, C. R., and J. T. Uhl. 1981. "Competative Equilibrium with Middlemen." *Southern Economic Journal* 47:1063.

Plott, C., A. Sugiyama, and G. Elbaz. 1994. "Economies of Scale, Natural Monopoly, and Imperfect Competition in an Experimental Market." *Southern Economic Journal* 61:261–87.

Porter, D., and V. L. Smith. 1995. "Futures Contracting and Dividend Certainty in Experimental Asset Markets." *Journal of Business* 68:509–41.

Rapoport, A. 1987. "Prisoner's Dilemma." In J. Eatwell, M. Milgate, and P. Newman, eds., *The New Palgrave*, Vol. 3, pp. 973–6. London: Macmillan.

Renshaw, E. 1988. "The Crash of October 19 in Retrospect." *The Market Chronicle* 22:1.

Rice, W. R. 1996. "Sexually Antagonistic Male Adaptation Triggered by Experimental Arrest of Female Evolution." *Nature* 379:232–4.

Robinson, J. 1977. "What Are the Questions?" *Journal of Economic Literature* 15:1318–39.

Robinson, J. P., P. R. Shaver, and L. S. Wrightsman. 1991. "Measures of Personality and Social Psychological Attitudes." New York: Academic Press.

Roth, A. E. 1990. "Bargaining Experiments." In J. Kagel and A. Roth, eds., *Handbook of Experimental Economics.* Princeton: Princeton Univ. Press.

Roth, A. E., V. Prasnikar, M. Okuno-Fujiwara, and S. Zamir. 1991. "Bargaining and Market Behavior in Jerusalem, Ljublkana, Pittsburgh, and Tokyo: An Experimental Study." *American Economic Review* 81:1068–95.

Sauermann, H., and R. Selten. 1959. "Ein oligolpolexperiment." *Zeischreft for die Gesante Staatswissenschaft* 115:427–71.

Savage, L. J. 1962. "Bayesian Statistics." In R. E. Machol and P. Grey, eds., *Recent Developments in Information and Decision Processes*, New York: Macmillan.

Scherer, F. 1970. *Industrial Pricing.* Chicago: Rand McNally.

Schotter, A., K. Wiegelt, and C. Wilson. 1994. "A Laboratory Investigation of Multiperson Rationality and Presentation Effects." *Games and Economic Behavior* 6:445–68.

Schwartz, M., and R. Reynolds. 1983. "Contestable Markets, an Uprising in the Theory of Industry Structure: Comment." *American Economic Review*, 73:488–90.

Schwartz, R. A. 1988. *Equity Markets.* New York: Harper and Row.

Schwartz, T., and J. S. Ang. 1989. "Speculative Bubbles in the Asset Market: An Experimental Study." Paper presented at the American Finance Association meeting, Atlanta, December.

Selten, R. 1975. "Re-examination of the Perfectness Concept for Equilibrium Points in Extensive Games." *International Journal of Game Theory* 4(1):25–55.

Selten, R., and R. Stoecker, R. 1986. "End Behavior in Sequences Of Finite Prisoner's Dilemma Supergames." *Journal of Economic Behavior and Organization* 7:47–70.

Shogren, J. F., S. Y. Shin, D. J. Hayes, and J. B. Kliebenstein. 1994. "Resolving Differences in Willingness to Pay and Willingness to Accept." *American Economic Review* 84:255–70.

Shubik, M. 1959. *Strategy and Market Structure: Competition, Oligopoly, and the Theory of Games*. New York: Wiley.

Siegel, S. 1959. "Theoretical Models of Choice and Strategy Behavior: Stable State Behavior in the Two-Choice Uncertain Outcomes Situation." *Psychometrika* 24:303–16.

———. 1961. "Decision Making and Learning Under Varying Conditions of Reinforcement." *Annals of the New York Academy of Science* 89(5):766–83.

Siegel, S., and J. Andrews. 1962. "Magnitude of Reinforcement and Choice Behavior in Children." *Journal of Experimental Psychology* 63(4):337–41.

Siegel, S., and L. Fouraker. 1960. *Bargaining and Group Decision Making: Experiments in Bilateral Monopoly*. New York: McGraw-Hill.

Siegel, S., and D. A. Goldstein. 1959. "Decision-Making Behavior in a Two-Choice Uncertain Outcome Situation." *Journal of Experimental Psychology* 57(1):37–42.

Siegel, S., A. Siegel, and J. Andrews. 1964. *Choice, Strategy, and Utility*. New York: McGraw-Hill.

Simon, H. A. 1955. "A Behavioral Model of Rational Choice." *Quarterly Journal of Economics* 69:99–118.

———. 1956. "A Comparison of Game Theory and Learning Theory." *Psychometrika* 3:267–72.

———. 1987. "Rationality in Psychology and Economics." In R. M. Hogarth and M. W. Reder, eds., *Rational Choice: The Contrast between Economics and Psychology*. Chicago: Univ. Chicago Press.

Slovic, P., and S. Lichtenstein. 1983. "Preference Reversals: A Broader Perspective." *American Economic Review* 73:596–605.

Slovic, P., B. Fischoff, and S. Lichtenstein. 1982. *New Directions for Methodology of Social and Behavioral Science: Question Framing and Response Consistency*, No. 11. San Francisco: Jossey-Bass.

Smith, A. 1776; 1937. *The Wealth of Nations*, New York: The Modern Library, Random House.

Smith, V. L. 1962. "An Experimental Study of Competitive Market Behavior." *Journal of Political Economy* 70:111–37.

———. 1964. "Effect of Market Organization on Competitive Equilibrium." *Quarterly Journal of Economics* 78:181–201.

———. 1965. "Experimental Auction Markets and the Walrasian Hypothesis." *Journal of Political Economy* 73:387–93.

1976a. "Experimental Economics: Induced Value Theory." *The American Economic Review* 66:274–9.

1976b. "Bidding and Auctioning Institutions: Experimental Results." In Y. Amihud, ed., *Bidding and Auctioning for Procurement and Allocation*, pp. 43–64. New York: New York Univ. Press.

1977. "The Principle of Unanimity and Voluntary Consent in Social Choice." *Journal of Political Economy* 85:1125–40.

1980. "Relevance of Laboratory Experiments to Testing Resource Allocation Theory." In J. Kmenta and J. Ramsey, eds., *Evaluation of Econometric Models*, pp. 345–77. San Diego: Academic Press.

1981. "An Empirical Study of Decentralized Institutions of Monopoly Restraint," In G. Horwich and J. P. Quirk, eds., *Economic Essays in Honor of E. R. Weiler*. West Lafayette, IN: Purdue Univ. Press.

1982. "Microeconomic Systems as an Experimental Science." *American Economic Review*, 72:923–55.

1985. "Experimental Economics: Reply." *American Economic Review* 85:265–72.

1986. "Experimental Methods in the Political Economy of Exchange." *Science* 234:167–73.

1991. "Rational Choice: The Contrast Between Economics and Psychology." *Journal of Political Economy* 99:877–97.

Smith, V. L., and J. M. Walker. 1993a. "Rewards, Experience and Decision Costs in First Price Auctions." *Economic Inquiry* 31:237–44.

1993b. "Monetary Rewards and Decision Cost in Experimental Economics." *Economic Inquiry* 31:237–44.

Smith, V. L., and A. Willlams. 1981. "On Nonbinding Price Controls in a Competitive Market." *American Economic Review* 71:467–74.

1982. "The Effects of Rent Asymmetries in Experimental Auction Markets," *Journal of Economic Behavior and Organization* 3:99–111.

1983. "An Experimental Comparison of Alternative Rules for Competitive Market Exchanges." In M. Shubik, ed., *Auctioning and Bidding*. New York: New York Univ. Press.

1990. "The Boundaries of Competitive Price Theory: Convergence, Expectations and Transactions Costs." In L. Green and J. Kagel, eds., *Advances in Behavioral Economics*, Vol. 2, pp. 3–35. New York: Ablex.

1992. "Experimental Market Economics." *Scientific American* 267(6):116–21.

Smith, V. L., G. L. Suchanek, and A. W. Williams. 1988. "Bubbles, Crashes, and Endogenous Expectations in Experimental Spot Asset Markets." *Econometrica* 56:1119–51.

Smith, V. L., A. W. Williams, W. K. Bratton, and M. G. Vannoni. 1982. "Competitive Market Institutions: Double Auctions vs Sealed Bid-Office Auctions." *American Economic Review* 72:58–77.

Smith, V. L., and F. Szidarovszky. 1999. "Monetary Rewards and Decision Cost in Strategic Interactions." Submitted to *American Economic Review*.

Stigler, G. J. 1957. "Perfect Competition, Historically Contemplated." *Journal of Political Economy* 65:1–17.

Stoecker, R. 1980. "Experimentelle Untersuchung des Entscheidungsver- haltens im Bertrand-Oligopol." In *Wirtschaftstheoretische Entscheidungs- forschung*, Vol. 4. Bielefeld, Germany: Pfeffersche Buchhandlung.

Stoll, H., and R. Whaley. 1990. "Stock Market Structure and Volatility." *Review of Financial Studies* 3:37–71.

Sunder, S. 1995. "Experimental Asset Markets: A Survey." In A. Roth and J. Kagel, eds., *Handbook of Experimental Economics*, pp. 445–500. Princeton: Princeton Univ. Press.

Swensson, R. G. 1965. "Incentive Shifts in a Three-Choice Decision Situation." *Psychonomic Science* 2:101–2.

Swets, J. A., and S. T. Sewell. 1963. "Invariance of Signal Detectability Over Stages of Practice and Levels of Motivation." *Journal of Experimental Psychol- ogy* 66:120–6.

Telser, K. G. 1993. "The Ultimatum Game: A Comment." Mimeo, Department of Economics, Univ. Chicago.

Thaler, R. 1980. "Toward a Positive Theory of Consumer Choice." *Journal of Economic Behavior and Organization* 1:39–60.

———. 1987. "The Psychology and Economics Handbook: Comments on Simon, on Einhorn and Hogarth, and on Tversky and Kahneman." In R. M. Hogarth and M. W. Reder, eds., *Rational Choice: The Contrast between Economics and Psychology*. Chicago: Univ. Chicago Press.

Thaler, R., and E. Johnson. 1990. "Gambling with the House Money and Trying to Break Even: The Effects of Prior Outcomes or Risky Choice." *Management Science* 36:643–60.

Theil, H. 1971. "An Economic Theory of the Second Moments of Disturbances of Behavioral Equations." *American Economic Review* 61:190–4.

Tirole, J. 1982. "On the Possibility of Speculation Under Rational Expectations." *Econometrica* 50:1163–81.

Tooby, J., and I. De Vore. 1987. "The Reconstruction of Hominoid Behavioral Evolution Through Strategic Modeling." In W. G. Kinzey, ed., *Primate Models of Human Behavior*. Ithaca, NY: SUNY Press.

Trivers, R. 1971. "The Evolution of Reciprocal Altruism." *Quarterly Review Biology* 46:35–7.

Tversky, A., and W. Edwards. 1966. "Information Versus Reward in Binary Choice." *Journal of Experimental Psychology* 71:680–3.

Tversky, A., and D. Kahneman. 1983. "Extensional versus Intuitive Reasoning: The Conjunction Fallacy in Probability Judgment." *Psychological Bulletin* 90(4):293–315.

———. 1987. "Rational Choice and the Framing of Decisions." In R. M. Hogarth and M. W. Reder, eds., *Rational Choice: The Contrast between Economics and Psychology*. Chicago: Univ. Chicago Press.

Vickrey, W. 1961. "Counterspeculation, Auctions, and Competitive Sealed Tenders." *Journal of Finance* 16:8–37.

———. 1976. "Auctions, Markets, and Optimal Allocation." In Y. Amihud, ed., *Bidding and Auctions for Procurement and Allocation*. New York: New York Univ. Press.

Vives, X. 1986. "Rationing Rules and Bertrand-Edgeworth Equilibria in Large Markets." *Economics Letters* 21:113–16.

Walras, L. 1871; 1954. *Elements of Pure Economics: Or the Theory of Social Wealth*. Homewood, IL: Irwin.

Wason, P. 1966. "Reasoning." In B. M. Foss, ed., *New Horizons in Psychology*. Harmondsworth: Penguin.

Wellford, C. P. 1990. *Takeovers and Horizontal Mergers: Policy and Performance*. Ph.D. dissertation, Univ. Arizona.

Wilcox, N. T. 1989. "Well-Defined Loss Metrics and the Situations That Demand Them." Economic Science Association Meetings, Tucson, AZ, October 28–29.

——— 1992. "Incentives, Complexity, and Time Allocation in a Decision-Making Environment." Public Choice/Economic Science Association Meetings, New Orleans, March 27–29.

Williams, A. A. 1979. "Intertemporal Competitive Equilibrium: On Further Experimental Results." In V. L. Smith, ed., *Research Experimental Economics*, Vol. 1. Greenwich, CT: JAI Press.

——— 1980. "Computerized Double-Auction Markets: Some Initial Excremental Results." *Journal of Business* 53:235–57.

Williams, A. A., and V. L. Smith. 1984. "Cyclical Double-Auction Markets With and Without Speculators." *Journal of Business* 57:1–33.

Williams, A. A., V. L. Smith, and J. Ledyard. 1986. "Simultaneous Trading in Two Competitive Markets: An Experimental Examination." Manuscript, Indiana Univ., Bloomington.

Williams, F. 1973. "Effect of Market Organization on Competitive Equilibrium: The Multiunit Cases," *Review of Economic Studies* 40:97–113.

Wilson, R. 1985. *Game-Theoretic Analyses of Trading Processes*. Stanford, CA: Stanford Business School.

Winterfeldt, D. von, and W. Edwards. 1986. *Decision Analysis and Behavioral Research*. New York: Cambridge Univ. Press.

Wolf, C., and L. Pohlman. 1983. "The Recovery of Risk Preferences from Actual Choice." *Econometrica* 51:843–50.

Zajac, E. 1985. "Perceived Economic Justice: The Example of Public Utility Regulation." In H. P. Young, ed., *Cost Allocation: Methods, Principles and Applications*. Amsterdam: North-Holland.

Zarnowitz, V. 1986. "The Record and Improvability of Economic Forecasting." NBER Working Paper 2099.

Zeckhauser, Richard. 1987. "Comments: Behavioral versus Rational Economics: What You See Is What You Conquer." In R. M. Hogarth and M. W. Reder, eds., *Rational Choice: The Contrast between Economics and Psychology*. Chicago: Univ. Chicago Press.

图书在版编目(CIP)数据

议价与市场行为:实验经济学论文集/(美)弗农·
L.史密斯著;阮傲,赵俊,董志强译.—上海:格
致出版社:上海人民出版社,2017.5
(当代经济学系列丛书/陈昕主编.当代经济学译库)
ISBN 978－7－5432－2632－6

Ⅰ.①议… Ⅱ.①弗… ②阮… ③赵… ④董… Ⅲ.
①经济学-文集 Ⅳ.①F069.9－53

中国版本图书馆 CIP 数据核字(2016)第 123960 号

责任编辑 李 远
装帧设计 王晓阳

议价与市场行为
　　——实验经济学论文集

[美]弗农·L.史密斯 著

阮傲 赵俊 董志强 译

出 版		**印 刷**	苏州望电印刷有限公司
格致出版社·上海三联书店·上海人民出版社		**开 本**	710×1000 1/16
(200001 上海福建中路 193 号 www.ewen.co)		**印 张**	26.75
		插 页	3
编辑部热线 021-63914988		**字 数**	436,000
市场部热线 021-63914081		**版 次**	2017 年 5 月第 1 版
www.hibooks.cn		**印 次**	2017 年 5 月第 1 次印刷
发 行 上海世纪出版股份有限公司发行中心			

ISBN 978－7－5432－2632－6/F·934　　　　　　　定价:76.00 元

当代经济学译库